毛沢東

ある人生

上

MAO A LIFE

フィリップ・ショート 著
山形浩生・守岡桜 訳

白水社

現存するいちばん古い毛沢東の写真、十代で1911年革命の頃。

清朝の転覆後に
農夫の弁髪をそぎ落とそうとする兵士。

毛の青年期には普通に見られた、
緩慢な死刑の一種。
この囚人たちは、体重で徐々に首がのびて
ゆっくりと窒息させられている。

韶山村の毛一家宅。

毛の父順生、同じく1919年。

(右から) 25歳の毛沢東、母文七妹、弟沢民22歳、沢覃15歳、
1919年長沙にて。

毛をマルクス主義に転向させた親友の蔡和森。

毛をはじめとする湖南代表団、
張敬堯督軍の更迭を誓願して北京にて。

中国初代大統領、孫文。

中国共産党の精神的な父二人。
著作でボリシェヴィズムを広めた
北京大学の李大釗(左)と
『新青年』編集長で
中国共産党初代総書記の陳独秀(右)。

毛の二番目の妻、楊開慧と
息子の岸英（3歳）と岸青（2歳）、1925年。

三番目の妻、賀子珍。

（左から）任弼時、紅軍長朱徳、安全部門首領の鄧發、項英、毛沢東、王稼祥。
1931年11月、瑞金における中華ソヴィエト共和国建国宣言前夜。

蔣介石大元帥。

周恩来と毛沢東、1937年に陝西省北部にて。

毛沢東◈ある人生——上

マリオンに捧ぐ

毛沢東◆ある人生——上◆目次

ロシア
モンゴル
内モンゴル自治区
黒龍江省
ハルビン
吉林省
長春
瀋陽
遼寧省
呼和浩特
（フフホト）
北京
唐山
北戴河
天津
大連
河北省
石家荘
太原
黄河
寧夏回族
自治区
陝西省
山西省
済南
山東省
青島
大韓民国
西安
鄭州
江蘇省
河南省
安徽省
合肥
南京
上海
長江
（揚子江）
湖北省
武漢
杭州
浙江省
東シナ海
重慶
長沙
南昌
湖南省
江西省
福建省
福州
貴州省
貴陽
台北
厦門
台湾
広西チワン族
自治区
広東省
広州
香港
マカオ
南寧
ベトナム
南シナ海
海南島

中国
カザフスタン
モンゴル
キルギスタン
ウルムチ
アクス
カシュガル
新疆ウイグル自治区
甘粛省
酒泉
青海省
西寧
蘭州
パキスタン
チベット自治区
テサ
四川省
成都
ネパール
インド
ブータン
昆明
雲南省
ビルマ
(ミャンマー)
ベトナム
ラオス
0
150
300 マイル
0
150
300 キロメートル

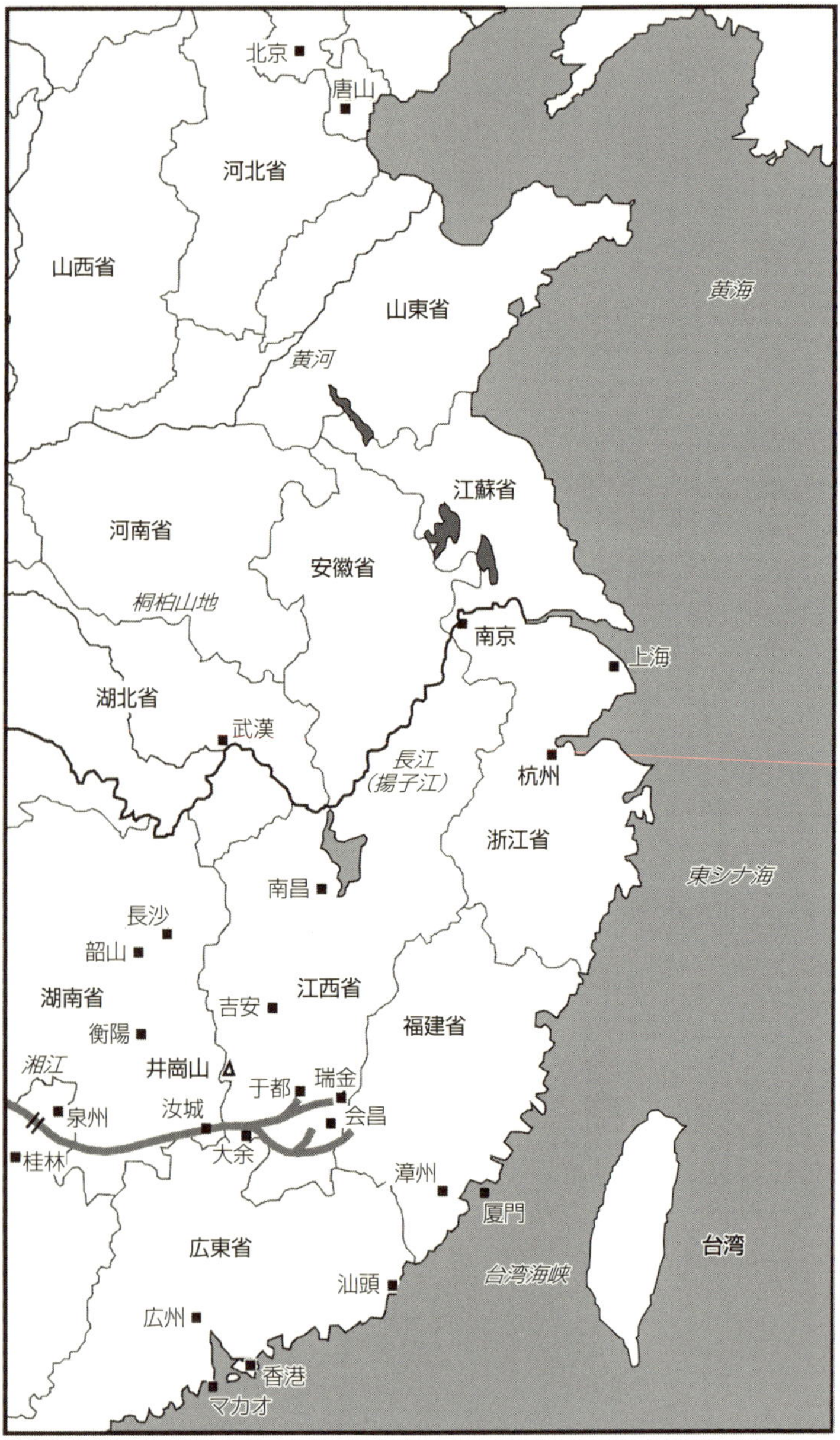
北京
唐山
河北省
山西省
山東省
黄海
黄河
江蘇省
河南省
安徽省
桐柏山地
南京
上海
湖北省
武漢
長江
(揚子江)
杭州
浙江省
東シナ海
南昌
長沙
韶山
湖南省
江西省
吉安
福建省
衡陽
湘江
井崗山
瑞金
于都
汝城
泉州
会昌
大余
桂林
漳州
厦門
台湾
広東省
台湾海峡
汕頭
広州
香港
マカオ

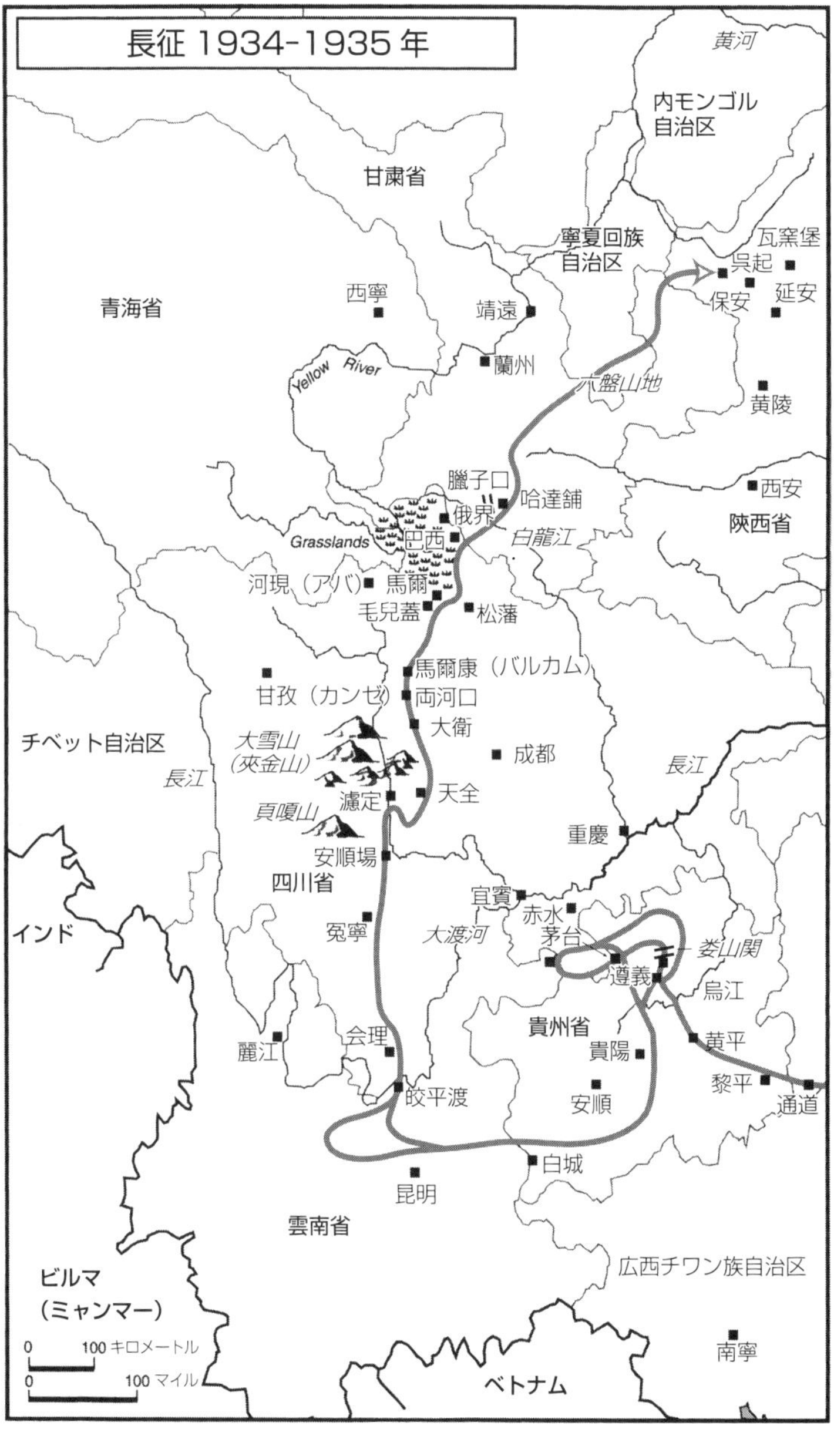
長征 1934-1935 年
黄河
内モンゴル自治区
甘粛省
寧夏回族自治区
瓦窯堡
呉起
保安
延安
青海省
西寧
靖遠
蘭州
Yellow River
六盤山地
黄陵
臘子口
哈達舗
西安
俄界
陝西省
Grasslands
巴西
白龍江
河現（アバ）
馬爾
毛兒蓋
松藩
馬爾康（バルカム）
甘孜（カンゼ）
両河口
大衛
チベット自治区
大雪山
(夾金山)
成都
長江
長江
天全
瀘定
貢嘎山
重慶
安順場
四川省
宜賓
赤水
インド
冕寧
大渡河
茅台
娄山関
遵義
烏江
貴州省
麗江
会理
黄平
貴陽
黎平
皎平渡
安順
通道
白城
昆明
雲南省
広西チワン族自治区
ビルマ
(ミャンマー)
0 100 キロメートル
0 100 マイル
ベトナム
南寧

凡例

一　原著者による原注は本文に＊1、＊2と番号を振り、各章末に「章末注」としてまとめた。

二　原著者による引用文内の補足は［　］内に入れた。

三　翻訳者による訳注は〔訳注：　〕内に入れた。

四　「主要登場人物」は上下巻巻末、「索引」「注」「図版一覧」は下巻巻末にまとめて記した。

プロローグ

中国ですら、小さな市場町である通道《トンダオ》の名を知る人は少ない〔訳注：現在は県渓鎮〕。湘江の左岸に二キロほど伸びるこの町は、広い茶色の川と、テラス状に連なる山地とにはさまれた、狭い土地に押し込まれている。通道は、広西省《グアンシー》、貴州省《グイゾウ》、湖南省《フーナン》が出会う、小さな少数民族の中心地だ。息苦しい、荒れた場所で、長くぬかるんだ大通りが一本、商店はわずかで現代的な建物はなお少なく、地元民ですらここでは何もおもしろいことは起きないと、あきらめきったように言う。だが、かつてここで一度だけ、おもしろいことが起きた。一九三四年十二月十二日、紅軍首脳部が通道で会合を開いた。それは毛沢東《マオ・ツオートン》が至高権力の座に至る第一歩となった会議だったのだ。

中国共産党史で最も目立たない出来事の一つではあっただろう。紅軍がここを通過した唯一の文献記録は、部隊が壁に殴り書いた「万人抗日武装蜂起」という消えそうなスローガンの古い写真だけだ。会議の参加者はすでに全員他界している。だれも正確な出席者を知らないし、それがどこで開かれたのかさえわからない。何年も後に周恩来《ゾウ・エンライ》首相は、それがどこか町外れの農家で、婚礼が進行中だったと述べている。毛沢東は四十一歳の誕生日を二週間後に控え、やせてひょろ長く、食料と睡眠不足のために頬がこけていて、ぶかぶかの灰色い綿入れが、絶えず肩からすべり落ちそうだ。いまだに悪性のマラリア発作から回復中で、ときには担架で運ばれなくてはならなかった。他の指導者たちの多くよりは背が高く、顔はなめらかで目立つ傷もなく、ぼさぼさの黒髪を左右に分けている。アメリカの左翼著述家アグネス・スメドレーは、そのしばらく後に毛沢東と会っているが、甲高い声と長く繊細で女性的な手をした、とっつきにくい人物だったと述べている。

黒ずんだ、考えの読めない顔は長く、額が広くて高く、口元は女性的だった。ほかのことはともかく、耽美派であることはまちがいなかった（中略）女性的な性質であるにもかかわらず、彼は騾馬のように頑固で、自尊心と決意の鋼鉄の棒が彼の性質を貫き通していた。何年も見守りつつ待ち続けるが、いずれは自分の思い通りに事を運ぶという印象を受けた。（中略）そのユーモアは精神の孤独の深い洞穴の中から噴きだしてくるように冷笑的で、おそろしいものだった。彼の存在には、ひとつのドアがあって、それは誰にむかってもけっしてひらかれないのではないかという印象を、私はうけた。

最も身近な同志たちにとってさえ、毛沢東はわかりにくい人物だった。かれの精神は、スメドレー式に言えば「かれの内部に潜んで、孤立させていた」。その人格に対し、忠誠心は抱けても、愛情は抱きにくい。ものすごいかんしゃくと、無限の辛抱強さが同居していた。頑固な意志と、極度の細やかさ。公的なカリスマと、私的な執拗さ。

かつて毛沢東の首に懸賞金をかけ、その妻を処刑して両親の墓をあばいた国民党は、一九三〇年代初期の間ずっと、毛沢東こそが紅軍で最有力の政治権力者だと思っていた。いつもながら、かれらはまちがっていた。

権力を握っていたのは、当時は「三人団」「トロイカ」と呼ばれていた人々だった。実質的な党の指導者（または以前の呼び名として「党中央業務総責任同志」）だった二十七歳の博古《ボー・グー》は、モスクワの東方労役大学卒だった。早熟な学生じみた顔立ちで、ぎょろ目で黒縁眼鏡をしており、それを見たイギリスの外交官の意地悪ながらも正確な表現では、ゴリウォグを思わせた。ソ連勢への忠誠を確保すべく、コミンテルン[*1]が送り込んだ人物だった。二人目は周恩来、紅軍総政治委員であり、玉座の博古の背後にいる真の権力者で、かれもモスクワに信頼されていた。三人目のオットー・ブラウンは、背の高いやせたドイツ人で、鼻が大きく馬のような歯の顔を丸眼鏡がまとめていた。かれはコミンテルンの軍事顧問だった。

　過去十二ヶ月にわたり、この三人の指揮のもとで共産軍は壊滅的な撤退を強いられてきた。国民党指導者　蔣介石《ジャン・ジエスー／チアン・カイシエク》は、中国のその他地域に対する掌握力を強めており、長期的に見て自分の支配に対する致命的な要因になりかねないと正しく認識していたものを、断固として排除しようとしていた。ドイツの軍事顧問の助けを借りて、かれは共産党支配下の地域に、要塞化したブロック造のトーチカを建設しはじめた。きわめて遅々たる歩みながらも、この前線はだんだん進出して、共産主義勢力はその中に封じ込められた。じわじわと紅軍の首は絞まっていった。この戦略に対してトロイカは適切な反撃を見いだせなかった。

　毛沢東といえど、ましな対応ができたわけではなかったかもしれない。だが博古は二年以上も前に毛を指導部から外していた。毛は干されていたのだ。

　一九三四年十月、蔣介石軍がとどめを指そうと包囲をせばめる中、完敗だけは避けたい紅軍は、党指導部内での激論の末に絶望的な賭けに出た。根拠地を放棄したのだ。中国全域におよぶ一万キロ近くの行軍は、後に長征としてまつりあげられ、逆境の中での叙事詩的な勇気、無私の規律、不屈の意志の象徴とされる。だが当時はもっとぶっきらぼうに「戦略的大移動（戦略大転移）」と呼ばれており、しばらく後には「西部進軍」と呼ばれた。計画では（もっとも計画と呼べるほどのものがあればだが）、湖南省の北西部を目指すことになっていた。その地の軍閥たちは蔣介石の野望を煙たがっており、その軍門に下るのを嫌がっていたのだ。そこで他の共産主義勢力と合流して、放棄した地域にかわる新たな紅軍本拠地を作る予定だった。

出だしはよかった。紅軍は最初のトーチカの列をこっそりくぐりぬけ、ほとんど抵抗に遭わなかった。次の二列も出し抜けた。国民党の諜報筋が、獲物の逃走に気がつくまでに三週間以上もかかった。だが湘江にあった蔣介石の第四列では、そうはいかなかった。

戦闘は十一月二十五日から十二月三日まで、一週間以上も続いた。戦いが終わるまでに紅軍は戦闘員一万五千人から二万人を失っていた。予備兵や輸送員四万人近くが逃走。十月に出発した男女八万六千人のうち、残っていたのは三万人をわずかに上回る程度だった。荷物輸送路は、全長八十キロにも及び、巨大なヘビにも似て、後に毛沢東が語ったところでは、行軍というより引っ越し行列のようなものとなっていたが、それが湘江で背中をへし折られた。泥にまみれて丘陵地に散乱していたのは、事務用家具や印刷機、党の文書資料、発電機——ベルギーよりも大きな地域を三年にわたって支配する中で共産党がかき集めたがらくたすべて。それらは山道や田んぼの中を、何百キロものうんざりするような行程にわたり、荷役夫の背中にかつがれて運ばれてきたのだ。重火器、重機関銃、共産党唯一のレントゲン装置もすべて放棄された。だがそれらはすでに、ふくれあがって弱体化した紅軍の行進の足をひどく引っ張り、そのために蔣介石が用意した罠にみすみすはまりこむことになってしまったのだった。

それは最も冷静沈着な紅軍指導者たちですら予想外の、ひどい打撃だった。十月には、何年もかけて構築した根拠地が放棄された。いまや軍の三分の二が失われてしまったのだ。

一週間後、追っ手をなんとかふりはらった共産軍残党は、湖南省南部へと入った。体勢は立て直されていた。だが上級指導部の中には反乱の気運が高まっていた。トロイカの責任追及が目前となっていたのだ。

が、それにはもう少しかかる。通道でその午後に集まった、八、九人の疲れた男たちにはもっと火急の問題があった――次はどこに向かおうか？　博古とオットー・ブラウンは、当初の計画通り湖南省北西部を目指そうとこだわった。軍指導部は拒否した。北に向かう道は、蔣介石軍三十万が封鎖している。無理に通れば全滅は必須だ。決断を急ぐ必要があった。東から湖南省の軍閥部隊が侵攻しているという情報が届いていた。

緊迫したあわただしい議論の末、とりあえずの対応として軍は西に向かい、貴州省の山城に入ることになった。そこで政治局の総会を開いて、今後の戦略を議論することが決まった。この妥協案を出したのは毛沢東だった。一九三二年に軍の指揮を解かれて以来、毛の意見が権力中枢で述べられ、受け入れられたのはこれが初めてだった。かれがこの会合に出られたのは、単に湘江での敗北があまりに大きかったからだ。だが中国のことわざに、千里の道も一歩からと言う。毛沢東にとって、通道こそがその第一歩だった。

貴州は、今も過去何世紀も、中国の最貧省の一つだ。一九三〇年代のこの地の村はアヘンだらけで、人々は文盲で、一家にズボンが一着しかないくらい貧しかった。女児はしばしば間引かれた。男児は奴隷商人に売られて、沿岸部の豊かな地域に転売された。だがこの地の壮大な自然は見事なものだ。西に行軍する紅軍の眼前に開ける地方部の光景は、明朝の巻物に見られる驚異的な風景さながらだった。

通道を過ぎると斜面は急になり、山は大きく入り組んでくる。巨大な円錐状の石灰石の山が千メートルもそびえる。らくだのこぶのような山、蟻塚のような山、旧家の墳墓群のような、プラムプディングのようにでこぼこした山岳。苗族の村が絶壁上にのっかっている――草葺きの屋根と土壁の家が固まって、張り出したひさしと格子状の紙張り窓が、黄ばんだ緑の冬の枯れ草と気の早い春草の混合物を背景に、暗く突出している。頭上を鷹が舞う。足下の稲の切り株には霜がおりている。貴州の人々は「雨のない日は三日と続かず、山のない道は三里と続かない」という。省のこの部分では山しかなく、十二月と一月にはこぬか雨と霧がいつまでも続く。霧に包まれた高い斜面は、濃い松林や黄金の竹林、濃い緑のモミの木に覆われる一方、はるか眼下の谷底にある村は白い雲のまばゆい湖だらけだ。川のあちこちに鎖橋が渡され、荒地からくねくね下りる急流の横にはハンカチ大の耕作地が散在して、農夫が五十度の斜面で、やせた野菜を暗い赤土からわずかばかりむしり取ろうと働いている。

兵士たちは道中の苦労しか覚えていない。「山道があまりに急で、前を歩くやつの靴底が見えた」とある軍人は回想する。「行列づたいに、先行部隊が急な崖に出くわしたという情報が伝わっていた（中略）その場で夜明かしして、夜明けに登坂を再開せよとのこと。（中略）星は暗幕を背景にした翡翠のようだった。暗い山頂が、おっかない巨人のように周囲にそびえていた。井戸の底にいるかのようだった」。その崖は地元では雷神岩と呼ばれ、幅三十センチの階段がきざまれていた。担架を使うには急すぎた。傷病者は背負って運ぶしかなかった。多くの馬が下の岩に落下して死んだ。

紅軍司令朱徳《チュー・デー》は、その地の貧困ぶりを記憶している。「ここの農夫たちは『干人』と名乗っていた。あらゆるものが干上がっている。（中略）人々は地主の古い穀物庫の下から腐った米を掘り起こす。僧たちはこれを『聖米』と呼び、天が貧者に与えた贈り物だと言った」

毛沢東もそれを見ていた。でもかれが詩に書いたのは、通過する地方の偉大さと美しさだけだった。

山！　　　　山！
倒海翻江巨瀾。　　荒れ海に起こる波
奔騰急、　　　　激戦を駆ける
万馬戦擶酣。　　万騎の馬

山！　　　　山！
刺破青天鍔未残　　刃のごとく蒼天を貫き
天欲堕　　　　その支持力なくすれば
頼以拄其間　　天も折れて落ちる

鞍上で詠まれたこの短詩は、単に自然の根源的な力を言祝ぐだけのものではなかった。毛沢東には喜ぶべき理由があったのだ。

十二月十五日、紅軍は黎平《リーピン》に到達した。低い段々畑の丘に囲まれた峡谷にある県都で、通道を出て以来初めて目にした平坦地だ。軍指揮部が商家に設置された。広々とした便利な場所で、小さな中庭もあり、仏教装飾や繁栄を祈るお札で飾られている。支柱つきの寝台を備え、裏には小さなシナ式庭園を持ち、表は木造商店や、反り返った軒の灰色瓦の家が並ぶ狭い通りに面している。数軒並びにはドイツのルーテル派伝道教会があった。伝道師たちは、商人同様に、共産軍が接近したので逃げ出していた。

長征開始以来、政治局が政策をめぐって初の正式な会議を開いたのはここでだった。主要な議題は二つ。まず前回の会議で決着がつかなかった、紅軍はどこへ向かうべきかという問題。そして軍事戦術の問題だった。

ブラウンと博古はいまだに湖南省北部の共産勢力と合流したがっていた。毛沢東は北西部に向かい、貴州省と四川省の境界近くに新しい紅軍根拠地を築くべきだと提案した。そこでなら抵抗も弱いからだ、とかれは論じた。それを支持したのは政治局常務委員四人の一人である張聞天《ザン・ウエンティアン》と、軍事委員会副主席の王稼祥《ワン・ジャシャン》だった。王は一年前の戦闘で大けがをして、長征の間ずっと担架の上で、腹からゴム管の突き出た状態で過ごしていた。どちらもモスクワ帰還組だ。どちらも最初はブラウンと博古を支持していたが、だんだん幻滅してきたのだった。毛沢東は長征開始以来ずっと、この二人を懐柔し続けていた。いまやこの二人が状況を毛沢東有利に変えた。場の空気に敏感な周恩来も声をあわせ、残りの政治局委員もほとんどその顰みにならった。博古の提案は却下された。そして新しい根拠地を、貴州省第二の都市遵義《ズンイー》を核として構築し、それがむずかしければもっと北西部に設置することが決定された。

だがすべてが毛沢東の思惑通りに運んだわけではない。戦術面では、決定はもっと双方の意見を取り入れたものとなっていた。決定は「自軍への損害の可能性を過小評価し、悲観論と敗北主義につながる」ことを警告していた——湘江での惨状を暗黙に指し、つまりは周恩来、博古、ブラウンの三人団による軍事方針を示唆するものだ。同じ流れで、新しい根拠地が確保されるまでは大規模交戦を避けるよう軍に命じていた。だが一方で「ゲリラ主義」の危険にも触れていた。これは毛沢東と結びついた「柔軟な（霊活機動的）ゲリラ戦略」を指す暗号だった。周恩来は明らかに、大人しく毛沢東に権力を譲る気はなかったのだ。

翌日の十二月二十日、紅軍は移動を再開した。博古とオットー・ブラウンはもはや瀕死。いま持ち上がりつつある抗争は、毛沢東と周恩来とのものだった。

この二人に共通点はほとんどなかった。周恩来は官僚の息子で自分の階級に反抗し、柔軟で細やかで、何より生き残りに長け、上海で地下活動を行う共産主義者として人命の軽さを思い知らされてきた。そこでは裏切りの耳打ち一つで人の命が消えたのだ。毛沢東は農民の出で、世俗的で粗野であり、発言はピカレスク的な寓話だらけで、都市住民を軽蔑していた。片方は洗練された都会人で、相手の発想を精力的に実行に移し続けた。もう一人は予想のつかないビジョナリーだ。続く四十年の大部分にわたり、二人は世界で最も長続きした政治的パートナーシップを形成し続ける。だが一九三四年の暮れには、どちらもそんなことは思いも寄らなかった。

十二月三十一日、軍司令部は小さな交易町である猴場《ホウチャン》にたどりついた。遵義までの最後の自然障害である武川の四十キロ南だ。その晩、政治局は再び集まった。オットー・ブラウンは、迫っているとされる軍閥の三軍と対決すべきだと提案した。軍司令部は、黎平での合意で大規模独立戦闘は避け、新しい根拠地の確保を優先することになっていると指摘した。夜遅くまで続いた激論の後で、ブラウンは軍事顧問の職を解かれた。この変化の重要性を強調すべく、この決定を承認する政治局決議は、毛沢東の十八番ともいうべき原則を大仰に支持してみせた。「あらゆる機会を捉えて敵を分断し、一人ずつ殲滅する移動戦術を利用しなくてはならない。それが確実な勝利につながる」。これは過去二年無視され続けていた原則だった。

流れは変わった。トロイカの下の古い指揮系統は崩壊した。一時的な手段として、あらゆる重要な決断は、指導部全体に諮られることとされた。古い戦略は放棄された。それに変わる新戦略を考案しなければならなかった。正月の早朝、政治局は遵義で拡大会議を開くことに合意した。拡大会議の議題は三つ。過去を振り返ること、そのまちがいをみきわめること、未来の方向性を示すこと。決戦の舞台が整えられたのだ。

鄧小平《デン・シャオピン》は三十歳のずんぐりした人物で、とても背が低く、弾丸のような五分刈りの頭をしていた。十代をパリで過ごしていた頃、かれは中国共産党青年部の支局向けに、ガリ版で文字を切ってススと桐油で作った墨でそれを印刷するという新聞の作り方を学んだ。ジャーナリストとしてのかれの評価は定まった。いまやかれは紅軍新聞『紅星』の編集者だった。これまた粗雑なガリ刷りの一枚新聞ではあったが。

同紙一九三五年一月十五日号は、一発も発砲することなく共産軍が遵義を占拠し、人々がそれを歓迎したことを伝えている。先鋒隊は地元軍閥の一部のようなふりをして、守備隊に町の門を開けさせたのだった。他の記事は、「大衆の心に紅軍の姿が焼き付き」、町を統括する革命委員会が創設されたことを記録している。

政治局が史上最も重要な会議を開くと匂わせるようなものは何一つない。この会議では、鄧小平自身が議事録を作成したというのに。この会議はあまりに機密性が高く、開催後一ヶ月たっても、党の上級幹部たちでさえその決定を報されることはなかった。やがて指導者たちは再度会議を開いて、その知らせをどう伝えたものか相談することとなる。

その晩、回廊式ベランダに囲まれた、暗灰色のれんがでできた見事な方形の二階建て建築の上階に、二十人が集まった。周恩来と軍司令部が本部として徴用するまでは、この町の小軍閥の家だったものだ。博古とオットー・ブラウンは近くに宿舎を与えられていた。ローマカトリックの聖堂につながる小道沿いにある家だ。その聖堂は古代で華やかな三層構造の建物で、シナ様式というよりはシノワズリ式で、それを取り巻く花壇には、指導部を守る紅軍部隊がキャンプを設営していた。毛沢東とその仲間二人、張聞天と王稼祥は、護衛六人とともに町の反対側にある別の軍閥の家にいた。こちらはアールデコ様式の木造装飾と、ステンドガラスの窓を持っていた。一週間前に到着して以来、毛沢東は二人の支持をとりつけようとしてきた。いまや準備は整った。両サイドは戦いに備えた。オットー・ブラウンの表現では――

明らかに［毛は］復讐を求めていた。（中略）一九三二年には（中略）かれの軍と政治［的権力］は打倒された。（中略）いまや――何年にもわたる党派的抗争が、これをもたらすべく狙いすまされていた――個別の組織的・戦術的誤りをデマゴーグにより濫用することで、さらには特に歪められた主張や中傷的な糾弾により、党指導部の評価を落とし（中略）博古を孤立させられる可能性が生じたのである。それにより毛沢東は完全に復活を果たし、軍をしっかりと掌握して、党そのものを自分の思いのままに従えるようになるのだ。

会議開催の小さな混み合った部屋は、中庭を見下ろしていた。部屋の真ん中のいろりでは、赤い炭が弱々しい熱を、遵義の湿った強烈な寒気に向けて放っていた。王稼祥と、手傷を負った将軍がもう一人、竹製の長椅子に横たわっていた。ブラウンとその通訳は、主要な集団から離れて戸口近くにすわっていた。

実質的な党首である博古が主報告を発表した。紅軍根拠地を失い軍事的な大被害をこうむったのは方針の誤りのせいではなく、敵の圧倒的な強さと、国民党が帝国主義勢力から受けた支援のせいである、とかれは論じた。

次に口を開いたのは周恩来だった。かれはまちがいがあったことを認めた。でもかれもまた、戦略自体がまちがっていたとは認めなかった。周恩来はまだ、骨くらいは拾えるのではと期待していたのだ。

すると毛沢東が攻撃の口火を切った。四十年後のブラウンの回想によれば、その時の毛はいつものアドリブに頼らず、「慎重に練り上げた」原稿を読み上げていたという。毛によれば根本的な問題は、敵の強さではなかった。党が「紅軍に［過去の］勝利をもたらした基本的な戦略的・戦術的原則」から逸脱したせいであるという。その原則とはもちろん、かれと朱徳が編み出した「柔軟なゲリラ戦略」のことだ。この原則さえ守れば、国民党の包囲もおそらくは破れただろう、とかれは主張した。ところが紅軍は拠点防衛型の戦闘を命じられ、敵のトーチカに対抗すべくこちらも要塞を作り、「ソ連領をひたすら守る」という無駄な試みのために兵を分散させ、移動型の戦争を放棄してしまった。一時的に占領地を放棄するのは正当化できる、と毛は述べた。だが紅軍の強みを阻害するのは許されない。なぜなら失地回復ができるのは軍——そして軍のみ——を通じてなのであるから、と。

毛沢東はこうした誤りの責めをすべてオットー・ブラウンに負わせた。コミンテルンからの顧問は軍にまちがった戦術をおしつけた。そしてかれの「拙劣な指導力」は、軍事委員会内部における「きわめて異常な現象」をもたらした、と述べた。これはブラウンの、頭ごなしの押しつけ型指導様式を指したもので、だれもがこれを嫌っていた。博古は適切な政治的指導力を発揮できず、軍事面での誤りを正さず放置する結果となった、と毛は宣言した。

毛が着席すると、王稼祥もまた独自の長口舌でブラウンのやり口を批判した。張聞天が続いた。モスクワ帰還組の一人だった何克全《ホー・カイフェン》が博古の擁護に立ち上がった。出席者の一部は、毛沢東の攻撃が一方的だと感じた。たとえばもと印刷工で、上海で周恩来と近かった陳雲《チエン・ユン》などがそうだ。陳雲は軍には関与していなかったが、常務委員だったので、その意見は重視された。だが現場指揮官たちは、自分の兵たちがトロイカの誤りの代償を直接支払わされたこともあって、攻撃をためらわなかった。むっつりして歯に衣着せぬ将軍である彭徳懐《ポン・デーホアイ》は、人生において気に掛けるものは二つしかなかった。共産主義理念の勝利と、自分の兵の福祉だ。かれはブラウンを「父親の財貨を浪費した放蕩息子」になぞらえた――自分が毛沢東や周恩来とともに、大量の時間と血を費やした根拠地を喪失したことを指していたのだ。

ブラウン自身は、戸口近くの椅子で身動きもせずにすわり、ものすごい勢いでたばこをふかしながら、通訳がますます興奮して混乱しつつ、発言を通訳するのを聞いていた。とうとうかれが口を開いたのは、糾弾をすべてまとめて拒絶するためだった。自分はただの顧問にすぎない、採用した方針について責任があるのは、中国共産党指導部であり、自分ではない、と。

これはずるい言いぐさだった。一九三〇年代のスターリン時代には、コミンテルン代表は顧問といえどもすさまじい権限を持っていた。だがブラウン発言にもいささかの真実はあった。軍事問題について最終決定を下したのはブラウンではなかった。周恩来だったのだ。

真の敵が周恩来だということについて、毛沢東になんら迷いはなかった。一九三一年末に周恩来が紅軍根拠地域にやってきて、あっさりと自分を脇に押しやったときからそれはわかっていた。最終的な権力のライバルとしては、バカ正直な張聞天も、まして博古など問題外だった。周恩来こそが競争相手だった。が、遵義で正面切って周恩来を攻撃したら、指導部は分裂してしまい、そうなったら毛沢東に勝ち目はない。だから政治的にも軍事的にも典型的な駒の進め方として、毛沢東は周恩来の手勢で最も弱いところに攻撃を集中した。それがブラウンと博古だった。そして本当の政敵には、面目を保てるような逃げ道を用意してやったのだ。

周恩来は食いついた。会議の二日目にかれは再び口を開いた。今回のかれは、軍の方針が「根本的に誤っていた」ことを認め、長々と自己批判を展開した。これは周恩来が得意とするやり方だった。毛沢東の敵の立場から、味方へと寝返ってみせたのだ。毛沢東はもちろん、そのくらいのことは見抜いていた。周恩来も、それが見抜かれているのは承知のうえだった。だがとりあえずは、ここで休戦が成立した。

会議の後で起草された決議は、トロイカにおける周恩来の同僚二人を「極度に劣悪なる指導力」の点で酷評していた。ブラウンは「戦争を玩んで」「軍事委員会の作業を独占し」、自分と異なる意見を「あらゆる手段を使って」弾圧するため、理性ではなく懲罰に頼ったと糾弾されていた。博古は「深刻な政治的誤り」を犯したとされた。だが周恩来は無傷で逃れ、少なくとも紙の上では、短期間とはいえ昇進さえ獲得している。トロイカが公式に解体されると、周恩来は「中央委員会代行指揮軍事事項最終意志決定責任者」なる長ったらしい肩書きとともにその権限を引き継いだのだ。遵義会合に先立つもめごとにおけるかれの役割は、だまって見過ごされた。決議は紅軍の進行を妨げた「巨象のような」供給部隊については糾弾していたが、それを組織したのが周恩来だということには言及しなかった。ある部分では「純粋な防衛方針の指導者」に言及し、「オットー・ブラウンら」とは書いているものの、その「ら」がだれかは書いていない。周恩来の名がはっきり出てくるのは一回だけ、博古に続いて「追加的な報告」を行ったという記述だけだ。そしてそれですら、最高位の同志たち以外に配られた決議では、その名前の三文字は空白となっている。

毛沢東は政治局常務委員会に名前が加えられ、周恩来の首席軍事顧問となった。二年も干された後では、大した見返りには思えないかもしれない。だが中国ではよくあることとして、こうした意志決定の実質のほうが、字面よりずっと大きな意味を持つのだ。ブラウンですら、「会議出席者の大多数」が結局は毛沢東と合意することになった、と認めている。実質的には毛沢東の主張が勝利した。周恩来は、新しい肩書きはどうあれ、方針が糾弾された、失墜した指導部と同一視されることとなったのだ。

その後数ヶ月かけて、その実質には肉付けがなされた。二月初旬、党の実質指導者の地位は、博古から毛沢東の仲間である張聞天に移った。その一ヶ月後、朱徳を前敵司令とし、毛沢東を政治委員とする前線指揮が設立され、周恩来の運営上の指揮権は実質的にかなり奪われることとなった。間もなく、周恩来、毛沢東、王稼祥による新たなトロイカが設立され、周恩来の地位はさらに低下した。紅軍が金沙川を渡って四川省に首尾良く入った初夏には、毛沢東は文句なしの指導者の地位を確立していた。

その後も争いはあった。毛沢東が死ぬまで維持した主席の座につくまでにはまだ八年かかる。だが周恩来がその地位を脅かすことはもうなかった。そしてそれまでの争いについて、かれは大きな代償を支払うことになる。一九四三年に周恩来の地位はあまりに危なっかしかったため、コミンテルンの前委員長ゲオルギー・ディミトロフは、周恩来を党から追放しないよう毛沢東に懇願したほどだ。毛は周恩来を追放しなかった。別にディミトロフのおかげではなく、周恩来は便利だったので無駄にしたくなかったのだ。だが未来の首相は侮辱に耐えなくてはならなかった。二年後に形成される共産党中央委員会において、かれは二十三番目の地位に甘んじることとなったのだ。

遵義から二十五年後、一九六一年の春、毛沢東は専用鉄道に乗って故郷の湖南省に向かうところだった。

年月はかれにほほえんでくれたようだった。中国の偉大なる指導者として追従されてまつりあげられた、この高齢でふくよかな姿の人物は、天安門の上から月のような顔でまじめそうに見下ろし、世界最大の人口を持つ国の、文句なしの指導者であり、通俗的なフルシチョフ主義が放棄した、純潔世界革命の旗印を擁護する人物とも見なされていた。

だが毛沢東は、世界が想像するような存在ではなかった。

この旅でかれはいつものように、多数の魅力的な若い女性を伴っていた。彼女たちは毛沢東と、かれの行き場所にはどこでも用意される巨大なベッドを共有していた。そのベッドは別に肉欲用に用意されているわけではなく、むしろ常に傍らに備えなくてはならない大量の本のためだったのだが。妻が自殺して以来、警備主任ラヴレンチー・ベリヤによって魅力的な「家政婦たち」をあてがわれていたスターリンのように、毛沢東も中年過ぎには家庭生活をあきらめていた。年齢が自分の三分の一以下の娘たちと関係を持つのは、毛沢東にとっては他で許されなかった正常さを見いだす手段なのだった。

一九六〇年までに毛沢東は、自分が支配している国の実態とは完全に切り離されていた。そのご威光が強すぎたために、警護や首脳部がかれの一挙一動を計画してしまったのだ。かれに残された唯一の自由がセックスであり、一日の中で他人を平等に扱い、平等に扱われる唯一の時間なのだった。一世紀前に、少年皇帝の同治帝は、付き人を一人だけ従えてこっそりと宮廷からぬけだし、北京の娼館を訪れることができた。毛沢東にはそれは不可能だった。女性のほうがやってきた。女たちはかれの権力に酔いしれた。「私はチンコを女のマンコで洗うんだ」とかれは、私設医師に語ったことがある。この医師は生真面目な人物で、毛沢東はかれを驚かすのを楽しんでいたのだ。善良な医師は後に「吐き気がしました」と語っている。
毛沢東のご乱交は、あらゆる指導者の私生活同様に、不可侵の革命的純潔さのカーテンに隠されていた。だがその二月のある午後の列車上では、そのヴェールが突然破られた。かれは若い女教師と一晩過ごし、いつも通りに朝寝をして、会合に出席した。その後、彼女が毛沢東の他の取り巻きと話をしていると、そこに技師が加わった。毛沢東の医師はその様子をこう語っている――

若い技師は突然、雑談を遮って女教師にこう言いました。「きみが今日しゃべってるのを聞いたよ」「しゃべってるのを聞いたってどういうこと？　何の話を聞いたの？」と彼女は答えました。「主席が［湖南省の第一書記］張平化《ザン・ピンホア》と面会する準備をしているときに、きみは急いで服を着るように言っただろ」若い女性は真っ青になって「他に何を聞いたの？」と静かに尋ねました。「何もかも」技師はからかうように言ったんです。

こうして毛沢東は、上級の同志たちの命令によって、過去十八ヶ月にわたり自分の会話はもとより同衾まですべて、盗聴されて密かに録音されていたことを知ったのだった。その時点では、このために飛んだ首は下級官僚三人のものにとどまり、その一人はそのあわれな技師だった。それでさえ、文字通り首が飛んだわけではない。だがその四年後に、文化大革命を宣言する最初の政治的な騒動が、一見すると穏やかな党の表面を震撼させたとき、毛の同志たる党首脳部は、そんな秘密の録音をなぜ認めてしまったのか、もっと深く考えざるを得なくなる。
ある意味で、かれらの動機は当たり前のものではある。党員数二千万人からなる中国共産党の頂点に位置する、政治局常務委員会を毛とともに構成する六人は、みんな遵義会合の出席者であり、権力奪取の長い遍歴の間ずっと毛に付き従ってきた少数のエリートたちだった。一九六〇年代初期までに、かれらですら毛沢東の考えがますます読めなくなっていった。かれらとしても毛沢東が何を考えているのか先触れの警報が欲しかった。政治的な方針が急に変わったり、外国からの来賓にちょっと一言漏らしたことで、いきなりまずい立場に追い込まれたくはなかった。これまた遵義会合の出席者である楊尚昆《ヤン・シャンクン》は、中央弁公庁主任をつとめており、この問題に対する明らかな答は録音機という現代技術だと判断したわけだ。この観点からすると、盗聴と録音は毛の地位に対する賞賛だとさえいえる。あまりに高い地位にのぼったために、一言一句余さず記録する価値があると思われたのだから。だがそれは一方で、主席とその家臣たち——というのも、他の指導部は家臣にすぎなかったからだ——との間に生まれた精神的な溝について、政治局が抱いていた不穏な認識を反映したものでもある。

この精神的なきしみから生まれたイデオロギーと政治の溝は、一九六〇年代が終わる前に、中国全土を震撼させて偶像破壊的な恐怖をもたらし、遵義の仲間意識とそこで生み出された思想をどちらも破壊することとなる。

一九六〇年代の抗争は、三十年前のものよりは細やかであり、複雑で、最終的にはずっと血みどろかつ残虐なものとなる。無理もない。遵義で問題になっていたのは、中国政治の周縁部で、明らかに勢力の衰えつつある、わずか三万人ほどの烏合の衆軍団の指導権をめぐるものでしかなかった。北京での戦いは、人口十億に達しようとする国の支配をめぐってのものだった。だが基本的なルールは同じだった。その遵義で、毛沢東自身がそのルールをはっきり述べている。

条件が悪ければ戦いを（中略）やめて、主力部隊を適切な距離に退却させ、敵の後方や側方に移動させてこっそり集中させ、敵を疲れさせ、衰弱させ、混乱させることでまちがいを引き出して弱さを露呈させるようにし、それによって決定的な戦いにおける勝利を収められるようにするのである。

「戦争は政治である」とかれは後に書いている。「政治は戦争が別の形をとったに過ぎない」

章末注

＊1　コミンテルンことコミュニスト・インターナショナルはレーニンが一九一九年三月に創設したもので、モスクワが外国共産党の活動を牛耳るための組織だった。各国の共産党は、ロシア人主導の理事会のもとで、コミンテルンの支部として扱われた。

第1章 儒教的な子供時代

湖南《フーナン》の冬は、骨にしみるような寒風が吹きすさび、乾いた黄土のむき出しの畑から土埃を舞いあげて、馬の目を刺す。その風に向かって前屈みに進む人々は目をつぶり、顔は皮の仮面のようだ。これは一年の死んだ季節。農民たちは暖房のない泥煉瓦の小屋で、きたない綿入れを重ね着して身を寄せ合い、手は袖の中に引っ込めて、分厚い青い布から頭だけを嫌々つきだし、日々がましになるのを亀のように待っている。

毛沢東が、湖南の韶山《シャオシャン》村の農家に生を受けたのは、冬至の数日後だった。冬至は大祭で、はるか彼方の北京では光緒皇帝が荘厳な行列の中で運ばれて、天壇で生け贄の儀式を行い、一年の無事を天に感謝するのだった。毛沢東の誕生日は、旧暦では巳年十一月の十九日、新暦では一八九三年十二月二十六日である。

長子なので伝統に忠実にしたがって、この赤ん坊は生後三日目まで入浴しなかった。そして算命師が呼ばれ、陽占が描かれたが、毛沢東の場合には、明らかに一家に水の元素が足りないと出た。したがって父親はかれを沢東と名付けた。沢という漢字は湖南の土着伝承によれば、こうした欠陥を補うものとされていたからだ。これは中国の農民たちが、昔から環境の厳しさをなだめ、生活を規定して社会の規範となっていた厳しい儒教の教えに対し、ちょっとした彩りと華やかさを加える、仏教と道教の民俗儀式による年明けを記すものとなった。四週間後、「生命につなぎとめる」とされる頭頂の小さな髪のかたまりを残して、赤ん坊の頭がそられた。同じ意図から、銅貨数枚、ときに小さな銀のかんぬきが赤いひもに結ばれ、赤ん坊の首にかけられた。いくつかの家族では、剃られた髪の毛が犬の髪の毛と混ぜられ、子供の服に縫い込まれた。そうすれば悪霊たちはそれが動物だと思い、つきまとわないとされていたからだ。ほかの人たちは男の子に耳輪をつけさせた。悪霊たちがそれを女の子だと思い、手を出す価値がないと思い込むはずだからだ。

当時の基準からすれば、毛一家は裕福だった。父順生《レンシエン》は十六歳で湖南と湖北の太守軍に加わり、五、六年のうちにちょっとした財産を蓄えて、土地を買った。毛沢東が生まれる頃には、一家は田んぼ一ヘクタールを所有していたが、中国で最も豊かな稲作地域でも、最も裕福で肥沃な地域の一つとして名高い地域にあって、これはかなりの財産だった。父親は銅貨を細かく勘定する倹約家で、後にさらに〇・四ヘクタールを買い、小作人二人を雇った。毎日米を一定量与え、そして月に一回、特別ボーナスとして卵を入れた米の料理を与えた――だが肉は決して与えなかった。

その倹約家ぶりは、ごく初期から毛沢東の父親像に影響していた。「私には、卵も肉もくれなかった」と後に毛沢東はとげとげしく回想している。食料は十分にあったが、それでも食事は質素なものだった。少年毛沢東にとって、このケチぶりに輪をかけたのが、父親としての愛情の欠如で、母親の温かさと優しさのおかげでそれはいっそう際だった。このため父親の長所も目に入らなかったのだ。それは一途さであり、やる気と決意の強さであって、後に毛沢東自身が自分の人生でたっぷりと示すことになるものだった。まだ子供の頃から、かれは一家が二つに分裂していると思うようになっていた。片側には母親と自分、反対側には父親だ。

節約とたゆみない努力のおかげで、毛の父は韶山でもっとも裕福な人物の一人となった。当時、この村には三百世帯ほどが暮らしていたが、そのほとんどは毛という姓で、かれらが優勢な氏族だった。

当時、湖南の農家は土地〇・六ヘクタールと三部屋の家が持てれば成功したと見なされた。毛沢東の両親はその倍以上を所有していたし、広大で増築を繰り返した農家は、灰色の瓦屋根と反り返った軒を持ち、隣には段々式の田んぼが狭い峡谷へと下っているのだった。家の背後には松林、家の前には蓮池があった。毛沢東は個室をもらったが、それは前代未聞のぜいたくであり、成長してからは父親に見つからないよう青い布のかげに灯籠を隠しつつ、夜更かしして読書していた。後に弟たちが生まれると、かれらも個室をもらった。父親の財産は銀三千両にものぼり、「その小さな村では一財産だった」と毛自身も認めている。自分の所有地を拡大するかわりに、父親は他の農夫の土地が担保になっている借金を買い取り、間接的な地主となった。また村の貧農から穀物を買って、五十キロ離れた県都湘潭《シャンタン》で売りに出した。湘潭は数万人が暮らす、スプロールした集積地で、当時は地域の茶の取引中心であり、湖南で航行可能な最大の川であり、地域の交易の核をなす湘江に面しているため、重要な中継ぎ港で金融センターでもあった。韶山から湘潭までは、土道をたどって牛車で二日かかったが、八十キロの商品をかついだ荷役夫なら一日で到達できた。

父親の陰険さについてさんざん文句を言いつつも、毛沢東はその倹約精神を受け継いだ。成人してからも一生、少なくとも自分自身に関する限り、かれは古いものに継ぎをあてて長持ちさせられるのであれば、新しいモノを一切買いたがらなかったのだった。

子供時代の泥臭さも同じくらいしつこく残った。衛生観念はまったく未発達で、入浴は中世ヨーロッパ並にほとんど見られなかった。ある同時代の観察者はこう書いている。「最高の階級から最低の階級まで、衛生に関する事柄についてまったくの無関心が横行している。豪華な絹の下には洗っていない皮膚があり、高官の豊かなセーブル毛皮の袖口からは、石けんや爪切りにお目にかかったこともない爪が顔をのぞかせている」。毛沢東は死ぬまで、石けんと水で身体を洗うより蒸しタオルでこすらせるのを好んだ。また歯ブラシの利用にも死ぬまでなじまなかった。かわりに南部の地方人と同じく、お茶で口をゆすぐのだった。

　他に農民生活でつきものだったのは、南京虫、シラミ、かゆい虫さされだった。毛沢東はかゆいとそれを掻いた。一九三〇年代の延安《ヤンアン》での毛は、下着の中の招かれざる客を捜すためなら、外国からの訪問客を迎えているときでも、ズボンをおろすのをためらうことはなかった。一部は伝統を嫌ったせいだったが、一部は根っからの農民根性のためだった。これが何よりも野卑な形であらわれていたのは、自分自身の肉体の働きに対する態度だった。中国民族は、特にアングロサクソン人を恥ずかしくて縮み上がらせるような自然のプロセスにも、昔からまったく臆することがない。子供たちは、いまでも国の少なからぬ地域ではそうだが、股の割れたズボンをはいて育ち、催したらどこでもしゃがんで用を足す。大人は共同便所を使い、脱糞が社交の一部なのだった。毛沢東は最後まで、西洋式の水洗便所にはなじまなかった。一九五〇年初期、国家元首になってからの中南海《ゾンナンハイ》においてさえ、毛沢東の護衛の仕事の一つはシャベルを持って毛沢東の後から庭へ出て、毛沢東が脱糞するための穴を掘ることだった。この慣行がやっと終わったのは、周恩来《ゾウ・エンライ》が毛沢東のお眼鏡にかなう特製外便所を、寝室の隣に作らせてからのことだった。かれは同じく西洋式のベッドにもなじめず、死ぬまで堅い板間で寝ることに固執したのだった。

　六歳になると毛は、同年代の他の子供たちと同様に畑仕事の手伝いに出た。中国農家がいつも高齢者や子供たちに任せる、牛追いやアヒルの番といった簡単な用事をこなすのだ。二年後、父親は毛を村の学校に通わせた——重要な決断だった。学費は年に銀四、五両かかり、これは労働者の六ヶ月分の賃金に相当した。

大金持ちを除けば、十九世紀中国のあらゆる家庭の夢は、儒教古典の解釈で頭角をあらわす息子を持ち、その子が科挙に合格して官僚への道が開け、名誉とそれに伴う「搾取」の機会を手に入れるということだった。当時の中国について最も好意的な西洋の観察者はこう書いている——

国家が与える栄誉や報酬への王道は教育であり、若者の脳内で暴れる最高の野心が最終的に満たされるのは、その教育を通じてのことである。西洋では、人が栄誉ある地位にのぼり、最終的に議会の一員としての地位を獲得したり、世間に認知される政府の役職につくための道はたくさんある。中国では、それはすべて一つの道にせばめられており、その道は学校から続くものなのだ。（中略）あらゆる学童はそのかばんの中に、官職の可能性を秘めていることは断言でき、それが実現すればかれは二、三千万もの人々を支配して、議会などに煩わされることはない。

だがその夢をかなえるのはごく少数だ。人口のほとんどは、その第一歩すら踏み出せないほど貧しかった。読み書きを学ぶことさえできなかったのだ。

母親文七妹《ウエン・チーメイ》は、文字通り七人目の娘だった。当時の農民の習慣では娘には名前をつけず、単に生まれた順に番号を振るだけだったのだ。彼女は毛沢東に夢を抱いていたかもしれない。夫より三歳年上だった彼女は、熱心な仏教徒で、お香のにおいが立ちこめる村のお寺で、すすまみれの阿羅漢や仏様のすばらしい画像を見せ、その神秘を息子に手ほどきしたのだった。そして後に青年になった毛沢東の信心が薄れ始めると、彼女は嘆いた。

毛の父親は夢など見なかった。かれの野心は、小地主として典型的なものだが、ずっと地に足がついたものだった。かれ自身はかろうじて字が読める程度で、学校には二年通っただけだった。息子にはもう少し学をつけさせたいとは思っていたが、それはひたすら現実的な目的のためだった。農場の帳簿をつけて、後に湘潭の米商人のもとで見習いをさせてから、父の後をついで老いた両親の世話をさせるのが狙いだった。

王道とはいえ清帝国末期の村の学校は陰気な場所であり、どんな大胆な子供でもつぶされるように設計されていた。泥煉瓦壁の大部屋で床は三和土、冬には暖房もなく、夏は暑苦しく、真ん中に戸口と、両端に窓があって、陰気さの中に換気とわずかな明かりをもたらしていた。新学期は二月、初の新月から十七日目で、新年のお祭りの終わりを告げる元宵節の二日後に開講だった。男の子はみんな校門で、家から持ってきた小さな机と椅子を持って待っていた。通常は二十人くらいで、いちばん下は毛沢東のように七、八歳、最年長は十七歳か十八歳。みんな自家製の青い綿でできた、前の重なる同じゆるい上着を着て、同じ材料で作ったゆるいだぶだぶのズボンをはいていた。教師がすわっている机には硯と水差し、小さな素焼きの急須、生徒の出席を記録するための竹の札《ふだ》があり、そして眼前には頑丈な竹の棒があった。伝統によれば、教師は生徒たちにいささかの関心も同情も示してはならない。さもないと自分の絶対的な権威が脅かされるからというのだ。

毛沢東の教師もこの型どおりだった。「厳格一筋で……情け容赦なかった」と毛は回想している。生徒たちはその竹の棒を恐れるようになったが、かれはそれを何かと振り回し、そして線香が一本燃えつきるまで正座させられる、波打つ洗濯板、通称「焚香板」も恐れられた。

物質的な状況もさることながら、指導方法はそれに輪をかけて気が滅入るものだった。毛沢東やその同級生たちの想像力をかきたてるような絵本もなく、幼い心を捕らえるような簡単なお話もない。

あったのはひたすら暗記だけで、その中身は二千年この方ほとんど変わらずに伝えられてきており、その基本的な発想は、知識をエリートの独占物にすべく、習得をなるべくむずかしくしようというものだった。

毛沢東世代の子供が初めて使う教科書は『三字経』である。三百五十六行のそれぞれが三文字で構成されているのだ。儒教の教えを若者に紹介するため十一世紀に書かれたこの文献の書き出しはこうだ――

人之初、性本善　人は生まれたとき、性質は本来は善である
性相近、習相遠　誕生時には性質が近いが、習うにつれて大きく差がつく

これについて十五世紀の注釈者はこう加筆している――

これは教育の課程の出発点であり、第一原則を説明している。(中略) 天がもたらすものが「人」と呼ばれる。それが与えるものは「性」である。正しき道徳的原則の保有が「善」と呼ばれる。(中略) これは生まれたときの人を指す。賢く単純、率直にして美徳、すべてがその性の中で一致し、お互いに激しく似通い、何ら異ならない。しかし人の知識が拡大すると、その性向や得たものはすべて異なる (中略) これにより善にあふれる性の正しい原理が歪められてしまう。(中略) 君子のみが正道を支持する善を得ている。かれは天性の若き萌芽が損なわれることを許さない。

これは八歳児にはどう考えても荷が重い代物だ。だがこんな小難しい形而上学的な概念を学ぶ苦労

に加えて、別のもっと根本的な障害があった。
教科書は大きな字で粗雑な紙に印刷されており、各ページは二段組みで五行。まず教師は生徒を自分の机の前に呼びつけ、学ぶべき行を自分の後から繰り返させ、暗記するまでそれを続ける。それから次の生徒がやってきて、その調子で教室の全員が教師と対面し、そしてそれぞれは自分の机に戻ると自分が習ったことをおさらいしつつ、対応する文字の形を薄い紙の上でなぞる。だが、それを黙ってやったわけではない。

どの音を口にすべきか告げられてから、各人は自分の習った字を大声で読み上げて、さぼっていないことを示すとともに、音が正しく伝わっていることを教師に知らせるのだった。その科目が「学ばれ」ると、つまり生徒が師匠の発音とまったく同じようにそれを怒鳴れるようになると、かれは師匠に背を向けてたち、その科目を歌うように大声で繰り返し（または「復唱」し）、そしてその科目の終わりか、あるいは自分が覚えていることの終わりまでくると、その声はカナブンが壁にぶちあたるように、甲高い声から急に下がるのだ。

各人が自分勝手に練習するものだから、結果は何一つ聞こえないような大騒動で、それも他人が聞いてわからないのみならず、自分でもわからなかった。というのも漢字の意味は多くの場合、その形を見ただけではすぐにわからないからだ。教師はそれぞれの行がどういう意味か説明しなかった。生徒たちが習った文字とその発音を、単独で、または固まりとして再現できればそれでよかった。

このやり方で、全部で六書を暗記しなくてはならなかった。『三字経』に続いて、中国の名字として認められている四百五十四個を、デタラメな順番で何の区切りもなく並べた『百家姓』、次に六世紀に書かれて千文字から成る『千字文』、勉強と書の重要性を述べた『神童詩』、孔子自身の口伝とされ、少なくとも四世紀までさかのぼる『孝経』、そして儒教家族の構成員の役割を微に入り細をうがって述べた『小学』または『増広賢文』。いわば英語しかしゃべれないイギリスやアメリカの子供に、旧約聖書の相当部分をギリシャ語で暗唱しろと要求するようなものだ。結果として中国人の多くは、学校を出てもほんの一握りの文字しか読み書きできないのだった。

十歳くらいになるまでの二年間、朝から晩まで毛沢東は「勤有功、戯無益（勤勉には利益がある、遊んでも何の利益もない）」といった道徳訓を、それが何の意味だか見当もつかないまま暗記し、書き写し、暗唱し続けたのだった。息がつけたのは、おおむね月に一度の祭日と、旧正月で学校が休みになる三週間の休暇だけだった。

そしてやっと、教師は同じ古典をまた読み始めるのだが、今度はその意味を説明するのだ。同世代の中国人すべてと同様、毛にとっても、こうした文献やその注釈と、かれが次に学んだ四書――『論語』『大学』『中庸』『孟子』――の重要性は強調しきれないほどのものだった。そこに含まれた思想、その思想の説明方法、その根底にある価値観や概念は、毛の思考の根底にあるパターンを生涯にわたって固定することとなった。ちょうど西洋諸国で、無神論者だろうと信仰者だろうと考え方のパラメータがユダヤキリスト教的な価値観や発想で定義づけられるように。

古典を学ぶのはひたすら退屈だったが、早い時期に毛はそれがきわめて有用であることに気がついた。孔子の思想は中国の知的生活の共通項であり、孔子からの引用は議論や論争に不可欠な武器だった――毛の父親でさえ、訴訟の際に相手が見事な古典の引用を行ったために敗訴した経験からこれを認識した。

さらに、十一、二歳の毛少年を高揚させたはずの下りもある。『神童詩』の以下の下りは、人間の意志力を生涯にわたり称揚した毛の思想を先取りするものだった。

男児当自強　人は己の努力に頼るのみ（中略）
世上無難事　この世に難事などない
人心自不堅　人の心の決意が堅ければ

教科書は、過去を学ぶのが重要だとも強調しており、毛沢東はこの儒教的な関心を死ぬまで抱き続けた。かれが歴史に魅了されたのは、当初は『三国志』や『西遊記』（主人公の孫悟空は無数の中国人世代を夢中にしてきた）のせいかもしれなかったが、かれのアプローチは『三字経』に書かれたものだった——

載治乱、知興衰　統治や争乱が記録され、王朝の興亡がわかる
読史者、考実録　歴史を学ぶ者はこうした実録を検討して
通古今、若親目　自分で見たかのように古今に通じることができる

もっと広くいえば、毛沢東は儒教から三つの重要な発想を引き出し、それが後の思想すべての根底となったのだった。一つは、あらゆる人間やあらゆる社会には道徳的な指針が必要だということ。それが儒教でなければ、その役割を果たす何か別のものが必要だ。第二は、孔子が「善」と呼ぶ正しい思考の重要性。人の行動が正しいのは、その思考が正しい——しかも理屈で正しいのみならず、道徳

的に正しい——場合だけだ。第三は自己啓発の重要性である。
　毛は古典が嫌いだと口では言いつつも、しばしば古典を引用している。後年の演説は孔子や道家の思想や庄子、墨子など諸子百家からの引用が、レーニンやマルクスの引用をはるかに上回っている。かれはこうした思想とともに育ち、他の何よりも詳しかったのだ。孔子の遺産はマルクス主義に匹敵するほどの重要性を持ち、晩年になるとそれはさらに重要性を増した。

村の私塾に通いつつ、毛は畑仕事をときどき手伝い、父親にくどく言われてそろばんの使い方を覚えると、晩に帰宅してから家計簿をつけるのだった。

　一家は大きくなっていた。二歳半のときに母親が弟沢民《ツォーミン》を生んだ。その後、息子二人と娘二人が生まれてすぐに死んだが、一九〇三年に生まれた次の男の子沢覃《ツォータン》は生き残り、やがて毛の両親は、父方の叔父の一人から赤ん坊の娘沢建《ツォージャン》を養子にした。一九〇六年には一家六人に加えて小作人たちも喰わせる必要があった。だから毛が十三歳の誕生日を迎えてまもなく、学校をやめて家で働けと父が決断を下したのだった。

　毛と父親の関係はむずかしいものだったが、当時の中国人少年たちと比べてそんなにひどいわけではなかっただろう。忠孝は概念としては結構なものだし、毛も同級生たちと同じく、両親への献身ぶりを示すために、驚異的なことをなしとげた息子たちの典範故事を聞かされて育った。それは遥か昔から伝えられてきたはずの物語だった。漢の董允は、父にしかるべき葬儀をあげるために、自分を奴隷として売り払ったという。そして余歉奴は、臨終の父の排泄物を食べて、老人の命が救われることを祈ったという。これ以上にとんでもない話もたくさんある。理屈の上では、父親は親不孝な息子を殺す権利があった。だが実際には、これは守られるほうが珍しかった。

『孝』という言葉は誤解の種であり、だまされてはいけない」と十九世紀末頃のアメリカ人宣教師は書いている。「われわれの知る限り、中国人の息子たちはあらゆる人々の中で、最も親不孝で従順さに欠け、自分の要求を伝えられるようになった時点から、ひたすら自分の思い通りにさせようと頑固極まりないのである」

毛沢東がまさにその好例だった。父親がかんしゃく持ちでケチで無用に厳しく、しばしば自分や兄弟を殴ったと糾弾する毛だが、当人の説明を見るだけでも、父親だけが一方的に悪いわけではないのははっきりしている。

父は多くの客を家に招きましたが、彼らがいるところで、父と私の間で口論が起りました。父は客たちの前で、私を怠け者で、役立たずだとけなしたのです。これは私を憤慨させ、私は父を罵って、家を出ました。母が追いかけてきて、帰るよう説得しようと努めました。父もまた追いかけてきて、罵りながら同時に家に帰れと命じたのです。私は池の畔までいって、父がそれ以上近づけば飛び込んでしまうとおどかしました。(中略)父は私に謝って、服従のしるしとして叩頭しろといいはりました。私は父がなぐらないと約束するなら、片ひざをまげて叩頭することに同意するといったのです。

客人の前で十三歳の子供が父親に刃向かうなどあらゆる礼節に反することであり、毛沢東のおかげで一家はさぞ面目を失ったにちがいないのだが、毛はそれについては触れていない。

何年もたって、毛はこうした体験について、権威への反抗の価値を教えてくれたと述べている。「公然と叛逆して私の権利を守れば、父は寛大になるが、しかし、私がおとなしく服従的であれば、彼は罵るばかりで、いっそう私をなぐることをさとったのです」
だがいちばん強く伝わってくるのは、このすべてが実に平凡だということだ。毛沢東が深く愛した母親――「やさしい婦人で、寛大で情け深く、いつでも持っているものを分け与えました」――が諍いを納めようとする。父親は怒って傷ついてはいたが、なんとか状況をたてなおしたがっている。そして当の毛自身は、御しがたいものの、出口を求めている。両親と十代の子供の関係としては、ごくありがちなものでしかない。

毛が成長するにつれて、家の雰囲気は荒んだ。父は絶え間なくあら探しをしては文句をつけ、毛沢東はますます疎外された。そして毛の結婚という騒動が起きた。十四歳のとき、両親は習慣通り、別の農民の娘である六歳上の少女と婚約させた。畑の働き手が増えるし、やがては一家の繁栄を保証してくれるのだ。贈り物が交わされ、持参金が支払われた――持参金は一家の年収にも相当しかねないので、当時は大事だった――そして若き羅《ルオ》家の娘がお輿入れした。だが毛はこの取り決めに従うのを拒んだ。当人によれば、一度も彼女と同衾しなかった。「彼女のことをほとんど考えず」、自分の妻とも思わなかった。その後まもなく、毛沢東は家を出て無職の法学生といっしょに暮らすようになり、さらに反抗を深めたのだった。

毛はこの一件について不思議と多くを語らない。父親は激怒しただろう。金が無駄になっただけでなく、社会の伝統をここまで徹底的に足蹴にしたから一家の面子は丸つぶれだったはずだ。だがそれに続くはずの、口論や厳しい糾弾についてかれは何も語っていない。また羅家の娘がどうなったのかも不明だ。ある説では、彼女は毛の父親の家にとどまり、その妾になったのではないかという。それが理由かどうかはわからないが、毛沢東の母親はやがて韶山の家を離れて、故郷である湘郷《シャンシャン》県の村で兄弟たちと暮らすようになった。

十年後に母が長い病気の末に他界すると、毛は葬儀の席での感情的な弔辞の中で、こうしたできごとについての恨みをあらわそうとしたが、そこで父親についての唯一の言及は、こんな謎めいた一行だけだった。「公正の欠如に対する［母の］嫌悪は、三綱の最後のものに宿っていた」。その「三綱」の最後のものとは、夫婦の順（絆）である。毛がこの糾弾を父親やその親族一同の前で行ったというのは、反感がいかに根深いものだったか、そしてかれがまったく父を許す気がなかったことを如実に物語っている。一九三〇年代に保安でアメリカ人ジャーナリストのエドガー・スノーにインタビューされた毛沢東は、父親について「私は父を憎むようになりました」と述べたが、これはあまりに重い発言であったために、スノーの本の中国語版が出たときには、そこは削られていたのだった。

毛が親の手配した結婚にしたがわなかったのは、父親が自分を土地にしばりつけて、すでに大嫌いとなっていた田舎の労苦の一生から逃れられないよう企んでいるのでは、という疑念からきていたのかもしれない。その後かれは、独り立ちしようとますます決意を示すようになる。勉強を再開し、今度は同族の高齢学者が運営する村の私塾に通った。そして十五歳の誕生日を迎えてまもなく、湘潭《シャンタン》で見習いをする気はないと父に宣言した。かわりに初級中学校に通いたいと述べたのだ。

この一件では、他の件と同様に、毛はやがて自分の主張を通すことになる。それに続いたのは、毛沢東が後にほとんど評価することのなかった父親の一面であった。

父親は絶えず、息子の性格の強さと頑固さを見くびり続けていたが、毛のほうは父親のけちん坊な外面の下に、親としての誇りが隠れていたのに気がつかなかった。儒教思考では暗黙のうちに、世代間の連続性という発想がある。子供が成功すれば、親の人生も成功となる。そしてかれらの成功は、今度は自分自身ならず祖先にも栄光をもたらすのだ。毛沢東の父親は、学はなかったかもしれないが、毛沢東が、当人のせりふでは「一家の学者」だというのを認識しており、故郷の村の狭いくびきから逃れて成功する可能性を持つ唯一の子だと知っていたのだ。

その後十年のほとんどにわたり、出身階級からくる偏狭な偏見に毒された、強欲で手の早い独裁者として毛が描き続けた父親は、毛の学費や生活費を払い続け、息子が家に戻って落ち着く気がまったくなく、したがってその学費が何ら実用的な利益をもたらさないことが確実になってもそれを続けてくれたのだった。

一世代昔であれば、親の権威にこれほど何度も反抗し続けたらただではすまなかっただろう。だが中国は変わりつつあった。田舎の韶山ですら、古い昔ながらのやり方は崩壊しつつあった。

変化は内部の腐敗と外圧によってもたらされた。乾隆帝がジョージ三世王による貿易要求を「シナは（中略）外籍外夷の貨物など必要としていない」という侮蔑をこめたことばではねつけてから一世紀半、世界における権力バランスは変わった。中国は停滞し、その富は血まみれの反乱や内紛で流出し続けていた。ヨーロッパは産業革命を通じて、夢にも見なかったような権力と、拡大への抗しがたい圧力を発達させていた。両者の争いは避けられなかった。一八四二年には第一次アヘン戦争が起こり、イギリスは香港を獲得して、上海とその他四つの協定港に初めて外国人居留地が認められた。一八六〇年の第二次アヘン戦争では、イギリスとフランスの部隊が北京に侵攻して、皇帝の頤和園を焼き払った。外国人の特権は、首都そのものに暮らす権利にまで拡張した。

だが湖南はちがった。皇帝の臣民たちのうち、湖南人は最も保守的で、部外者に対して最も熾烈な敵意を示した。ある初期の旅行者はこう書いている。「［かれらは］中国人種の中でも独特のようで（中略）帝国内の他の地方を一切信用していないらしい。そして私が見聞した範囲では、他の地方も湖南に対してまったく同じ感情を抱いている」。摂政恭親王はかれらを「落ち着かずけんか早い」と呼んでいる。湖南人たちは、「我々は満州人などに征服されたことはない」と公言してはばからない。外国人にとって、そこは「閉ざされた省」だ。イギリスの伝道師グリフィス・ジョンが一八九一年に省都長沙の城壁にたどりつくと、暴徒たちに投石された。かれは後にこう書いている。「北京の紫禁城やチベット王国と同様、外国人がまったく入れないこの世に残るわずかな場所の一つである。中国の中で最も外国人嫌いの強い都市であり、その雰囲気は知識人たちが維持して官僚たちも完全に支持しているものだ」。だが初期の旅行者たちは、中国の他の地域で見られる「がっかりするような無気力ぶり」に対して、この地域の「人々の鋭さ」やその「頑固一徹ぶり」にも驚いている。

すでに十八世紀にはイエズス会が湖南を、中国で最も入り込みにくいところで「迫害の危険が一番高いところ」と述べている。もっと最近では、毛の祖父の時代に湖南は太平天国の乱でも揺らぐことがなかった。この乱は八つの地方で猛威をふるい、二千万人が死亡した。長沙は八十日に及ぶ包囲戦に耐え、後には「鉄門の城」を自称した。抵抗は別に皇帝への忠誠から生じたのではなく、長沙のエリートたちがキリスト教に影響された太平天国の教えを、儒教から見て邪説であると考えたためだった。湖南総督曽国藩《ゼン・グオファン》は太平天国軍を打ち破ったことで毛の子供時代の英雄となった。太平天国の二人の指導者のうち洪大全《ホン・タチュアン》は湖南人だった。

世紀の変わり目に、ある著述家はこう記している。「湖南人の特徴は昔から独立性と冷淡さである。ある種の知的性質が、かれらを特徴ある人々にしがちなのである」。この地方出身の帝国高官は不釣り合いに多く、改革論者や革命家も大量に輩出している。

押し寄せる外国人に対する清皇帝の対応は、最初は何もしないことだった。だがやがて一八七〇年代には、通称自強運動が始まった。「中学為体、西学為用（機能は西洋、本質は中国）」のスローガンの元、改革者たちは清が近代兵器を手に入れれば、侵略者たちを追い払って、儒教的な暮らしを変えずに維持できると論じた。だが清が一八九五年にまたも屈辱的な敗北を喫し、このやり方も失敗したと見なされた。しかも輪をかけて悔しいことに、この時に清を倒したのは西洋国ではなく同じアジアの日本で、それまで蔑んで倭と呼んでいた連中だったのだ。三年後、若き光緒帝による帝政改革の試みが、西太后率いる保守派につぶされた。外国では、中国は列強に割譲されるだろうと思われていた。この問題はロンドンの下院でも議論され、一八九八年には湖南を含む揚子江流域がイギリス統治下と宣言された。そこへ義和団の乱が起こったが、死に体政権の断末魔に等しかった。中国の進歩派や外国人から見て、旧体制は死んだ。後は切り倒されるのを待つばかりだった。

こんな話は韶山にはほとんど伝わらなかった。ニュースは茶店でやりとりされ、布告が掲示される日よけつきの掲示板もあった。商人たちは、最寄りの湘潭の港から広東、四川省の重慶、揚子江の武漢《ウーハン》へと移動しつつ、中世ヨーロッパと同様に、道中のゴシップを携えてきた。だが農民たちは義和団についても漠然と噂を聞いただけで、外国から中国を脅かす脅威のことなどまったく知らなかった。一九〇八年の皇帝の死でさえも、二年後まで村では知られていなかった。

毛が自国の苦境を初めて認識したのは、十四歳くらいのときにいとこの一人から借りた本を呼んだときだった。上海の買弁《ばいべん》である鄭観応《ゼン・グアンイン》が、日清戦争の直前に書いた『盛世危言（豊かな世間への警告）』という本だ。それは西洋技術を中国に導入するようううながしていた。そこに書かれた電話や蒸気船や鉄道など、電気すらまったく知らず、家畜と荷役人の動力しか知らない村の理解の及ばないものの描写は、毛の想像力をかきたてた。その頃かれは、フルタイムで畑で働いていた。後に毛は、農作業をやめて勉強を再開しようという決意にあたってこの本が重要な役目を果たしたと述べている。

鄭観応は、条約港における外国人の中国人に対する扱いを糾弾していた。そして議会民主制と立憲君主制、西洋式の教育と経済改革を支持していた。

だがこうした発想よりも毛に影響を与えたのは、数ヶ月後にたまたま手にした小冊子で、そこには中国が列強により分割されようとしていると書かれていた。三十年後でさえ、毛はその書き出しの一文を暗唱できた。「嗚呼！　中国其将亡矣！（ああ、中国はまさに亡びんとす）」。日本が朝鮮と台湾を占拠したこと、中国がインドシナとビルマの宗主権を失ったことも書かれていた。毛の反応は、愛国的な中国人の若者たち何百万人と同じだった。「それを読んだ後に、私は、祖国の将来を思って暗澹とし、国を救うべく尽力するのは全人民の任務であることを認識し始めました」とかれは回想する。

当時の毛沢東に大きな影響を与えたもう一つの事柄は、清朝が衰退するにつれて盗賊や国内の不穏が高まったことだった。

小説『水滸伝』に登場する、梁山泊の百八傑のような反逆の志士や、不正を正して貧しきを守るという秘密社会とそこでの兄弟の誓いは、やっと字が読めるようになった頃から毛沢東を夢中にさせた。韶山での同級生たちのほとんども、教師が横を通り過ぎるときには古典の下に隠しながら、この物語をむさぼるように読み、村の老人と議論しつつ、暗記するまで何度も読んだ。毛沢東は「多感な時期に読んだそうした本に大いに影響を受けた」と回想し、死ぬまで愛好し続けたのだった。

だがかれの思想を形成するのにずっと重要だったのは、一九一〇年春に長沙で起きた食料暴動で、これは毛が後に「全人生に影響した」とまで述べた事件だった。その前年に、揚子江の堤防が二度決壊し、湖南北部の米作地帯の大半が洪水になった。二度目の決壊で湖北はあまりに突然襲われたために「人々は着の身着のまま逃げ出すしかなかった」。長沙のイギリス領事は交易権を盾に、他の地方への米輸出を制限してくれという巡撫（地方長官）の依頼を断った。またこの飢餓を、市場操作で大もうけする機会だと見た有力郷士たちも同じだった。四月初旬には米価は一升銅八十文に達したが、これは通常の三倍の価格だ。地区奥地からの報告によれば、人々は「木の皮を喰い子供を売って、道ばたに死骸が積み上がって人食いが横行している」とのことだった。
四月十一日に、町の南門付近に住む水運び人夫とその妻が自殺した。同時代の記録によれば――

男は日がな水を運び、妻と子供は物乞いをしたが、それでも米の値段があまりに高いために、子供の腹を満たすほどは稼げなかった。ある日、妻と子供は一日中物乞いをして帰宅したが、米は子供の夕食にも足りないほどだった。彼女は火をおこすと泥をもってきて、泥団子をつくり、それを夕食用に料理しろと子供たちに伝えた。そして自害したのである。男が帰ってみると、妻は死んでおり、子供たちは泥団子を夕食に料理しようとしていた。あまりのことに、男もまた自害した。

この自殺をきっかけに人々は蜂起し、当時の日本領事はその様子を「戦争に等しい」と述べている。南門に暴徒が結集し、巡警局長を捕らえると、後の調べによれば長沙の郷士の中でも極度に保守的な拝外主義者たちに煽動されて、一昼夜にわたる派手な放火と強奪が始まった。その標的となったのはもっぱら外国所有物――その中には米を川下に運んで米不足を悪化させたとされる外国の蒸気船会社、外国運営の税関、外国の公使館、外国式学習を広める西洋式の学校などが含まれていた。翌朝になってやっと、いまや三万人にふくれあがった暴徒たちは中国当局に対する恨み辛みを思い出して、巡撫の官衙を襲って焼き払った。さらに十七棟の建物が完全に破壊されたが、その多くは外国人がいるか外国と関連したところで、その他多くの建物も襲撃された。

列強はすぐに反応した。外国人の死傷者はなかったものの、イギリスは湘江に小型砲艦を送り込んで市民を脱出させ、アメリカは厦門《アモイ》駐在のアジア艦隊に警告を出した。後に多額の賠償金要求が行われた。

だが一番雄弁だったのは、清朝政府の反応だった。巡撫を初めとする高官たちが免職となった。中国で最も高い文士の地位である翰林院学士二人を含む郷士数名が、騒動を誘発した廉で罷免され、「激迸罰款」と称されるものに処せられたが、それは降格処分くらいの意味でしかなかった。だが町の貧民二人、ある外国人居住者が「ついてない悲惨な連中」と呼んだ床屋と水夫が、暴動の首謀者だと称されて、竹かごに入れて市中引き回しとなり、城壁のところで首をはねられ、街頭でさらし首となったのだった。

何日にもわたり毛や友人たちはこの話でも持ちきりだった。

これは私に深い印象を与えたのです。学生の大半は、「叛逆者」に同情しましたが。それは傍観者の立場からにすぎませんでした。彼らは、この事件が彼ら自身の生活に関連するものであることを理解しませんでした。彼らはこれを、刺戟的な事件として関心を抱いたにすぎません。私は決して忘れませんでした。叛逆者と一緒にいたのは私自身の家族のような普通の人びとであると私は感じ、彼らに対する処置の不正にたいそう憤激しました。

数週間後に、湘潭の四十キロほど南にある花市《ホワシ》という小さな町で、別の事件が起こった。地元の地主と哥老会の会員たちとの間で紛争が持ち上がったのだ。哥老会は、湖南やその近郊一帯に支部を持つ秘密の兄弟組織だ。地主は一件を裁判に持ち込み、毛に言わせると「有力な地主だったので（中略）

有利な判決を容易に獲得してしまいました」。だが哥老会は負けを認めるかわりに瀏山《リュウシャン》という山城にこもり、そこを拠点にした。

かれらは黄色い頭巾をかぶり、三角の黄色い旗を掲げていた。地方政府は部隊を送り込み、要塞は破壊された。石臼作りの龐《パン》と呼ばれる首謀者を含む三人が捕まり、拷問を受けて、義和団の手法や呪文を学んだことを自白した。そうすれば無敵になると信じていたのだ。龐は首をはねられた。だが学生たちから見れば「みな叛逆に同情したので、彼らの目には龐は英雄だったのです」と毛は書いている。

とはいえ毛沢東の見方も、まだこの発言が示唆するほどはっきりしたものではなかった。翌年初頭に、また米不足がこんどは当の韶山で起こった。毛沢東の父は、相変わらず穀物を買っては町で売りさばき、米不足を悪化させていた。やがて町へ送られる荷の一つが飢えた村人たちに奪われた。父親は激怒した。毛沢東は父に同情はしなかったが「同時に村民のやり方も悪いと思った」。

この頃には毛沢東は、父親をおどしたりなだめすかしたりして入学を認めさせた、初級中学に進学していた。それは母親一家が暮らす、隣の湘郷県にあり、義和団の敗北の後で、遅ればせながら外国の学問を導入しようという清王朝の試みの一環として数年前に開講した、「現代」学校であり、西洋仕込みの教育法を採用していた。故郷韶山から初めて外に出た毛は、圧倒された――

それまでこんなに多くの少年が集っているのを見たことがありません。大部分は地主の息子で、高価な着物を着ていました。このような学校に子弟を送ることが出来た農民はごく少数でした。私は誰よりも貧しい身なりをしていました。たった一着しかちゃんとした上衣とズボンを持っていませんでした。学生は長衣を着ず、教師だけで、「洋鬼子（異国の悪魔）」以外は誰も洋服を着ませんでした。

正式名称を東山高等初級学校というこの学校は、かつては文学学校だった。高い石壁に囲まれ、そこに黒い漆を塗った分厚い観音開きの門を備えていて、その前には堀をわたる手すり付きの白い石橋がかかっている。近くの丘には、七階建ての白いパゴダが建っていた。

毛沢東は五ヶ月の賄い付き下宿、教科書、学費に銅貨千四百文（銀一両、あるいは五英シリング）を支払った。そんな学校に通うのはきわめて例外的な特権だった。当時、その水準の教育が受けられた子供は二百人に一人もいなかった。このエリートたちの中で、韶山出身の野卑でぎこちない若者は、同級生たちのほとんど誰より高齢で背も高くて訛りもちがっていたので、ずいぶん苦労させられた。毛沢東の回想によれば、「金持ちの学生の多くは、私がいつもみすぼらしい上着とズボンをつけていたので、軽蔑しました。（中略）私が嫌われたのは湘郷出身でなかったからでもあります。（中略）精神的に私はひどくまいってしまいました」

この敵意を克服するには、父親との衝突で学んだ不屈の精神がありったけ必要だった。また毛自身も、自分が正しいと思ったときには何がなんでも譲らず、傲慢さと意地っ張りとひたすら子供じみた猪突猛進ぶりでひたすら攻撃を続け、事態を悪化させることが多かった。だがいずれ友人ができた。その中には小爰弥（エミ・シャオ）の筆名で作家となった蕭三《シャー・サン》がいた。また一年前から通っていた、母方の叔父の子供であるいとことも近しくなった。

問題はあったものの、毛は勉強はできたし、教師にも気に入られた。かれの興味は科学よりは文学に向いていることは、かなりはやい時期からはっきりしていた。一番のお気に入りは歴史で、キリストの時代頃に栄えて現代中国の基盤を作った二大王朝である秦と漢について、ありったけの本を読んだのだった。古典文を書くことを学び、詩を愛好するようになったが、これは一生続く趣味となった。四半世紀後に、毛は日露戦争の勝利を祝う日本語の歌の歌詞を引用できた。それは日本で学んだ音楽教師が歌ってくれたものだった。

雀は歌い
鶯は踊る
春の緑の野は美しい
ざくろの花は紅にそまり
柳は青葉にみち
新しい絵巻となる

日本は新聞が「若き中国」と呼ぶものを構成する人々にとってのお手本となった。「若き中国」は中国を救うためには、日本が明治維新以降に外国のアイデアを取り入れたのと同じ近代化運動しかないと考えた、改革主義者や知識人たちだった。一八九五年に日本が中国を破ったことで、中国人は自国の弱さの現実に直面させられた。十年後に日本がロシアを破ったことで、日本はアジア軍が欧州軍を倒せることを示した。中国にとっては、後者は善し悪しだった。満州の覇権がロシアから日本に代わることとなったからだ。だが毛沢東世代の若者にとって、重要なのは黄色人種が白人を倒せると証明したことだった。

「当時、私は日本の美を知り、また感じとり、このロシアへの勝利の歌に日本の誇りと力といったものを感じたのでした」と毛は語っている。

一八九〇年代に何千もの中国人が東京に赴いて、新しい西洋式の学問を吸収した。その中で最も影響力がつよかったのは康有為《カン・ヨウウェイ》と梁啓超《リャン・キチャオ》だ。この二人は光緒帝の失敗した改革運動の立案者だったが、改革がつぶされると逃亡して亡命した。近代化論争での康有為の大きな貢献は、儒教を見直して未来志向に読み替え、はるか昔の黄金時代なる代物をいつまでもふりかえってばかりいるのではなく、改革となじむものにしたことだった。湖南人の梁啓超はチャールズ・ダーウィンの理論「適者生存」を採用して、それを周辺の列強に対する中国の戦いに適用した。生き残るためには中国は近代化しなくてはならない、とかれは論じていた。

康有為と梁啓超は若き中国のアイドルだった。毛沢東のいとこが、改革運動についての本を二冊くれたが、その片方は梁啓超自身が書いたものだった。「何度も何度もその二冊を読んで、やがて暗記してしまいましたよ。私は康有為と梁啓超を崇拝していたのです」とかれは言う。

十七歳になった毛沢東はまだ帝政を支持していた。「皇帝や大部分の役人も正直で善良で賢い人たちだと考えていたのです。かれらは康有為の改革のみを必要としていると思っていました」と毛は宣言している。

だがそれは変わろうとしていた。

第2章
革命

一九一一年十月九日の正午あたりに、作りかけの爆弾が、中国中央部の主要商業都市だった漢口《ハンコウ》のロシア人居留地にある中国人武官所有の家で爆発した。長沙からは川を下って二日かかる場所だ。それを作っていたのは孫武《スン・ウー》、共進会の若き指導者だ。これは広東の反帝主義者孫逸仙《スン・ヤッセン》（孫文《スン・ウェン》）率いる秘密革命結社、同盟会の中部総会分派である。

孫武の友人たちは、かれを安全な日本病院に何とか運び込んだ。だが居留地の警察が家宅捜索を行い、革命旗や宣言や活動家一覧を見つけた。清朝当局はすぐさま動いた。三十二人が逮捕され、翌日夜明けには、指導者三人が処刑された。満州人総督の瑞澂《ルイ・ゼン》は北京にこう打電した。「いまやすべては平穏。事件は早期に発覚したので地域は無傷」

処刑は致命的なまちがいとなった。川向かいの武昌《ウーチャン》に駐屯していた漢人部隊の間に、太守が満州人でない兵士たち全員に報復手段を執ろうとしているのだという噂が広がった。その晩、工兵隊が反乱を起こした。抵抗した士官は射殺された。歩兵二連隊が加わり、続いて砲兵隊。いちばん激しい戦闘が展開されたのは太守の官衙周辺で、機関銃部隊に守備されていたので数百人の命が失われた。早朝に瑞澂は中国の砲艦上に逃亡し、武昌を蜂起軍の手に委ねてしまった。何年にもわたる革命アジがついに実を結んだのだ。だが勝利が実際に起こってみると、それは計画者たちが予定してたものより遙かに熾烈で血みどろだった。蜂起軍の赤い縁取りをした白旗には「興漢、滅満」――「漢は栄えよ、満州（清朝）を殲滅せよ」と書かれていた。満州第三十師団は、人種虐殺でほぼ皆殺しになった。続いて民間人虐殺が起こった。三日後、地元の伝道師が数えたところでは、街路に八百人の満州人の死体が転がっており、「ある城門の外だけでも五十体が山積みにされていた」。

革命宣言が登場して、感情をさらにあおった。あるビラによれば「聖なる漢の子孫たち」は、北方の遊牧民のくびきの下で「柴の上に休み臓物を食べている」。別の檄文はこう警告している。

満州人（清朝）政府は圧政を敷き、残酷で錯乱し理がなく、重税を強いて人々の食い扶持を奪っている（中略）満州族が初めて中国にやってきたとき、町の男女が丸ごと例外なしに斬り殺されたことを忘れるな。（中略）先祖たちの咎を復讐なしに放置しては我ら高貴の生まれの名がすたる。したがってわれら兄弟はみな（中略）こうした野蛮な異人どもを追放する革命軍を支援するべきである。（中略）今日の機会は大天により与えられたもの。それを摑んで利用せずして、いつの機会を待とうというのか？

外の世界は判断を保留した。ロンドンでは『タイムズ』紙は、中国の知識人たちが全面的に革命を支持していると報じ、尊大にこう付け加えた。「宦官など野蛮な取り巻きの中にある、腐敗して老いさらばえた満州の清王朝に同情する者はほとんどない」

だが歴史が動こうとしているという感覚はほとんどなかった。武昌で展開している変わったできごとは、世界最古で人口最大の国に歴史的な一大変化をもたらす先鋒なのだとはだれも思わなかった。キリスト以前の時代から、史上他のどんなものよりも長く一貫して続いてきた支配制度が、崩壊目前であると予想した者はだれもいない。当時、そしてその後数週間にわたり一般的だった見方は、皇帝一門がたちあがり、そして過去何度もあったように、反乱はいずれ鎮圧されるというものだった。

中国国債はちょっと下がったものの、金融市場はこの動きが中国との貿易には有利だろうという見方をした。上海の英字新聞でさえ、革命の第一報は、トリポリをイタリア軍が爆撃とか、ノヴォチェルカスクでのトゥルベツコイ皇子の暗殺、ババリアの九十歳の摂政ルイトポルド皇子が鹿狩り中に風邪にかかって病気だとか、「パーシー伯爵とゴードン・レノックス嬢との今年最も輝かしい婚礼がイートン広場の聖ピーターース教会にて」などという記事と肩を並べる程度のものだったのだ。

事態の本当の深刻さを認識したのは、当の北京政府だけだった。摂政皇太子宮殿など重要人物たちの宮殿警護は倍増された。帝国騎兵隊が街路を警邏した。そして地方部の満州人一家が革命暴徒によって狩り立てられて殺されているという報告が入ると、首都の満州人女性たちは派手な髪飾りや特徴的な底の厚い靴を捨てて、中国服を着るようになった。

事件が起きたとき、毛は長沙にいた。その六ヶ月前に教師の一人からの紹介状を携えて、湘潭《シャンタン》から川船でやってきたのだ。この教師が父親の説得に協力してくれたおかげで、湘郷県の生徒向けの、省都の中学校に通えるようになったのだ。

回想によれば出発前にも、そこが「壮大な場所」であり、「多くの人々、無数の学校と省長の官衙がある」と聞かされていたとのことだが、小さな蒸気船がゆっくりと川を下るにつれて初めて見た都市の光景は、あらゆる想像を絶するものだったはずだ。水辺からは「立派な灰色の石でできた垂直の壁」が、根元では厚さ十五メートル、幅は三キロ以上にもわたって続き、その前にはジャンク船が大量に停泊していた。そこから内陸に向かって壁は四キロも続き、その高さ十五メートルの塁壁は、てっぺんを三台の馬車が並んで走れるほどの幅があり、それが都市を中世の要塞のように囲んでいたが、それは本当に要塞でもあるのだった。それぞれの地区で、壁には二つの巨大な門が設けられており、それを民兵たちが警護していた。民兵は紺色のターバンに、袖が広くてゆるく、胸は明るい色彩で赤い雲型襟をした軍の上着と、すねでゆわえた綿のズボンを身につけていた。装備は、槍、斧槍、三叉槍、長剣、小銃、火打ち石銃、果ては火縄銃まで含む寄せ集めの武器だった。その内部には、灰色い瓦屋根と「都心まで穴蔵のように続く暗いトンネルのような街路」の迷路が続いていたが、道は花崗岩で舗装されて多くは幅二メートルもなく、喧噪と悪臭がたちこめており、ある西洋人住民に言わせれば「すべてはあまりに多くの人が群れなして住む不都合と汚物」なのだった。だが視界から隠れた窓のない塀の背後にはすばらしい邸宅があり、高官たちが「一面の花に覆われた中庭、立派な黒檀の家具や、絹の巻物に描かれた壁画を備えた優雅な客間」の中に暮らしていたし、反り返った黄色い瓦屋根と巨大なチーク材の柱を持った巨大な孔子廟が二つ、古くからの杉林に囲まれていた。

商業地区では、開店時間には木製の雨戸がはずされて、店が直接通りに面するようになり、屋根の間の柱に竹のマットが渡されたので、町の一部は巨大な屋根つきアーケードと化した。黒漆の地に金文字で書かれた長い木製の看板が、見込み客たちを迎えて品物を宣伝していた。

自転車も自動車も人力車もなかった。金持ちは輿を使った。それ以外の人々にとって、主要な輸送手段は、人であれ物であれ、慎ましい荷車だけだった。人夫たちが石炭や塩やアンチモンや阿片を山積みにして運ぶため、町は一日中油をさしていない車軸のすさまじいきしみ音で満ちていた。その他花火や亜麻布やリネン、キツネノテブクロやソウボクやダイオウといった医薬品などが、川沿いのジャンク船に運ばれれるのだった。水は南門隣の「沙春泉」から、竹の棒に引っかけた桶で担いで運ぶ。行商人が自分の商品をがなりたてたり、木製のがらがらや鐘を鳴らして自分の存在を主張した。

砂糖菓子売りは小さな銅鑼を持ち、強い湖南訛りで歌うのだった――

つんぼもびっこも直せるよ
婆さんの歯だって保てるよ！

道士たちは、紺色のローブをまとい、仏僧たちは黄色のローブを着て行列をつくり、病人たちのためにお経を唱えていた。盲人や醜悪な異形の乞食が道ばたにすわって施しを求め、家屋からは、一定の距離以上は近づかないという約束のかわりに「お布施」を毎年脅しとるのだった。

日暮れには、店頭の雨戸が再び閉められた。敬虔な者は天地人に三度ずつ頭を下げ、戸の前に輝くお線香を置いて、夜中に悪霊が入り込まないようにした。城門が閉じられ、三人がかりで持ち上げる巨大な横棒が渡された。巡撫（省長官）の官衙や、外国領事の住む川中の島には電気が通っていた。だが市の他の部分では、唯一の明かりは商店街が提供する小さな行灯の、ゆらめく芯から放たれる光だけだった。後には地区の門も閉ざされ、市の各地域も隔てられた。その後は、夜の時を告げる城守が、長い竹を棒でたたくときの鋭い響きしか聞こえなくなった。

毛は当初、市にいられるか自信がなかった。「私は非常に興奮して、入学を断られるのではないかと半分はおそれ、実際にこの立派な学校の生徒になれるとはまず望めないと思」っていた。驚いたことに、入学はあっさり認められた。だが中学校で過ごした六ヶ月は、学業成就よりはむしろ政治的な教育に大きく貢献することになるのだった。

長沙は前年の米騒動以来、反満州感情が渦巻いていた。秘密結社がプラカードを掲げて、仰々しい言葉遣いで漢民族の蜂起を叫んでいた。「万人が頭に白頭巾をまとい各人が剣を持て。（中略）中国十八省は［伝説の中国皇帝］神農帝の子孫の手に返されるであろう」」。「起来造反、趕走満人（反逆して満州族を追放せよ）」というスローガンが壁に白墨で書かれた。

その春、毛の到着後まもなく、湖南《フーナン》人革命家黄興《ホアン・シン》の指導により反満州蜂起が広州で起こったとの報せが届いた。この蜂起で過激派七十二人が殺されたという。毛はこれを、革命支持派の新聞『民力報』で読んだ。それは毛が初めて見る新聞で、「刺激的な内容にあふれている」ことに毛はいたく感動する。孫文と当時は日本を拠点にしていた同盟会の名をかれが初めて見たのもこの新聞でのことだった。触発された毛はポスターを書き、学校の壁に貼った。それは孫文を大統領に、康有為《カン・ヨウウェイ》を首相に、梁啓超《リャン・キチャオ》を外務大臣にした新政府の発足を訴えるものだった。当人も後に認めたように、これはいささか無理のある試みだった。康有為と梁啓超はどちらも立憲君主派で、共和制政府には反対だったのだ。だが帝国を糾弾しようとする新たな熱意と、自分の政治的な発想を初めて公表しようとするほどに動かされたという事実は、ものの数週間でこの都市がすでに毛の考え方を変えていたことを示している。

これは弁髪に対するかれの態度に最も劇的にあらわれている。東山では、毛や同級生たちは日本留学中に弁髪を切った教師をからかったものだ。その教師はいまは偽の弁髪をつけていたのだ。「仮洋鬼子」と毛たちはかれをはやし立てた。いまや毛とその友人一人は、自分の弁髪を切って反満州的な反抗ぶりを誇示し、自分もそうすると言いつつ実行しなかった同級生たちに対して「友人と二人で（中略）こっそり襲って無理矢理弁髪を切ってやった。全部で十名以上が我々のはさみの生け贄となった」。似たような場面は年初以来、長沙と武昌の学校でも起こっており、伝統主義者たちは震え上がった――かれらにとって、髪は親からの贈り物であり、それを破壊するのは忠孝にもとる行為なのだった。そしてもちろん満州当局も、まったく別の理由で震え上がっていた。

さらに二つの出来事が四月に起こり、湖南省の郷士たちが革命軍の側につく原因となった。宮廷は内閣を招集すると発表した。これは立憲政府への一歩としてエリートたちが長いこと要求していたことだった。だが内閣の大臣は満州皇子たちがほとんどで、改革派は激怒した。また、鉄道延伸の資金源として外国借款を受けるため、政府が鉄道会社を国有化するつもりだというのが知れたが、これも列強への売国行為と見なされた。毛の回想では、こうした問題が同級生たちを「ますますいきり立たせ」、五月に外国の借款が確認されると、ほとんどの学校がストライキに入った。同年代の他の少年たちとともに、毛は城壁外の屋外集会で、上級生たちが革命的演説をするのを聞きにいった。回想によれば「いまでも覚えているが、ある学生は演説中に長上衣を破り捨て、『急いで軍事教練を受け、戦闘に備えよう』と述べた」。煽動的なビラがまかれ、状況があまりに不穏になったので、イギリスと日本は砲艦を派遣した。夏にはかろうじて平穏が戻ったが、かつての科挙会場では反満州デモが続いていた。改革派の郷士たちは、「文学会」の集会を開くという口実で集まり、迫る清朝の崩壊を論じた。となりの四川省では、全面的な反乱が発生していた。

十月十三日金曜日、中国の汽船が長沙に到着し、武昌での蜂起についての混乱した第一報をもたらした。軍の部隊が衝突しており、軍野営地で銃声がして、兵士たちが赤い襟の見返しや肩章を黒い冬の制服からむしりとって、白い腕輪をつけていたとの報告も乗客からなされた。だがだれがだれと戦っているのか、その結果がどうなったのかについては、だれも確信がないようだった。一九一一年に湖南省の省都と外部との連絡は、漢口への電信回線が一本あるだけだったが、その週末はそれも切れていた。巡撫官衙の役人たちですら、何が起きているか調べるすべがなかった。

翌月曜日の十六日には、地域の銀行で取り付け騒ぎが起こり、巡撫（省長官）が完全装備の民兵部隊を銀行の外で警備させてやっと収まった。ほとんどの学校は休校となった。イギリス領事バートラム・ジャイルズは、北京にいるイギリス使節団に警告を送った。「ニュースが限られ、派手な噂が流れてみんな興奮している」。その晩、日本の蒸気船が何千人もの乗客をのせて漢口から到着したが、かれらは革命軍の成功について詳しく報じた。翌日、ジャイルズ氏の記録では「状況が明らかに変わったことが感じられた」。

新たに到着した中には、武昌の革命家たちの密使もおり、湖南省の駐屯地にいる過激派同志たちに、反乱の計画を加速するよううながした。その一人は毛の学校も訪れた。

［彼は］校長の許可を得て、熱っぽい演説をしました。その集会で七、八人の学生が立ち上がり、満州族を強烈に罵倒して彼を支持し、共和国設立の行動をうながしました。みんな一心に聞き入り、革命の弁士が興奮した生徒たちの前で話す間、一同は物音一つなく静まりかえっていました。

数日後、毛と同級生の集団が演説に血気だち、漢口へ向かって革命軍に加わる決意をした。その友人たちは蒸気船の切符用に寄付をつのった。だが出発する前に事態がかれらを出し抜いたのだった。革命家たちが策を巡らせる間に、巡撫（省長官）が対抗策を講じた。すでに過激派の潜入が判明していた正規の駐屯部隊、第四十九と五十連隊が首都から離れた別の地区に配置換えとなった。残った六百人は、東門外のバラックで武器を捨てるよう命じられた。もっと信用できると思われた民兵が、その分大幅に装備を増強された。

策略を使って市を制圧しようという革命軍たちの最初の試みは、水曜の晩に行われたが失敗した。

東門のバラックにいた兵たちは、厩のまぐさに火をつけて、消防車が通過できるように城門を開けろと要求したのだった。民団の兵は中立性を盾にこれを拒絶したが、駐屯兵たちは混乱に乗じて、近くの武器庫に保管されていた武器のほとんどを取り返した。おかげで日曜朝に行われた次の攻撃はかなりちがった展開を見せた。毛はその日自分が見たことを独自に記録している。

私は城外に宿営していた軍隊にいる友人のところへ、「油革の長靴を」借りに行きました。ところが守備隊の歩哨に止められたのです。宿舎は非常に色めきたっていて、兵たちは（中略）街頭に流れ込むように出動しはじめていたのです。反乱軍が市に接近して（中略）戦闘が開始されました。長沙の城壁の外では大きな戦闘が起こっていました。（中略）同時に城内で叛乱が起こり、城門は中国人労働者に襲われて占拠されました。城門の一つから私は城市内に戻りました。そして高い所に立って戦闘を見物しましたが、ついに漢旗が衙門の上に掲げられるのが見えました。

いまだになかなかドラマチックな読み物だ。だが残念ながら、ここに書かれたことはほとんどでたらめで、毛が本当にそこにいたのかと疑っても不思議はない。反乱軍などなかった。戦闘も蜂起もなく、城門も襲撃されなかった。イギリス領事ジャイルズ氏は無味乾燥にこう語る——

午前九時三十分に「伝えられたところによれば」多数の正規部隊が城市に侵入し、代表的な革命軍と合流すると巡撫の官衙に進行した。（中略）民団兵は中立性の原則にしたがい、「すでに朝に開けられていた」城門を閉じるのを拒否した。そしてすでに寝返っていた巡撫（省長官）の警護もまったく抵抗しなかった。午後二時には、城市全体が一発の銃声もなしに革命軍の手に落ち、白い「反乱軍の」旗がいたるところに翻っていた。袖に白いバッジをつけた警備兵が街路をパトロールして秩序を守り、朝方の騒動は、起こったときと同じくらい急速に鎮まった

このちがいは、実際のできごとから何十年もたった後での目撃者証言がいかに危なっかしいものかを如実に示している。だが毛の誇張まみれの記述には何の不思議もない。興奮した十代として、かれは現代中国史の転機の一つに立ち会ったのだ。何年も後に共産主義指導者となっていた毛にとって、記憶はその日が実際にどうだったかよりも、どうあるべきだったかを告げていたのだった。

巡撫（省長官）と高級官僚のほとんどは逃亡した。だが武器を奪ったとして兵たちに糾弾された民団指揮官は東門に連行されて斬首された。他に数人の役人が官衙近くで処刑された。その「血まみれの頭や胴体」は道ばたに転がされたままだったという。

民間の革命指導者たちが、孫武の爆弾工場捜索のために散り散りになっていた武昌と、その計画が巡撫の対抗策で遅れていた長沙では、蜂起の主導力となったのは下士官や正規軍たちだった。ひとたび勝利が実現すると、だれが新たな革命秩序の先頭に立つべきかについて、かなりの混乱が生じた。湖北では、当初反乱に反対していた旅団長の黎元洪《リ・ユアンホン》が、不承不承ながら軍大都督への就任を承知した。同日かれは国を中華民国と改名する宣言を発表したが、六ヶ月もしないうちに自分が北京で副大統領となり、やがては台湾で国家元首になるとは予想もしていなかった。

長沙の状況はもっとややこしかった。蜂起から数時間もしないうちに、共進会湖南支部の派手好きな若き指導者焦達峰《ジャオ・ダーフェン》が軍政府都督に任命され、市の改革派エリートの指導的地位にあった譚延闓《タン・ヤンカイ》

が、民間都督となった。街路で馬をのりまわして民衆の大喝采を浴びた焦達峰はなかなか魅力的な人間で、湖南の秘密結社とも密接な関係にあった。結社指導者たちは地方首都に参集して、かれが権力を掌握する手伝いをした（そして勝利のおこぼれにあずかった）。おかげで都督府は、ある同時代人によれば「匪賊の巣窟もどき」と化した。

これは長沙の改革派郷士たちが予想したことではなかった。蜂起の四日後、ジャイルズ領事の記録によると支配層内部の対立があまりに激しくなって、「拳銃が抜かれて銃剣が取り付けられた」。そして焦達峰は、自分に忠実な部隊を武昌の革命軍支援に送り出すという致命的なまちがいを冒した。十月三十一日、焦達峰の副都督が北門の外で待ち伏せにあって首をはねられ、それを合図に、領事のことばによれば「兵たちはその首級をかかげて城市になだれこみ、都督府にいた焦達峰を殺した」。享年二十五歳。都督の座にあったのはたった九日だった。

毛はその二人の死体が道ばたに転がっているのを見た。何年も後、彼はその死を革命事業の危険についての明白な教訓として記憶し続けていた。「かれらは悪い男ではなく、革命的意図を若干持っていました」。かれらが殺されたのは「貧しくて、抑圧された者たちの利益を代表していたからです。地主たちや商人たちはかれらを快く思わなかったのです」と毛は付け加えている。だが実はそんな単純な話ではなかった。焦達峰の政権はあまりに短くて、どんな政策を掲げようとしていたかだれも知らなかった。だが地域のエリートは、まちがいなくかれが脅威だと考えた。同日の午後に都督に就任して後を継いだ改革派の譚延闓は、有力な郷士一家出身の翰林学子で、地域エリートの一員だったのだ。

長沙をはじめ揚子江流域全体の状況はきわめて不穏なままだった。六歳の皇帝の名で発布された卑屈な勅令はこう宣言していた——

全帝国が騒然としている。人心は乱れている。（中略）このすべては朕の錯誤のためである。朕はここに、改革を世に宣誓するものである。（中略）湖北と湖南において、兵や臣民に罪はない。帰順すれば過去は許す。臣民の頂点に立つ小人物として、朕は自分が継承したものすべてが空より落ちつつあるのがわかる。朕は自らの咎を恥じ、深く深く悔悟するものである。

十一月初めに、北京が陥落して皇帝一家が囚人となったという噂が香港をはしり、「すさまじい熱狂の光景」を引き起こした。結局は誤報だったが、首都住民たちは「包囲状態にある」と伝えており、紫禁城の城壁には大砲が据え付けられた。そして、皇帝が満州に逃亡したという報が入ったが、すぐに否定された。だが同時に、帝国が反撃している様子もあった。がっちりと革命軍の手中にある省都はたった四つだった。皇帝に忠実な部隊は、ドイツ製の焼夷弾を使って反撃し、この中国都市のほとんどは焼け野原と化した。その後まもなく、帝国軍は南京を制圧した。弁髪のない中国人はただちに処刑された。毛のようにその年初めに弁髪を切った学生たちは、いまやおびえて隠れていた。

結果が明らかにどちらへでも転びかねない状況で、毛は革命軍に加わるという以前の案を復活させた。学生軍は組織されていたものの、その役割ははっきりしなかったので、通常軍の部隊に加わることにした。同じことを考える人は多かった。革命の最初の週に、湖南での新兵採用は五万人を超えた。それでもかなりの不確実性はあったし、負けた側にはすさまじい暴力がふるわれていたことを考えると、志願にはかなりの勇気が必要だった。新兵たちの多くは漢口に送られたが、そこでは革命軍が皇帝を報じる部隊の猛攻撃にさらされていた。ある外国人住民は、そこでの戦闘を「これまで起こった中で（中略）最も血なまぐさいものかもしれない。戦闘は四日にわたり、昼夜を問わず続いている。（中略）双方の死傷者はすさまじいものだ」と描いている。毛のように長沙に残った者にとってすら、戒厳令下の生活は荒っぽいもので、危険に満ち、命を落とすこともしばしばだった。ジャイルズ領事の報告では「兵同士であれ、兵と民間人との間であれ、絶えずけんかが起きている。（中略）満州の密偵だとされた人物が、兵たちによって町中で八つ裂きにされた。その首は督軍府に運ばれた。別の男は三角形のような形でつるし上げられた（中略）そして銃弾を雨あられと浴びせられたのだった」

反乱の試みもあり、あるとき毛の連隊は何千もの反乱部隊が城市内に入ろうとするのを阻止するために徴発された。中国の上級指揮官は、兵たちに何も規律がないとこぼした。「かれらは破壊を有益と考え、無秩序を正しい行いと考えている。無礼と平等を混同し、恫喝を自由と同一視している」。無法が広がるにつれ、北京のアメリカ使節団は自国民に対し、安定するまで湖南を離れるよう命じた。

毛が所属した一団はかつての省議会棟に設置された裁判所に配属された。新兵たちはほとんどの時間を士官たちの雑用や、南門となりの砂泉からの水くみに費やした。多くは文盲であり、ある同時代の記録ががっかりした調子で述べているところでは、「雲助、ごろつき、乞食ども」で兵役といえば京劇に出てくる武将たちのポーズをまねすることだと思っているような人々だった。毛は手紙を代筆して人気を得た。「私は本についていくらか知っていたので、彼らは私の『学識』に敬意を払ったのです」とかれは後に語る。生まれて初めてかれは労働者と接触し、中でも鉱夫と鍛冶屋とは特に親しくなった。

だがかれの革命的情熱にも限りがあった。「学生だったので、水運び作業にまで身を落とすことはできませんでした」とかれは説明する。他の兵たちはもちろん水運びをしたのだが。毛は人夫を雇って水を運ばせた。後年糾弾した学者的エリート主義を自ら演じて見せたわけだ。そして連隊の兵の中には、革命の勝利までは自分が受け取る食料支給費を二元に減らすと宣言した者もあったが、毛はまるまる七元を受け取った。食料と水運びに金を払った残金は、すべて新聞に使った。毛は熱心に新聞を読み、その習慣は終生続いた。

十二月初頭、満州抵抗運動の終わりを告げる二つの出来事が起こった。皇帝軍は、最後の大きな足場だった南京を放棄した。そして直隷の元総督で、中国北部の主要な軍事力ブローカーである袁世凱《ユアン・シカイ》が臨時総理として宮廷に招集されていたのだが、それが武昌での停戦を認めた。

長沙では、このニュースは新たに強制弁髪断の騒動を引き起こしたが、今回それをやったのは正規兵たちだった。イギリス領事バートラム・ジャイルズは激怒した。

私は当局に（中略）強く抗議した。政府の最優先責務の一つは公共の平和を守ることであり、兵員たちが勝手に人を襲って罰も受けないでいるのなら、かれらはもはや政府を名乗ることはできず、単なる愚連隊でしかない［とかれらに告げた］。

もっとましなユーモアのセンスを持った人々は、事態の笑える面を見いだしていた。

農民や百姓は（中略）米や野菜を山ほど抱えたり、重たい荷車をひきずったりして、田舎から城門にやってきた。衛兵たちが飛び出して、みんなの弁髪をつかまえると、それを剣で断ち落としたり、大きなはさみでちょん切ったりした。多くの人にとって、幼い子供時代から苦労しつつ梳いては三つ編みにしてきた弁髪をなくすのは、手足を失うにも等しかった。一部の人は膝をついて衛兵たちに叩頭し、許してくれと懇願した。また兵たちに実際に刃向かった者もいたし、逃げだそうとした人も多かった。（中略）だが週の終わりまでに、都市住民のすべてと村人の多くは、この満州支配の象徴をおおむね処分してしまった。

政治的変化の風に及び腰の多くの人々は、頭布の下に偽の弁髪を巻いておいて、満州人が戻ってきたらすぐにそれを垂らせるようにしていた。だが、それは起こらなかった。一九一二年元旦、ベテラン革命家の孫文が、南京で中国初の大総統の座についた。それを記念して、長沙の当局は軍事パレードを行った。「ラッパが吹き鳴らされ、旗が振られ、楽隊が演奏して兵たちは元気よく歌った（中略）どの店も色つきの旗を飾った。両端の赤い筋にはさまれた黄色い旗だ」。北京に遠征軍を送り、袁世凱と北部の軍に孫文の政権を認めさせようという声も出て、袁世凱の国家元首任命に反対する集会も開かれた。だが毛の記憶では「まさに湖南人たちが行動を開始しようとしたとき、孫文と袁世凱が合意に達し、予定の戦争は中止になった」。二月十二日、皇帝が退位して、二日後に孫も辞任して袁世凱に道を譲った。

毛は春まで軍にとどまった。だが大量の革命軍兵士を維持する費用負担のため、大量解雇が必要となったのだった。毛は後にこう語る。「革命は終わったと考えて、私は（中略）勉学に戻ることにしました。兵隊であったのは半年でした」

第3章
悪政の君主

王朝的伝統の死んだ手が突然放り出された結果、輝かしい数ヶ月にわたり、中国は新しい流行、新しい発想、新しい熱狂と新しい希望に満ちた、波乱含みの混乱に己を委ねることとなった。湖南の新都督、譚延闓《タン・ヤンカイ》はリベラルを自認し、帝国主義と北京の中央集権の両方に反対していた。この政権下で阿片栽培は止められ、阿片の輸入も禁止された。新しい独立法廷があらゆる地区に設立された。一時は自由出版も認められたが、イギリス領事はこれがお気に召さず、列強に対する非難が爆発したことについて猛然と抗議した。省政府は地元産業の発展を奨励して、資金の海外流出に歯止めをかけようとし、教育予算は三倍になって、その財源の一部には親満州派と見られていた保守的郷士一族に課せられた懲罰的な土地税があてられた。「近代的な学校が、春雨後のタケノコのように乱立した」と毛は回想する。同じく酒屋や劇場や娼館も乱立した。長沙の外国人たちですら、時代精神を理解した。「新しい人々は本当によき指導者になりたいと思っているようで、全体としてみるとかなりいい仕事をしたと言える」とその一人は書いている。

革命の変動期の常として、真っ先に起こった変化は象徴的なものだった。十代の娘たちは、髪を巻き毛にしはじめて、付き添いなしで公の場に出るようになった。母親たちはおずおずと外国医師たちのもとを訪れて、自分たちの纏足をどうにかできないか尋ねた。弁髪の終わりにより、中国人たちの剃った頭には、エキゾチックな新世界が訪れた。ある記者はおもしろがってこう書いている。「人々は山高帽だの司教帽だの、青いビロードの乗馬帽だの、手当たり次第なんでもかぶっている。丸ボタンのついた古い赤ターバンは、革命法により禁止されている。ボタンが満州支配時代には名誉の印だったからだ。（中略）フェルト帽、綿の帽子も山ほど見られるが、いちばんおかしい光景は、連隊長に仕込まれた一団がシルクハットをかぶっているところだろう」

珍妙で混乱して見えたかも知れないが、それは一般の雰囲気が一大転換をとげた徴だった。大量の中国人が初めて、伝統的な価値観や行動を疑問視するようになったのだ。外国からの影響のゆっくりとした進出は、これまで宮廷の意向を受けて保守的郷士たちによって抑えられてきたが、突然奔流となり、そしてその後十年で中国史上類を見ない知的騒動を引き起こすことになる。

十八歳で除隊したばかりの毛にとって、この時代は逡巡と不確実性と果てしない可能性の時期であり、かれはそのすべてを若者の無謀な楽観主義とともに味わうことになった。

私は自分が何をしたいのかはっきりわかってはいませんでした。警察学校の広告が目に入り、そこへ入学を申し込んだのです。でも試験を受ける前に、せっけん作りの「学校」の広告が目に入りました。学費不要で下宿も完備、しかもわずかながら給与ももらえるというのです。魅力的でわくわくする広告でした。せっけん作りがいかに社会に役立つか、それがいかに国を豊かにして人々を豊かにするかを述べていたのです。警察学校については気が変わり、せっけん作りに手を出すことにしました。ここでも一元の登録料を払いました。

一方、友人の一人は法科の学生になり、自分の学校に入れとうながしました。この法学校については魅惑的な広告を読んでいましたが、いろいろすばらしいことが約束されていたのです。三年で法律のすべてを教え、卒業したらすぐに官僚の仲間入りだと約束していました。(中略)私は家族への手紙で、広告にあった約束すべてを繰り返し、学費を送ってくれと頼みました。(中略)

別の友人が相談にのってくれて、この国は経済戦争にさらされているから、いちばん必要とされているのは国の経済を立て直す経済学者だと言いました。その議論に感心して、私はまた一元払って商業中等学校に登録したのです。(中略)実際に入学申請をして、入校を認められました。(中略)[だがそのとき]高等商業学校の魅力を描いた[広告を]読んだんです。(中略)商業の専門家になるならそっちのほうがいいと思い、一元払って登録しました。

高等商業学校は大失敗だった。父親は、息子がやっと正気を取り戻して、潜在的に益の大きい商業の道を進み始めたことに喜んで、学費をすぐに出してくれた。だが毛はほとんどの講義が英語だということに入学してから気がついた。毛はアルファベットがやっとわかるくらいだったのだ。一ヶ月して、かれはうんざりして退学した。

後に毛が「学究的冒険」と呼ぶこうした活動の次のステップとして、かれは湖南《フーナン》全省高等中学校(後に省立第一中学と改名)に赴いた。これは中国文学と歴史を専門とする、大きい著名な学校だった。かれは入試でトップの成績であり、入学してしばらくは、求めていたものが見つかったように思えた。だが数ヶ月後には「カリキュラムが限られ」、「校規が不満」としてこの学校も退学し、一九一二年の秋と冬は市の新設公共図書館で独学して過ごした。当人によれば、「非常に規律正しく勤勉」だったとのことで、毎朝開館と同時にやってきて、昼食に餅を二つ買うときだけ休んで、晩に閲覧室が閉まるまで留まった。後生、そこで過ごした時間を「きわめて貴重なもの」と述べている。だが父親はそうは思わず、六ヶ月後に小遣いを停止した。

金がないと集中力は増す。それ以前や以後の世代のあらゆる学生たちと同じく、毛も本人曰く『前途』を真剣に考えなくてはならなかった」。教師になろうかと思い、一九一三年春に湖南省立第四師範学校の広告を目にした――

私はその利点について興味深く読みました。学費は不要、賄いも下宿も安い。友人二人も是非入れと勧めます。入学用小論文を書くのを手伝ってほしかったからです。私は家族に意図を伝えて同意を得ました。友人二人の小論文を書いてやり、自分のも書きました。全員が受かりました。――したがって実際には、私は三回合格したわけですね。（中略）この後は、各種の広告を見てもその魅力に負けずにすませることができました。

毛が長沙で過ごした年月は、清朝支配最後の数ヶ月に到着してから一九一八年に卒業するまでで、中国にとってもその他の世界にとっても動乱の時代だった。欧州諸国は戦争でお互いを食い合っていた。ロシアでは、皇帝政府が小麦を輸出する一方で農民三千万人が餓死した。ボリシェヴィキ革命が世界初の共産主義国家を作り出した。パナマ運河が開通し、タイタニック号が沈没。踊り子のマタ・ハリがスパイとして処刑された。

これは、毛が知的発達の基盤を敷いた十年でもあった。

すでに東山で毛の地平は広がりはじめていた。外国の歴史や地理を初めて多少なりとも学んだのは、東山でのことだった。学校の友人が『世界英傑伝』という本を貸してくれたので、アメリカ革命とジョージ・ワシントン、ヨーロッパのナポレオン戦争、エイブラハム・リンカーンと奴隷制反対運動、ルソーとモンテスキュー、イギリス首相ウィリアム・グラッドストーン、ロシアのカテリーナ皇帝やピョートル大帝などについて読んでいた。後に省図書館で、ルソー『社会契約論』やモンテスキュー『法の精神』など、人々の独立性、支配者と被支配者の社会契約、個人の自由と平等性といった西洋的な発想を述べた本に出会った。またアダム・スミス『国富論』や、ダーウィン、トマス・ハックスレー、ジョン・スチュアート・ミル、ハーバート・スペンサーなど、著名な十九世紀リベラル派の著作を読んだ。こうして、後にかれ曰く「資本主義を学んで」過ごした半年は、外国の詩や小説や、古代ギリシャの伝説も毛にもたらしてくれた。また図書館で、かれは初めて世界地図を見たのだった。

省立第一中学のある教師が、『御批資治通鑑』を読むように勧めた。これは宋代の司馬光《シマ・グアン》による偉大な文献『資治通鑑』に、十八世紀の注釈がついたもので、原文は何世代もの中国学者たちが傑作と認め、千年後の毛の時代にあっても、相変わらず政治史の研究における傑出したお手本とされていた。この本は紀元前五世紀から千四百年におよぶ王朝の興亡をパノラマ的に記述したもので、これほどの規模のものはその後中国では書かれていない。それを貫く原理は、毛の大好きな小説『三国志演義』の冒頭に描かれたものだ。「帝国は興亡し、諸国は分かれては合する」。十八世紀のフランスのイエズス会士は、その著者についてこう述べている。「かれは読者のために、歴史の舞台に置く登場人物を描き出してくれる。人々はその行動に特徴付けられ、賢明さや関心、見方、欠点、美徳によって彩られる。(中略)かれは読者の前に出来事の連鎖を並べ、まずはこの面、次にあの面と強調するうちに、やがてそのきわめて遠く驚くべき帰結さえ平明に示される。かれの天才は(中略)歴史の壮大さをすべて提示し(中略)そこにきわめて哲学的に雄弁な声を当てるので、きわめて鈍い読者でさえも圧倒されてなにがしか考えさせられるものがある」。司馬光は世界を絶え間なく変転するものとして描き、歴史は連続体であり、過去が現在を生きるための鍵を与えてくれるものだと示す。これが『資治通鑑』を毛の人生に最も大きな影響を与えた一冊として、かれはそれを死ぬまで何度も読み返すことになる。

長沙はまた、毛を現代的発想と接触させることになった。『湘江日報』でかれは一九一二年に初めて社会主義という用語に出くわす。それからしばらくして、パリ在住の中国人アナキストたちに影響された、進歩的発想の支持者である江亢虎《ジャン・カンフー》の小冊子を手にすることになった。革命直後に江亢虎は中国社会党を創設したが、その教義は「政府もなく、家族もなく、宗教もなく。万人が能力に応じて与え、万人が必要に応じて受け取る」という標語にあらわれていた。これは強烈な代物だったので、毛は同級生数名に熱狂的にこれについて手紙を書いている。賛同の返事をくれたのは一人だけだった、とかれは回想する。

さらに重要なのは、教師になるための訓練を受けて過ごした五年間である。それは毛にとって大学教育にいちばん近いもので、後にかれは、自分の政治思想が形成された時期だと述べている。一九一三年春、十九歳の誕生日から数ヶ月後に、第四師範学校のための準備講義を受け始めた。一年後に、その学校は第一師範学校と合併した。この学校は南門の外、十二世紀に城南書院のあった敷地にあり、広々として設備の整ったキャンパスと、長沙で最新の西洋式建物を誇っていた。

かれの思想形成を支援した教授として、特筆すべきは二人。中国語と中国文学を教えた袁継騮《ユアン・ジールー》、別名「袁大胡子（大ヒゲの袁）」および哲学学部長楊昌済《ヤン・ツアンジ》である。楊昌済は生徒たちから畏敬を込めて「孔子」と呼ばれており、十年にわたりアバディーン、ベルリン、東京で勉強してごく最近長沙に戻ってきたところだった。一九三〇年に毛沢東が学校時代をエドガー・スノーに回想してみせたとき、すぐに出てきたのはこの二人の思い出だった。

大ヒゲの袁大胡子は私の文章をからかって、新聞記者の文だと呼びました。（中略）私は文体を変えざるを得ませんでした。韓愈《ハンユ》の著作を勉強して古い古典の言い回しを習得しました。大ヒゲの袁のおかげで、今もって必要とあらば、そこそこの古典作文はひねりだせます。でも最も強い影響を与えたのは楊昌済でした。（中略）彼は理想主義者で、高い道徳性を持った人物だった。自分の倫理観を強く信じ、生徒たちに公正で道徳的で有徳の士として社会の役にたつ人物になろうという願望を吹き込もうとしたのです。彼の影響で、倫理についての本「新カント学派の哲学者フリードリッヒ・パウルゼンの著書」を読み（中略）触発されて「心の力」という作文を書くことにしました。当時は私も理想主義者で、作文は楊昌済先生（中略）に大いにほめられました。（中略）百点をくれたのです。

この作文は失われてしまったが、パウルゼン『倫理学原理』中国語訳の余白に毛が書いたメモは残っている。それは全部で一万二千語におよび、ものすごく小さい、ほとんど読めない手書きメモだが、毛の政治キャリアを通じて続く三つの中核アイデアを含んでいる。中央集権化された権力を持つ強い国家の必要性、個人の意志の圧倒的重要性、そして時に対立し、時に補いあう中国と西洋の知的伝統の相互関係である。

賢い父権的な支配者を抱く強力な国家という発想は、毛が子供時代に学んだ儒教の文献に根ざしたものだった。それはまだ中学時代にかれが、商鞅《シャン・ヤン》について書いた小論の核にもなっていた。商鞅は紀元前四世紀の秦の宰相で、法家思想の創始者の一人だ。法は「幸せをもたらす道具である」と毛は断言した。だが、賢い支配者の法制は、人民たちの「無知と暗愚」に阻まれており、この人民たちの変化に対する抵抗は「中国を崩壊寸前までもたらした」。それはもっと「開明的な人々が腹を抱えて笑う」ほど滑稽なことである、と毛は書いた。教師たちはこの文にきわめて感じ入り、他の生徒たちに回覧させたほどだった。

中国の後進性と、それを克服する必要性という主題は、この時代の毛の著作に何度も登場する。この国の将来の困難は「過去の何百倍にものぼる」とかれは友人に語っている。中国人は「奴隷根性を持ち偏狭だ」。五千年の歴史を通じて「多くの望ましからぬ習慣を身につけ、精神は古すぎて、道徳はきわめて劣悪だ。(中略) 威力を使わずしてそれを取り除き浄化することはできない」。

年を追うごとに中国は、列強の圧力に対してますます惨めな譲歩をしたため、毛の悲観論はさらに強化された。一九一五年五月七日、袁世凱《ユアン・シカイ》は日本に最後通牒をつきつけられた。通称「対華二十一条要求」であり、ミカドの政府が実質的に中国を保護領にすると主張し、山東省における元ドイツ配下の地域も抑えて、満州はロシア帝国と並ぶ存在となるというものだ。これは「大いなる恥辱」の日だ、と毛は書いている。かれは学生仲間に対し、政府に抗議するよううながし、そして学友の死を記すために数日後に書いた詩の中に自分の感情を吐露した。

胡虜多反復、千里度龍山　繰り返し蛮族は策を弄し　千里の彼方から龍山を越えてくる
生死安足論、百年会有役　生死など論じるに足らず　今世紀にまた戦争が起こる
東海有島夷、北山尽仇怨　東の海には島の夷族　北の山には怨の満ちた仇がいる

「島夷」は日本、「仇怨」はロシアだ。この二つのうち、日本のほうが手強かった。毛は一年後にこう書いている。「戦争なくしては、我々は二十年以内に消滅する。だが我が同胞たちはいまだに気がつかずに眠りつづけ、東方にほとんど注意を払っていない。ぼくの見方では、我々の世代が直面する

課題としてこれ以上に重要なものはない。（中略）我々は抗日の決意を研ぎ澄まさなくてはならない」

中国の欠点と見なしたものを是正しようという毛の最初の試みは、きわめて現実的なものだった。一九一七年にかれは、『新青年』誌に体育教育に関する論説を投稿した。『新青年』は過激派学者の陳独秀《チェン・ドゥーシュ》が編纂する中国随一の進歩派雑誌だった。毛の論説はこう始まっていた。

我が国は強さを欠いている。軍事精神が奨励されていない。人々の身体状態は日々衰えている。（中略）肉体が強くなければ［敵］兵を見ただけで震え上がるであろう。この有様でどうやって目標を達成したり、広範なる影響力を行使したりできるであろうか？

これはそれ自体としては独自の発想ではなかった。かれの哲学教授楊昌済は三年前に非常に似た表現で毛のクラスに講義をしていた。スポーツなどの体育活動を中国の学校に導入しようという試みは、義和団の乱のあとで導入された清朝の改革から続いていたものだった。

問題は、毛によればこうした試みが本気でなかったことにある。伝統は文芸的な達成を強調して肉体的な発達という発想を拒絶していたので、生徒や教員たちはそれを見下すようになっていた。

生徒たちは運動を恥だと思っている。（中略）流れるような衣装、のろい歩み、重々しく平静な視線――社会に尊敬される立派な行状とはこうしたものだ。それをなぜいきなり腕をのばしたり脚をむき出しにしたり、身をのばしたりかがんだりしなくてはならないのか？（中略）君子の行状は洗練された優雅なものだが、運動についてはこれは成り立たない。運動は粗野で無礼であるべきだ。武器の衝突する中を騎乗で突撃して勝利を獲得するのである。叫びで山を揺るがせ、怒号で空の色すら変えるのである。（中略）このすべては粗野で無礼であり典雅とは何の関係もない。運動で前進するためには野蛮にならなくてはならない。（中略）そうすれば大いなる活力と、強い筋骨を得るであろう。

同国人たちの無気力なやりかたと決別すべく、かれは運動を裸でやるべきだと提案した。一九一七年四月に掲載された『新青年』のこの論説は、中国の未来に関する全国的な論争に毛が初めて慎ましい一石を投じたという点でも重要だが、同時にそれは、この頃にかれの思考に生じた第二の中核テーマの萌芽が見られるという点でも重要である。そのテーマとは、個人の意志の至高の重要性である。「行動する意志がなければ、外面や客観［条件］が完璧であっても、それは我々の役にはたたない。したがって（中略）我々は個人のイニシアチブから始めるべきである。（中略）意志は人の道筋の前提である」と毛は書いている。その秋、毛はこの定義をさらに磨こうとした。「意志は人が宇宙から知覚する真理である。［しかし］真に己の意志を確立するのは容易ではない」とかれは示唆した。各人は独自の真理を見つけなくてはならず、「他人が決めた正邪の定義に盲目的に従うのではなく、己の真理にしたがって行動すべきである」。その数ヶ月後、かれは友人たちに『三字経』を思わせる表現で語っている。「人の心身の力が共に集中するなら（中略）どんな任も実現困難ではない」こうした伝統的中国の思想に、毛は個人の自己利益という西洋の概念を結合させた。

究極的にはまず個人がくる。（中略）社会は個人によって作られるのであり、個人が社会に作られるのではなく（中略）相互扶助の基盤は個人の充足である。（中略）自己利益は実に人間にとって最優先となる。（中略）個人よりも高い価値はない。（中略）したがって個人を抑圧するより大きな罪はない。（中略）生のあらゆる行動は個人の充足のためであり、あらゆる道徳はそれに奉仕する。

この「意志力と心の力」の強調が、毛の歴史観や、『三国志演義』のような小説の伝説の英雄たちへの昔ながらの執着と結びついて、「聖賢豪傑たちが時代を代表するのであり（中略）時代はすべて、こうした代表的な人物の付属品でしかない」という見方をもたらした——

豪傑の士は天より得た本性を発展させ、その本性の中で最高最大の能力を伸ばす。（中略）その本性に含まれる大いなる原動力によりあらゆる制限制約は取り除かれる。（中略）英雄豪傑の行動は独自のものであり、その原動力の表現であり、強力にして清める力を持ち、先例に頼らない。それは深い谷よりわき上がる強風のように、そして恋人を求める抑えられぬ性欲のごとく、阻まれることなく、阻める者のない力なのである。その前にあってはあらゆる障害が消え失せる。私は古来から、何万もの敵を前にひるむことなき勇猛なる将軍たちの威力を見てきた。死を恐れぬ一人は百人に勝るという。（中略）その人物は止めることも排除することもできないので、最強でありもっとも力を持つ。これは豪傑や聖賢の精神についても言えることである。

毛の考えるこの世の仕組みでは、英雄は秩序が絶え間なく混沌へと退行する世界に耐えねばならず、そしてその混沌から新しい秩序が生まれる。「天地には運動しかない。時代を通じて各種の思想の間に闘争があった」とかれは書く。ある部分で、かれは人が平和を希求しつつ、それに飽きるのだという驚くべき記述をしている。

長期にわたる平和、何の無秩序もない純粋な平和は、耐え難いものになり（中略）そしてその平和が波を生み出すのは不可避である。（中略）ひとたび大同の境地を実現しても、競争と摩擦の波が必然的に生じてそれは乱されるであろう。（中略）人類は常に混沌を嫌い秩序を望むが、混沌もまた歴史的な生の一部であり、それにも価値があることに気がつかない。（中略）人々が本で読みたがるのは、物事が絶えず変わり、無数の才人が台頭する時代の話である。平和な時期の話になると、人々は（中略）本を脇に置いてしまう。

こうした「学者的問題［と］国家の重々しい問題」と毛が友人に語ったものに関する考察は、子供時代に吸収した中国の伝統と、かれが直面しつつあった新しい西洋の発想との対立に関する認識の高まりを背景に生じたものだった。

当初、毛は意識的に康有為《カン・ヨウウエイ》など十九世紀改革派たちの見解を真似ていた。「学問への道は、まず中国、次に西洋でなくてはならず、まず一般、後に専門化すべきであるという結論に達した」とかれは一九一五年六月に書いている。三ヶ月後にかれはこの発想を発展させた。

「中国と西洋の比較を行い」外国から故国において有用なものを選ぶべきである。（中略）「ある友人に、ハーバート・スペンサーの」『社会学原理』を紹介されたので通読した。その後、ぼくは本を閉じて独りごちたのである。「ここに学問への道がある」と。（中略）「この本は」きわめて重要であり、称揚すべき「点が多々ある」。だがもっと重要なのは、国学である。国学は幅広くてきわめて重要である。（中略）人々にとってまず喫緊なのは、国学についての一般的知識である。

生涯を通じ、毛の著作のほとんどすべてにおいて、西洋の経験よりは中国の経験のほうが優先的な地位を与えられていた。西洋の異質な慣行として中国に移植された体育教育を論じるときでさえ、明朝末期の学者集団に始まる中国の事例一覧がまず登場した。その後でやっと、「体育の有力な「外国の」支持者」としてセオドア・ルーズベルトや日本柔道の創始者嘉納治五郎が言及されるのだった。外国の発想を、中国の現実に根拠づけることでその意義を示すというやり方は、毛にとってその後も決して揺るがない大原則となった。

だが一九一七年に、毛は初めて伝統的な中国思想が本当に優れているのか疑問視するようになる。中国の古代の教えは「ばらばらで体系だっていない」とかれはその夏にこぼしている。「このために我々は数千年かけてもまるで進歩していないのだ。（中略）西洋の学問は（中略）まったくちがう。（中略）分類はきわめて明確であるため、崖の下の岩に叩きつける滝のように聞こえるほどだ」。だが数週間後に、かれはそれほど確信が持てなくなった。「ぼくの意見では、西洋の思想も必ずしもすべて正しいわけではない。そのかなり多くの部分は、東洋思想と同様に変えられるべきだ」

かれは暫定的な答えを、パウルゼンの理論に見いだした。このドイツ人はこう書いていた。「あらゆる国は不可避的に高齢と衰退の段階を迎える。時間がたつうちに、伝統は更新の力に対する障害として機能し、過去が現在を抑圧するようになる」。これが中国の現状だ、と毛は考えた。「唐代や宋代以来刊行された散文や詩の撰集は燃やしてしまうべきだよ。革命は軍隊や武器を使うことではなく、古いものを新しいもので置き換えることなんだ」とかれは友人に語っている。

だが毛は、古典を破壊しろとは提案しなかった。中国文化の基盤は不可侵であった。一掃すべきはそのもつれあった上部構造だけであり、そうすれば中国の独自性と偉大さは新たに開花すると考えていた。
一九一〇年代が進むにつれて、国家刷新の見通しはますます期待薄に思えてきた。一九一一年の辛亥革命（これは古い干支の六十年周期で、鉄豚の年に起こったことからきている）は、当初の野心を何一つ実現できずにいた。唯一できたのは破壊だけ。満州人の清朝宮廷を打倒したことだけだった。

湖南の改革派は当初から、袁世凱政権がもともと使えていた清朝独裁政権の繰り返しになるのではないかと恐れ、かれをあまり野放しにしないようにした。譚延闓率いる省政府は、孫文による新生の国民党を支持し、同党は一九一二年冬の議会選挙で圧倒的な勝利をおさめた。袁世凱はみんなが懸念していた通りの無法ぶりを示した。翌春、孫文は袁世凱政権の権限を抑えるべく、一年前には遠慮していた遠征を遅ればせながら開始した。江西省とその他南部の五省が支持を表明した。だが通称第二革命は燃え上がらなかった。一九一三年八月末までに、南部の軍は惨敗を喫し、指導者たちは亡命した。孫軍とゆるい同盟関係にあった南部の軍司令官たちは、広東《グアンドン》省、貴州《グイゾウ》省、雲南省については領地の支配を維持し続けられた。だが湖南では、袁世凱は北京政府の直轄を再導入し、リベラル派の譚延闓にかわり、忠実な保守派の湯薌銘《タン・シャンミン》を任命した。まもなく国民党は中国全土で「政治問題を煽動した」と糾弾されて、大統領令により禁止された。

ごく最近に王朝の崩壊を目の当たりにした十九歳の毛には、こんな動きは自分たちとかけ離れた上層部だけの権謀術策に思えただろうし、明らかに失望を感じたようだ。この時代の出来事で唯一心に残ったのは、夏に起きた長沙弾薬庫の爆発だった――それも政治的な理由ではなく、むしろ爆発そのものが派手だったからにすぎない。「大火災が起こり、私たち学生はとてもおもしろがりました。山ほどの銃弾や爆弾が炸裂し、火薬はもうれつな炎をあげました。爆竹の比ではありませんでした」とかれは回想する。それが袁世凱の手下二人により、湖南の武器を奪うために爆破されたのだという事実については、毛は黙殺している。

その後五年のほとんどでは、毛は学業を優先させた。共和国政治はずっと優先度の低い二番手となった――それも、それが中国の若者にとって大きな問題となった場合だけだった。それが起きたのは一九一五年春、袁世凱が日本の「二十一条要求」を受け入れたときだった。そしてその次は翌冬に、帝政復活をかれが画策し始めたときだ。その年、毛は船山学社に入った。これはもともと明代に満州族と戦った湖南愛国者、王船山にちなんで名付けられた会だ。その週ごとの集会は、改革派の学者たちが袁世凱の帝位への野心に対する反対を醸成する隠れ蓑となっていた。毛はまた、梁啓超《リヤン・キチヤオ》と康有為の反帝政復活論集の出版を手伝った。これは『時局痛言』と題され、当局は怒り狂い、警察が大学に捜索にきた。

袁世凱はひるむことなく、十二月末には自ら帝位に就き、洪憲皇帝を名乗った。雲南省の軍隊司令官はすぐに蜂起して、一九一六年春には広東省と浙江省、江西省が続いた。その頃には袁世凱も考え直し、大統領に戻ろうと提案した。だがもう手遅れだった。南部軍はすでに行軍を開始し，あたりはきな臭くなっていた。湖南省では秘密結社団員たちが反乱して蜂起し、それをきっかけに湯都督の指揮官の一人が軍内でも反乱を起こした。これは失敗した。だが袁世凱の帝位への野心を組織するのに一役かった湯薌銘は、これを機になんとか彼方のパトロンと自分との間に距離を置こうとしはじめた。五月末に、かれは湖南を南部軍からも北部軍からも独立した存在だと宣言した。そして六月四日、全面的な内戦が迫る中、袁世凱が脳内出血で死亡すると、北部の将軍たちとその部隊はあわてて北京へ退却して、後継者選びで口論を始めた。将軍たちが去ると、湯薌銘を政権にとどめていたデリケートな軍事バランスが崩れた。一ヶ月後に農民姿に身をやつした湯薌銘は、少数の信用できる使用人とともに官衙の裏口から抜け出して、漢口《ハンコウ》行きのイギリス蒸気船に乗り込んだ。省の金庫から持ち出した七十万ドルを携えて。

湯薌銘が打倒されて、長沙とその周辺では二週間にわたる流血が続き、少なくとも千人が死んだ。競合する派閥が後継を争い続けて長い政治的混乱が続いた。毛は徒歩で韶山に戻った。級友の蕭子昇《シャオ・ユー》（蕭三《シャー・サン》の弟）宛の手紙で、かれは南部軍――「荒っぽい連中で、山出しの鳥みたいなしゃべり方で獣じみた姿」――が我が者顔で歩き回り、何かと因縁をつけては、食堂で無銭飲食をして、道ばたで博打に興じていると書いている。「雰囲気は堕落の極みだ。極度の無秩序（中略）嗚呼、フランスの恐怖政治もかくやあらん！」とかれは嘆いた。

だが兵たちへの蔑視以上に驚くべきなのは、毛がほとんど万人に嫌われていた都督を擁護したことだった。

この省で恐怖政治を敷いた者があるとすれば、それは人呼んで「屠夫」湯だった。かれは国民党の影響を根絶やしにせよという命令を受けて権力の座につき、就任初日から精力的にそれを実行しはじめた。ある宣教団のアメリカ人医師が、かれの任命を祝おうと、政府要人数人とともにかれを昼食に招いた。

翌日われわれは、昼食会の客のうち三人の凶報を知らされた。正午に官衙近くの広場で、省の財務部長が公開銃殺となり、その他二人の内閣閣僚は（中略）一般刑務所に投獄されて、二日以内に処刑されることになったというのだ。事態は緊迫していた。主要な郷士たちや、市の学校の生徒たちはみんな、かつてないほどに動揺した。（中略）生徒たちが学生連合の集会に赴いたりしないよう、学校の正門には警備員が配備された。「校内で生徒たちによる政治集会の開催を認める校長はすべて更迭する（中略）」と都督の通達は述べていた。われわれは数時間ごとに中央広場に出かけて、様子をきいた。（中略）野次馬たちによれば、処刑は夜明けから着々と続いているということだった。

譚延闓政府の元要人十六人が逮捕されて、運動競技用の屋外競技場で公開銃殺となった。湯が権力の座にあった三年で、少なくとも五千人が政治犯として処刑され、一般犯罪者で処刑された者は数知れず。中国人によるものも外国人によるものも、独立の記録はすべて湯薌銘を「鉄拳支配」と称しており、二十世紀最初の数十年の中国においては、これは比喩ではなかった。ある伝道師は、たった十七歳の泥棒三人の扱いを報じている。

共犯者の名前を吐かなかったので、［判事は］かれらを割れた陶器の上に正座させ、脚の上部に棒をのせて、そこに男二人が飛び乗って圧力を加えた。かれは太い線香を取り出し――指ほども太く、木のように硬い――火のついた端を目や鼻に突っ込んだ。そしてその燃える線香を使って、むき出しの身体に字や絵を描き始めた。最後に手足を大の字にのばして棒にしばりつけさせると、くすぶる線香を身体に乗せて燃えるままにしたあとで、灼熱した鉄棒で身体のいたるところに焼き印をつけるのだった。三人とも白状して、判事の前から排除されたときには、もはや人としての形をとどめていなかった。

この残酷な時代の基準をもってしても「屠夫」湯のやり口は極端だった。湖南軍事法廷で行われた拷問があまりに野蛮だったため、その長は「生きた閻魔（活閻王）」の異名をとった。国民党支持者を捜し出すために特別警察部隊が組織された。文教予算は大幅に削られて多くの学校は閉鎖され、存続した学校も監視下に置かれた。湯薌銘の政策を疑問視する新聞は発行停止となり、一九一六年に検閲が導入されると、生き残った新聞もあちこちに空白を残したまま発行されるようになった。あるジャーナリストはこう書いている。「刑事がそこらじゅうにいて、人々は冬の蟬のように静かだ。お互いを警戒し合って、みんな決して時事的な話はしない」

毛はこれをすべて承知していた。毛自身の学校でさえ、湯薌銘支配をもたらした処刑の波の間は休校を余儀なくされていた。だが蕭子昇への手紙の中で、かれは糾弾された都督のやりくちを頑固に擁護した。

ぼくはいまでも湯都督を更迭すべきではなかったと思っている。かれを追い出したのは不正であり、状況はいまやますます混乱しつつある。なぜそれが不正だというのか? 湯薌銘はこの地に三年いて、厳しい法律の厳しい施行により支配した。かれは(中略)平穏で友好的な環境を作り出した。秩序が戻り、過去の平和な時代が実質的に復活した。かれは軍を厳しく規律を持って統制した。(中略)長沙は実に正直な町となり、落とし物が持ち主のためにそのまま道ばたに残されたままとなっていた。ニワトリや犬でさえおびえなかった。(中略)湯薌銘は全世界の前に己の無実を訴えることができる。(中略)「いまでは古い湖南軍や政治エリートの」ごろつきどもがそこら中にいて、人々を尋問して逮捕し、逮捕した者を処刑している。(中略)政府のあらゆる役職から盗みにあったとの声があがり、裁判官の意向も無視されている。(中略)湖南の様子は何と不思議で狂っていることだろう!

この手紙は、二十二歳の時点で毛がどのような考え方をしていたかについて、興味深い洞察を与えてくれる。一九一一年に革命軍に入ったときには、同年代の若者何千人と同じことをしただけだった。今回のかれは、多数派の見方に逆らって、きわめて悪評高い、政治的に危険な発想を擁護しているのだった。毛は蕭子昇にこう頼んでいる。「これが知れたらまずいことになりかねない。これはだれにも見せないでくれ。読み終わったら焼き捨ててくれるとありがたい」

「屠夫」湯に対するかれの見方は後に変わる。だが分析手法——自分が問題の主要側面と考えたもの（ここでは法と秩序の維持）に専念して、二次的だと考えたもの（湯薌銘の残虐さ）を無視する——は、終生かれの政治へのアプローチの基礎を形作る。そして権威主義擁護は、将来の暴虐ぶりをすでに垣間見せており、ぞっとさせられる。

［湯薌銘が］優に一万人以上を殺したという事実は、政策の帰結として不可避だった。でも［北部軍司令官の］馮《フエン》・［国璋《グオザン》］が南京で殺したより多いだろうか？（中略）袁［世凱］にへつらうために、世論を誘導して善良な人々を讒言したとは言えるかもしれない。だがそれはここに限ったことだろうか？（中略）そうした行動なしには、国を守るという目標は実現できなかった。こうしたことを犯罪だと考える人々は、大きな図式を理解していないのだ。

こうした発想は、四年前に法家の政治家である商鞅について「邪悪なものと反逆者たちを懲罰する法を公布した」と称えた小論にも前兆が見られた。だが今回はずっと先へ論を進め、政敵を殺すのは正当であるばかりでなく、不可欠だと論じていたのだった。

毛が湯薌銘の支配を強い指導力の見本と述べ、湖南の進歩派のエリートを軽蔑したのは、口論ばかりの地元政治家たちに対する嫌悪を反映している。同じ理屈で、かれは袁世凱も評価している。他の人々はこの皇帝もどきについて、共和国を裏切って憎むべき日本人に叩頭してみせた裏切り者として罵倒したが、毛はかれを孫文や康有為と並ぶ、時代の三傑の一人として称揚し続けた。十八ヶ月後の一九一七年冬、湖南がまたもや内紛に陥って、中国全土で軍司令官たちが軍閥と化すようになって、袁世凱と湯薌銘も結局は自分の権力にしか関心のない独裁者でしかなかったのだということを毛もようやく認識するようになる。

第一師範学校で過ごした年月は、他の面でも毛を形成した。一九一三年に入学した頭でっかちな若者は、恐れや自分への疑念を虚勢の下に隠していたが、いまや人好きのする、一見すると世の中とうまく折り合いのついた若者へと成長しており、教授や友人たちには傑出した生徒として、いずれ第一級の教師になると思われていた。

その変化は緩慢だった。東山高等学堂と同じく、かれが足がかりを得るまでには一年以上かかっている。最初期の親友となった蕭子昇は、一九一四年の夏に毛がおずおずと接近してきた様子を以下のように描いている――

当時は、私が上級生だったので、かれは自分からは決して声をかけてきませんでした。（中略）「でも教室に掲示されたお互いの」作文を読んで、お互いの意見や考えを知り、親近感が生まれました。（中略）数ヶ月して、ある朝廊下で顔を合わせました。（中略）毛はにっこりして私の前で足を止めました。そして「ミスター蕭」と呼びかけたのです。当時、学校ではみんな同級生に英語で呼びかけました。「ミスター毛」と私は答え（中略）かれが何を言いたいのかなと漠然と考えました。「あなたの学習室は何番ですか？」もちろんかれはそんなことはとっくに知っていて、これは単に会話の糸口でしかありませんでした。「午後の放課後、よろしければあなたの学習室に立ち寄って、作文を見せていただきたいのですが」（中略）
　授業はその日四時に終わり、一時間もしないうちに毛は私の学習室にやってきました。（中略）初めての会話は楽しかった。最後にかれはこう言いました。「明日も来てご指導を仰ぎたいのですが」そして私の作文を二つもって、お辞儀をすると部屋を出ました。とても礼儀正しかった。会いに来るたびにお辞儀をしました。

　毛は、同志と認める人々を探し出そうとかなりの努力をしている。「君子でもなければ孤独では成功できない。友人を選ぶのはきわめて重要だ」とかれは一九一五年に書いている。その年、かれは市内のいろいろな学校に「愛国的な仕事に関心ある若者」に連絡を求める掲示を出した。「意志が強く決意に満ちて（中略）国のために犠牲を払う覚悟がある」者でなくてはならないと延べ、そして「二十八画生」と署名した。これは毛の名前を書くのに必要な二十八画からとった偽名だ。

　省立女子師範学校では、これは女友だちを見つけようとする暗黙の呼びかけではないかと疑われ、調査が始まった。だが毛は、そんなつもりはまったくなかった。蕭子昇への説明によれば、かれは「仲間の声を求めて呼びかける鳥を真似ていただけ*1」だとのこと。そしてこう付け加えた。「最近では、友人が少なければ視野も狭くなってしまう」

　二十年後、かれはエドガー・スノーに対し、「三通半の返事」を受け取ったと話している――三人は後に「裏切り者」や「超反動主義者」になる人々であり、「半通の返事」は「熱意のない李立三《リ・リーサン》という若者」からのものだった、と。この李立三は後に共産党の指導者として、毛の手強い敵となる。

だが実際には、六人の若者が返事をよこし、そしてだんだんゆるい勉強会が形成されていった。

真剣な小集団で、みんなつまらぬことを議論する暇はありませんでした。一切の言動は目的を持たなければなりませんでした。愛や「ロマンス」の暇はなく、女性や私的な話をするには時代があまりに危機的であり知識の必要性が緊急すぎると考えました。（中略）この年代の若者たちの議論では通常重要な役割を果たす、女性の魅力に関する議論のみならず、私の仲間たちは日常生活の些事についてさえ話すのを拒否しました。（中略）話は大事だけ――人の性、人間社会、中国、世界、そして宇宙！

日本にいる間に健康マニアとなった楊昌済教授に影響されたのと、一九一七年の『新青年』記事で毛が述べた原理にしたがって、この一団は厳しい肉体鍛錬プログラムを実施した。一同は毎朝井戸に赴き、お互いに冷水を浴びせた。休日には長い行軍にでかけた。

野原を踏破し、山を登っては降り、城壁にそって、あるいは川や流れを横切って進んだりしました。雨が降ったらシャツを脱いで、雨浴と称しました。日差しが暑くてもシャツを脱ぎ捨てて日光浴としゃれこんだのです。春風の中では、これが「風浴」なる新しいスポーツだと叫びました。すでに霜が降り始めた頃にも屋外で眠り、十一月にさえ冷たい川で泳ぎました。

楊教授に対する毛の崇拝ぶりは果てしなかった。「先生の偉大さを思うと、自分など決して比肩する存在にはなれないと感じる」とかれは友人に打ち明けている。相手も毛に対して同じ印象を持っていた。楊は日記にこう書いている。「［毛ほど］知的でハンサムな人物を見いだすのは真に困難である」。毛は晩にしょっちゅう楊邸を訪れて時事問題を議論する学生の小集団の一人で、教授の人生に対する自発的で主体的なアプローチ――個人の美徳や意志力、確固たる信念と忍耐の涵養を強調するもの――は、毛に永続的な影響を与えた。数年後に楊が他界すると（北京の凍り付く冬に冷水浴をしすぎたせいだと言われた）、学生新聞は毛とその友人の蔡和森《ツァイ・ヘセン》がいちばんお気に入りの学生だったと振り返っている。

だが二十代初期の毛は、まわりの万人にとって、きわめて面倒な人物だったにちがいない。韶山出身のいらだった反抗的な十代は、いまだに混乱した若者であり続け、頭はよいが扱いにくく、しばしば自分自身への疑念や憂鬱にとらわれてしまうのだった。

ある瞬間には、毛はこぼしている。「生涯を通じてぼくは教師や友人に恵まれていない」。そして次の瞬間には、蕭子昇に親密な手紙を書いている。「いろいろ重たい考えが錯綜してぼくにのしかかります（中略）あなたと話をしてそれを吐露させてはもらえないでしょうか？」毛の頑固さは折り紙つきで、好きで尊敬する相手に対してさえそれは変わらなかった。たとえば大ヒゲの袁とは、作文の表紙の題名について大激論を交わし、絶対にそれを変えようとはしなかった。そして今度は校長と別件で口論となったため、袁や楊昌済をはじめ教授数名が仲裁に入って、やっと退学処分にならずにすんだ。日記の中で毛は密かに自分を叱責している。

おまえは落ち着きの能力がない。おまえはびくびくしてすぐ興奮する。おしゃれに余念ない女のように恥知らずだ。外見は強そうだが中身は空疎。虚栄心や財産欲を抑えられず、肉欲も日々高まっている。ありとあらゆる讒言やうわさ話に興じ、心を堕落させて時間を無駄にし、自己満足に浸っている。［緑の萼と紅の花をつける］牡丹のまねごとをしているくせに何も生み出さず、それなのに「自分は［花は咲かせないが実はつける、慎ましい］ヒョウタンを真似しているのだ」と自らを偽っている。これは欺瞞ではないのか？

毛の暮らしは質素だった。蕭子昇は、初めて会ったときのかれが「背が高くぶきっちょで、服装は汚く、［綿の］靴には、ずいぶん繕いが必要な若者だった」と述べている。同世代の若者が新しい西洋ファッションをあれこれ試すのに忙しい中で、毛は青い学校の制服と、灰色の学士のガウン、綿を縫い込んだ下着のシャツに、ぶかぶかの白いズボン一着しか持っていなかった。食事のこともあまり気にしなかった。これは懐具合のせいもあった。父からの小遣いは年にたった二十五元ほどだったのだ。だが教師の一人である徐特立《シュウ・テリ》の影響もあった。かれは反逆精神の持ち主で、質素な暮らしぶりで知られ、他の教授が人力車や輿を使っていたのに対し、必ず歩いて登校していたのだ。

毛の懐具合は、新聞や雑誌の費用でもかなり痛んだ。当人の推定では、収入のほとんど半分が費やされたという。級友たちの記憶では、毛は大学の図書館にすわって、本のページの余白を切り取った細長い紙切れに細かいメモを書いて、外国やその指導者に関する記憶の助けとしていたという。

勉強熱心ではあったが、自分の好きな科目だけだった。学んだことに対する熱狂と、自分のできの悪さへの絶望との間で気分は大きく波を描いた。退屈だと思った講義が必修だと、大学の規定に抗議した。かれは回想する。「自然科学には特に興味がわかず、勉強しなかったので、これら課目の大部分では悪い成績でした。いちばん嫌いだったのは必須科目であった静物写生ですが、きわめて馬鹿げていると思いました。いつも最も簡単に描ける題材を思いついて、さっさと仕上げて教室を出ることにしていたのです」。あるときかれは、横に直線を描いてその上に半円をつけ、それが李白の詩「夢遊天姥吟、留別」の一場面で海から日が昇るところを描いたものだと主張した。期末試験では、楕円を描いて卵だと述べた。教師は落第点をつけた。

時々かれは、自制しようとする。一九一五年にかれはこう認めている。「過去にぼくはいろいろまちがった考えを抱いてきた。いまやぼくは少し成長した。（中略）今日から新しい出発だ」。数ヶ月後にまた絶望し、かつての先生に怒りにまかせてこう書いている。「こんなところでは勉強できません。意志の自由もなく、基準が低すぎ、仲間たちが意地悪すぎる。己の有能な身体と貴重な時間が、悶々と待ち続けるばかりで朽ちていくのをみるのは本当につらいことです。（中略）こんな学校はまさに最も暗い谷底です」。その後まもなく、かれはまた嬉々として新たな学習計画をたてている。

早朝には英語を勉強する。朝八時から午後三時までは学校の講義に出る。午後四時から夕食までは中国文学を学ぶ。そこから消灯時間までは授業の宿題をやる。そして消灯時間後は、一時間体操をする。

半年後、毛はまたもや「新規巻き直しだ（中略）朝から晩まで休みなく勉強する」と述べたが、またもや挫折することになる。かれは不満げにこう書いている。「進歩を求めない者があろうか？だが野心が絶えず阻まれて、変転の迷路に迷うとき、その悔しさは筆に余る。きわめて若い者にとって、このすべては苦々しい世界を示している」

毛が自信を強めるにつれて、こうした爆発もだんだん減る。一九一七年晩春、二十三歳のときに、かれは同級生たちから「最優秀学生」に選ばれた。数週間前に『新青年』に掲載された毛の記事は、湖南の学生として初めて同紙に採用されたものだった。その他の形でも、かれは前より自信が出てきた。蕭子昇への初期の手紙に見られた謙譲は、もっと対等な関係に取って代わられ、下級生にあたる毛のほうがしばしば支配的な声のように見える。その夏、かれは蕭子昇が書いた教授マニュアルを批判して、「宝石は維持して滓は捨てることで」書き直すようながした。その後まもなく、この二人は伝統を破って、夏休みを一ヶ月にわたる徒歩旅行に費やし、通過する郡の仏教寺院や親切な郷士たちに、食物や宿をたかった。

その年に書いた詩で、毛は自分を「鵬」になぞらえている。これはロック鳥のような伝説の鳥で、南海へ飛ぶと「水に撃つこと三千里」とされている。少年時代の英雄でいまだに崇拝の対象となっていたのは、秦の宰相曽国藩《ゼン・グオファン》だけだった。康有為と梁啓超は、どちらも物足りない存在になっていた。『新青年』に小論が掲載されたことで、毛は自分や友人たちが渇望する新生中国の建設に貢献する他の方法を考えるようになった。エリートたちは、自分ほど幸運でない人々を助ける道徳的責務がある、とかれは論じた。

君子はすでに高尚なる智徳を有している。（中略）だが小人は哀れである。もし君子が自分のことしか気にかけなければ、群集を離れて隠者となるだろう、古に人々がそうしたように。（中略）だが慈悲心があれば、その小人たちも自分の同胞であり、自分の宇宙の一部だと知る。我々が一人去ってしまえば、かれらはますます深みに沈む。我々が手を貸してかれらの心を開いて徳を高めるほうがいい。

こうした発想を実践に移す機会が一九一七年十月に訪れた。毛は学生会の会長に選ばれ、この組織は構内で課外活動を組織していたのだ。すぐに決まったのが、六ヶ月前に始まったが中断された、地元労働者向けの夜学を復活させることだった。中国人の大半がまったく教育を受けていない時代にあって、こうした試みは「きわめて肝要である」と毛は書いている。「草木、鳥獣はすべて、同類を養い助け合う。人も同じくせずにいられようか?」「小人たち」は「性が邪《よこしま》」だったり「生来劣性」だったりするのではなく、単に不運なだけであり、「人道的な人物は同情を示すべきである」。欧米の先進国でさえ、夜学は有益だとしている、と毛は付け加えた。さらにそれは生徒たちに教育指導体験を身につけさせ、何よりも中国人民と教育を受けたエリートとの連帯感を築く助けとなる。

現在の学校は、社会と共に二つの柱となっていて、巨大な分け目によってそれが分断されている。入学すると、生徒たちは自分が天に登ったかのように社会を見下す。社会もまた学校を、なにやら聖なる不可侵なものとして見上げる。この相互の疎外と疑念は三つの弊害を生み出す。一つは、生徒たちが社会で職を見つけられないということだ。(中略)一つ、社会は子弟を学校にやろうとしない。(中略)一つ、学校の焼き討ちや予算停止などが起こること。この三つの弊害が除かれれば(中略)社会の人々は学生たちを自分の目や耳として見るようになり、かれらの指導により繁栄と発展の益を得ることになる。学生は社会の人を手足として見るようになり、その助けによって自分たちが志を達成でき、益を得ているのを知る。いずれは、社会の万人が「何らかの」学校を卒業するようになる。教育の一部は、人々が一時的に通う大きな学校となって、社会全体も大きな学校として人々が永遠に通い続けるものとなるだろう。

この反エリート的でオープンな教育システムに、毛は書物崇拝に対する嫌悪を付け加えた。毛は一九一五年にこう書いている。「過去数年にぼくが達成したわずかな進歩のうち、書物を通じて得られたものはごくわずかである。得たものの大部分は、［現実的な］困難を詰問して解決策を求めた結果だった」。かれはカントの「我々の理解は経験の事実からこなくてはならない」というこだわりを賞賛しつつ引用し、中国の伝統的な教育法の形式主義を糾弾した。

我が国の学校制度では、授業がウシの毛のように密となっている。頑強な体を持った成人でさえこれには耐えられない。まして未成年ともなればなおさらだ。(中略) 教育者側の意図を勘ぐってみると、このような繁重な講義を設けたのは生徒を疲れ果てさせ、その肉体を足蹴にしてその生を破壊するためではないかとさえ思える。(中略) そして知力の高い人がいたら、追加の資料をいろいろ与える。(中略) なんと愚かしいことか！

ここで毛が実に情熱的に述べている発想は、終生かれの教育に対する態度に影響した。だが当時は、かれの見方はそれほど過激なものではなかった。中国の教育方法は、当時は暗記偏重で、しかも授業の負荷があまりに重く、一九一七年には毛の同級生七人が病気になって死んだ。それはきちんと休みをとらずに、長時間勉強しすぎて体を壊したせいだ、と同級生や教師たちの一部は考えていた。

その十一月に夜学に登録した六十人かそこらの長沙労働者たちには、こうした原則の結果が古典中国語ではなく口語の使用としてもたらされた。さらにカリキュラムも日常生活に役にたつよう単純化されていた。「読み書きや帳簿の足し算、貴殿らがしょっちゅう必要とするものである」と毛は学校の目論見書に書いていた。そして、外国製品より中国製品を買うよう奨励することなどにより「愛国精神」を植え付けようとする努力も、その原則の成果だった。

だが夜学がまともに開校しないうちに、北京の権力ブローカーたちの紛争で湖南はまたもや内戦にたたき込まれ、毛がそれまで見たものを遥かに上回る規模で、湖南省にはすさまじい破壊がもたらされたのだった。

湯薌銘《タン・シャンミン》が一九一六年七月に長沙を逃げ出すと、しばらく混乱の時期があってからその後をついだのは、地元郷士たちの指導者である譚延闓《タン・ヤンカイ》だった。しばらくはすべてうまくいった。譚延闓は湖南政権を樹立し、かなりの自治権を得て、省のエリートたちには支持された。一九一一年から一三年当時の統治と似た状態だった。かつて袁世凱の腹心の一人で、北京の新国務総理となった段祺瑞《ダン・キルイ》は、北部のライバルたちの画策に対して自分の地位を固めようとして忙殺され、湖南省を屈服させることなど考えている余裕がなかった。

だが翌年の夏に状況が変わった。首都の権力闘争はお笑いじみた山場を迎えたのだ。保守派の軍指導者の一人が満州皇帝を復位させようとしたので、他の北部将軍たちは一時的とはいえ一致団結してその反対にまわった。結果として勢力配置が変わり、北部軍ははっきりと二つの軍閥にわかれた――一つは通称安徽派（または皖系、安福系）で首領は段祺瑞、もう一つの直隷派は新大総統の馮国璋に率いられていた。馮大統領は、一年前に毛が湯薌銘の湖南における蛮行の先例として引いた、南京の占領者だ。かれらのライバル関係は、その後十年近くにわたり、中国の中央部と東部で、断続的に血みどろの軍閥紛争を引き起こすことになる。だが目下は平和協定が守られたので、段祺瑞は生意気な湖南人どもに注意を向けられるようになった。

一九一七年八月、かれは婿養子でもと軍事副部長の傅良佐《フー・リャンゾウ》を、湯に変わる湖南省長として任命した。湯と同じく傅は湖南生まれだった。だが生涯のほとんどを北部で過ごしていたので、故郷の省では外人扱いだった。就任後三日目に、かれは忠誠心を疑った軍上層部の二人を更迭しようとした。かれらの部隊が反乱し、それが連鎖反応を起こして、省の部隊の半分近くが公然と反逆した。それを鎮圧すべく、北部兵二師団が派遣された。だがそれは隣接する広西《グァンシー》省と広東省の独立軍指揮官たちに、北部軍が自分たちの境界を脅かさないように、自分たちも介入すべきだと決断させることとなった。北部軍が省南部を突破しないよう阻止せよとの命を受けて、緑の制服を着た何千もの広西歩兵たちが、速射砲や山砲で武装した砲兵部隊を伴って、省境から湖南になだれこんだ。

北部軍と南部軍との戦場になるのを二度にわたってからくも逃れた湖南省だが——最初は一九一三年、第二革命が立ち消えになったとき、二回目は一九一六年に袁世凱の死で反帝戦争が終わったとき——今度ばかりはさすがに運の尽きかと思えた。両軍ははっきりしないまま、南部の衡州市近くの狭い前線で小競り合いを展開し、長沙では戒厳令が出された。だが、戦闘員たちは北京の政治家たちのことを考えていなかった。十一月半ばのある日、段祺瑞は辞任を余儀なくされ、省長の傅は逃亡、北部軍は退却し、「［翌朝］九時には電気仕掛けのように、城市全体が旗まみれとなり」勝ち誇った南部軍の到来をびくびくして待つこととなった。南軍は、ある観察者によれば「銃弾を運べるところならあらゆるところに銃弾を抱えて」おり、女子供は赤十字の避難所に逃げ込んだ。だが強奪はほとんどなく、市はおどろくほどの軽傷で済んだことを心から祝ったのだった。

こうした争乱の時代に、毛を初めとする第一師範学校学生会の会員たちは義勇軍を組織して、木製のライフルを持って警備して悪者たちを追い払おうとした。同級生の一人によれば、毛の貢献は竹槍を作り、学校の壁を乗り越えようとする無謀な兵士の目をつぶせと教えたことだった。毛と親友蕭子昇と蔡和森は「三人の英雄」を名乗り、肉体の頑強さと戦闘精神を涵養した。確かに毛は、かつてはおびえた十代として、暴れる部隊から逃れようと屋外便所に隠れたこともあったが、いまやかなりの成長をとげていた。それでもこの若き英雄の武勇は、しょせん慎ましやかに限られたものでしかなかった。第一師範学校史『一師校志』は誇らしげに、毛の義勇軍が「きわめて有能だった」と主張している。だが翌三月、本当の困難が生じたときには、その義勇軍は不思議とどこにも姿を見せなかった。その月、段祺瑞とそのライバルたちは、改めて湖南を屈服させようと合意したのだ。今度は広西省の兵たちが、戦わずして退却する番だった。

［外国人住民の報告では］夜までに城市には恐ろしい静寂が訪れた。夜八時頃から、銃声が何発か、ガラスの割れる音、雨戸の破られる音が連続的に賑やかな南街や西街から夜明けまで聞こえてきた。（中略）何が起きているのか、私は自分で見に行った。（中略）兵たちがずらりと行列して南のほうに撤退しているのが見えた。だが十人くらいの集団が店を襲っていた。（中略）かれらはまず銀装飾店から手をつけた。（中略）八人か九人が戸口や窓のまわりに集まった。ライフルの銃床がやがて、木の板を破った。（中略）強奪された商店の割合は相当なものだ。

朝には「だれも統治者がおらず、町はとてもおびえていた」。二十四時間後に北部軍が入城した。いまや国務総理として復活した段祺瑞は、腹心の張敬尭《ザン・ジンヤオ》を軍総督として指名した。この地位は四ヶ月前に傅良佐が逃げ出してから、ずっと空席となっていた。

この決定で湖南はひどい目にあう。張敬尭、人呼んで「張毒」は、「残酷で嗜虐的な独裁者」であり、その手法は「屠夫」湯に似ていたが、規模はずっと大きかった。外国人伝道師たちの報告によると、長沙の貧しい郊外では「女性の名誉や金になるものすべての所有は終わりを迎えた」。市の郊外にある地区の一つは、張の手下たちが四月の最初の数日で犯した罪の詳細な一覧を作成した。

二十歳のS夫人は、朝十一時に兵たちに襲われて、そのそれぞれにあまりにひどく陵辱されたために、いまだに歩けない。（中略）Lは自宅で宙づりにされて銃剣で刺された。その後、傷口はろうそくの火で焼かれた。Hは撃たれた八歳の娘を守ろうと駆けだしたが、自分も撃たれた。（中略）十四歳の少女が男二人に陵辱され、その傷のために死んだ。（中略）ある義父は、妊娠六ヶ月の義理の娘を守ろうとして山に逃げ出したが、兵士たちに後をつけられ、襲撃されて娘は強姦された。（中略）胸の悪くなる話があらゆるところから伝わってくる。

長沙から北東の平江への主街道沿いでは「すべての家畜が殺された。種籾はすべて奪われた。住民はみんなおびえて逃げ出した」。百キロ南の醴陵はもっとひどかった。五月にアメリカの宣教師がやってくると、生き残りはたった三人で、あたりは瓦礫の山の荒れ地で、城壁もあちこちわずかに残っているだけだった。醴陵では人口五十八万人のうち、二万一千人以上が殺され、家屋四万八千軒が焼き払われた。

上海の外国人租界という安全な場所から、新聞は「利己的で強欲な将軍たち」が「中国で最も美しい省の一つを、日常的な荒廃と詠嘆の舞台にした」ことについて怒りの糾弾論説を刊行した。皮肉なことに、反乱の起点となった湖南省南部は、一番軽傷で済んだ。北進の先鋒をつとめた呉佩孚《ウー・ペイフ》将軍の部隊は、衡州を制圧すると行軍を止めて、そのまま広東省に侵攻しろという段祺瑞の要求を無視して停戦を協議した。このため省の最南部は南部軍の支配下のままとなった。ここでも北京の政治力学が働いたのだ。呉将軍は直隷派の一員で、北部出身の総督さえ就任すれば、それ以上段や安徽派のライバルたちの目的を支援し続けても、派閥的な利益がなかったのだ。

四月以降、毛の学校は不承不承、張の部隊を駐留させることとなり、兵が教室を宿舎として使うようになった。新総督は五年前の「屠夫」湯のひそみに習い、教育予算の支給を止めた。第一師範学校の教師の給料は出なかった。生徒たちのほとんどは逃亡した。残った者たちの食費は、校長が自腹を切った。湯と同じく「張毒」は内通者や密使のネットワークを構築して、人々を脅かした。「密偵」と称する者がつかまるたびに、かなりの褒美が与えられた。ある人物は、靴の色がちがうというだけで逮捕された。ある報告によれば「陰惨な死骸がそこらじゅうとんでもないところに転がっている。中には城市のど真ん中に転がったものもあり、軍道にも見られる。容疑者の裁判には公開部分は一切ない。姿を消した人がどこにいるのか突き止めるには、家族ですらかなりの苦労を強いられる」。結果としては「みんな密かにおびえて、ほとんどおおっぴらには話をしない」。

一九一八年六月初め、毛は教員免許を受け取った。人生で何をすべきか、いまだにはっきりとした考えはなかった。「何もかもきわめて混乱して思えます。そして混乱から発するものは、まちがいなく混乱に終わるでしょう」とかれは以前の教師に手紙を書いている。一つ考えた可能性は、私塾を始めることだった。「中国の学問の本質を教えて、[その後]学生たちが海外へ西洋思想の本質を学びにいく」というのだ。だが時期があまりに悪かったし、それにどのみちそんな事業には資金が必要だが、毛には持ち合わせがなかった。

その後数週間を、かれは浙江の向こう側にある山の、廃校になった古典学校で友人たちと暮らした。自分で薪を集め、泉から水をひいたのだ。全員が三年前に毛の作った非公式勉強会の会員で、いまやそれは新民学会と改名していた。中国では私的なコネは大事業にあたって欠かせない踏み台であり、毛はこのつながりですさまじい利益を得る。この会は正式には四月に発足し、書記は蕭子昇で補佐が毛だった。発起人十三人のうち、当の蕭を含む一部は袂を分かって独自の道を行く。だが大半は、その後の流血と動乱の時代を通じて毛と行動を共にし、そして多くはその代償に自らの命を失うことになる。

この会は、当時中国で組織された多数の進歩派学生会のうち、最初期の一つだ。他にはたとえば北京の復興社、周恩来《ゾウ・エンライ》が天津で創設した覚悟社などがある。愛国的な若者たちが、軍閥による略奪と、帝国主義的な列強の圧力に対抗するものを求めた結果として、こうした会は組織された。毛の同級生の一人羅学瓚《ルオ・シュエザン》は、その夏に家族への手紙でこう説明している。

知っておくべきことだけれど、外国人は中国の領土を強占したがっていて、中国の金銭を奪い、中国の人民を殺害しようとしている。（中略）そんな見通しを知りながら、何もせずに生き延びることはできない。だから今（中略）われわれは連合組織を作ろうとしている。［それは］中国を富強へと作り上げ、中国人が新しい道を見つけられるようにするためのものだ。われわれの目標は、中国の復興の日を目指すことなんだ。

新民学会という名前自体が、中国の体験していた変化を反映していた。新民は、新しい人々という意味にもとれるし、人々を新しくするという意味にもとれる――過激でほとんど革命的なニュアンスなのだ。梁啓超はこれを十五年前に、改革派雑誌『新民叢報』で使っていた。だがこれはまた儒教の文献にも見られる古典的な用語でもあった。「人々を新たにする」のは儒教学者の義務でもあった。

中国の古典伝統に対する曖昧な態度は、当時の典型だった。

毛が組織を手伝った夜学では、生徒たちは孔子像に毎晩三拝するのだった。だが毛や同世代の学生たちは、ますます正統儒教的価値観に対して批判的になっていった。「我が国の三綱はなくすべきだ」

とかれは一九一七年冬に書いている。これは儒教道徳の核心にある、君主と家臣、父と息子、夫と妻の間という三つの関係を指している。かれは「教会、資本家、君主、国家」の四つを「天下の悪魔だ」だと糾弾し、国民の態度に「根本的変化」を求めた。

だが他の者たちが単純に過去を拒絶したのに対し、毛は中国の古代思想と西洋の過激主義とを伝統的な弁証法で調和させるジンテーゼを求めていた。その結果としてうまれたビジョンは驚くほど現代的なものだった。

天下の万事は、絶えず変化して決してとどまらない。（中略）こちらの誕生は必然的にあちらの死であり、あちらの死は必然的にこちらの生であり、したがって生は生ではなく死は破壊ではない。（中略）

私はかつて中国が破壊されると案じたが、今やそうではないのを知っている。新しい政体により、ゲルマン国はドイツ帝国になった。（中略）唯一の問題はどうやって変化を実現するかだ。私はそれが完全な再造でなくてはならず、破壊の後で形になるもの、あるいは母の胎内から赤ん坊が生まれてくるようなものだと考える。（中略）各世紀にそれぞれの民族はいろいろな大革命を起こし、ときどき古い者を浄化して新しいもので染める。そのすべては生や死、形成と崩壊に関わる大変化だ。宇宙の運命も同様である。（中略）私はその破壊を大いに楽しみにしている。というのも古い宇宙の崩壊から新しい宇宙が生まれるからで、そのほうが古い宇宙よりよいであろう！

私はこう言おう。観念即ち実在、有限即ち無限、一時的感覚即ち超越的感覚、想像即ち思考、形式即ち実質、我即ち宇宙、生即ち死、死即ち生、現在即ち過去にして未来、過去と未来即ち現在、小即ち大、陰即ち陽、上即ち下、穢即ち清、男即ち女、厚即ち薄。言うなれば、万即ち一、変化即ち常。
我こそはもっとも高みにある人物であり、我こそはもっとも卑しき人物である。

二十四歳にして書かれたこのことばは、半世紀後に権力の頂点にあった毛が、人類四分の一の思考をねじまげて己の意志に従わせるために、身をよじる壮絶な変革の絶え間ない革命を強いたこと、不安定こそがまさに永続となり、調和こそが闘争となるできごとを、不気味にも予言するものとなっている。

この中国の「完全な再造」を実現して、それをもたらすはずの弁証法の勢いを維持することこそ、毛の政治生命を貫く目標になる。かれはすでに、それを段階的に実現することはできないのを知っていた。それを導くイデオロギーが必要だった。

天下を動かさんとする者は、天下の心を動かさなくてはならない。［そして］（中略）心を動かすのであれば、その者は大本の源となる原理を備えていなくてはならない。今日の変化は議会、憲法、総統、内閣、軍事、商業、教育など、枝葉のことから始めている。このすべては枝葉のことでしかない。（中略）源となる原理がなくては、そうした枝葉のことはじゃまでしかない。（中略）大本の源とは宇宙の心理である。（中略）今日、吾らが大本の原理に基づいて訴えかけたなら、天下に心動かぬ者があろうか？　天下の心が皆動けば、天下において不可能なことなどあろうか？

その原理がどんなものかは別問題だった。だが毛とその理想主義的な小集団は、張敬堯の統治が瓦解したことも考慮すると、それが長沙では見つからないことははっきりわかっていたはずだ。五月初め、毛の勉強会の発起人六人の一人だった羅章龍が日本に向かった。毛の旧師楊昌済はいまや北京にいたが、中国人学生をフランスに留学させる新しいプログラムについて手紙で報せてきた。六月に新民学会の会員たちは、蔡和森を首都に送ってもっと調べさせることにした。二ヶ月後にその後を追って、毛もその他二十人とともに北京に向かった。出発前にかれは湘郷県の母親を訪ねて、不誠実にもこう保証した。「これはただの観光旅行で、それ以上ではないよ」

章末注

＊1　これは『詩経』からの引用である。

第4章

「主義」の沸騰

「北京は坩堝のような場所であり、人はここで変化せざるを得ない」と毛は書いている。列車がその巨大な灰色の煉瓦壁の横をゆっくりと通過して、中国の失われた権力と栄光の古い象徴たるタタール人街の銃眼付き胸壁を横目に、同国の必要とする外国技術や思想の必要性を象徴する新しい西洋式の鉄道駅で停車すると、南方からの若き田舎学生は、政治的・知的沸騰の世界に降り立ったのだった。七ヶ月後にそこから出てきたとき、かれは中国をどう救うべきかについて、まったくちがった考えを抱くようになっている。

長沙を離れる前から、毛は自分が他のみんなとフランスに行くべきかどうか、本気で悩んでいた。問題の一つは金だった。船賃の二百元は都合できたが、語学用に必要な百元が用意できないのだ、とかれは友人に語っている。だが実は本当の問題は語学だったようだ。毛は生涯にわたり英語を身につけようと努力し、やがて辞書があれば読めるようにはなったが、話すのは最後までまるっきりだめだった。フランス語なら明らかにもっとひどいだろうとかれは結論したようだ。語学に対する耳がまったくできておらず、北京語の授業でさえもかなりつらく、死ぬまでかれは強い湖南訛りでしゃべり、同郷人であればそれが湘潭《シャンタン》人のものだとすぐにわかった。他にも懸念があった。毛はまだ教師になるつもりでいた。「もちろん語学の勉強のために行くのは結構だ」と認めつつ、それは教育を実践するほど有益ではない。（中略）教育のほうが本質的に優れている」とかれは述べている。また、新民学会の指導者が全員同時に中国を離れない方がいい、と毛は自分に言い聞かせた。蔡和森《ツアイ・ヘセン》と蕭子昇《シャオ・ユー》がフランスにいたら、自分は残って学会が改革を推進し続けるようにすべきだという理屈だった。だがもし語学の問題がこれほど克服しがたい障害となっていなければ、他の要因も大したものとは思えなかったかもしれない。

後にエドガー・スノーに語ったとき、毛はちがった弁解をしてみせている。「自分の国について十分に知っていないし、中国にいるほうがより有益だと感じたのです。（中略）私には別の計画があったのです」

毛と蕭子昇は到着してしばらく楊昌済《ヤン・ツァンジ》邸に滞在していたが、楊教授は北京大学司書李大釗《リ・ダジャオ》に紹介状を書いてくれて、李は助手の仕事を手配してくれた。李は毛より五歳しか年長ではなかったが、その知的な地位や全国的な名声のため二人の立場は天地ほども離れていた。がっしりした立派な人物で、刺すような目に見事な黒い口ひげをたくわえたかれは、小さな銀縁めがねをかけて、中国版バクーニンのようで、最近は文芸学部長陳独秀《チエン・ドウーシュ》とともに毛のお気に入りの雑誌『新青年』の共同編集者となっていた。紫禁城にほど近い古い大学図書館の南東塔で、李の事務所の隣室という環境で働くのは、毛にとっては願ったりかなったりのはずだった。「北京大学の職員の地位」を獲得した、とかれは家族に誇らしげに告げている。すばらしいことに思える。だが現実には、悲惨な失望だった。

私の地位は余りにも低かったので、人びとは私に近よりませんでした。私の仕事の一つは新聞を読みに来る人の名前を記録することでしたが、大半の人びとは私を人間扱いしませんでした。読みに来た人の中に「中国の」「文芸復興」運動の著名な指導者たちの名前を発見し、私は彼らに強い関心をもちました。政治や文化の問題について彼らと話をしようとしましたが、彼らはひどく忙しい人たちでした。南方の方言でしゃべる司書助手などに耳をかす余裕を持たなかったのです。

毛はここでも、きわめて大きな池の小さな魚でしかなくなった。二十年後の回想を見ても、かれがいまだに恨みを残しているのが感じられる。文学における口語利用の先駆者で、当時主著『中国哲学史大綱』を仕上げつつあった胡適《フー・スー》の講義の後で、毛は質問をしようとしたが、毛より二歳上のこの偉人は、質問者が学生でなくただの図書館助手だと知って、手でかれを脇に振り払っただけだった。後に北京大学の改革集団として最も影響力の強い新潮社を創立することになる、傅斯年《フー・シニエン》のような若き学生指導者たちも同じく疎遠な存在だった。

問題をさらに悪化させる点として、首都の暮らしは高価で、かれの月給八元——これは人力車苦力の半分の稼ぎだ——ではぎりぎり最低限の生活しかできなかった。毛は蕭子昇をはじめ六人の湖南学生たちと、伝統的な灰色瓦の四合院住宅の部屋を借りて相部屋した。大学からは三キロほどある、三眼井地区にあった物件で、これは紫禁城の西にある賑やかな商業街西単近くだ。水道も電気もない。若者八人は全員でコート一着を共有していて、氷点下十度になる厳寒期には、外に出るのも交代ということだった。調理用に小さな中国式の丸ストーブはあったが、中国北部の伝統的な「炕」（オンドル）を暖める練炭を買う金はなかった。「炕」は煉瓦製寝台で、フェルトに覆われ、その下に竈がついている。だがそれが使えないので、夜には一同は体を寄せ合って暖を取った。「炕の上でしっかり身を寄せ合っていると、だれも息さえできないほどでしたよ。寝返りをうちたいときは、両側の人に予告しなくてはなりませんでした」と毛は回想する。

だが次第にかれも、首都の中で居場所を見つけるようになった。それを手助けしてくれた一人は、新聞学研究会を主宰していた作家の邵飄萍《シャオ・ピャオピン》だ。毛沢東は何年も後に、邵飄萍が「自由主義者であり、熱烈な理想主義と立派な人格の持ち主」だったと記憶している。また、陳独秀にも会った。かれは中国現代化の前提として、伝統的中国文化をすべて改変すべきだと強硬に主張しており、それは「だれよりも強い影響を自分にもたらしたかもしれない」と毛は後に語っている。哲学研究会の会合にも出席し、仲間たちとともに「最新の理論学説」に没頭した。そうした理論学説は、その冬と翌春に大学中に乱立した検討会や雑誌などに発表されていたのだった。

他の教育を受けた若き中国人と同様に、毛もまだ「道を探していた」。強化しあうかと思えば矛盾する、中国思想と西洋思想の盛り合わせに混乱するとともに魅了されていたのだ。「私の心は自由主義、民主改革主義、空想社会主義の風変わりな混合物でした。『十九世紀民主主義』、ユートピア主義、古風な自由主義について、漠然とした情熱を持っており、まちがいなく反帝国主義で反軍国主義でしたよ」と毛は回想する。

ユートピア主義の源の一人は、アナキストの影響を受けた、中国社会党の指導者である江亢虎《ジャン・カンフー》だった。毛は長沙の一九一一年革命で兵隊を務めたとき、かれの著作に出会ったのだった。もう一人の源は康有為《カン・ヨウウエイ》だった。康有為はユークリッド数学の唯物論的普遍性と、伝統的な中国理想主義とを結合させようと試み、家族や国が消え失せて、世界市民が人種や性の差もなく自律的経済コミュニティで生きるという大同の世界を描いていた。こうした発想に感激した毛自身も、一時は「天の下の万人が聖人となる時代」を思い描いていた。「我々はこの世の方をすべて破壊し、調和の空気を呼吸し、水晶のように澄んだ海の水を飲むのだ」とかれは語っている。数ヶ月後に、かれは正気に返っている。「ひとたび［そうした世界に］入ったら、競争と摩擦の波が生じるのはまちがいない」とかれは書いている。だが毛沢東のビジョナリーとしての一部は、康有為のロマンチックでユートピア的な夢想を最後まで完全には手放さなかった。この先もずっと、かれは心のどこかで聖人王になりたいと渇望しており、当人のことばでは「天が創った世界を自由に逍遥し、あらゆる生きとし生けるものと、己の天国からの変身を共有したい」と思っていた。

梁啓超《リャン・キチャオ》から学んだのは、新秩序を作るには古い秩序を破壊しなければならないという確信だった。アダム・スミス、ハックスレー、スペンサーからは、毛言うところの「古風な自由主義」を学び、明朝の哲学者にして戦略家の王陽明《ワン・ヤンミン》からは、人を社会とを結びつけ、理論と実践、知識と意思、思考と行動を結びつけよとの示唆を受けた。明朝の湖南の愛国者王夫之《ワン・フージー》からは、絶えず変動する世界のイメージを学んだ。そこでは物質世界に内在する弁証法的な矛盾に動かされた物事の可変性が、歴史を前進させる基本原理なのだった。

毛は、こうした人々の思想を無批判に取り入れたわけではない。それぞれ受け入れたり排除したりするにあたっては、その中身を見極めようとし、ある概念を受け入れても数ヶ月後には否定したりしている。その過程でかれが達成しようと努力していた政治的アプローチは、本人のことばでは「内省からくる明晰さと（中略）外部世界の観察からくる知識」を組み合わせたものだった。

狙いは、こうした別々の要素を一貫性ある全体へとまとめあげる、統合教義の発見だった。

筆頭に上がったのはマルクス主義ではなかった。一九一八年には、マルクスの著作もレーニンの著作も、中国語訳は一つもなかった。その春、ボリシェヴィキ革命に関する解説が上海の小さなアナキスト雑誌に掲載された。だがあまり部数の多い雑誌ではなく、十一月に李大釗が『新青年』にこの話題に関する初の本格的な中国語記事を掲載したときには、あまりになじみのない話題だったので、印刷所はある部分で「ボリシェヴィズム」を「ホーヘンゾレルン」と表記したほどだった。「明日の世界は（中略）確実に赤旗のものだ」と熱狂的に宣言してはみたものの、新しいボリシェヴィキ党が本当は何を掲げているのか、あまり自信はなさそうだった。「それはどんなイデオロギーなのか？一文ではっきりと説明するのはむずかしい」とかれは書いている。それでも、ボリシェヴィキが「ドイツの経済学者マルクス」の教義にしたがう革命的社会主義者たちで、国境や資本主義的生産システムを破壊することを目指していることは明らかだ、とかれは書いている。

毛はこの記事を読んだはずが、あまり印象に残らなかったようで、一度も言及していない。かれはむしろアナキズムに惹かれていた。これは当時、パリと東京の中国人亡命者たちに熱っぽく支持されていた。

アナキズムの魅力は権威の否定にあり、これは若き中国が儒教的家族の息詰まる慣習から自由になろうとする試みや、平和と調和の新時代を生み出す社会変革というビジョンと共鳴するものがあった。毛とかれの新民学会が参加していた、中国青年をフランスに送る労働学習プログラムは、中国のアナキストたちが設立したものだった。高学歴中国人が「社会革命」というとき、念頭にあるのはたいていアナキズムであって、マルクス主義ではなかった。ボリシェヴィズムを自由の夜明けをもたらす「抵抗しがたい潮流」と呼んだ李大釗の千年王国的な記述でさえ、アナキスト用語に基づいて書かれていた。「そこには議会もなく、国会もなく、首相もなく、内閣もなく、法律もなく、支配者もいない。あるのは労働の共同ソヴィエトだけであり、それが（中略）世界のプロレタリアを団結させて世界的自由を作り出す。（中略）これぞ二十世紀革命の新ドクトリンである」とかれは書いている。一九二〇年代初頭までずっと、中国のマルクス主義者とアナキストたちは、お互いを同じ社会主義一家の親類とみなしており、同じ戦いをちがった手法で戦っているだけなのだと思っていた。

過激な学長の蔡元培《ツァイ・ユアンペイ》の影響で、北京大学はアナキスト活動の拠点と化した。講義もしばしば、アナキストたちがフロンティア自由世界の言語として選んだエスペラント語で提供されていた。学生たちは劉師復《リユウ・シフ》の『伏虎志』をこっそり回覧していた。劉師復は中国アナキズムの先駆であり、風変わりな名前の「晦鳴学舎」発起者だが、この会は「共産主義、反軍国主義、サンディカリズム、反宗教、反家族、菜食主義、国際言語と宇宙的調和」を支持していた。

毛沢東にとって、アナキズムは衝撃だった。何年も後にかれは、「アナキズムの提案の多くを好んだ」と認め、それを中国に適用する可能性について長時間にわたり議論したと語っている。かれの考えは、一九一九年の夏に書かれた論文に生き生きと描かれている。

あるきわめて暴力的な党がこの「相手から受けた仕打ちを相手に返すべし」という手法を使い、貴族や資本家たちと必死でとことん戦っている。この党の指導者はドイツ生まれのマルクスという男だ。マルクスよりもっと穏健な別の党がある。これはすぐに結果を出すことは期待しておらず、一般人を理解することから始めている。人々はみな、相互扶助の道徳を持ち、自発的に働くべきだという。貴族や資本家たちはといえば、かれらが改心してよい方向に向かえばよいのであり、かれらも働いて、人々に害をなすのではなく、助けられるようになればいい。かれらを殺す必要はない。この党の発想はもっと広範で到達範囲も広い。かれらは全地球を一つの国に統合して、人類を一つの家族にまとめ、ともに平和と幸福と友愛(中略)および繁栄の時代を実現しようとする。この党の指導者はロシア生まれのクロポトキンという人物である。

この下りは、毛沢東がマルクス主義のことも、そのロシアにおける使徒たちについても無知だったことがうかがえて興味深い——レーニンすら名前が出てこない——また、革命的暴力をはっきり排除している点も重要だ。三年前にかれは「屠夫」湯の血なまぐさい支配を情熱的に擁護していた。その強硬な独裁主義は、平安と秩序をもたらしたので正当化されるというのがかれの議論だった。だがその時点から、かれの思想は成熟を見せている。二十五歳になった毛沢東は、目的ばかりでなく手段についてももっと深く考えるようになり、そうした手段が含意するのがどんな社会かも考えるようになっていた。アナキズムは、教育と個人の意思と自己の涵養を強調しており、毛沢東が康有為から吸収した一つの世界のユートピア主義にマッチしていたし、美徳と実例の力という中国学者の伝統的な信念とも調和した。北京を発ったかれは全面的なアナキストではなかったかもしれないが、その後十二ヶ月にわたり、当時中国で理解されていたずっと広い意味でのアナキズムこそが、かれの政治行動すべてを参照するための枠組みとなるのだった。

毛が北京で過ごした冬は、他の形でも影響を与えた。一九一八年における中国の首都は、中国全土の変換のメタファーでもあり、それは痛々しくも開放的で、華々しくも退屈なものだった。紫禁城の色あせた赤い壁の背後では、退位した若き皇帝がいまだに、千人以上の宦官に囲まれて暮らしていた。満州の旗手たち、その家族や雇い人たちは、首都の総人口百万人の約三分の一を占めていた。万里の長城の北からは、ラクダ隊商が下ってきた。豊かに刺繍を施した金襴の礼服をまとった貴人たちが、年代物のガラス窓付き馬車で移動し、その護衛たちは毛の長いモンゴル馬に乗って先に立ち、馬車の露払いを務めるのだった。

だが幅の広い明朝の街路は、春ごとに北風が息のつまるような灰色い砂漠の砂で覆うのが常だが、いまやマカダム舗装を施され、軍閥将軍や腐敗した政治家たちと、その愛人たちやボディガードを乗せた自動車が首都を行き交うようになり、地位の低い人々の乗る青いフードのついた北京の荷車を蹴散らすのだった。長沙ではいまだに珍しかった人力車が、北京では街路を埋め尽くした。一九一八年には二万だった人力車は、三年後には倍増した。外国兵が外国公館街の正面の斜堤で演習を行っていた。

裕福な一家は、北海でのそり遊びに興じていた。それを引くのは、布靴のつま先に鉄の爪をつけた苦力だ。一方、狭い未舗装の裏道では、貧乏人の子供たちが「病弱でぼんやりとして、その小さな手足は棒のよう」な状態で、悲惨な欠乏の中、生き延びるのがやっとだった。「ほとんどの子供は潰瘍性の炎症か、炎症が残した傷を持っている。多くは頭が大きすぎたり、目が見えなかったり、口がゆがんでいたり、鼻が欠けていたり、その他傷害を負わされたような跡が見られる」とある中国人住民が書いている。

だが後年の毛沢東が記憶しているのは、新旧の衝突や、古代の壮大さと西洋近代との衝突でもなく、北京の喧噪――ある西洋人住人によれば「ヨーロッパでは比類のない不協和音と煉獄」――でさえなかった。むしろその悠久の美しさなのだった。

公園や古い宮殿の敷地で、私は北方の早春がうかがわれ、氷がまだ北海に固く張り詰めているのに白梅が花開いているのを見ました。北海の上の柳からつららがぶら下がっているのを見て、唐代の詩人岑参《ゼン・ザン》の描いた、北海の樹氷が「千樹万樹に開く梨の花」のように見えたというのを思い出しました。北京のまわりの無数の樹木は、私の驚きと畏敬の念を呼び起こしたものです。

ここにいるのは、三年前に広西軍の侵略から逃れようと長沙から逃亡した、ロマンチックな若い学生と同じ人物だ。そのときも毛沢東は足をとめて蕭子昇に、稲の苗が豊かに植わったエメラルド色の田んぼを描いて見せている。そのときの描写はこうだ。「暖気が天を蒸し、山の霞が晴れる／見事な雲が混じり合う／目の届く限り、至る処絵図の如し」。第一師範学校で、かれは自分のノートに紀元前三世紀の悲運の国士である屈原《チュユアン》の『離騒』を書き写している。屈原は毎年春の端午節に、君子の徳の体現者として回想されていた。毛沢東の詩文愛好は、思春期に東山高級小学堂で培われたものだが、その後の波乱の年月にも常に毛と共にあり、戦争の残虐さに対する気高い対立点となり、また革命闘争の味気ない論理からの解放を提供してくれたのだった。

一九一九年三月に、母の病状が悪化したとの報が入った。かれは新民学会から初めてフランスに向かう一団とともに上海に出発するところだったので、そのまま旅を続けることにした。だが上海で三週間ほど仲間の見送りに費やしてから長沙に戻ると、母もすでに弟たちに連れられて治療のため長沙にきていたのだった。しかし治療は失敗し、十月に彼女は、今日なら簡単に治るリンパ腺の炎症で死亡した。父親もチフスに倒れ、数ヶ月後に妻の後を追うことになる。

毛は大変に後ろめたく思った。単に帰省しなかったからというだけではない。前年の秋に、毛は自分が母を長沙に連れてきて治療を受けさせると約束していたのに、何もやっていなかったからだ。叔父たちへの手紙でかれは弁解している。「母の病状が悪化したと聞いたときには、すぐに帰省して看病しました」。もちろんこれが事実でないのは当人もよく承知していた。母親の死後、かれは同じく母親を亡くした友人にもう少し正直な心境を綴っている。「我々のように、いつも家を離れていて両親の面倒を見ることができない人々にとって、こうした出来事はことさら悲しみをもたらす」。はるか後年になってからも、親孝行の義務を放棄したのは良心の呵責となっていた。保安ではエドガー・スノーに対し、母親は学生時代に死んだと偽っているが、これは自分が死に目にあえなかったことを意図的にごまかそうとしたものとしか考えられない。

生計をたてるため、毛は地元の小学校で臨時の歴史教師の職についた。だがほぼ同時に、湖南省《フーナン》とその他中国は、新たな政治的嵐に飲み込まれてしまった。

大戦開始以来、日本は山東の旧ドイツ租界を占拠しようと狙っていた。ベルサイユの和平会談での中国政府の立場は、中国は連合軍の側についたのだから、アメリカ大統領ウッドロー・ウィルソンの掲げる国家自決の原則にしたがって、その領土は中国に返還されるよう認められるべきだというものだった。だが四月に明らかになったのは、日本からの新規借款の代償として山東半島を日本配下に提供するという密約を段祺瑞《ダン・キルイ》総理が交わしていたということだった——政府はいまやこれを何とか撤回しようとしてはいたが。それまで中国を支持していたウィルソンも、これにはうんざりしてさじを投げ、一九一九年四月三十日にはウィルソン、ロイド＝ジョージ、クレマンソー——通称「三位一体」——は日本がドイツの租界に関する権利を引き継ぐことを認めた。

五月三日土曜日にこの知らせが北京に到達すると、前代未聞の怒り、懸念と恥辱の発露が引き起こされた。

今回の怒りは日本のみならず、帝国主義的な列強すべて、とくにアメリカに向けられ、何よりも和平会議が始まる前に国の利益を売り渡した中国自身の政府に向けられていた。上海の学生集団は苦々しげに書いている。「世界中を予言者の声のように、弱きを助け、苦闘する者たちを助けるウッドロー・ウィルソンの声が駆け巡った。そして中国人はそれに耳を貸した。（中略）密約や強制条約は承認されないと聞かされていた。かれらはその新時代の夜明けを待ち受けていた。だが中国に日は昇らなかった。国のゆりかごさえ盗まれてしまった」

日曜の午後、若者三千人が天安門の外に集まり、教育相や警察長官による解散指示を拒んだ。北京大学の新潮社出身の学生指導者羅家倫《ロー・ジャルン》が執筆した宣言が採択された。中国は絶滅の危機に瀕している、というのがかれの主張だった。「今日我々は、我が同朋たちに二つの真摯なる誓いを発するものである。(1)中国の領土は占領はされても割譲はできない。(2)中国の人民は虐殺されても降伏することはない」。群衆は熱狂状態となり、軍閥内閣の黒幕である交通部長の曹汝霖《ツァオ・ルリン》、およびその主要な支持者二人である東京の中国使節団長章宗祥《ザン・ゾンシャン》と、致命的な借款の手配をしたとしてまとめて咎をおわされていた陸宗輿《ルー・ゾンヨウ》の首を求めたのだった。重々しい宣言で、講義指導者たちは全国民に抵抗を呼びかけた——

いまや我々は、国家隷属の危機に直面している。(中略)もしその人々が、国を救わんとする最後の努力において怒りで結集できないのであれば、その国民はまさに二十世紀において無価値な人種であり、人間扱いされるべきですらない。(中略)自発的に裏切って国を敵に売る者たちには、最後の手段として拳銃や爆弾をもって対処することも考えねばならない。我が国はまさに危機に直面している——その命運は糸一筋でぶらさがっているのだ！　我々は諸君にこの闘争に加わるよう訴えるものである。

集会が終わって、かれらは大使館区へと行進した。学生たちの中には子供も多かったが、白い旗を掲げてそこに「打倒売国賊」「強烈要求我国領土完整！」と書いていた。その先頭には巨大な五色の国旗と、葬儀の掲示を真似た巻物が一対掲げられていた。

国賊曹汝霖、陸宗輿と章宗祥は千年にわたり匂う

北京の学生一同、辛苦の涙でその死を悼む

代表者が請願を、アメリカ、イギリス、フランス、イタリアの使節団に手渡した。そして叫び声があがった。「裏切り者の家に向かおう！」群衆は外務省近くの路地にあった曹汝霖邸に向かったが、そこは私兵と警察により厳重に警護されていた。警察が群衆を追い払おうとすると、学生アナキスト匡互生《カン・フシェン》率いる命知らずの若者五人が壁を飛び越え、窓を割って家の中に入った。重々しい二重の門は中から開けられ、学生たちは中になだれこんだ。目撃者はこう報じている。

この一見すると純真な学生たちの行進に生じた変化は驚くべきものであった。（中略）三千人は狭い通りに押しかけ（中略）警察、門などすべてを見事に無視した熱狂ぶりで押し破り、曹汝霖邸を実に手際よくぼろぼろにしてしまった。だが求める相手は見つからなかった。その人物は比類なき敏捷さを持って裏窓を抜け、裏の塀を乗り越えて、足をひどく痛めつつも別の通りに着地したところを拾われて、安全な外国ホテルに運ばれたのだった。かわりに怒り狂った学生たちが哀れな犠牲者としたのは章宗祥だった「かれは別の中国人高官と日本人ジャーナリストといっしょに隠れていた」（中略）暴徒たちは怒りにまかせて章に襲いかかった。みんな少なくとも一度はかれを殴ろうとした。そして通りに引きずり出され、面影をとどめぬまでに地面で殴りつけられた。

匡互生とそのアナキスト集団は、それから家に火を放った。その混乱に乗じて日本人ジャーナリストが警察の一部の助けを借りて、章宗祥を安全に近くの店に移動させた。そこで別の学生団がかれを見つけて、気絶するまで殴りつけた。やがて援軍が到着し、乱闘が生じて多くの学生が負傷し、後に一人が死亡、三十二人が逮捕された。かれらが牢屋へと追い立てられると、「道中のあらゆる外国人や中国人に心底からの声援を受けた」という。軍閥政権の弱腰ぶりに対する世間一般の軽蔑が、そんなところにもあらわれていた。

曹汝霖の老父、息子と若い妾は、学生たちに見逃してもらい。外国使節団区に軍の護衛をつけて車で運ばれたが、そこでだめ押しの不面目として、運転手がスピード違反で使節団警察に逮捕されたのだった。

後に五四運動と呼ばれるようになったこの一件は、国家改革に向けた全国的な運動のきっかけとなり、それが中国隅々にまで拡大して文化、政治、社会における変化の津波を引き起こした。その後、現代中国史における画期の一つと見なされている。

湖南では、督軍の張毒が扇動を禁じる布告を出した。一握りの学生が、人々に抗議するよううながすビラをまいた。だがそれは、他の省都に結集した何千人もの学生に比べると情けないほど少数で、張の部隊はかれらを蹴散らすのに何の苦労もなかった。督軍は、経済ボイコットを抑えるのにはそれほど成功しなかった。日本所有の銀行では、中国人が紙幣を拒絶して銀で貯金を引き出したので、取り付け騒ぎが起こった。中国の新聞は日本の広告を拒絶した。商人たちは日本製品の販売を拒否した。町は中国が「東倭たち」の手で恥をかかされるところを描いた、へたくそなポスターだらけになり、暴利をねらう密輸人たちが持ち込んだ日本の絹の積み荷は、公開で燃やされた。だがこれですら、湖南は他の省の後追いでしかなかった。他の省はもっとすばやく強力に動いた。張敬堯がボイコットを「国の恥」と呼んだのが功を奏したのだ。長沙では商人のストも起こらず、日本商店が襲われることもなかった。張自身、自分の省が「他の場所と比べるとなかなかのお手本だ」と満足げに述べている。

毛は、運動のこうした初期段階ではほとんど活躍しなかった。五月末、毛は湖南学生連合会の設立に関わった。この会はボイコットがきちんと遵守されているかを見張るために、業界ギルドと共同で監視団を送り出した。そしてかれは、全国の抵抗を訴える「燃えるようなアピール」を書いたとされる。

だが、そんな試みは目下の主要な作業においては周縁的なものでしかないということを、毛はすぐに悟った。北京の陳独秀や李大釗と同様、毛沢東もボイコットや山東奪還運動は、単に中国の国民病の一症状にすぎず、その真の原因と治療法ははるかに深いところにあることに気がついたのだった。ボイコットは、世間の感情を動員するための道具としては有意義だった。だが長続きする変化を実現したいなら、全国的な怒りの感覚をうまく誘導して、根本的な政治改革を実現する必要がある。五月四日の事件はただのきっかけにすぎない。それが解き放ったエネルギーは、中国で期待されたルネッサンスの引き金にならなくてはならず、小手先の対応であしらわれてはならない。たとえば六月初めに鳴り物入りで発表された曹汝霖やその側近二人の更迭や、その月末のパリ講話協定で中国が見栄を張って調印を拒否したことなどでごまかされてはならないのだ。

この狙いを念頭に、新民学会の仲間でもあった学生連合議長彭璜《ポン・ホアン》の支援を受けて、毛沢東は週刊紙『湘江評論』を刊行した。その目的は徹底した改革を扇動することだった。七月十四日発行の創刊号の一面論説で、かれはその色合いを明確に打ち出した。

いま、我々は古い態度を変えなくてはならない（中略）疑問の余地なきものを疑問視しなくてはならない。考えられないことを敢えてしなくてはならない。（中略）宗教的強権、文学的強権、政治的強権、社会的強権、教育的強権、経済的強権、思想的強権、国際的強権はもはやこの世に一切の存在余地を持たない。すべては民主主義の高らかな叫びのもとに打倒されねばならない。（中略）時は至れり！（中略）洞庭湖の水門は開いた！　広い強力な新思潮がすでに湘江の両岸に奔流となって逆巻いている！　流れに乗る者は生きる。逆らう者は死ぬ。それをどう迎えるべきか？　どう広めるべきか？　どう研究すべきか？　どう実施すべきか？　これが我々湖南人すべてにとって最も緊急で重要な大問題である。（後略）

この問題に答えようとしてかれが書いた「民衆的大連合」という長い論説は、七月末から八月頭までの三号にわたり連載された。その中でかれは、改革の可能性が最も高くなるのは「政府の退廃ぶり、人類の苦悶、社会の暗愚さがすべて極度に進んだとき」なのだと主張した。その際に提供されるチャンスをつかむには、社会の中の進歩勢力の「大連合」が必要で、その大連合は「無数の小連合」たとえば労働者代表、農夫代表、学生、教師、そして女性や車夫などの低い地位におかれた人々の代表など、五四運動で中国の収奪の象徴だと思われていた人々も含むもので形成される。もしかれらが共に闘えば、どんな力でもそれに抗することはできないだろう、と毛は書いた。

そんな試みが成功するだろうか？「確かに疑念を表明する声もあるだろう」と毛沢東も認めている。「これまでは（中略）大規模な組織化された行動は、この国の人々がとにかく実行できなかったことなのである」。だがいまや状況は変わったのだ、と毛は固執した。中国大衆の意識は高まり、帝国は覆され、「大動乱」たる民主主義が登場を待ち構えているのだ。

我々は目覚めた！　天下は我々の天下、国家は我々の国家。社会は我々の社会！　我々が声を上げねば、誰が上げよう？　我々が行動せねば、だれが行動するだろう？（中略）思想的解放、政治的解放、経済的解放、男女的解放、教育的解放は、すべてこれまで閉じ込められていた九重の煉獄から飛び出して、青空を見ることを求めるだろう。我々中華民族は偉大な能力をもとより有している！　圧迫が深いほど、その反動は大きくなり、そしてそれが長いこと蓄積されてきたのだから、その噴出は必ずや素早いものとなる。私は敢えて風変わりな主張をしよう。いつの日か中華民族の改革は、他のどの民族のものよりも徹底したものとなる。そして中華民族の社会は他のどの民族のものよりも光明を放つだろう。（中略）中華民族の大連合は、他のどの地域のどの民族よりも先に成功するだろう。諸君！　諸君！　我々は努力が必要だ！　力をふりしぼって前進しなくてはならない！　我らが黄金の世界、光華燦然たる世界が目の前に開けている！

この論説は、明快さと力強さ、未来への躊躇なしの希望、そして変化の原動力として若さを暗黙に賛美している点で印象的であるだけではない。それが変化を実現するための一貫した現実的なプログラムを提供している点で注目される。だからこそこれは、当時中国に乱立していた四百紙強の学生新聞（長沙ですら十五紙あった）に掲載された論説の洪水の中でも傑出しており、おかげで毛沢東と『湘江評論』は一夜にして全国にその名をとどろかせた。九ヶ月前には毛を鼻であしらった自由主義哲学者の胡適は、この論説を同時代の「真に重要な論説の一つ」と評し、その著者の「突出して遠くを見渡すビジョンと、強力で精選された議論」をほめた。李大釗はそれを自分が北京で編集している『毎週評論』に再録した。新潮社の指導者羅家倫も、司書助手時代の毛沢東の呼びかけを無視した一人だが、この論説が学生運動の狙いの本質を伝えていると語った。

長期的に見て、毛沢東の発展にとってもっと重要だったのは、改めて組織を強調したことであり、それがやがてかれをマルクス主義へと導くことになる。

だが今のところ毛沢東は、世界革命——それはレニングラードからアジアへと抗いがたく東進するものとかれは思っていた——を基本的にはアナキスト的な発想で考えていた。かれの論説は教育政策、女権闘争、そして「国家や家族や婚姻を維持すべきか、財産は私有か公有か」といった昔ながらのアナキストの主題を扱っていた。マルクス主義的な階級闘争の概念は、かれが理解した範囲では、まったく異質のものに思えた。「抑圧を覆すために抑圧を使えば、結果はまた抑圧が残る。これは自己矛盾であるばかりでなく、まったく効果がない」。「爆弾や流血の革命」を実施するよりは、抑圧する側はその誤りを示されるべきである。実際、かれは「階級」ということばをほとんど使わず、使うときもまったくマルクス主義的でない「知恵者と愚昧者の階級」「強者と弱者の階級」といった使い方をするのが通例だった。

もっと広い読者層に向かって書くことで、毛沢東は初めて、学生時代に育んだ分析ツールを現代政治に適用する機会を得た。「民衆的大連合」で、かれは抑圧とそれに対する反抗との間に弁証法的な関係を主張したが、それはパウルゼン『倫理学』の受け売りだった。歴史的な興亡の感覚を、かれはドイツの敗北の評価に適用した。「因果関係に照らして歴史を見ると、喜びと苦しみはしばしば密接に関連しあっており、不可分である。片方の喜びが極度に達すると、反対側の苦しみも不可避的に極端となる」。したがって一七九〇年の神聖同盟によるフランス侵略は、その中にナポレオン蜂起の種を宿していた。一八一五年のナポレオンによるプロシア征服は、一八七〇年のフランス敗北の条件を作りだしたし、それが今度は一九一八年のドイツ敗北の道を生んだ。そしてそこで終わるものでもない。ヴェルサイユで連合軍が課した条件の厳しさは、新たな紛争の周期を不可避なものとしている。毛沢東はこう書いた。「十年か二十年もすれば、君たちフランス人はまたもや割れるような頭痛に見舞われるであろう。見ているがいい！」

毛のドイツびいきは多くの学のある中国人に共通のもので、ヨーロッパ最強の国を実現した「そびえる強さ」と「偉大な精神」への畏敬を反映している。だがここでも、かれの歴史感覚は当時ほとんどの人が思いもしなかった予想をもたらしている。七月末にかれはこう書いた。

日本とドイツは、どちらも犬であり、しかも雄犬と雌犬であることを認識すべきである。かれらは幾度も野合を試み、いまのところは成功していないものの、お互いへの劣情は決して消えることはない。強権的な日本政府の軍事的な野心を排除せず、ドイツ政府が革命で打倒されず、さらにこの劣情に満ちた雄犬と淫蕩な雌犬が引き離されぬままでいれば、危険はまさに大きなものとなる。

この文が書かれたとき、毛沢東は二十五歳だった。

一九一九年八月初頭までには、不穏とはいえ平静が回復された。北京政府は見かけ上の修正を発表した。ストライキやデモは終わった。

摩擦が続いていたのは湖南省だけだった。学生代表との会談で、四人の護衛に囲まれた督軍の張敬堯はこう怒鳴った。「通りを行進するのは許さない、集会も許さない（中略）勉強や指導を一生懸命やれ。言うことを聞かないと首をはねるぞ！」まもなく学連が禁止され、その議長の彭璜は上海に逃げ出した。

毛は不満だった。八月四日、『湘江評論』は意地悪くいたずらめかした請願を掲載した。毛が自分で書いたもので、督軍に長沙の主要紙『大公報』の再開を許可するよう懇願するものだった。

我々学生は、督軍閣下について長く案じてきた（中略）。たかが［張の支持者が仕組んだ］不正選挙への反対を表明した（中略）抗議文を掲載したくらいで、新聞が発禁になるとは露ほども予想していなかった。我々は閣下が、関心と利益の双方のために、正しい判断を下してくれること［かれの釈放］を真摯に願うものである。そうすれば湖南人民は永遠にその徳行を記憶するであろう。さもなければ（中略）事情を知らない部外者たちは、この政府が言論の自由を廃止しようとしていると宣言するかもしれない。そうした邪悪な物言いは、氾濫する川よりも警戒すべきものである。（中略）閣下は開明的であり先を見る目をお持ちであり、したがって我々に同意されないはずがない。

督軍の反応は予想通りのものだった。『湘江評論』は社会問題と学術問題しか扱わないという毛の主張にもかかわらず、次の号は押収され、雑誌は廃刊を命じられた。数日後、張督軍の義理の息子が率いる兵たちが、抗日ボイコット組織を支援していた上海からの若き過激派二人を銃剣で刺し殺した。翌月、毛は別の学生雑誌『新湖南』の編集を引き継いだ。その最初の号でかれは決然と宣言している。「もちろん我々は、物事が滑らかに進もうと進むまいと気にしない。まして権威はいかなるものだろうとそれ以下にしか顧みない」。四週間後、この雑誌も発禁となった。

このとき、毛の母親が死んだ。一ヶ月以上たって、張が再開を許可した『大広報』で再び筆を執った毛の念頭にあったのは、何よりも中国の女性の窮状と儒教的な家族の足かせだった。

その夏、「民衆的大連合」で、かれはすでに女性平等の代弁者の役を引き受けている。

紳士のみなさん、わたしたちは女性です！（中略）わたしたちもまた人間なのです（中略）［が］家の門を出ることさえ許されておりません。恥知らずな男性、悪辣な男性たちは、わたしたちを慰み物に仕立てます。（中略）でもいわゆる「貞操」はわたしたち女性に限って適用されるのです！「烈女祠」はそこら中にありますが、「貞童廟」はどこにあるでしょうか？（中略）一日中かれらは「賢妻良母」たれと語ります。これは果てしなく同じ男に売春せよという教えでなくてなんでしょうか？（中略）苦！　苦！　自由の精神よ！　あなたはどこにいるのでしょうか？（中略）わたしたちを強姦し、心身の自由を破壊する悪魔たちを一掃したい！

一九一九年には、こうした見方は進歩的な中国青年たちの間に広く共有されていた。かれらは多くの中国女性たちが当たり前のように忍従させられている、極度の苦悶に反発をおぼえていたのだった。

その秋、ことさら陰惨な事件が長沙で起こった。両親によって高齢の商人の第二婦人として婚約させられた若い女性をめぐるものだ。二十三歳の趙五貞《ザオ・ウーゼン》は赤い絹の屋根がついた、婚礼の輿に乗せられて夫となる人物の家に運ばれていった。だが門が開かれてみると、道中で彼女はカミソリでのどをかき切っていたのだった。

毛沢東は、自分の手配婚の苦々しい思い出もあったし、同じく愛なき結婚の囚われになっていたと考える母親の喪に服していたこともあって、この論争に身を投じ、ものの二週間ほどで十本以上もの論説を『大公報』に発表した。彼女の家族は、愛してもいない老人との婚礼を娘に強制したことで咎の一部を負うべきだ、とかれは述べた。だがこの悲劇の根本にあるのは、彼女に自害以外の選択肢を残さなかった「社会制度の闇」だった。お気に入りの成句の一つ――「砕けた玉のほうが完全な土瓶よりまし」――を引用して、かれはその女性の行為が「真の勇気を必要とする行動」だったと述べ、自分の運命と闘うのに他の道も選べたはずだと主張する彭璜などに反対した。

彭氏は、なぜ趙嬢があっさり逃亡しなかったのかと問う。（中略）まずいくつか質問を投げかけてから、私の見方を述べよう。

1）長沙市内には、四十人以上の行商人がいる［そして家をまわり、内院の女性たちにリネン製品を売り歩いている］。（中略）なぜだろうか？

2）なぜ長沙の公衆便所はすべて男用ばかりで、女性用は一つもないのだろうか？

3）なぜ床屋に入る女性を見かけないのだろうか？

4）なぜ一人きりの女性が宿に泊まっていないのだろうか？

5）なぜ女性が茶店に入って茶を喫しているところを見かけないのだろうか？

6）なぜ［大商店の］顧客は（中略）常に男性で、決して女性ではないのか？

7）なぜ町の車夫に一人として女性がおらず皆男性なのか？（中略）

これらの質問に対する答えを知っている者ならだれでも、なぜ趙嬢が逃亡できなかったのかわかるだろう。（中略）逃げたくても、どこへ逃げればよかったのか？

毛沢東は社会要因と実地の観察を新たに強調するようになって、自分の政治目標も見直すことになった。中国を変えるためには社会を変えねばならない、とかれは結論づけた。社会を変えるためには、まずはシステムを変えることだ。そしてシステムを変えるには、まず権力の座にある者を変えることだ。

新民学会の仲間の一部はいやがった。学者の役割は偉大な思想を提起することであり、「小さな問題や些事にかかわるべきではない」というのだ。確かにある程度は正しいが、それはもっと大きな狙いを見失わない限りにおいてであり、現実的で政治的な変化を推進するのは現状に影響を与えて根本的な改革をもたらすための「最も経済的で最も有効な手段である」と毛は答えた。

毛沢東の影響下で、その冬に抗日ボイコット実施の努力が復活して、張敬堯との対決を招いたときに、長沙の学生たちが採用したのは、この現実主義的で実践重視のアプローチだった。

十二月二日、五千人ほどの学生や商工会の代表、国貨促進会の会員、工場労働者や事務員などが、清朝の教育会堂にデモ行進を行い、密輸ものの日本の布を十四箱燃やそうとしていた。それがクライマックスに達しようとするとき、督軍の末息子の張敬塘《ザン・ジンタン》率いる兵数百人が周囲の通りから姿をあらわし、ライフルを構えてデモ隊を取り囲んだ。張敬塘は叫んだ。「こんな騒動を引き起こすとは、何様のつもりだ？　おまえたちの学費を出しているのが張兄弟だというのがわからんか！」そして馬を進めつつ、かれは腹立たしげに続けた。「おれだって、おまえたちに負けないくらい物に火をつけられる。（中略）おれは軍人でもあり、人の殺し方は知っている。この手の騒ぎが続くようなら、いまここで何人か殺してやるからな」ある学生が、このデモは愛国的なものだと抗議すると、かれは剣をその学生につきつけて、部隊は前進を始めた。「おまえら湖南人どもは盗賊だし、その女どもも盗賊だ」。抗議の首謀者たちはひざまづかせられて張敬塘がその顔を殴りつけ、そして多数が逮捕された。

この事件はそれ自体としては些末なものだが、湖南人にとっては最後の一線を越えるものだった。張が侮辱した人々はエリート層の子弟だったのだ。すでにその秋、長沙の大銀行家が外国人記者にこう語っている。「今回の問題は、短衣の大衆ではなく、長衣の者たちのものだ。（中略）現状が延々と続くよりは、一回収奪されてもいいから張敬堯を始末したほうがいい」。北方軍閥による支配が十八ヶ月続いて、経済はぼろぼろだった。多くの地域では軍ですら給料が支払われず、張は他の地元軍閥と同様に、農民たちにアヘン栽培を再開するよう秘密裏に命令していた。これは列強との協定（そして北京で発行された新たな大統領令）で禁止されていたが、税収を大幅に増やすものだった。いまや地元の郷士たちも、この督軍はもはや容認できないと決めたのだ。

長沙での対決の二週間後、秘密の請願団が北京に向かい、張敬堯の更迭を請願しようとした。その中には毛沢東も混じっており、中国語新聞に反張敬堯キャンペーンの情報を配信するための「人民の新聞社」を設立する任を負っていた。十二月二十四日、この「新聞社」は大スクープをものにした。武漢《ウーハン》の学生たちが鉄道貨物倉庫で、アヘン用ケシの種が詰まった袋が四十五袋あるのを発見した。それが長沙の張敬堯督軍宛だったのだった。その後二ヶ月、請願団は張敬堯の「底なしのどん欲」と「残虐な統治」を糾弾する請願を山ほど提出した。総理の執務室で係官と会合を開き、毛もそれに参加した。そして湖南出身の国会議員たちは、張敬堯がクビにならなければ辞職するとまで述べて懇願した。だが督軍の座は揺るがず、二月末には失望した請願団は、もはや打つ手はないと判断した。

最終的に張敬堯が失脚したのは四ヶ月後だったが、それは人民の抗議によるものではなく、軍閥政治によるものだった。一九二〇年五月、呉佩孚《ウー・ペイフ》は自分の直隷派と政敵である安徽派政府の間にくすぶる紛争が表面化しつつあるのを感じ取り、譚延闓《タン・ヤンカイ》の南軍による湖南奪回を支援するとともに、自分は北京へと北進して段祺瑞と交戦することにした。六月十一日、督軍は逃亡し、弾薬庫の爆破で出発を知らしめた。実にかれらしい最後っ屁として、張敬堯は地元の商人からさらに百万元を脅し取った。そうしないと町を焼き払い、指導者たちを処刑すると脅したのだ。翌日午後の南軍到着は「長沙で見たこともないほどの祝祭の日となった」とある住人は語る。歓喜の群衆が町に繰り出して、無数の爆竹が夜遅くまで鳴らされていた。その一ヶ月強の後、段祺瑞の軍は呉ら直隷派の将軍たちに撃破され、北部中国を三年にわたり支配した安徽派は完全に解体した。

毛沢東の北京旅行は、現実政治の実践としては失敗だったが、後のマルクス主義への転向にとって重要な役割を果たすものとなった。すでにその前の秋、張敬尭による学生弾圧が頂点に達して『湘江評論』が発禁になったとき、毛沢東は「問題研究会」を設立しており、これは「民衆的大連合」をどう進めるべきかを検討するためのものだった。この会の設立趣旨はごった煮で、検討すると称した問題は百を超え、「社会主義が実現可能か」といったものから「ベーリング海峡、英仏海峡、ジブラルタル海峡の下に交通トンネルを掘削する問題」といった得体の知れないものまで様々だったが、それはまた五四運動が解き放った無限の可能性の感覚を伝えるものでもあった。

この会のきっかけとなったのは、その年に起きた胡適と李大釗の有名な論争だった。胡適は中国が「もっと問題について検討すべきで、主義談義は控えよう」と論じた。これに対し李大釗は「主義」(または理論)なくして問題は理解できないと反論。毛沢東は一九一九年九月に、この両者を融合させようとしていた。

だが月日がたつと「主義」のほうが大きくなった。それに大きく影響したのは一九一九年十一月の『新青年』に発表された、李大釗による「我がマルクス主義観」という論説で、その第二部はマルクスの経済理論を扱っていた。ほとんど一夜にして毛沢東の言葉遣いは変わった。かれは初めて、自分が変革したいと思っているシステムというのが本質的には経済的なものなのだということに気がついたのだ。伝統的な結婚の「中心関係」は「経済的なものであり、したがって資本主義に支配されている」とかれは宣言した。結婚制度を変えるなら、女性は経済的に自立しなくてはならない。社会が変わるには、古い経済関係を始末して、新しい経済システムを代わりに作らなくてはならない。一ヶ月後、毛沢東は新民学会の仲間たちを「同志」と呼び、労働者たちを「受苦人」と呼ぶようになる。

一九二〇年春、ロシアは「不平等条約」の撤回を決めた。これは他の列強と同じく、ロシアの中国における治外法権も含んでいた。ボリシェヴィキ政権の人気は急上昇し、中国の過激派たちの間にボリシェヴィキ政権の原理に関する大きな関心をかきたてたのだった。

毛沢東は大いに感銘を受け、モスクワの新政府についてできる限りのことを学ぼうとした。友人には「ロシアは世界で一番文明化された国だ」と語っている。かれは何とかモスクワに出かけて自分の目で共産主義を見たいと思い、中国人をフランスに送っているような方式で若者をモスクワに派遣する、労働学習プログラムを設置できないものかと李大釗に相談している。ある時など、ロシア語を習うと宣言さえしている。だが内心では、毛は外国旅行がどれほど役にたつのか深い疑問を抱いていた。「あまりに多くの人が『外遊』の二語に浮かされすぎている」とかれは愚痴を書いている――がその数行後には残念そうにこう付け加えている。「たぶん唯一の正しい解決策は、みんなが一度だけ外国にでかけて、とにかく外国への渇望を満たすことだろう」。最終的にかれは、その決断を先送りにすることでジレンマを解消し、「とりあえずは」中国に残って勉強することにした。

だが北京ですら、これは行うより言うが易し。

中国語のマルクス主義文献はほとんどなかった。『共産党宣言』の初の完訳が出たのは一九二〇年四月、毛が上海に向けて出発しようとしていた時期で、レーニンの著作はその年末まで一つとして手に入らなかった。毛沢東はありったけの文献を手に入れた。特に『共産党宣言』は深い影響を与えた。また非暴力革命を支持するカウツキー『階級闘争』も大きく影響した。ちょうど北京大学でマルクス主義勉強会を創設した李大釗にも激励されたし、陳独秀もそうだった。後に毛は、陳独秀の共産主義への信奉が「おそらく私の人生で重要な時期に、深い印象を残した」と述べている。

だが毛沢東はまだまだ、教義としてのマルクス主義を受け入れるにはほど遠かった。陳独秀はすでに上海に社会主義青年団の支部と「共産主義小組」を設立していたが、毛はいまだに日本の「新しき村」運動を熱烈に推奨していた。これはクロポトキン流の相互扶助と資源共有、労働と学習に基づくコミューン設立を目指し、それを第一歩として階級のないアナキスト社会を平和的に作りだそうとするものだった。肉体労働が義務づけられ、都市と地方や、学生と社会との溝をなくすため、その構成員は農民たちの間にでかけて新しい思想を広めるべしとされた。ロシアの学生たちが村落に送られてボリシェヴィズムを広めたのと同じだ。

その夏、そうした試みが北京などで失敗した結果、コミューンは非現実的だと毛沢東も認めた。だが「新村」概念を完全に捨てたわけではない。一年後、かれは長沙に「自修大学」を設立した。これはコミューン的な生活原理に基づくもので、その会員は教え、学び、「共産主義を実践」すると誓った。また文化書社を設立して、五四運動が生み出した新しい分権を省内に広めようとした。ここでもマルクス主義は大きな存在ではなかった。この書社ではカウツキーやマルクスよりも、クロポトキン、胡適、ジョン・デューイの書籍のほうが扱いが大きかった。当時の毛は、「教育は人生、学校は社会」と唱えたデューイを「三代現代思想家の一人」と考えていた。残り二人は、バートランド・ラッセルとフランスの思想家アンリ・ベルグソンである。

何年もたって保安で、毛沢東はエドガー・スノーに対し、自分は一九二〇年の夏にはマルクス主義者となったと語っている。これは真実からはほど遠い。当時かれは友人に対し、自分がいまだに何を信じていいやらわからないと認めている。それどころか、その夏の毛沢東にとってのマルクス主義は、啓蒙の源どころか、混乱の一要素でしかなかった。かれは自分のだらしなさを責めている。元教師の一人にかれはこう告白した。「ぼくは感情的すぎるし、激昂しやすいという弱点を持っています。心を静められず、自制心がありません。また、なかなか変われないのです。これは実にきわめて遺憾とすべき状況であります！」続けて、もっとたくさん読めるようにX線の目がほしいと願っている。「文献学や言語学や仏教を学びたくてたまらないのに、そのための書物も暇もないので、さぼって手をこまねいています。（中略）規律正しい生活を送るのはむずかしいものです」

強い過激思想の持ち主が仏教を学びたがるというのは、奇妙に思えるかもしれない。だが一九二〇年の毛沢東にとっては、いまだに中国文化こそが構築されるべきもののすべての基盤なのだった——そしてこの信念は生涯変わらなかった。

毛沢東が若き日の思想をはっきり否定したことはない。むしろかれの思想はだんだん拡大することで発達した。パウルゼンとカントから学んだ理想主義は、デューイのプラグマティズムで上書きされた。ジョン・スチュワート・ミルの自由主義は社会ダーウィニズムで、アダム・スミスはT・H・ハックスレーで。梁啓超の立憲主義は江亢虎と孫文の社会主義に道をゆずった。康有為のユートピア主義は、アナキズムとマルクス主義の下地となった。こうした「現代的知識」のすべては、古典の伝統によって補強された——明代の王陽明から、宋代の新儒学者朱熹《チュー・シー》まで。唐代の大文人、韓愈《ハンユ》から、戦国時代の屈原まで——そしてそれ自体が、毛が韶山村の学校で子供時代に吸収した、仏教と儒教と道教の混在した伝統的な中国思想の基盤にしっかりと根ざしていたのだった。それぞれの層が他の層を吸収している。失われたものは何もなかった。

その結果の一つは、毛沢東が歳を経るにつれてますます強まった隠喩と水平思考の驚くべき能力だった。だがもっと重要な点として、かれが最終的にマルクス主義を受け入れたときにも、そのアプローチは他のまったく違った知的伝統に彩られていたのだった。

文化書社には、アナキスト文献と並んで伝統的な文語で書かれた『水滸伝』の新訂版といった、どう見ても伝統的な文献も在庫していた。そして一九二〇年の春、毛が二年前に語った観光がついに少しできるようになると、かれの足はまず古代の古典的な史跡に向かったのだった。

> 私は曲阜《チュフ》に立ち寄り、孔子の廟を訪ねました。孔子の弟子たちが足を洗った流れや、この聖人が子供のころ住んでいた小さな町を見ました。孔子は、彼に献納された歴史的な廟のそばに有名な樹を植えたとされていますが、それを私は見ました。また孔子の有名な弟子の一人である顔回がかつて住んでいた河のほとりにも立ち寄り、また孟子の出生地も見ました。この旅行で山東省の聖山である泰山に登りましたが、ここは馮玉祥《フェン・ユーシャン》将軍が隠棲して愛国的な対聯を書いたところです。(中略)洞庭湖《ドンティン》の周辺を歩き、保定府《バオディンフ》の城壁めぐりをしたのです。凍った北海《ベイハイ》の入江の上を歩きました。『三国志』で名高い許州《シュソウ》の城壁のまわりや、また歴史上有名な南京の城壁の周囲を歩きました。(中略)これらは当時の私には、湖南省で行った冒険や徒歩旅行に付け加えるだけの価値ある業績だと思われたのです(後略)。

十六年後にエドガー・スノーに語ったこの記述が明確に示しているように、毛にとって中国の過去をさかのぼる旅は、中国の未来の鍵を握る新しい異質な「主義」の世界への旅に匹敵するほどの業績なのだった。

張敬尭が湖南総督の座を追われるはるか以前から、かれの退陣後に同省がどのように統治されるべきかについて活発な論争が展開されていた。孫文が興した中華民国は、いまや失敗だったというのが通説だった。一九一三年以来、湖南は北方軍閥三人に支配されてきた――「屠夫」湯、暴君傅、張毒――そしてこの順にひどさは増した。何万もの湖南人が無意味な内戦で命を落とした。何十万人もが家を失った。地域のエリート層の間では、過去二年の野蛮な統治のために、保守派も進歩派もそろって湖南は湖南人が治めるのがずっといいという統一見解ができていた。そこからは、湖南省が独立を宣言しようという提案まですぐだった――それも単に言葉のうえだけでなく、本当に独立するのだ。まずは北京政府から、そしてその他の中国から。一九二〇年には、新しい流行語は自治と自主政府だった。「湖南は湖南人に！」というスローガンが新しく響きわたり、かつて十九世紀の旅行者が記録した古い「独立王国」気性が劇的な復活をとげたのだった。

当初、毛沢東は懐疑的だった。同年三月にかれはこう書いている。「これをどう実行したものか本当にわからない。湖南は中国の一省だから、独立を確立するのはむずかしいだろう。状況が将来一変して、我々の立場がアメリカやドイツの州のようにならない限り」

だが三週間もたたないうちにかれは説得されて、彭璜とともに「湖南改造促成会」創設に加わった。これは上海を拠点として裕福な湖南商人の一団の資金提供を受けていた。張敬堯督軍の追放は、「虎頭蛇尾」――勇ましく始まったが尻すぼみになってしまうこと――になりかねないとかれは警告した。「邪悪な制度」自体を変えなければ、別の軍閥が張のかわりにやってくるだけだ。だが中国全体でシステムを変えるのは不可能である。したがって最善のアプローチは一つの地域、この場合は湖南から始めて、自決の原則を適用し、それが他の省のお手本となるよう期待することである。そうすれば、いずれはみんなが「国全体の問題に対する総合的な解決策を提供すべく協力し合う」。

一九二〇年六月、張敬堯失脚から十日後、毛沢東はこれらの議論をさらに一歩進め、上海の新聞「申報」にこのような投書をしている。

今後我々が行うべき本質的なことは（中略）軍政を廃し、軍を減らして（中略）人民支配を構築することである。（中略）今後二十年で完全な人民支配を中国で構築するのは絶望的だ。したがってそれまで湖南省はなるべく自分の省境を守り、独自の自治を導入して（中略）他の省や中央政府は無視すべきである。そうすることで、百年前の［アメリカの］州のようになれる。（中略）湖南人民の精神を十全に活用することで、湖南領内に湖南文明を作り出せる。（中略）過去四千年にわたり、中国政治は大きな手法による大規模プロジェクトを壮大に打ち出すことを好んできた。その結果は、外向きには強力だが内向きには弱い国である。てっぺんはしっかりしているのに、底はうつろ。表面は立派に聞こえるがその下では筋が通らず腐敗している。中華民国の建国以来、著名人や英雄たちが、憲法や大統領制や議会制について声高に語ってきた。だがかれらが騒々しく語れば語るほど、それが生み出す混乱も増える。なぜか？　かれらは砂上の楼閣を建てようとしており、その楼閣は完成する前に崩れてしまうからだ。我々は議論の範囲を狭めて、湖南における自決と自治を語るべきである。

その後二ヶ月にわたり、焼き討ちされた村の農民から都市の大商人まであらゆる社会階層の湖南人は、張軍の破壊でぼろぼろになった生活の建て直しに忙しかったので、政治のことなど考えている余裕はなかった。毛は韶山で兄弟たちと数週間過ごし、いまや長男として務めなくてはならない家族の雑務の面倒を見た。長沙では譚延闓が、三度目の正直で州自治の残骸を組み立て直そうとしていた。だがかれはいまや忌み嫌われている督軍や省長という肩書きを拒否して、むしろ市の解放軍の「総司令」と呼ばれるのを好んだ。

こうして湖南は名実共に北京支配から独立したが、その将来政府の形態は決まっていなかった。八月末、中華民国初期に首相兼財政部長をつとめた湖南人学者の熊希齢《ションシーリン》が、この問題を指摘した。新省長は、地元議員や教育団体や商工団体の会員で構成される協会が選出すべきだ、というのが提案だった。対抗案が提出され、毛沢東が九月頭に長沙に戻ると、論争がまたもや頂点に達していた。かれはすぐさま独自の論説を書いて『大公報』に発表した。かれの宣言では「変革の嵐が世界中に巻き起こっており、国民自決の呼び声は天にも響く」。湖南は基盤亡き大中国から逃れる「二十七の小中国」の最初となるべきであり、それは変化のプロセスを創始して新しい進歩的諸力の「徹底した総合的革命」につながる。

譚延闓はためらった。自治政府があれば、自分の立場は地元軍司令官たちの野心におびやかされにくくなる。だがその政府の決定は自分がしっかりと掌握しておきたいと思ったのだ。

そこで九月半ば、譚延闓は豪士や役人のグループを招集して、新憲法の起草にあたらせた。構成員があまりに限定的だと批判されると、省議会にその任を任せようと提案した。毛沢東、彭璜と仲間の『大公報』編集者の龍兼公《ロン・ジャンゴン》にとっては、これも受け入れがたかった。龍兼公はこう書いている。「自治がほしいなら、こんな特別な階級からの少数の人々には頼れない。（中略）自分で救世を見つけなくては！（中略）上からの支配のくびきを逃れなくてはならない！」かれらは十八歳以上（毛の初期の提案では十五歳以上）の湖南人全員の総選挙で選ばれた憲法起草会を提案した。

このような内容の請願書が、十月八日に毛が議長を務めた公開集会で採択された。その場で毛沢東は仲間の市民たちに、この自治の機会が提供するものを取り逃がしてはならないとうながした。

長沙市民よ！（中略）諸君が成功すれば「湖南の」三千万人民が利益を得る。失敗すれば、三千万人が苦しむ。西側諸国の政治社会改革はすべて市民の運動として始まった。ロシアの偉大な変革や（中略）その他の国で起こり近年の世界に衝撃を与えた活動は市民が始めたものだが、中世においてすら貴族からの「自由人」の地位を勝ち取ったのは自由都市の市民たちだった。（中略）市民諸君！　立ち上がれ！　湖南の来るべき黄金時代の創造はいまここに決するのだ。

二日後、中華民国の国慶節に、土砂降りの中を巨大なデモ隊が旧市街の狭い通りへと繰り出し、旗を掲げて楽隊が演奏する中で総督の官舎へと向かい、譚延闓にその請願書を手渡した。『ノースチャイナ・ヘラルド』は、「中国の省自家統治——各省が自らの主人」という見出しでこの出来事を大々的に報じた——

この文書を起草したのは紳士三名、『大公報』編集者の龍［兼公］氏、第一師範学校の毛［沢東］氏、書店主の彭［璜］氏である。（中略）署名者四百三十人のうち（中略）三十人は市の新聞と関係しているとされ、二百人は教師や学士だろう。そして五十人ほどは労働者である。労働者が署名を募られただけでなく、その階級の代表者が文書を総督へと届けた十五名の代表団の一部として、市の最も教養ある人々と肩を並べていたのは興味深いことである。（中略）この一件で中国全土の目が湖南に集まっているのはまちがいない。湖南には［他の省にない］機会がある。（中略）湖南が動けばその範は広まる。

だがこの請願が手渡された時点で、すでに譚延闓は迷い始めていた。運動が勢いを増すにつれて、それは過激になってきた。請願者たちは「民主主義と社会主義」に基づく政治体制を求めており、それが実現しなければ「血みどろの革命」が起こる可能性を匂わせていた。『大公報』の論説で、毛沢東は「一人の湖南人」――つまり譚延闓――が湖南を支配するのが狙いではないと明示的に書いていた。「というのも、そうなれば支配者が主人となり、それに支配される者は奴隷となるからだ」。狙いは「人民自治」である。

実は、これはほとんどが口先だけの話だった。毛沢東自身ですら、人口の九割が文盲の国においては大衆に基盤を持つレーニン主義式革命で「反動分子を一掃して上流階級と中流階級を洗い流す」のは不可能だと認めていた。期待できるのはせいぜいが、教育を受けたエリートの運動を作り出して、事態を外から「前に推し進める」ことだった。

だがこうした条件つきであっても、保守派は警戒した。「湖南文明」はいいが、「人民自治」となると話はまったく別だ。

国慶節行進の途中で、デモ隊の一部が無秩序行動を戒める主催者の警告を無視して、省議会棟――エリート支配の象徴――の屋上によじのぼり、地上からの歓声と罵声の中、議会の旗を破り捨てた。翌日、譚延闓はこの事件を根拠に、過激派たちが支持するような人民自治は機能しないと述べて、自分はもはやそれを支持しないと発表した。

すると運動は崩壊した。十一月一日、当時中国を訪れていたジョン・デューイとバートランド・ラッセルは、長沙で開かれた憲法問題についての会議（毛も出席していた）で演説を行った。だが結論は出なかった。数週間後、譚延闓はその弱腰ぶりの報いを受けて、地元の軍指揮官趙恒惕《ザオ・ヘンティ》に更迭される。それはまさに、人民自治で防げるとかれが考えていたような軍事クーデターだった。

趙恒惕は独自の省憲法起草を命じ、それは翌四月に発表されて、一九二二年一月に施行された。だがそれは、毛や仲間たちが闘ってきた「完全な自治」にはほど遠い代物だった。趙恒惕は一時は広東の南部政府と友好を保ち、中国における連邦主義の主要な支持者として有名になった。だが実際には、毛沢東が警告した通り、軍閥の首がすげ変わっただけだった。趙恒惕は一九二六年まで総督を務めたが、かれもまた別の反抗的な軍人に打倒された。

毛にとって、独立運動の失敗は嘆かわしい失望だった。過去一年の努力はすべて「無駄だった」とかれは友人に語っている。湖南人たちは「頭が混乱しており、理想も長期的計画もない。政治面では無気力できわめて腐敗しており、政治改革の見込みはまったくないと言える」。新しくやり直す時がきた、と毛は書く。「新しい道を描き出すのだ」

毛にありがちなことだが、これは熱に浮かされたような自己省察を引き起こし、かれは自分の感情的な欠陥から勉学の滞りにいたるありとあらゆる点について反省してみせるのだった。だが直感的にかれは、前進の道が新民学会を通じてのものだと感じていた。新民学会は反張活動の間は停滞しており、その未来の役割や活動はいまや激しい論争にさらされていた。

必要なのは、共通の目標を持ち、知的リソースを組み合わせて徹底した改革の共同戦略を構築する「同志の献身的集団」だと毛沢東は考えた。かれらは裏方で密かに活動し、「むなしい栄誉や名声を求めることなく」、「権力を握るために政治舞台に躍り出たりすることは厳に慎むべき」である。第二に、「古い秩序を打倒して一掃するため」には、「少数の官僚や政治家や軍人を動かすだけでなく、全国の人々」を動員しなければならない。「主義」は——どんな「主義」だろうと——実施するには運動が必要であり、運動には広い支持基盤が必要だった。かれは一九二〇年に友人羅章龍《ルオ・ザンロン》宛の手紙でこう書いている。

我々はまさに、強力な新しい気運を作らなくてはならない。（中略）このためには当然ながら献身的で決意ある人々の集団が必要だが、それよりさらに、全員が共通に抱く主義が必要である。主義なくして気運は醸成できない。我が学会は気分で結ばれた集団にとどまってはいけないと思う。それは主義で結ばれた集団になるべきだ。主義は旗のようなものだ。それが掲げられたときにのみ、人々は何か期待できるものを持ち、どの方向に向かうべきかわかるのだ。

だが問題は残っていた。どの主義にしようか？　すでにその七月、フランスの十六人の間で激しい対立が生じていた。パリの南百キロのモンタルジスに語学研修で出かけたかれらは集会を開いたが、そこで蔡和森《ツァイ・ヘセン》は、中国がロシア式の革命を必要としていると論じた。蕭子昇はそれに反対し、もっと穏健なアナキスト的改革プログラムを提案していた。これは毛が一年前に『湘江日報』で提唱した、教育と相互扶助に基づくものと似ていた。両者のちがいは、会の主導原理が「中国と世界の改革」であるという妥協によってごまかされた。だがその後、蕭子昇と蔡はそれぞれ毛沢東に手紙を書き、対立する立場を明確に述べた。蔡の議論では、社会主義の主要な任務はプロレタリア独裁を武器に資本主義経済システムを破壊することだった。

アナキズムが今日の世界で機能するとは思えません。世界には二つの敵対する階級が明らかに存在しているからです。ブルジョア独裁を打倒するなら、反動階級を弾圧するためにはプロレタリア独裁しかない。ロシアがそれをはっきり示しています。したがって私は、中国の未来の改革においては（中略）まず共産党を組織しなくてはならないと考えます。それは革命運動の発動者であり、宣伝者であり、先鋒隊であり、作戦部だからです。

この結論に達したのは蔡だけではなかった。八月には陳独秀《チエン・ドゥーシュ》が中国初の「共産主義団体」を上海で結成した。その後まもなく発表された『新青年』記事で、かれは「労働者階級の国家樹立のために革命的手段を使うべき」だと呼びかけた。

長沙で毛と彭璜は、省政府内の裕福な支持者の後援を受けて、ロシア勉強会を設立した。この会は続く三ヶ月で湖南の若者十二人以上を集め、モスクワに新設された東方勤労者共産大学に留学させたが、その中には後に共産党の重鎮となる任弼時《レン・ビースー》や彭述之《ポン・シュージー》もいた。

十月には陳独秀の提案で、賀民范《ホー・ミンファン》が湖南にマルクス主義勉強会を設立した。賀民范は船山高等学校の校長で、古風な文士であり、流れるような白ひげが格式ある絹のガウンにかかっている人物だったが、なぜか社会主義に深い関心を抱いていたのだ。毛と教師仲間の何叔衡《ホー・シューヘン》は創設会員五名に名を連ねており、一同は社会主義青年連盟支部の設立について話し合いをはじめた。

だが毛の転向は不承不承のものだった。蔡和森は、ボリシェヴィズムこそが中国の問題に対する答えだと即座に理解し、それを熱烈に受け入れたが、毛沢東は嫌々その考えにつれてこられたというべきだろう。「蔡は理論家で、毛は現実主義者だ」と友人たちは語っていた。最終的には、ロシア式「テロリスト戦術」を毛が支持するようになったのも、この現実主義のためだった。毛が蔡に語ったところでは、それは「他のもっとよい手段」――これは自治運動やアナキスト「新村」実験を指す――が失敗したときの「最後の手段」だった。だがうまくいきそうなのは「ロシア式革命」しかないように見えた。

ロシア式の手法は、他の道がすべて行き詰まったときに見つかった、新しい道を示している。

この手法だけが、他の変革手法に比べてもっと可能性を持っている。（中略）社会政策は手法の名に値しない。それは穴をちょっとふさぐくらいが関の山だ。社会民主主義は、変革の道具として議会に頼るが、実際には議会が可決する法律は、常に財産を持つ階級を保護するものだ。アナキズムはあらゆる権威を排除するが、そんな教義は決して実現できないのではと懸念する。［バートランド・ラッセルが主張するような］極度の自由といった穏健な共産主義は、資本家たちを野放しにするのでこれもうまくいくはずがない。過激な種類の共産主義、労働者や百姓のイデオロギーは、階級独裁の手法を活用し、成果を挙げるものと期待できる。したがってこれこそが使用すべき最高の手法である。

蕭子昇の主張する代案は「教育の手法」を使うものだった。ブルジョワに対して自身の誤りを納得させることで「自由を制限したり、戦争や血なまぐさい革命に頼らなくてすむ」ようにするというのだ。これは理屈の上ではいちばんいい、と毛沢東は十二月に書いている。だが実際問題としては不可能だ。「歴史的に見て、人民に打倒されるのを待たずに自ら退いた君主、帝国主義者や軍国主義者などいない」

教育は（1）資金、（2）人民、（3）制度を必要とする。今日の世界では、金は完全に資本家の手にある。教育を担当する者たちは資本家かその奴隷だ。（中略）子供に資本主義を教えれば、その子たちが育てば次の世代の子供たちに資本主義を教える。教育がこのように資本家の手に落ちてしまったのは、かれらが資本家を保護してプロレタリアにハンデを与える法律を可決するための「議会」を持つからだ。そうした法律を実施するための「政府」を持ち、法律に込められた優位性や禁止を強制する。「軍」や「警察」を持ち、資本家の安全と幸福を一方的に保証し、プロレタリアの要求を弾圧する。財源として「銀行」を持ち、富の循環を確保する。生産される商品を独占するための道具である工場を持つ。結果として、共産主義者が政治権力を握らない限り(中略)教育を左右することなどできはしない。(中略)この理由から私は教育の手法は実現不可能だと信じる(後略)。

そしてかれは蕭子昇の観点は非現実的だと結論し、「[蔡]和森の見方に深い賛同を示す」と述べた。一九二一年元日、新民学会の十八名が長沙の雪嵐の中を文化書社に集い、二日にわたって討議した結果、十二対三(決断がつかない棄権者三名)で会の共通目標としてボリシェヴィズムを採用することが決まった。その頃には「マルクス主義研究会は「共産主義グループ」に変わっており、その創設メンバーには毛沢東、彭璜、何叔衡と別の教師が名を連ねていた。一月十三日、社会主義青年団の湖南支部(もっぱら学生と新民学会の会員で構成されていた)が決起集会を開いた。毛沢東は上海から、陳独秀の仲間たちが創刊した地下発行雑誌『共産党』と、同時期に発行された党宣言の草稿を手に入れていた。それは生産手段の共有、国の廃止と階級亡き社会の創設を呼びかけて、こう宣言していた。

資本主義を打倒する道具は階級闘争である。(中略)この階級闘争の力を組織化して集中し、資本主義に対抗する力を強力にするのが任務である。(中略)狙いは何か大きな産業組織を組織化し(中略)革命的プロレタリア政党――つまり共産党――を組織することだ。共産党は革命的プロレタリアを資本家に対する闘争へと導き、かれらから政治権力を奪取するものだ。(中略)一九一七年にロシア共産党が行ったように、権力は労働者や農民の手にゆだねられる。

その後まもなく、毛沢東は蔡和森に手紙を書いて、現実的な政治教義としてのアナキズムをはっきり否定し、マルクスの「歴史の唯物論的理解」を創設すべき新党の思想基盤とすべきだと述べている。かれの転換は完了した。

毛沢東のマルクス主義は常にアナキスト的な色彩を残すことになる。だが主義を求めての長い探求は終わった。

一九二〇年に毛の人生に起きた変化は、マルクス主義への転向だけではなかった。かれの私生活の状況も大幅に変わった。学生時代のかれは文字通り文無しで、卒業後もそれが続いた。ほとんどの場合は無心してやりくりし、儒教的な相互扶助の伝統に頼った。友人たちの中で手持ちのある者がない者を助けるのだ（もちろんいつの日かその立場が逆転したら自分が助けてもらえるという理解だ）。それでも綱渡りのような生活ではあった。後にかれは、その春の大いに喧伝された観光旅行が、北京を発ってすぐに路銀が尽きて悲惨な終わりを迎えかけたのを回想している。

その先はどうすればよいのか見当もつきません。しかし、中国の諺にもあるように「天無絶人之路（天は旅人の路を絶つことはない）」で、（中略）学友から、幸いにも借りた十元で、私は浦口［上海近く］までの切符を買うことが出来ました。南京への途上、私は［古跡を尋ねました］。（中略）しかし浦口《プコウ》に着いたときにはまた一銭の金もなく、切符も持っていませんでした。だが、誰ひとり私に金を貸してくれる者はなく、どうしてこの町から出たらよいのか分りません。だが、最大の悲劇は私のただ一足の靴が盗まれたことです。いやはや、どうすればよいのか。しかし再び「天無絶人之路」で、私は幸運に恵まれました。鉄道の駅の外で湖南からの旧友に会い、彼が私の「救命菩薩」となったのです。一足の靴と上海までの切符を買うだけの金を貸してくれました。

上海で、毛沢東は洗濯を請け負って、湖南学生三人と共同で借りている部屋の家賃を払うことになった。洗濯そのものは悪くない、とかれは友人に語っている。ただし稼ぎのほとんどが、洗濯物の回収と配達のための路電運賃に消えてしまうのが困りものだとのこと。

だがひとたび長沙に戻ると、かれの命運は大幅に改善した。九月になると、かれは第一師範学校付属の小学校校長に任命され、おかげで初めて高賃金の定職がもてたし、また地域政治においてますます強まる影響力にふさわしいだけの地位も得られた。またそれは、毛の人生における二つ目の大変化を可能にしてくれた。その冬かれは、先の一月に北京で他界した第一師範学校の倫理学教師、楊昌済《ヤン・ツアンジ》の娘で二十歳の楊開慧《ヤン・カイホイ》と結婚したのだった。

毛が活躍していたリベラルな集団の中では、二十世紀前半の中国における異性関係は、同時代の欧米と大差なかった。あらゆる中国都市と同じく、長沙も「柳巷区」という歓楽街を持っていて、そこでは女性歌手たちが金持ちを相手にして、普通の娼婦が貧乏人の相手をしていた。エドワード朝のイギリスや、ベルエポック期のフランス同様、娼館通いは社会的に何ら問題視されなかった。それどころか、この風習があまりに一般化していたので、中国の未来を案じると称する過激派団体はすべて、一九一二年に蔡元培が設立したアナキスト集団「六不学会」から毛沢東の新民学会に至るまで、参加の条件として女郎買いをやめて、改革への献身を示すことを挙げていたほどだ。

毛沢東自身の態度についての初期のヒントとしては、一九一五年に二十一歳にして学友のために書いた記念の詩がある。「ぼくたちは共に淫蕩を否定したが、ぼくら自身の中の浮賤をいかに清めようか?」二年後、かれは大人物の英雄的な壮挙を「恋人を求める抗しがたい性欲、止まらない力、とどめようもない力」になぞらえている。食と性欲は、人間の根本的欲望二つだ、とかれは当時書いている。

当人によれば、毛沢東が楊開慧と恋に落ちたのは一九一八年冬、北京大学で司書助手として働いていた頃だった。告白する機会があったかははっきりしない。蕭子昇によれば、教授の家での食事は常にまったくの沈黙の中で行われたし、自由主義的な家庭ですら、男女が二人きりでいるのは不適切とされていた。だがこの時期から毛の著作にはちょっとロマンチックな調子が見られる。「愛を求める人の力は他のどんな必要から生じるものよりも強い。人が抗しがたい愛の自然力に身をゆだねない限り、かれらは（中略）［結婚後に］大げんかをはじめて寝室を険悪なる戦場に変えてしまうか、あるいはお互いに『浦江の桑の間に』*1秘密の愛の世界を見つけ出すようになる」

だが愛の道は険しかった。長沙に戻るとかれは別の娘に夢中になり、陶毅《タオ・イー》が初の真剣な交際相手となった。彼女は新民学会の初期会員で、かれらの逢瀬はどうやら二人が湖南自治運動や文化書社設立で一緒に働いていた、一九二〇年の春と夏の大半にかけて続いたようだ。その後二人は疎遠になり、秋になると毛はまた楊開慧に求愛していた。

その頃、蔡和森とその恋人の向警予《シャン・ジンユ》はパリから手紙を書いて、自分たちは伝統に反逆し、結婚するかわりに「愛に基づく連合」を決めたと述べていた。毛は畏敬に我を忘れた。

向と蔡を指導者として仰ぎ、「拒婚同盟」を組織すべきだ。結婚契約を持つ者はそれを破棄すべきだ（ぼくは人道主義に反対だ！）。まだ結婚契約をしていないものは、それを結ぶべきではない。婚姻制度の下で暮らす男女は「強姦団」でしかないと思う。ぼくはずいぶん昔から、自分はこの強姦団には参加しないと宣言してきた。

だが三ヶ月もたたないうちに、毛は結婚した。楊開慧一家がそれを強く求めたのはまちがいない。教授の娘が、毛ほど有力になったとはいえ百姓の息子と結婚するというのは、それだけで社会的な大ばくちだったし、まして非正規婚に対する非難は、長沙ではフランスなどとは比べものにならないほどのものだった。いずれにしても、毛が反対していた結婚というのは、仲介者が勝手に決める伝統的な手配婚だった。かれにとって結婚の基準は、「男と女がどちらも、お互いに対する深い相互の愛情を抱いていると心底知っていること」だった。幸せの鍵は選択の自由だった。

一九二一年秋、かれらは長沙の小東門のすぐ外にある清水塘地区の家に引っ越した。その後数年、おそらく毛沢東の生涯で唯一、かれは自分の帰りを待つ幸せな家庭を持っていた。長男の岸英《アンイン》が一九二二年十月に生まれた。次男岸青《アンチン》が一九二三年十一月に誕生。三男岸龍《アンロン》が一九二七年。驚くほど伝統的な中国世帯だった。楊開慧は子供たちと家にとどまり、毛は遠く各地へと旅をして、いまや二人が献身している理想のために働くのだった。年月が過ぎるにつれて、その理想が優先され、家族は置き去りにされた。

章末注

＊1　これは不倫を指す古い表現。『礼記』の一節から採られたもので、浦江の岸辺での放蕩を魏の没落と関連

づけている。

第5章 コミンテルンの指揮

一九二一年六月三日、ロイド・トリエステ商会の蒸気船アキラ号が、ベネチアからの六週間の航海を経て上海に入港した。下船した乗客の中には一人のオランダ人がいた。がっしりした体つきで三十代後半、刈り上げた黒髪に堂々たる口ひげをたくわえたこの人物は、会った人にプロシア将校を思わせた。かれの道中は厳しいものだった。乗船する前に、中国の査証をとろうとしたウィーンで逮捕されていたのだ。一週間後に、オーストリア警察はかれを釈放したが、パスポートに入国許可が書かれたすべての国にはすでに通知がまわっていた。コロンボ、ペナン、シンガポール、香港では、イギリスは船着き場に警官詰め所を設置してかれの上陸を阻止していた。北京のオランダ使節団は、中国政府にもかれの上陸阻止を要請していたが、答えはなかった。上海は独自のやり方をしており、北京の意のままにはならなかったのだ。それは中国の柔らかく湿った胃であり、潮の満ち干のたびに、行き場のない者たち、野心的な者たちや犯罪者たちを吸い込んだ——破滅した白系ロシア家族、赤軍冒険家、日本の密偵、故国亡きインテリ、ありとあらゆる詐欺師——そしてかわりに東京やパリでの留学を求める理想主義的な若者を送り出すのだ。中国人はこの都市を「感覚の熱響」と呼んだ。外国人にとってここは「東洋の娼婦」だ。無神論者ハロルド・アクトン卿はそこを「住民たちが自分たちのとんでもなさにまったく気がついていない場所。異様なる現世」と呼んでいる。ウォリス・シンプソンは、地元写真家のために救命ベルトを巻いただけの全裸でポーズを取ったと噂されていた。ユージン・オニールは神経衰弱に陥り、スウェーデン人のマッサージ嬢もそれに続いた。オルダス・ハックスレーはその「濃密で腐臭に満ちた豊かに凝固する生活（中略）これほど強烈に生きているものは想像できない」と書いた。ジャーナリストの夏衍は、「四十八階建ての高層ビルが地獄の二十四層の上に建っている」と評している。

このオランダ人、自称アンデルセン氏は、イギリス資本主義のそびえる大理石製の要塞――香港上海銀行、揚子江のジャンク船を描いたモザイク天井の税関、ジャーディン・マセソン、東方亜細亜会社ビル――を横目に外灘を進み、「シナ人と犬は入るべからず」の標識があったとまことしやかに言われる公園を過ぎて、海員旅社と蘇州河を越え、東方ホテルに部屋をとった。

あたりを見回すかれの目に入ったのは、長いガウンとパナマ帽をかぶった中国人でごったがえす舗装道路、運転手つきセダンに乗った、一分の隙もない装いの大班《タイパン》たち、ユーラシアの踊り子だらけの中を若き外国駐在員たちがうろつくナイトクラブ、汗で体を光らせたボロ着姿の苦力《クーリー》たち、十四時間シフトで女子供が働く紡績工場、そしてそうした新興プロレタリアートたちが暮らす川向こうの薄汚れたスラム。かれが伝道師的な熱狂にかられたとしても、無理はないだろう。本名をヘンドリック・スネーフリートというこの人物、またの名をマルチン・イヴァノビッチ・ベルグマン、同志フィリップ、ムッシュー・セントット、ジョー・ヴァン・ソン、馬林《マーリン》等々無数の偽名を持つかれは、確かに一種の伝道師ではあった。かれは初の共産主義インターナショナル、つまりコミンテルンの代表として、レーニンの命を受けて中国に送り込まれたのだった。その任務は、中国の同志たちに党を結成させて、「メッカ」（とレーニンはモスクワを呼んでいた）のボリシェヴィキの指導に友愛的な支援を与え、かれらが熱狂的に信じていた世界革命を広める支援をさせることだった。

ロシアが中国に派遣した使者は、スネーフリートが初めてではなかった。最初の接触は一九二〇年一月に行われた。三ヶ月後、コミンテルンの承認のもとで、ウラジオストックにあるボリシェビキ党極東支部からグリゴリー・ヴォイチンスキーが視察に派遣された。夏にはさらに二人のロシア人が、通信社特派員を偽装して広州に派遣された。

ヴォイチンスキー訪中は、モスクワが領土外の権益を放棄したことでソ連に対する熱狂が盛り上がった時期を狙って行われた。ヴォイチンスキーは立ち回りにたけ、魅力あふれる人物で、かれと交渉のあった中国人たちから見れば、革命的同志のあるべき姿を完璧に体現していた。中国で過ごした九ヶ月のうちに、かれは陳独秀《チエン・ドウーシユ》が上海で「共産主義集団」、「社会主義青年団」を創設し、『共産党』を創刊するのを助け、党宣言を起草した。これはその冬に毛沢東たちが受け取ったもので、各地の集団をまとめあげて完全な共産党をたちあげる創設会合を開くための前哨となるものだった。

ヘンドリック・スネーフリートはかなりちがったタイプの人物だった。かれはコミンテルン執行委員会の一員で、すでに蘭領インドネシアの共産党顧問として、アジアで五年過ごしていた。かれは頑固さと傲慢さの入り交じったものを漂わせており、中国人同志のだれよりも物知りだと匂わせるにとどまらず、かれらを指導矯正してやることこそ自分の義務なのだといわんばかりだった。李大釗《リ・ダジヤオ》による北中国「共産主義集団」設立を手伝った、北京大学卒業生の張国燾《ザン・グオタオ》は、このオランダ人到着直後に初めて会ったときのことを回想している。

この洋鬼子は高圧的でつきあいづらかった。その態度はヴォイチンスキーとは大違いだった。（中略）東インドで植民地の主人として暮らしていたオランダ人たちの態度や習慣を身につけたのだという印象を持つ人もいた。かれは自分こそがコミンテルンに関して東洋一の権威であると信じており、これについて大いに誇らしく思っていた。（中略）かれはアジア人民にとって自分が解放の天使だと思っていた。だが自尊心を保って自らの手による解放を求めていた我々にとって、かれは白人の社会的優越感をひけらかしているように見えた。

一九二一年六月末、毛と何叔衡《ホー・シューヘン》は蒸気船で長沙を極秘のうちに、北京、広州、済南、上海、東京、武漢《ウーハン》の共産主義者集団代表十一人と合流し、ヴォイチンスキーが開催した共産党創設大会に出席した。これは夏休みで休校中だったフランス租界の女子校の教室で、七月二十三日に始まった。陳独秀も李大釗《リ・ダジャオ》も出席しなかった。この二人がいなかったので、大会の議長をつとめたのは張国燾だった。毛沢東は二年半前に、司書助手として働いているときにかれに会ったことがあった。スネーフリートと、イルクーツクに新築されたコミンテルン支局からきた補佐ニコルスキーは、最初の二日だけ顔を出したが、その後は中国人自身に議論させるべく引っ込んだ。

議論の争点は三つ。どんな党を作るべきか。ブルジョワ制度に対してどういう態度をとるべきか。特に国会と、北京政府や広東政府の扱いが争点だった。そしてコミンテルンとの関係はどうあるべきか。

スネーフリートは開会の辞で、出席者全員が学生か教師なのを見て、労働者階級と強い結びつきを作るのが重要だと強調した。上海のグループ代表だったマルクス主義の李漢俊《リ・ハンジュン》は、すぐに反論した。中国労働者はマルクス主義などまったく理解していないという。労働者を組織するには、長期にわたる教育とプロパガンダ作業が必要になる。一方で中国のマルクス主義者たちは、自分たちの目標を達成するにはロシア式のボリシェヴィズムを広める組織がいいか、ドイツ式社会民主主義を広める組織がいいか決める必要があった。プロレタリア独裁を唱える労働階級の党を作ろうと正面から取り組むのは深刻なまちがいだと李は述べた。スネーフリートは憤慨した。だがこの問題については、オランダ人が最終的には勝った。そして初の公式声明で、新生の中国共産党（CCP）はまさにボリシェヴィキ式にこう述べている。

我が党の計画は以下の通り――プロレタリアの革命軍とともに、資本主義階級を打倒して、階級区別がなくなるまで労働者階級から国を再建すること。（中略）プロレタリア独裁を採用すること。（中略）資本の私的独占を打倒し、機械、土地、建物等々といった生産手段をすべて奪取して社会所有に預託すること。（中略）我が党はソヴィエト形態を採用し、工業および農業労働者と兵士を組織し、共産主義を広め、主な政策を社会革命であると認識する。そして黄色インテリ階級などの集団との関係はすべて排除するものとする。

他の二つの争点をめぐる結論は、モスクワにとってこれほど満足のいくものではなかった。その理由の一部は、会議の終わり方だった。七月二十九日、深刻な意見の相違が残っていることが明らかになると、スネーフリートは新しい発想を示したいと述べ、次の会合はこの女子校ではなく、同じくフランス租界にある李漢俊の家でやろうと言った。次の晩、会合が始まってすぐに、男が戸口からのぞきこむと、家をまちがえたとつぶやいて、足早に立ち去った。スネーフリートの指示で代表団はすぐに散会した。数分後に、フランス人係官と中国人の刑事団がやってきたが、四時間かけて家宅捜索しても何も出てこなかった。その後、上海でそれ以上会合を開くのは危険すぎると見なされ、最終セッションは杭州へ向かう途中にある南四十キロの小さな町嘉興《ジャシン》で、葦に湖岸を縁取られた南湖上の遊覧船で開催された。そこでもスネーフリートは発言できなかった。外人がいてはこの集団があまりに怪しく思われると感じたため、かれとニコルスキーは参加しなかったのだ。結果として、夕暮れに遊覧船が戻ってきて代表一同が「共産党万歳、コミンテルン万歳、共産主義万歳——人類の解放者万歳」と唱和したとき、かれらは参加者の一人が「多くの熾烈で過激な決定」と評したものを下していたのだが、そのすべてがコミンテルンのお気に召すものではなかったのだった。

たとえばかれらは、他の政党に対して「独立、攻撃、排除の態度」を採用すると決めており、共産党員すべてに非共産主義的な政治組織とは一切のつながりを絶てと要求していた。このセクト主義的な立場は、孫文の国民党と戦術的な提携をしたいというスネーフリートの意向と対立するものだった。かれは国民党こそが当時の中国で最強の革命勢力だと正しく理解していたのだ。またこれは、「後進国」の共産党は、もし存在できるものなら、国民革命ブルジョワ民主運動と密接に連携するべきであるというレーニンの主張にも反していた。この主張は一年前にモスクワで開かれた第二回コミンテルン大会でも承認されたものだった。

北京政府や広東政府の扱いについては、何の合意も得られなかった。スネーフリートも陳独秀も、広東政府のほうがずっと進歩的だと考えていた。

スネーフリートから見てもっとひどかった点として、代表たちはモスクワの優位性を認めようとしなかった。党の計画は「コミンテルンとの連合」を唱えていたものの、これが対等関係であり従属関係でないことは明記されていたのだった。

「メッカ」との関係を巡るにらみあいは、会議終了後も続いた。九月に陳独秀が中央執行委員会臨時書記を引き受けると、スネーフリートはコミンテルン代表として勝手に党員たちに命令を出しているばかりか、かれらに週間活動報告を提出させていることがわかったのだった。

数週間にわたり、陳独秀はこのオランダ人と一切の関わりを拒絶した。中国共産党は生まれたばかりだ、とかれは上海グループのメンバーたちに告げた。中国の革命には独自の特徴があり、コミンテルンの手助けはいらない、と。やがて、一時的な妥協が実現した。それは主に、陳独秀が何と言おうとも、コミンテルンは年五千ドルほどの資金を提供してくれて、党の存続にはその金が必要だったということにある。だが遺恨は残ったし、それはスネーフリートの高圧的なやり方のせいだけではなかった。かれを皮切りとして、歴代のソ連派遣顧問は中国人の気質を逆なでし続けることになる。それは文化的、人種的なちがいを反映したものであり、当初は共産主義運動の国際主義がそれをごまかしていたが、四十年後に独自の復讐をとげることになるのだった。

毛沢東は、第一次党大会では大した働きを見せなかった。かれは湖南の長沙共産党グループの作業についての報告をつくった（現在は散逸）。湖南グループは、中国共産主義運動五十三人のうち、七月時点で十人を占めていた。そして毛沢東と、東京グループ（会員全員である二人とも出席していたのが自慢だった）の湖南学生周仏海《ゾウ・フーハイ》は、公式書記として任命された。張国燾は毛沢東が「青白い顔の若者でいささか激しい気質を持ち、地元の布で作った長衣姿は、どこかの村の道士のようだった」と述べている。毛沢東の「粗野な湖南式のふるまい」は、豊かな一般知識に裏打ちはされていたが、マルクス主義の理解は限られたものだった、と張国燾は書いている。参加者のだれ一人として、かれが議論にあまり貢献したとは記憶していない。明らかに、もっと洗練された仲間たちに気圧されていたのだろう。当時、上海を訪れていた友人の蕭子昇《シャオ・ユー》に毛が語ったところでは、参加者のほとんどは「きわめて教育水準が高く、日本語や英語が読める」とのことだった。これは語学についての古いコンプレックスを再燃させたようで、長沙に戻ってすぐに毛は英語の勉強に没頭する。二ヶ月後、中国共産党の湖南省支部が設立され、毛沢東はその書記となった。設立の日は記念すべき十月十日、十年前の辛亥革命蜂起記念日だった。

その後数ヶ月、毛沢東は党のわずかな支持基盤を構築するのに専念した。十一月には党の臨時中央部が指令を発し、それぞれの省支部が一九二二年夏までに少なくとも党員三十名を確保せよと指示した。毛の支部は、目標を達成した三支部の一つだった。残り二つは広東省と上海である。同月、かれはボリシェヴィキ革命祝賀パレードを組織した。これはその後も毎年開かれるようになり、上海の『民国日報』の取材も受けた。

教育連合会ビル前広場の旗竿には、巨大な赤旗がはためき、その両側には小さめの白旗が掲げられ、そこに「世界のプロレタリアよ蜂起せよ！」と書かれていた。ほかの小さな城旗には「ロシア万歳！　中国万歳！」と書かれていた。そして無数の小さな赤旗が掲げられ、そこには「ソヴィエトロシアを認知せよ」（中略）「社会主義万歳」「労働者にパンを」と書かれていた。群衆にはパンフレットが手渡された。ちょうど演説が始まろうとしたとき、警察部隊が到着し、その指揮官が総督命令によりこの集会は解散せよと宣言した。群衆は、集会の自由を市民に認めた憲法十二条を盾に抗議した。（中略）だが指揮官は議論に応じようとはせず、総督命令にしたがうよう要求した。群衆は怒って「打倒省長！」と叫んだ。これを受けて警察は活動を始めた。旗はすべて引き下ろされ、デモ隊は強制的に解散させられた。午後三時のことであり、ちょうど豪雨が降り始め、それ以上の抵抗を不可能にしてしまった。

趙《ザオ》・恒惕《ヘンティ》省長とのこうした小競り合いはあったが、毛沢東は省のエリート層にいる仲間から十分な支持をとりつけ、一年前に論文で述べた「自修大学」を設立した。資金は地方自治体からの年額二千ドルの補助金だった。当時としてはかなりの大金だ。

学校の設立趣旨として述べられていたのは「社会改革の準備」であり「知的階級と労働階級との融和」だった。実際には、未来の共産党活動家の訓練所となり、絶頂期にはフルタイムの学生が二ダースほどもいた。当時は船山学社の出資を受け、元船山書院の建物を利用していたので、その政治的な狙いは表沙汰にならなかったが、やがてそれは毛が当初考えていた学校コミューンに近いものとなり、教師や学生たちは「共産主義者の暮らしを実践」するようになった。毛沢東は小学校教師の職を辞して大学の指導主任となり、第一師範学校では中国語を教え続けた。何叔衡が教務長で、賀民范《ホー・ミンファン》は校長となったが、健康と体育に関する毛沢東の風変わりな考えのために、この二人は脱落する。長沙のやけつくような夏の太陽の中、毛沢東は学生たちに、当時の基準からすれば裸同然の不埒な格好で授業に出るよう奨励したのだった。もっと年上で保守的な世代の賀民范は深く侮辱されたと感じ、ほかの見解の相違もあって、二人はけんかわかれしたのだった。

だがその後二年間の毛沢東は、労働組織家としての活動が中心となった。ボリシェビキの教義では、革命はプロレタリアによって作られなくてはならず、第一次党大会で、党の「主目的」は工業労働組合の確立であると述べられていた。当時の中国には、工業労働者は百五十万人ほどいて、百姓は二・五億人いた。工場の労働条件はディケンズの小説並にひどいものだった。有名なアメリカの労働運動家シャーウッド・エディ博士は、YMCAの依頼で中国を視察して以下のように報告している

—

北京のマッチ工場には工員が千百人いて、その多くは九歳から十五歳の少年だ。始業は朝四時、終業は午後六時半、昼頃に数分の休憩がある。（中略）週に七日（中略）換気は不適切で、質の悪いリンの蒸気が肺をつぶす。三十分すると、私ののどは焼けるようだった。工員たちはそれを一日中吸っている。（中略）一日平均八十人が病気になる。［私はまた］北京の繊維工場を訪れた。若者一万五千人を雇っている。この労働者たちは、週七日、一日十八時間の労働で、月給九ドルだ。半分は見習いで、研修も受けず賃金ももらえず、食べ物を与えられるだけ。（中略）家族は貧しすぎて彼らを食わせられないから、工場に喜んで渡すのだ。（中略）

私が訪れた寮では、それぞれの部屋が一平米もないのだが、そこに工員十人が詰め込まれ、その半分は昼働き、半分は夜働いている。その建物全体でストーブは一台もなく、家具の一片すらなく、暖炉も便所もない。（中略）近くには同じ所有者が持つ、窓のない戸口一つだけの洞窟まがいがある。年の頃十歳から十五歳までの少女の集団が、昼間はそこで寝ている。彼女たちは夜に工場で働き、一日三十セントずつ稼ぐ。板間でボロの山にもぐって寝ている。いちばんの心配事といえば、工場のサイレンを聞き逃すことだ。遅刻すればクビになる。この人々は生きているのではない。存在しているだけだ。

湖南では、女性労働や児童労働は沿岸部ほど一般的ではなかったが、その他の労働条件は似たり寄ったりだった。一九二〇年以前は、労働者たちや職人たちは中世以来ずっと伝統的な職能ギルドによって組織化されていた。だが同年十一月に、若いアナキスト学生二人、黄愛《ホアン・アイ》と龐人銓《パン・レンクアン》が独立組織として湖南労工会を設立した。続く八月に、共産党がスネーフリートの示唆で張国燾の下に労働組合書記部を組織し、毛沢東がその長沙支部の長となった時点で、長沙労工会の会員は二千人ほどになり、すでに市の華氏綿紡績工場でストライキを成功させていた。
龐人銓は湘潭《シャンタン》出身で、これは韶山村から十五キロほど離れた村だった。一九二一年九月、毛沢東は安源《アンユアン》炭坑を訪れるかれに同行した。これは湖南《フーナン》省と江西省の省境にある、中国人所有の大きな工業団地の一部だ。二人は、そこの労働者たちを組織化する可能性を探りにいったのだった。

旅行そのものははっきりした結果を出せなかったものの、二ヶ月後には両者の関係はかなり深まって、毛沢東は労工会の新聞『労工週間』に論説を書くようになった。そこにはこうある。「労働組合の狙いは、単に労働者を集めて賃金増加や労働時間短縮をストにより実現させるだけではない。階級意識を醸成し、階級全体を団結させて階級としての基本的利益を追求させることである。労工会の全会員は、このきわめて基本的な目的に特に注意を払うよう求めたい」その後まもなくして、黄と龐は秘密裏に社会主義青年団に加入し、十二月には列強が中国での経済特権を拡張しようと画策するのに抗議する大集会の組織を手伝って、一万人を集めた。アナキストたちを懐柔して、かれらの関心を徐々にもっとマルクス主義的な狙いへと移行させるという毛沢東の戦略は、成功しているように見えた。

だがその後、一九二二年一月に悲劇が襲った。正月休み明けに、華氏紡績所の経営陣が年次ボーナスを出さないと発表したため、労働者二千人が工具を置いたのだった。設備や備品が破壊され、会社の警備隊との間に争いが生じて、工員が三人死んだ。一月十四日、同社の大株主でもある趙恒惕は、このストが「反政府活動」であると宣言し、兵隊を送り込んだ。兵たちは手当たり次第に殴りつけたあと、機関銃をつきつけて労働者たちを仕事に戻らせたのだった。翌十五日、支援を懇願する要請書がこっそり運び出された。労工会はただちに活動を始めた。若き指導者二人に、趙恒惕省長から紡績所にきて交渉してほしいとのメッセージが送られた。だが二人が一月十六日の夜に来てみると、すぐに拘束されて省長の官舎に連行され、趙恒惕に長時間尋問された。労働者たちのボーナスは認められた。だが黄と龐は、瀏陽門の脇の処刑場に引っ立てられて斬首され、労工会は禁止になった。

かれらの死は、趙恒惕がきわめてリベラルな省憲法を発表し、湖南の自治の原則を掲げてから三週間もたたないうちに起こったもので、中国全土に衝撃が走った。孫文は、趙を処罰しろとうながした。北京大学の蔡元培《ツァイ・ユァンペイ》をはじめとする有力な中国の知識人たちは、抗議の電報を送った。毛沢東は三月の大半と四月の一部を上海で過ごし、中国語の出版物で激しい趙恒惕糾弾キャンペーンを煽っていた。『ノースチャイナ・ヘラルド』ですら、総督のやり方が「許し難い」と述べていた。

四月一日に、総督は長いきわめて弁解じみた宣言を出し、自分の行動を正当化しようとした。

> 遺憾ながら世間一般は処刑の正しい理由を知らぬようで、それを労工会の問題と混同して、それをつぶすためにやったことだと主張している。(中略)黄と龐の両犯罪者は(中略)一部の土匪と野合し(中略)武器弾薬を得ようとしていたのである。(中略)その企みは政府転覆であり旧正月頃に騒乱を引き起こして革命思想を広めようというものであった。(中略)我が輩には湖南三十万人の統治という責務がかかっておる。たった二人の人物に情けをかけて省全体を危機にさらすほど我が輩が混乱していると思われては困る。我が輩のとった行動を示さねば、惨劇は避けられなかった。(中略)当初から我が輩は常に労働者の利益を保護してきた。(中略)我が輩は湖南の労働が花開き繁栄することを求めている。

この主張を真に受けた者は誰一人としていなかった。だがこの処刑が労工会の活動に関連したものであることを否定し、労働者の利益を追求するのが正当なことだと明言することで、趙恒惕は労働運動再開の道を開いたのだった。

毛沢東の次の動きは、労働者向け夜間学校ネットワークを発達させることだった。この活動で、かれは知らないうちにYMCAの支援を受けることになった。YMCAは省政府の後ろ盾で、ちょうど独自の大規模な教育キャンペーンを始めたばかりだった。党員たちが教師として立候補するよう動員され、そして毛沢東は、識字教育の一環を装って、社会主義思想を広める簡単な教科書を執筆した。

こうした試みでいちばん成功したのは安源だった。毛はここにフルタイムのオルグ要員として李立三《リ・リーサン》を派遣した。この李立三は六年前に、新民学会の会員に対する毛の訴えに「熱意のない返事」を返したあの青二才だったが、フランスで共産党に加入したのだった。毛は以前同様、かれを気にくわないやつだと思ってはいたが、しかし組合担当者としては一級で、五月には安源の地方行政官を説得して「路礦工人クラブ」の設立を認めさせた。ここには独自の図書室や教室やレクリエーションセンターさえあった。四ヶ月後には、会員数は七千人となった。

一方、毛沢東はときに第一子を妊娠中の楊開慧《ヤン・カイホイ》をときどき伴って、省全土の工場や鉄道駅を訪問し、ほかにも新しいクラブを開設できないか可能性を探った。上海の党中央は、鉄道職員の労働争議を最優先事項とするよう指令を出していた。長沙で鉄路工人クラブが設立され、続いて八月には漢口《ハンコウ》の北にある幹線上の岳州《ユエゾウ》でもクラブができた。

そして問題が起きたのもこの岳州でのことだった。

九月九日土曜日、労働者のグループが線路にすわりこんで鉄道を止め、賃上げとちょっとした福利厚生の改善を求めた。蹴散らすために兵隊が呼ばれ、労働者六人が死亡、多くが重傷を負った。この知らせが長沙に伝わると、毛沢東は他の労働者団体に煽動の電報を打って支援を要請した。

労工会すべての労働者の友人諸君！　こうした暗黒の圧政的で残酷な弾圧は、我が労働者階級のみに下されるものだ。どれほど怒るべきだろうか？　どれほど憎悪すべきことか？　どれほど強力に蜂起すべきだろうか？　復讐を！　全国の労働者友人よ、たちあがって敵と闘おう！

趙恒惕省長は、中立の立場を採ると宣言した。岳州は、北京の直隷派軍閥首領の呉佩孚《ウー・ペイフ》に忠実な守備隊が駐留しており、趙恒惕は現在、呉佩孚を敵と見なしている。北部への鉄道路線妨害は、必ずや総督にとって得になるのだ。

こうした事件の知らせが安源に届いたのは、月曜の夜遅くだった。そこではしばらく前から、鉱山会社が未払い賃金を支払わないことで争乱の種が生まれつつあった。いまこそ安源の人々もストライキを、と毛沢東はうながした。李立三《リ・リーサン》が要求の一覧を書き上げ、四十八時間後の九月十三日深夜、坑道への電源供給が切断された。坑道の入り口が丸太で封鎖された。そしてその前に三角旗が掲げられ、そこに挑戦的な文字が書かれた。「これまで我々は獣だった。いまや我らは人だ！」

坑夫たちは、鉱山が水没しないように発電機二台は動かし続けていた。だがその週末、交渉が膠着すると、その二台も止めろとの声がかかった。それを聞いて鉱山の経営陣は譲歩し、賃金の横並び五割増しを認めた。さらに労働組合を認知し、休日とボーナス条件の改善、未払い賃金の支払い、そして仲介者が年間賃金の半分をかすめ取る、これまでの労働契約方式の廃止にも同意した。数日後に、中国全土の四大鉄道代表千人以上が漢口に集結し、賃金の即時増額を認めないと全国鉄道ストをやるぞと脅した。かれらの要求も受け入れられた。

鉄道労働者のストでも坑夫のストでも、毛沢東は間接的な役割しか果たさなかった。中国共産党の湖南省書記として、かれはスト運動を導き、政治的なスポークスマンにもなったが、紛争そのものでは活躍しなかった。一週間後に省都そのもので起こった左官や大工の紛争では、毛はずっと密接に関わることとなる。

その夏ずっと、古来から建設職人の守護神である魯班廟《ルバン》では、争いがくすぶっていた。紙幣のインフレで稼ぎの価値が減ってしまい、七月に職人たちは廟の委員会に話をして、地域長官に賃上げを認めるようかけあってくれと頼んだ。だが市場経済の圧力で、ギルドの友愛も失われていた。伝統に反して委員会は、交渉の資金としてギルドの会員たちが三千銀元を拠出せよと要求したのだった。

「それで連中はいろいろ高級なレストランにでかけたんですよ、洞庭春とか大湖南とか曲園とか。そして豪勢な晩餐会を開いてました」とあるギルド会員は回想する。「あの吸血鬼どもは食い物と酒で腹をふくらませましたが、おれたちには一銭も持ってきてくれませんでしたね」

にらみ合いを破ったのは任樹徳《レン・シュデ》という人物だった。貧農一家出身の孤児で、十三歳で大工見習いとしてギルドに加わった。そのまえの秋に、かれは船山高等学校で仕事をして、その校舎を新しい自修大学のために整えたのだった。毛沢東はかれと仲良くなって、一九二二年のはじめに、任は共産党に加わった初の長沙労働者の一人となった。

任樹徳は、今回はみんなで廟にでかけて説明を求めようと提案した。八百人ほどがそれに従ったが、委員会の交渉担当者たちは、五和堂という内院に逃げ込んだ。労働者たちは決してそこまで追いかけようとはしなかった。任樹徳の提案で、一握りの人々が毛と会見した。任樹徳は毛沢東のことを、労働者の夜学運動に関わっている学校教師だと紹介した。かれは建設職人たちに対して、独立組織を作るよう助言した。それは鉄道労働者や坑夫の労組が採用した「十人団」方式、つまりセル方式をとる。三週間後の九月五日、任樹徳は長沙左官大工組合の創設会合の議長をつとめ、創設会員は千百人近くにのぼった。毛沢東は自らその綱領を起草し、別の共産党員を労組の書記として指名した。

その翌月ずっと、安源と岳州で鉱山と鉄道のストが頻発する中、任樹徳とその仲間たちは慎重に計画を実行した。活動家たちはこっそりとパンフレットを配り、夜遅くには兵舎に赴いて、上官たちが寝静まった頃にビラをくくりつけた矢を塀越しに打ち込んで、労働者たちの主張を兵たちにも伝えようとした。毛沢東は、省内のエリート層のリベラル派から支持を動員した。譚延闓《タン・ヤンカイ》のかつての仲間や、湖南自治運動の会員たちだ。『大公報』編集者龍兼公《ロン・ジャンゴン》は、政府が賃金を規制するという発想自体を糾弾し、地主が地代を上げるときにはそんな制限はないと指摘した。かれはこう書く。「省の憲法では事業の自由が保障されている。雇い主が（労働者の）賃金が高すぎると文句を言うなら、単にその労働者を雇わなければいい。なぜかれらの要求を制限して、労働の値段を引き上げるのを止めようとするのか？」

十月四日、長官は賃上げが拒否されたと発表した。翌日は地元の休日で、組合指導者たちは小東門外の清水塘地区にある毛の自宅で会合を開き、賃上げと自由な賃金団体交渉権を求めてストをしようと決めた。これは毛沢東が書いたスト宣言でも強調されていた。この宣言は、市内の壁に掲示された。

我々左官や大工は、糊口をしのぐためにわずかな賃金増加を要求することをお知らせするものである。（中略）我々のような労働者は、苦痛に満ちた激務に就き、人生の一日とエネルギーを、家族を養うための銅貨数枚と引き替えにしている。我々は、働かずして暮らそうとする怠け者とはちがう。商人たちを見て欲しい！　かれらが値上げしない日はほとんどないに等しい。なぜだれもそれには反対しないのか？　なぜ一日中わずかな金のために苦労して汗を流す我々労働者たちだけが、踏みつけにされるようなひどい目に遭わなくてはならないのか？（中略）我々が権利を享受できないにしても、少なくとも働いて自分の仕事をやる自由くらいはあってしかるべきだ。この点についてわれわれは譲歩せず、必要なら死をも辞さない。この権利だけは譲れない。

翌日、市内のあらゆる建設作業が停まった。長官はギルド指導者たちの支持を得て、紛争を静観するつもりだった。だが冬が近づいていた。当局はストを早く集結させ、寒さが訪れる前に、住宅の修理をできるようにしてくれという世論の圧力に直面した。十月十七日に地方行政官は調停委員会を指名し、スト労働者に対して早急に決着せよと命じた。「言うことを聞かなければ自分がつらい思いをするだけだぞ。みんなよく考えてみるがいい。手遅れになってから後悔しても知らないぞ！」と長官は警告した。だが委員会の提案は、それまでのものよりは有利だったが、伝統的にその稼業で行われていた、老職人と若い職人との職能区別を廃止するものとなっていた。労組はこれも拒絶し、労働者たちが十月二十三日月曜日に長官の官舎に大規模なデモ行進で向かい、請願書を手渡すと宣言した。行進はすぐに禁止され、組合指導者の中では疑問がわき起こった。その禁止命令はかれらを「煽動暴力者」と評していたが、この表現が最後に使われたのは、一月に黄愛と龐人銓の処刑を正当化したときだったのだ。週末になると、ストの継続が危ぶまれる状態となっていた。

毛沢東は日曜夜のほとんどをかけて、任樹徳や組合委員会の委員たちと話し続けた。状況は一月とはまったくちがう、というのが毛の主張だった。ストはいまや中国のあちこちで起きているし、ここでの争議についていえば、左官や大工は広い世間の支持を得ている。趙恒惕は大株主だった華氏綿紡績工場とはちがって、今回は結果がどうなろうと直接の利害はない。さらにかれは、南の孫文とも北の呉佩孚とも密接な関係ではなく、いまや政治的に孤立している。

翌朝、市の左官や大工四千人のほぼ全員が、元清朝の教育会堂外の広場に集結し、秩序立ったかたちで地区長官の官舎に行進した。そこの正門はテーブルで封鎖されていた。そのテーブルの上には二つのベンチが置かれ、その上に幅広の矢が置かれていた。これは軍が即時の処刑を行う権利があるというシンボルだ。その隣には、調停委員会の最後の提案を書いた板が置かれていた。

毛沢東はかれらとともに行進し、職人の服を着ていた。組合代表が中に入ったが、数時間後に出てくると、長官は一切の譲歩を拒んだと述べた。そして第二の代表が中に入ることを許された。毛沢東は外にとどまった。日暮れ、追加の部隊が登場して官舎の警備を強化すると、かれは労働者の先にたってスローガンを唱えさせて士気を保った。あたりが暗くなっても何の合意も得られなかった。支持者たちは提灯を持ってきて、夜明かしの準備をした。

数千人もの怒った人々が、夜通し長沙の都心部をうろついている状況は、趙恒惕省長のお気に召さず、かれは参謀長を派遣して一同に立ち去るよう説得させた。『ノースチャイナ・ヘラルド』の特派員をときどき務めていた伝道師が、たまたまその様子を記録している。


午後十時頃、私は官舎のあたりをさまよい、ちょうどきわめて興味深いインタビューを目撃することとなった。(中略)官代表は(中略)職人代表十人を相手に不足はなかった。(中略)双方とも完全な礼儀を保っていた。官代表はそれぞれの代表を敬称つきで呼び、尊敬語を使っただけでなく、紳士同士の普通の会話を維持した。職人たちは、きわめて平静かつ流ちょうにしゃべったが、エチケットを乱すようなことは一切しなかった。(中略)

官代表はテーブルの上に立ち上がった。（中略）人々に帰宅せよとかれが言うと（中略）「十人」の一人で、その指導者と見なされる人物ではない人物が、その提案を投票にかける許可を求めた。「きみたちは家に帰るか？　そうしたいものは挙手してくれ」。一本足りともあがらなかった。「残るつもりの者は挙手してくれ」。ためらう手は一本もなかった。代表は「ごらんの通りです」としか言わなかった。（中略）

官代表は（中略）地区行政長官はおろか、省長ですら両側の合意なくして布告により賃金を決める権利はないとおおっぴらに認めた。（中略）ときどき、状況が熱っぽくなることはあった。だが職人たちは、自分たちの代表による秩序と静粛の命令をかなり忠実に守った。一時間にわたり、私がこれまで聞いた中で最も見事な進行の論争を楽しませてもらった後で、私は紛争を後にした。午前二時前に、疲れ切って空腹の職人たちは（兵はだれも食物や衣服を持ち込むことを禁じた）、本拠に戻ることに合意した。

論争技能でこの伝道師に感銘を与えた「指導者とみなされる人物」は毛沢東だ。挙手を呼びかけた組合代表は、おそらく任樹徳だ。職人たちが立ち去る前に、一同は翌朝総督の官舎で話し合いを続ける約束を引き出していた。さらに二日にわたり、毛沢東と組合指導者たちは趙恒惕省長代行の呉景鴻《ウー・ジンホン》と交渉した。事業家が、儲からないからという理由で商品の販売をやめることができるなら、労働者だって仕事をやめてもいいはずだ、と毛は論じた。商人が商品の価格を上げられるなら、労働者が労働の値段を上げてもいいはずではないか？　請願権は省の憲法に明記されている、とかれは指摘した。「それなら我々が何の法に違反しているのですか？　ご教示賜りたい、庁長閣下殿！」最終的には、武力は使うなという省長の決断と、ストライキが市民動乱につながりかねないという当局の懸念のため、この議論に対抗する道はなくなってしまった。呉景鴻庁長、毛沢東、任樹徳およびその他一ダースの組合代表は協定に調印し、そこに公印がうやうやしく押された。そこには「あらゆる賃上げは労働者と雇用者との自由な契約関係によるものである」と認められていた。

これにより、五百年前の明朝以来ほとんど変わらず続いてきたギルドの力は、長沙では実質的に崩壊した。左官や大工の日当は二角から三角四分にまで引き上げられた。これでも「大人二人と子供二人の家族を支えるには不十分な、ぎりぎり最低限の暮らししかできない賃金と大差ない」ものではあった、と伝道師は書いている。だが毛沢東にとって、そして共産党と市の労働者すべてにとって、これは圧倒的な勝利であり、翌日二万人が爆竹の鳴り響く中、官舎に向かって祝賀行進をした。『ヘラルド』紙の見出しは「組織労働運動の勝利」となっていた。

政府はストライキ代表者たちが表明した希望すべてを完全に受け入れた。（中略）これは新形態の職人組合と政府高官との初の会合だった。（中略）かれらは要望すべてを勝ち取った。妥協を見いだそうとする高官たちは何も得られなかった。職人たちの要求はつつましいものだったので、これは万人にとってよいことではあるが、この前例は職人たちにかなりの交渉力を与えることとなる。

その週、毛沢東の勝利はそれだけではなかった。十月二十四日に省長の官舎で呉景鴻庁長と交渉をしているとき、出産準備で郊外の母親邸に帰っていた楊開慧が男の子を産み落としたのだった。

ストは伝染病のようにすぐさま他の職業にも広がった。仕立屋は九月に二度にわたってストライキを実施した。続いて床屋、人力車引き、染め物屋に織り屋、石工、製版屋、筆屋。十一月はじめの時点で、毛沢東を総書記とする湖南省全省工団連合会が創設された頃には、労組の数は十五となり、そこには全国初の省を超える組合である広州漢口一般鉄道組合も入っていた。この組合の本部は長沙駅内に置かれていた。毛沢東自身もこれら労組の半分くらいで名誉主席をときどき務めた。

十二月に毛沢東は、新生工団連合の主席として労組代表の共同代表団をつれて、趙省長、長沙警察長官など省のトップ級高官たちと面会し、高まる労働者たちの要求に対する政府の意図を議論することになった。後で『大公報』に掲載された毛沢東の議事録によると、趙恒惕はスト権を保護する憲法上の保証は維持されると確約し、政府は「労働者を抑圧する意図はない」と述べた。これに対して毛沢東は、労働組合が本当に求めるのは社会主義だが、「これは現時点の中国では実現困難なため」、かれらの要求は賃金と労働条件の改善に限られると説明した。総督は「社会主義は将来は実現されるかもしれないが、今日それを実行に移すのはむずかしい」と同意した。

代表団は、要求すべてを手に入れたわけではなかった。政府は労働争議に決して介入しないという約束は拒んだ。また連合に法人格を与えることも拒んだ。だが両者は「誤解を避けるため」定期的に連絡を保つことには合意した。

一九二二年十二月は湖南労働運動の頂点で、毛自身の人生でも絶頂期だった。かれは共産党湖南省委の書記だった。職業労組の組織家としても大成功をおさめ、趙恒惕省長もかれには耳を貸さざるを得なかった。そしてまた、生後二ヶ月の男の子の父親でもあった。二十九歳の誕生日には、この年に湖南省で組織した大規模ストの最後のものである衡陽近くの水口山《シュイコウシャン》鉛亜鉛鉱山争議が、成功裏に終結した。

だが運動の勝利の中には、すでに危険信号も見えていた。最大の工業センターである上海は、西洋と中国の資本家、外国警察とヤクザ労働手配師の連合により実に厳しく管理されていたので、共産党労働書記は上海ではまったく活動できず、秋には北京に移転した。運動が最強だった湖南省ですら、省エリート層の中の有力な支持者たちは、この煽動がそろそろ行き過ぎなのではと考え始めていた。

結局、致命的な一撃は北京からやってきた。労働書記がそこへ移転したのは、そこを支配している北方軍閥の呉佩孚が比較的リベラルな人物だという印象があったからだった。かれは一九二二年に、満州軍閥の張作霖《ザン・ズオリン》を倒して立場を強めていた。呉佩孚は自分の新生政府と、以前の安徽派による不人気な親日軍閥政府との対照ぶりを誇示するのが好きで、労働保護が自分の重点政策の一つだと宣言していた。共産主義者たちはこれを聞き、その夏には労働書記と、毛沢東を含む省支部長たちが北京議会に請願書を出して、一日労働時間八時間、有給休暇、出産休暇の承認、児童労働の禁止を求めた。これとは別に李大釗は呉佩孚の役人たちと合意をかわし、兵員の南北移動で幹線となる北京漢口鉄道において、共産党員六人が「秘密検察員」として働くこととなった。呉佩孚としては、張作霖支持者を鉄道労組から排除したかったのだ。だがその結果として、その年末までに鉄道員たちのほとんどは、共産主義者主導の労働者クラブへと再編されていた。

一方、ソヴィエト・ロシアは新しい使者アドリフ・ヨッフェを派遣し、外交的な認知というやっかいな問題についての話し合いを新しく始めようとした。ロシアの外交官たちは、呉佩孚と孫文との連盟を夢見るようになっていた。これは北部の権力と南部の革命的な実績とを組み合わせることになる。だがヨッフェは北京が求めるもの——現在ロシア配下にある、満州の中国東部鉄道の返還と、モンゴルにおける中国権益の承認——を提供できなかったので、呉佩孚はロシアやその代理人たちに対する興味を失った。

これを背景に、共産主義者の率いる北京漢口鉄道員クラブは、創設大会を開こうと呼びかけた。二月一日に、毛沢東が前年秋に湖南省で創設したような「鉄路総工会」を創設しようとしていたのだ。

会合開催の数日前に、呉佩孚はその禁止を命じた。それでも代表団が強行すると、兵隊が労組本部を制圧し、全国鉄道ストが宣言された。一九二三年二月七日、呉佩孚をはじめとする軍閥が、北京、鄭州、漢口で一斉にスト鎮圧を行った。少なくとも四十人が死亡した。その中には漢口の支局書記もいて、駅のプラットホームで同志たちの目の前で斬首されたのだった。重軽傷者は二百人以上。

この「二七惨案」と呼ばれるようになったものは、労働運動を政治的変化の原動力にしようという共産主義者たちの野心に巨大な風穴を開けた。ストは半減し、実施されたものは強硬にたたきつぶされた。さらに外国からの競争が高まって中国製造業者が事業を縮小したため、労働運動はさらに打撃を受けた。

湖南省では、趙恒惕が北部と南部をにらみ合わせておこうとしており、弾圧は当初は弱いものとなっていた。毛沢東の労組連合は怒りの電報を送りつけ、呉佩孚とその仲間曹錕《ツァオ・クン》率いる「筆舌に尽くしがたいほど邪悪な軍閥」を糾弾し、「こうした裏切り者たちを目にした同胞たちは一人残らず（中略）その肉を食い、皮を床にできないことを遺憾とするものである」と生々しく述べた。新しい労組の登録数は増え、毛沢東は兄弟の沢民《ツォーミン》と沢覃《ツォータン》を安源と水口山《シュイコウシャン》に派遣して労働者クラブの運営を手伝わせた。そして四月には巨大なデモの組織を手伝い、長沙の街路に六万人を動員した。これは日本に旅順と大連の返還を求める全国キャンペーンの一部だった。だが威勢の良さもそれまでだった。二ヶ月後、日本の小型砲艦からの発砲でデモ参加者二人が死んだことに抗議するゼネストの最中に、趙は戒厳令を出し、街路を自分の兵で埋め尽くして、組合指導者たちに逮捕状を出した。

だがその頃には、毛はすでに湖南を去っていた。一九二三年一月に、陳独秀の招きで毛は上海に赴き、党中央委員会の仕事を始めた。共産党省支部の書記職を継いだのは、毛より三歳年下の李維漢《リ・ウェイハン》だった。かれはもと第一師範学校の学生で新民学会の初期からの会員だった。共産党指配下の鉄道労組指導者である郭《グオ》亮《リヤン》が労組連合の長となった。そしてこれまた新民学会会員で二十歳の夏曦《シャ・シー》が、省の青年団書記となった。毛沢東にしてみれば、上海行きは大抜擢だった。だがかれは明らかに出発を急ぐつもりはなく、楊開慧と赤ん坊に別れを告げて揚子江の蒸気船に乗るのは、四月の半ばまで遅らせた。その船がかれを沿岸部まで運び去った。

党とモスクワとの関係をめぐる、陳独秀とヘンドリック・スネーフリートとの確執は、おおむね水面下で展開した。だが中国共産党と孫文の国民党との関係をめぐって、第二のもっと深刻な抗争が生じつつあった。それは一九二一年の冬にスネーフリートが孫文と桂林で会ったときに始まったものだった。老革命家は、「マルクス主義に新しいものは何もない。すべては二千年前に中国古典で言い尽くされている」と宣言して、オランダ人を当惑させた。それでも革命家としての孫文の実績と、香港で水夫たちのストライキを支援した国民党の見事な活躍を、スネーフリート自身が広州から目の当たりにしていたこともあって、共産党と国民党の連携が大いに望ましいとかれは確信したのだった。

中国人同志たちは強く反対した。かれらにとって、国民党は父権的で前近代的な党であり、秘密結社や、満州女真族に対する王朝闘争、そして文芸派閥やインテリ派閥が文化的エリートに先導されていた、うさんくさい世界から生まれた存在だった。単に「領袖」と呼ばれていた孫文は、それを自分一人の封建領のように運営し、支持者たちに忠誠の誓いをたてさせた。ひどく腐敗した組織だった。支持者の核は、広東《グアンドン》省など南部の省に限られていた。大衆政党ではなく、そうなるつもりもなかった。中国の労働者や農民を動員したり、商人や工業家を動かして、軍閥や帝国主義者たちに対する闘争をしかけたりする気もなかった。孫文の発想からすると、軍閥は敵ではなく、むしろ将来取引をする可能性のある潜在的なパートナーなのだった。

一九二二年四月はじめ、陳独秀はそのときたまたま上海にいた毛沢東、張国燾と他の党省支部代表三人を集め、いかなる連携であれ「完全な非合意を表明する決議を満場一致で可決」した。

それからかれは、コミンテルン極東支局の長になったヴォイチンスキーに対して怒りの手紙を書き殴った。決定を伝えるとともに、国民党の政策が「共産主義とまったく相容れないもの」で、広東省以外では国民党など「権力と利益にとびつく政党」としか思われておらず、孫文が口では何を言おうと、実際には国民党は共産主義の発想など受け入れない、と書き送ったのだった。こうした要因があるので、いかなる交渉の余地もないのだ、というのが陳独秀の結論だった。

毛を含む署名者たちは、故郷の省に帰り、この件はこれでおしまいだと思っていた。だがスネーフリートはそう簡単にあきらめたりはしなかった。その後数ヶ月にわたり、上海の党指導部は、コミンテルン、ロシア政府、国民党左派や党内の同調者たち、さらには複雑な軍閥競争の相互作用などから、相容れない圧力を受けることになる。初夏になると、孫文が内部の軍支持者による反乱で広州の城から追放され――そしてモスクワとその仲間との協力という発想に理解を示すようになってから――中国共産党は共同戦線という発想に不承不承ながらも同意を示すこととなった。ただしそれは国民党が「めまぐるしく変わる政策」を改めて「革命的闘争の道」を歩むのが条件だったが。

七月の共産党第二次代表大会は、政策変更を承認した。「共通の敵を（中略）打倒するために民主勢力との一時的な連携」が必要であると認める決議が可決された。

だが国民党が名指しで挙げられることはなく、決議はプロレタリアが「いかなる状況でも」従属的な立場になってはならないと明言していた。共産主義者が統一戦線に参加する場合、それは他人のためではなく、自分の利益のためであるべきだった。このメッセージは党の新綱領でも強化されていた。新綱領は、コミンテルン路線の遵守を宣言し、中国共産党員は中央委員会から明示的に直接認められない限り、他の政党には一切参加してはならないと定めていた。これは第一次党大会で決められた「排除と攻撃」政策より多少は緩和されていたが、国民党員五万人に、共通の目的のために手を組もうと招く性質のものとはとても言えなかった。当時、中国全土で党費を払う会員が百九十五人しかいない、泡沫政治団体として、この厚かましさは驚くべきものではあった。

毛沢東は第二次党大会に出席しなかった。後にかれは、上海についたときに「会場の名前を忘れてしまい、同志もだれも見つからなかったので、出席できなかった」と弁明している。だがそこで行われた妥協に同意できなかったので近寄らなかったというほうがありそうだ。もしそうなら、それをやったのはかれ一人ではなかった。広東省の党委員会代表も、孫文との提携には反対だったので参加しなかった。

八月にスネーフリートがモスクワから戻り、国民党を革命政党として扱えというコミンテルンの命令を携えてきた。二週間後、杭州での中央委員会会議で、かれはコミンテルンのご威光を盾に、出席した中国人の猛反対を押し切って「党内合作」という新しい戦略を採用させた。これは中国共産党の党員たちが個人として国民党に入り、その結果生じた提携を使って、共産党はプロレタリアの目標を推進するというものだ。しばらくして、陳独秀と李大釗を含む中国共産党の高官が、孫文自ら議長をつとめた式典で国民党に紹介された。この新たな連携を促進すべく、毛沢東の級友である蔡和森《ツァイ・ヘセン》の編集で、新しい党の週刊機関誌『向導週報』が創刊され、国民党をもっと革命的な方向性に押しやろうと試みられた。そして一九二三年一月、孫文は上海でアドリフ・ヨッフェに面会した。これはモスクワともっと親密な関係を示すものであり、国民党をやがてはレーニン主義的な方向に組織替えするための第一歩を記すものでもあった。だが多くの共産主義者にとって、「党内合作」戦略は桎梏となり、猛反対がその後も続いた。

その春、党の指導部がやる気を失う原因はほかにもあった。かれらの最大の成功である労働運動がたたきつぶされたのだ。共産党は法的には存在しておらず、地下活動をするしかなかった。内紛が熾烈化して、ある時点で陳独秀は辞任をちらつかせたほどだ。スネーフリート自身も共産党が無理のある組織で、本来の時期を待たずに「生まれた、というより作り上げられた」ものだと認めていたし、ヨッフェは公式に「ソヴィエト方式を本当に中国に導入することはできない、というのもここには共産主義を成功裏に確立するための条件が存在しないからだ」と述べている。

湖南省での活躍が特別に名指しで賞賛された毛沢東ですら、スネーフリートによれば「労働組織についてはもはや堪忍袋の緒が切れる寸前で、実に悲観的になっており、中国救済の唯一の可能性はロシアからの介入しかないと考えるようになっていた」。中国の未来は、民族主義だろうと共産主義だろうと大衆組織などに左右されるものではなく、軍事力で決まるだろう、と毛沢東は陰気そうにスネーフリートに語ったという。

この気の滅入る雰囲気の中で、全党員四百二十人(前の年に比べて倍だ)の代表四十人が広州に集まって、中国共産党第三次大会が開催された。ここでもまた、国民党との関係が大きな争点となった。今回の議論の中心は、共産党員全員が自動的に国民党に入党すべきだというスネーフリートの強い主張を巡るものだった。毛沢東、蔡和森とその他の湖南省代表者たちは、ブロックとして投票し、スネーフリートに反対した。

国民党との協力という発想そのものがまちがっていると主張する張国燾とはちがい、毛沢東の評価は現実的なものだった。鄭州での二月の出来事以来、戦術的な連携に関するかれの考えは変わった。国民党は「革命的民主勢力の主体を構成」しており、共産主義者はそれに参加するのを恐れるべきではない、というのがその結論だ。だが中国経済が発達すればプロレタリアが強くなるから、共産党は独立性を維持すべきで、時がきたら指導的立場を回復できるようにすべきである。ブルジョワジーは民族革命を主導する能力がない。コミンテルンの楽観論はまちがっている、と毛は述べた。

共産党は暫時、その最も過激な見方を放棄して（中略）共通の敵を打倒すべく（中略）急進的な国民党と協力することにした。［最終的には］結果は（中略）民主派の勝利となる。（中略）だがこしばらく、そして一定期間は、中国は必然的に軍閥の領土であり続ける。政治はますます暗黒となり、財政状況はますます混乱し、軍はますます栄え（中略）人民抑圧の手法はますますひどいものとなる（中略）この種の状況は八年から十年も続くかもしれない。（中略）だが政治が反動的になり混乱すれば、その分だけ全国市民の革命的な発想に対する呼び声はますます高まる（中略）この状況は（中略）革命の母であり、民主独立の魔法の粉である。万人がこれを念頭に置かなくてはならない。

軍閥支配があと十年も続くという見通しは、対立物の合一に対する毛のこだわりで緩和されてもなお、同僚たちのほとんどにとってはあまりに陰惨なもので、スネーフリートがあえて口を出し、自分は毛沢東の悲観主義に合意しないと述べなくてはならなかった。

採決では、コミンテルン路線が僅差で承認された。だが代表大会文書は、新政策が宿す紛争の種を隠し切れていない。代表たちは、国民党が「国家革命の中心勢力となるものであり、指導的立場に立つ」と宣言していた。だが同時に労働者と小作農民を動員するという「特別任務」を与えられた共産党は、同盟相手を犠牲にして、国民党左派から「真に階級意識を持った革命分子」を吸収することで自分の勢力を拡大することとされていた。そして政策的には、「国民党を強制的に」ソヴィエト・ロシアに接近させるようながすことになっていた。
だが共産主義者たちが煽動分子として活動するつもりなら、国民党側としても泡沫勢力の思い通りになるつもりはなかった。そういうわけで、意志が争いあってはお互いに傷つき、やがては武力紛争にまで至る争乱の舞台が用意されたのだった。そしてこれは一九二〇年代から、さらにそれ以降も共産主義戦略の大きな要素となる。

第三次党大会が終わると、毛沢東は中央委員九人の一人に選ばれ、もっと重要なこととして新設の中央局秘書に選ばれた。中央局[*1]は日常的な党の雑務を担当するところで、毛沢東が秘書、陳独秀が委員長、他に毛の湖南仲間（および新民学会の創設仲間）蔡和森、羅章龍《ルオ・ザオロン》、および党広東省委書記の譚平山《タン・ピンシャン》だった（譚平山はまもなく、上海の鉄道員で労組組織者である王荷波《ワン・ヘボ》と交替する）。

共産党はもめごとを経て、少なくとも組織的な面ではもっと強力で中央集権的で、レーニン主義的になっていた。前の秋に陳独秀が辞職をちらつかせるほどの分裂を乗り越えようとしたことで、指導部も冷静になった。コミンテルン指令の承認を強要され、多数派の意志に屈服せざるを得なくなったことで、かれらは初めてボリシェビキ政党が運営の根拠とする民主主義的中央集権の原理に直面することとなった。第一次党大会で、もっとゆるい分散型の政党を主張していたマルクス主義学者李漢俊をはじめとする人々は、嫌気がさして辞職した。だが正統的な共産党の構造がいまやできあがり、もはや陳独秀も「中央委員会は内部的に組織化されていない（中略）知識も不十分だ（中略）そして政治的観点も十分に明確とは言えない」などと文句をいえなくなった。新執行部は、マルクス主義についての理解という点では以前と大差なかったものの、少なくとも行動を導きまとめあげる共通イデオロギーの基盤は、前より見えやすくなっていた。

毛沢東にとって、一九二三年晩春から夏にかけての数ヶ月は転機となった。省のレベルだと、湖南省では労働運動指導者として、またリベラルな既存権力と密接な関係を持った進歩的な知識人として、状況に影響を与えることができた。小規模な内輪の人々を除けば、かれが共産党でどんな役割を果たしているかは秘密だった。毛はいまやフルタイムの幹部となり、まだ隠密とはいえ、共産党の全国的な指導層において主導的な地位を持つようになっていた。かれの労働運動やリベラルエリートとの結びつきは放棄された。

知的にも、新しい可能性を探索する時期だった。「二七惨案」の教訓、つまり労働階級だけでは権力への道を開けないという認識で、かれは初めて他の可能性を考えるようになった。一つは軍による道で、これはスネーフリートとも七月に議論したし、数週間後に孫文への手紙でも言及されていた。その手紙でかれは「中央集権的な全国革命軍」の創設を呼びかけていた。そしてもう一つは農民の道で、中国の莫大な人口の中で最も数が多く、抑圧された部分を動員する方法だった。

だが今のところ、そうした発想はただの思いつきでしかなかった。党が選んだ道は「統一戦線」だったからだ。第三次党大会のしばらく後で、毛沢東は国民党に参加した。その後十八ヶ月にわたり、かれは統一戦線を成功させようと努力を続ける。

最初の数週間は、双方とも学習曲線はかなり急なものになった。孫文は共産主義者からの提案をほとんどすべて拒絶した。七月半ばの会議で、陳独秀、毛沢東と、中央局の他の委員は文句を言った。「孫文が、政党［のあり方］について［現在の］考えに固執する限り、そしてかれが共産主義分子を仕事［の実施］に使いたいと思わない限り（中略）国民党の現代化の面では何一つ期待できない」。統一戦線の考案者であるスネーフリートは、だれよりも苛立っていた。孫文を支援するのは、単に「金の浪費だ」とかれはヨッフェに愚痴っている。

同時に、未来への道は国民党の率いる民族革命を通じてのものだというコミンテルンのテーゼをやっと受け入れた中国共産党指導者たちは、この戦略を支援しそうな機会なら味噌もクソも手当たり次第に利用しようとした。ほんの数週間前には、ブルジョワジーが主導的役割を果たせるという発想自体をバカにした毛沢東自身ですら、いまや反軍事主義的な目標を支持した上海の実業界を絶賛してみせた。

この革命は全人民の任務である。(中略)だが商人たちが民族革命において負うべき任務は、ほかの中国人民たちが引き受けるべき任務よりも緊急であり重要なのだ。(中略)上海商人たちは蜂起して行動しはじめた。(中略)商人たちの結束が広ければ、それだけ影響力も強まり、全国の人民を導く力も高まり、革命の成功も急速なものとなる!

これはある程度まではお為ごかしだったはずだ。毛沢東だって、当人の発言とは裏腹に、中国人の中で商人たちこそが軍閥や帝国主義の抑圧により「最も厳しく最も緊急性の高い形で」苦しんでいるなどとは本気で思っていなかっただろう。また、商人たちが突然抱いた革命精神が長続きするとはあまり信じていなかったはずだ。一方で、軍閥が主な敵であるなら、ブルジョワジーだって味方でしかない。この時点で毛沢東は、共産党の他の指導層と同じく、疑わしきは良い方に考えてやるつもりだったのだ。

だが、どうやって国民党に伝統的なエリート主義的方針を変えさせて、まともな大衆基盤を持つ現代政党に仕立て上げるかという重要な問題は残っていた。

七月末、中央局は上海に戻ってから、トロイの木馬戦略を採ることに決めた。共産党活動家たちは中国北部（華北区）と中央部（華中区）で国民党組織のネットワークを新たに構築し（当時この地域にはそうしたネットワークは皆無だった）、こうした新しい共産党員中心の国民党地域支部から圧力をかけることで、国民党全体を左に押しやろうというのだ。華北でこれを実施する責任者は李大釗となり、そして華中でも同じ作業を実施すべく、九月には毛が秘密裏に長沙に向かった。

湖南省はまたもや内戦状態に陥っていた。その夏、趙恒惕配下の指揮官たちが反乱を起こした。かつて督軍だった譚延闓が南部で時期をうかがっており、孫文と手を組んで「剿匪《そうひ》部隊」の中枢を攻撃する機会を見いだし、趙恒惕を打倒しようとしていたのだ。八月末に譚延闓の仲間が長沙を制圧して、趙恒惕総督は命からがら逃げ出した。この一件を見て、陳独秀は毛沢東が新任の中央局秘書職から休暇を取ることを認め、留守中の代行として羅章龍を任命した。毛沢東は、秘書の日常業務である無味乾燥な管理業務が嫌いだった。帝国主義者や資本家が作った都市上海は、いつも毛沢東には異質な場所であり続けた。そして故郷長沙では、四月以来会っていない楊開慧が二人目の子供を宿していた。だが蒸気船で川をのぼる間にも戦争の流れは変わり、長沙についてみるとそこは再び趙恒惕の手中にあった。

翌月、市はまた占領され、たまに爆撃に遭った。譚延闓の同盟軍は湘江の西岸をおさえ、趙恒惕軍は東岸に陣取っていた。領事住居で安全な外国人にとって、これは「オペラのお遊びじみた戦争」に思え、たまに恐怖を感じる危険な瞬間があるので、それがダレずにすんでいるという状態だった。だが中国人から見ればまったくちがっていた。

都市では、大商店は決して夜間の鎧戸を開けようとはせず、金持ちは逃亡するか隠れていた。だれもが生死の赤い櫂［「広い矢」］を持って街路を歩いたり馬に乗ったりする係官を恐れた。かれらはその権力をかさに、米と金を要求するのだった。断る者などだれもいない。断れば（中略）税関所近くの広場に連行され、そこでは長い刀を持った死刑執行人が、首を切ろうと待ち構えているのだ。

地方部の村落は、強姦と強奪と放火が猛威をふるい、張敬尭《ザン・ジンヤオ》の最悪の日々さながらだった。毛はまだ譚延闓が勝つと思っていて、国民党の広東事務部長宛に、趙恒惕は守りきれないだろうと書いている。ところがある晴れた朝、遠くから銃声が聞こえた。呉佩孚が趙恒惕の加勢で兵員を送り込み、譚延闓軍が敗走したのだ。外国人たちは双眼鏡越しに、勝利軍が帰還するのを眺めた。「荷担ぎ苦力《クーリー》が機関銃を病人のように椅子に乗せて運び、兵たちは提灯やわらじをふりまわし、将校たちは紙の傘で太陽を防いでいる」

趙恒惕の勝利には代償もあった。北部勢力と南部勢力の緩衝地帯という湖南省の役割は終わった。長沙はまたしても、北部兵の軍靴を感じるようになる。毛沢東は、譚延闓に肩入れしたリベラル派のエリートの庇護を当てにしていたのだが、かれらは権力を奪われてちりぢりとなった。趙恒惕の命令で自修大学は閉鎖され、労組連合と学生連合会は禁止された。毛沢東自身も、二ヶ月前に趙恒惕の犯罪を長々と一覧表にして刊行し、かれを「とんでもなく許し難いほど邪悪な生き物」と呼んでいたので、いまや毛石山《マオ・シーシャン》という偽名を使うようになっていた。

趙恒惕に負けた敵と結びついた、民族主義政党を立ち上げる時期として、これは最悪だった。毛沢東と、毛の推挙で国民党の湖南省予備学校総監となった社会主義青年団指導者の夏曦《シャー・シー》は、湖南省の臨時党本部設立までは行い、長沙と（何叔衡経由で）寧翔《ニンシャン》、および安源炭坑（ここは一年前に、モスクワ帰還の劉少奇《リユウ・サオチー》というまじめな若者を責任者として毛が任命していた）に秘密支部を開設した。

だがそれは、中身のない殻だけの存在で、まったく秘密に活動しているだけだった。毛は十二月末まで湖南に残り、三十歳の誕生日を楊開慧、岸英《アンイン》と、六週間前に生まれた次男の岸青《アンチン》と共に祝った。残ったのは政治的な約束よりも家族のためだったということは、出発の直後に書かれた以下の恋歌からも明らかだ。どうやらこの出発にあたっては明らかに口論があったようだ。

手を一振りすると、別れの時がきた。
悲しんでお互いに向き合うのはつらく
辛辣な気持ちが再び口に出される。
きみの眉目から怒りがのぞき
涙をためたきみはそれを抑える。
あの最後の手紙で誤解が生まれたのはお互い承知だ。[*2]

雲や霧のようにそれを吹き飛ばそう、
この世できみとぼくほど近しいものはないのだから。
天はぼくたちの人過を許せるだろうかと、ぼくは思う。
今朝は東門への道の霜が深い
かすかな月が池と空の半分を照らす――

なんと冷たく荒涼としていることか!
汽笛の一閃がぼくの心を砕き今やぼくは一人で地の果てをさまよう。

悲しみと怒りの糸を断ち切るよう努力しよう
崑崙山の断崖が崩れたかのように
台風が宇宙を吹き荒れたかのように。
そして再び雲高く飛翔する、翼を並べる二羽の鳥のようになろう

毛沢東が一九二三年の秋から初冬を湖南で過ごす間、国民党とロシアとの関係は一変した。ソヴィエト首脳部は、モスクワが国際的に孤立していることを考えると、進歩的な中国政権はそれがブルジョワ政党によるものであっても、有力な同盟相手となると決めたのだった。レーニンやスターリンと活動したこともある高名な革命家ミハイル・ボロディンが、孫文への特使として指名された。国民党総司令の蔣介石――スリムでいささか蒼白な三十代半ばの人物――がモスクワに赴いて赤軍について学ぼうとすると、丁重な扱いを受けた。ロシア主導で北京を北から攻撃してくれと言う孫文の妄想じみた提案――革命軍事委員会の表現では「事前に失敗を運命づけられた無謀な作戦」――はきっぱり断られたものの、ロシア人たちは軍事教練学校の資金を出すことに合意し、十一月の会見ではトロツキーが自ら「武器や経済援助の形で積極的な支援」を約束した。

一方広州では、鮑《バオ》顧問という通り名のボロディンが、二つの中国政党の繊細な気質を何とか迂回して、モスクワが構築しようとしている三角形連合を実現するために決然と画策していた。

四十歳近くて、思慮深く辛抱強いボロディンは、多くの点で高圧的なスネーフリートの正反対だった。かれは孫文の信頼を勝ち取りつつ、国民党と共産党の双方に対して、生まれようとしている新関係からどちらも大いに利益を得られると納得させた。十月にボロディンは、地元軍閥がまたも孫文を失脚させようと画策するのを振り払う手伝いをしていたが、一方でこの老獪な策士はモスクワの蔣介

石に電報を打っていた。「だれが敵でだれが味方か、これで完全にはっきりした」

これを受け、国民党は初の全国代表大会を一九二四年一月二十日に広州で開催した。毛沢東は二週間前に上海経由で広州に入り、いまだにもっぱら形ばかりの湖南省国民党組織代表として六人の代表を連れてきた。中には夏曦と、省の共産党指導者李維漢などがいた。

この代表大会は、ボロディンがレーニン主義路線で起草した新綱領を承認したが、これは規律と中央集権と、大衆支持を動員するための革命要員訓練の必要性を強調したものだった。また、もっと過激な政治プログラムも採用し、中国の苦しみの根本原因は帝国主義だと糾弾していた。そして初めて、革命推進のために労働運動と農民運動を発達させると宣言していた。共産党員たちは、おおむね民族主義の国民党古参党員たちよりも若くて活気に満ちており、強い印象を残した。あるセッションでは、毛沢東と李立三があまりに議事を独占したので、高齢の参加者は「『このだれも知らない二人の若者はどこからきたんだ？』とでも言うように唖然としていた」。革命結社の同盟会初期以来孫文の仲間だった、過激派指導者の汪兆銘《ワン・ザオミン》は、後にこうコメントしている。「五四運動の若者たちは、やはり刮目すべき存在である。かれらの語り口の熱気や、その精力的な態度を見るがいい」

孫文の提案で大喝采のうちに選出された、新しい国民党中央執行委員会（ＣＥＣ）は、正式委員二十四人のうち三人が共産党員だった。李大釗、北京からきた于樹徳《ユ・シュデ》、共産党広東省書記の譚平山だ。譚平山はまた、組織部部長にも指名された。これは党内で最も権力の強い地位の一つで、この役職を得たことで、かれはＣＥＣ常務委員三人の一人となった。他の正式委員は党の財務部部長で国民党左派代表の廖仲愷《リャオ・ゾンカイ》、右派代表の戴季陶《ダイ・ジタオ》である。毛沢東は十六人の候補（つまり議決権のない）ＣＥＣ委員の一人に指名された。候補委員のうち七人は共産党員で、たとえば同じ湖南出身で国民党農民部部長になった林伯渠《リン・ボーク》、進歩的な北京新聞『晨報』特派員としてモスクワで働き、いまや広州でボロディンの助手を務める若き文芸獅子の瞿秋白《チュイ・チュバイ》、そして両党の不自然な提携についての不満をとりあえずは見逃すことにしたらしき張国燾などがいた。[*3]

二月半ばに毛沢東は上海に戻り、国際租界北部にある威海衛路にほど近い閘北《ザベイ》に、羅章龍、蔡和森とそのガールフレンド向警予《シャン・ジンユ》と共同で家を借りた。その年いっぱい、毛沢東は二倍の仕事を抱えていた。中国共産党中央局の秘書を務めていたが、これは通関事務所を偽装して同じ住所で活動しており、外国が支配する税関と交渉しなくてはならない中国企業に事務サービスを提供することになっていた。そしてもう一つは国民党の上海執行委員会のために似たような業務を提供する仕事で、この事務所はフランス租界にあり、安徽省、江西省、江蘇省浙江省の四省および上海市内にある国民党支部の作業を監督するのが仕事だった。

これは決して楽な役回りではなかった。広州のボロディン、上海のグリゴリー・ヴォイチンスキー(かれはヘンドリック・スネーフリートに代わるコミンテルン代表としてやってきた)が手を尽くしたが、両者の摩擦は強まるばかりだった。国民党保守派は、中国共産党が内通者だと見ており、これは故なきことではなかった。一九二四年四月末から五月のどこかで、かれらは共産党中央委員会の司令書を入手したが、そこには国民党内部の共産主義者たちが緊密な「党内派閥」システムを確立して、共産党の指令を伝達実行し、共産主義者としてのアイデンティティを維持せよとの命令が書かれていたのだ。右派の国民党中央委員会は、「党中の党」を作り出したことで共産党指導層を弾劾すべきだと主張した。毛沢東と蔡和森、陳独秀は、国民党との連合は失敗だから国共合作は解体すべきだと論じたが、ヴォイチンスキーは、モスクワとしてはそれは承認できないと告げた。孫文はやがて、現状維持を支持したが、ボロディンですら反共連合が生まれつつあって、単にロシアの支援を失いたくないからそれが実行に移されないだけではと懸念するようになった。

七月に陳独秀と毛沢東は秘密の中央委員会通知を出して、一年前の第三次党大会で決まった「党中の党」戦略を再確認したが、その実施が「きわめて困難」であることも指摘した。

我々に対する公然、隠密の攻撃や、我々を押しだそうとする試みは、国民党員の大半が毎日のように行っている。（中略）我々と決別しようと決めていない国民党指導者は、孫文や廖仲愷などごく少数であるが、かれらとて右派分子を怒らせたくないのは当然である。（中略）革命勢力統一のためには、こちら側では一切の分離主義的な発言や行動を生じさせてはならず、そして寛容にふるまいかれらと協力するよう最善を尽くさねばならない。［同時に］（中略）非革命的な右派の政策は、これを矯正せずに容認することはできない。

これがその後三年の共産党戦術の調子を決めた。国共合作が維持される限り、中国共産党がそれを排除することは許されない。むしろコミンテルンの命令で、ますますどんな無理をしてでも、民族主義的な仲間を容認するようにしなくてはならない。だがすべてを容認する必要はない。一九二四年夏に生まれた最も重要な決定は、国民党が分裂した政党として扱われるべきであるということだった。左派は共産党が手を組む相手。右派は味方につけられず、したがって手持ちのあらゆる手段で闘うべき相手。

このアプローチが持つ問題を、毛沢東は中国の簡潔な故事成句にまとめた。「畳床架屋」つまり寝床が二つあれば世帯も二つ。言い換えると、もし国共合作が単に共産党として、親共産主義的で発想も目的も同じ国民党左派と手を組む手段でしかないとすれば、共産党と国民党左派のどちらかは不要だということである。問題は、それがどちらかということだ。

中国共産党は迷走しているように見えた。新規の党員は痛々しいほど少ない。労働運動は停滞。プロレタリアは共産党の政策を渇望しているというコミンテルンの各種プロパガンダにもかかわらず、中国の労働者は政治にほとんど関心がなく、共産主義者のエネルギーは、生存をかけた不毛な領土争いで無駄遣いされていた。一部の有力な共産党員たちは、不要な寝床は自分たちのほうだと判断して共産党に見切りをつけ、国民党で出世を目指し始めた。毛沢東はそこまでは行かなかった。だがその年が暮れるにつれて、かれはますます落胆した。モスクワに三年留学してから上海を訪れた、湖南省出身の彭述之《ポン・シュージー》という若い共産党員は、毛沢東が気むずかしくやる気がなかったと記録している。

かれはかなりひどい様子でした。やせているので、身体は実際以上にひょろひょろして見えました。青白く、顔色は不健康に緑がかっていました。同志の多くが一生のどこかの時点でかかったり、これからかかったりするのと同じく、毛沢東も結核にかかったのではないかと恐れたほどです。

秋の間、毛沢東にしてみれば、状況はますますひどくなった。国民党本部からの資金が途絶え、上海委員会の作業は止まってしまった。かれは神経衰弱に苦しむようになった——一種の憂鬱症に重度の不眠、頭痛、めまい、高血圧が組み合わさるのだ。これはその後一生つきまとうことになる。他の共産党指導層との関係は、もともとぎくしゃくしたものだったが、さらに悪化した。かれが組織しつつあった第四次党大会は、ヴォイチンスキーがモスクワにいるため、翌一月まで延期された。そして十月には、北京でまたもや政治的な動きがあり、馮玉祥《フェン・ユーシャン》という独立系軍閥が権力の座についた。かれは消火用のホースで自分の兵たちに洗礼を与えたので、クリスチャン将軍と呼ばれていた。馮玉祥は安徽派首領の段祺瑞《ダン・キルイ》を政府長官とし、孫文を北京に招いて民族和解の会談を提案した。

この招待を孫文が受諾したことで、毛沢東の堪忍袋の緒が切れた。過去二年にわたり、かれは労働運動の崩壊を目にしてきた。そしてリベラル派の進歩的エリートが沈黙させられるのも見た。そして中国共産党が、成功の見込みのない政策を無理強いされるのも見た。いまや国民党も、中央委員会に言わせると「古くさい軍事主義的な政治ゲーム」に逆戻りしようとしているのだった。これは過去に何度も失敗してきた道だった。

十二月末に近づき、中国共産党の第四次党大会が開催されるたった三週間前に、毛沢東は楊開慧とその母親と子供二人をつれて、長沙に向かった。かれらは夏の間に上海で合流したのだった。公式には、毛は病気休暇を与えられていた。だが何年も後にかれの担当医である李志綏《リ・ジスイ》が書いたように、毛沢東の神経衰弱は常に政治的なものだった。「これら症候群は大きな政治闘争が開始される直前にいつも一段と重くなった」。ただしこのときの闘争は、ちがう種類のものだった。毛沢東は信念の危機を迎えていたのだ。

一九二五年が始まり、かつての同志たちがいまや党員九百九十四人を誇る共産党の将来を描こうと集っていた頃、毛沢東は妻の古い実家で旧正月を祝った。そこは十年前、第一師範学校の学生として訪れ、敬愛する師匠だった楊開慧の父親の足下にすわった家だった。運命の車輪は、どうやら完全に一巡したようだった。毛は長沙の旧友たちと何の接触もなく、省の中国共産党支部や国民党委員会ともつながりがなかった。形式的にも実質的にも、かれは完全に政治から引っ込んでいた。二月にかれは家族と共に韶山に向かい、本でいっぱいの行李をいくつか携えていった。夫は病気なんです、と楊開慧は近所の人々に話していた。冬から晩春まで丸三ヶ月にわたり、かれは家族と隣近所の村人たち以外にだれにも会わなかった。それは原点回帰であり、野心的な若き知識人として逃れようとしてきた、農民としてのルーツへの回帰だった。だがかれが新しくもっと希望の持てる道のかすかな輝きを初めて見て取ったのは、まさにそこ、子供時代の仲間たちの間でのことだったのだ。

中国の共産主義者にとって、一九二〇年代前半には小作農など存在しないも同然だった。かれらは過去何世紀と同様、中国生活の背景でしかない。中国史の果てしない巻物における似たり寄ったりの黄色の下塗りで、その上に大事件や偉人たちが、等身大より遥かに大きく描かれるのだ。

レーニンが一九二〇年に第二回コミンテルン大会で、後進国でプロレタリア政党が、小作農と強い関係を築くことなしに権力を勝ち取れるという考えはおとぎ話だと揶揄したとき、毛沢東を含む中国共産党の創設メンバーたちは、ひたすら口を閉ざし続けた。二年後、コミンテルンにせっつかれて、中国共産党第二次大会は中国の三億人の小作農たちが「革命運動における最も重要な勢力である」と認めたものの、中国共産党はかれらを率いる意図はまったくないと明言していた。共産党の仕事は労働者の動員だった。小作農は自分で自分を解放しなくてはならない。党の総書記陳独秀は、一九二二年十一月のモスクワ訪問で、小作農たちが潜在的に「友軍であり（中略）中国共産党として無視できない」と説得されてきたし、翌夏の第三次中国共産党大会で、党の考え方もかなり発達したため、中国共産党が常に利益を支持すべき二つの階級として「労働者と小作農」を同じ枠内に入れるようになったのだった。

その頃には澎湃《ポン・パイ》という裕福な地主一家出の若者が、農民たちを率いて東広東の海陸豊を見事に制圧し、その後五年にわたり、弾圧しようとする当局の試みに抵抗し続けた。だが澎湃はまだ共産党員ではなかった。活動はまったく独自のものだった。かれの活動は、党大会の開催地からほんの二百キロほどのところで展開していたのに、一言も言及されなかった。

毛沢東も、遅ればせながら小作農民が果たすかもしれない役割に興味を抱き始めていた。その春、かれは水口山鉛鉱山の共産主義者二人を故郷の村に送り返し、湖南省農民協会の可能性を探らせた。[*4]張国燾の記憶では、毛沢東が党大会の席で、湖南省には「労働者はわずかしかおらず、国民党員や中国共産党員はもっと少ないが、小作農なら山野を埋め尽くす」と述べている。湖南省の小作農たちは、反抗と蜂起の長い歴史を持っているので、民族革命における強力な仲間になれるだろう、と毛は論じた。陳独秀もそれに賛成し、「小作農と地方労働者を団結させて（中略）軍閥に反対し、腐敗した役人と地元の独裁者どもを打倒する」と述べている。だがそれを実践する試みは一切行われなかった。

小作農民をめぐる中国人同志の頑固ぶりに対するコミンテルンのいらだちは、党大会が終わってまもなく上海に届いた指示にはっきりと示されている。

中国における民族革命は（中略）必然的に農民たちの農業革命を伴うものとなる。（中略）この革命は、中国人口の基本的大衆である小作人たちを誘致して参加させてのみ成功できるものである。したがってあらゆる政策の中心点は、まさに農民問題となる。この根本的な問題をいかなる理由があっても無視することは、闘争を成功裏に実行するための唯一の社会経済基盤の重要性を丸ごと理解し損ねることになってしまうのである。

これまた、その後の訴えと同じように、だれも耳を貸さなかった。

中国共産党の頑固さには理由があった。党の指導層を構成する、若くてもっぱらブルジョワ層のインテリたちにとっては、工業はいかに原始的なものであれ、その定義からして現代的なのだった。都市部の新しい労働者階級は、収奪され踏みつけられてはいても、この現代世界が生み出すはずの輝かしい新社会の担い手にふさわしい存在だった。一方小作農民は、中国における後進的で未開のものすべてを代表する存在だった。当の毛沢東ですら、自分も田舎出のくせに、若者の頃はかれらを「バカで軽蔑すべき人々」だと思っていたと告白している。かれらの反抗は、元朝末期や明朝末期のようにうまくいったときでさえ、新しい皇帝は生み出せても、新体制は作り出せなかった。一九二三年のある報告によれば、党の工作員たちは「地方部が嫌いである。村に戻るくらいなら飢え死にしたほうがいいと思っている」とのこと。未来の波になるどころか、小作農は革命が一掃したいと思っている儒教帝国の暗い遺産を構成する、無定型な核なのだった。

韶山で、これが変わり始めた。

当初、毛沢東はあまりに元気がなく、本を読んでご近所からのご挨拶に答えて「家族のことや地元のできごと」を語り合うだけだった。だが数週間後に、毛福軒《マオ・フーシュアン》という若き親類の仲立ちで、かれはこっそりと貧農の一部に対して農民協会を作るよう奨励した。楊開慧は農民夜校を設立した。これは第一師範学校の学生時代に毛沢東が組織した労働者学校の縮小版で、彼女はそこで読み書き算数、政治と最近の情勢について教えた。

こうした小規模な草の根実験は、いつまでも続いておそらくは大した結果を出さなかっただろう。だがそこで、イギリス人で構成された居留地警察の一部隊が揚子江を千キロ下った上海で、行動を起こしたのだった。

一九二五年五月三十日に、六年前の五四運動以来お目にかかったことがないほどの民族主義的な熱狂の爆発を引き起こす出来事が起こった。その導火線に火がついたのは二週間前、日本の警備兵が織維工場でのスト中に中国人労働者たちに発砲し、共産主義者の責任者を殺したことだった。それに続く抗議で、学生六人が逮捕され、それがさらに釈放要求の行進や集会を引き起こした。イギリス警察長官は、抑えきれなくなる前にデモを鎮圧せよと当局に命じた。逮捕者がもっと増えた。群衆は日ごとにさらに腹をたて、雰囲気は険悪になった。暖かく湿った土曜の午後三時半過ぎ、市の中心的な商店街である南京路で、中央警察署の担当署長は自分の部下たちが踏みつぶされるのではと恐れ、中国人やシーク教徒の警官たちに発砲を命じた。これでデモ隊四人が死亡、五十人以上が重傷を負い、後にその八人が死亡した。暴動が起こり、中国人がさらに十人死亡、ゼネストが宣言された。

中国全土で反英反日デモが勃発した。広州では、外国租界の部隊が抗議者たちに機関銃を発砲し、五十人以上が死亡、怒りと憎悪のスパイラルをさらに悪化させ、香港のイギリス当局に対する十六ヶ月のストを引き起こした。それが終わる頃には、植民地の貿易は壊滅的な打撃を受けていた。

その週末に知らせが長沙に届くと、労働者や学生たちは街路に繰り出して、反外国スローガンを唱え始めた。『大公報』は号外を出した。火曜日には、二万人が集会に参加し、その場で全湖南「雪辱会」が創設され、イギリス製品と日本製品のボイコットが宣言された。三日後、公称十万人が市街を練り歩き、あらゆる壁に帝国主義者排除、不平等条約の廃止、そして省当局としては最も不穏な、軍閥支配の終結を呼びかけるポスターを貼り付けた。これは長沙空前のデモだった。趙恒惕はいつも通り、武器を持った兵隊を繰り出して学校を隔離し、二十四時間の外出禁止令を出して、「平安を乱す者」は射殺するという警告を張り出した。だが「雪辱会」はそれでも活動を続け、夏休みに帰郷した学生たちは、地元でキャンペーンを続けた。

毛沢東への影響は電撃的で、かれはすぐさま政治活動へと再没頭したのだった。

六月半ば、かれは韶山《シャオシャン》に共産党支部を創設し、毛福軒を書記にした。続いて社会主義青年団と国民党の支部も創設された。農民夜校運動は急速に広がった。農民「雪辱会」支部もできた。賀尓康《ホー・エアカン》という若い国民党小委員会委員（もとは毛沢東の昔の自修大学付属予備校の学生で、多くの湖南省国民党活動家と同様に共産党員でもあった）が長沙からきて手伝い、七月十日には名前だけは立派な「湘潭県西二区雪辱会」発起大会が韶山で開かれた。毛沢東はイギリスと日本の帝国主義を非難する演説を行い、その後はあらゆる外国製品をボイコットする決議が行われた。公式には六十七人の代表が出席したことになっているが、実際には韶山と隣接する村落いくつかの大人ほぼ全員、およそ四百人ほどが見物にきた。

とうとう八月初めに、こうした辛抱強いドタ作業が報われはじめた。干ばつがやってきて、いつもながら地元の地主たちは米を買い占め、品薄を作り出していた。毛沢東の家で会合を開いてから、韶山農協は委員二人を送り出して、穀物庫を開けてくれと請願させた。だが請願は拒絶されただけでなく、穀物は高値で売れる都市部に出荷するのだ、と言われた。毛沢東は、自分の父親も同じことをしていたのを思い出した。毛沢東の指示で、毛福軒と地元共産党員がもう一人、鍬や竹製の荷担ぎ棒で武装した数百人の農民を率いて地主に迫り、米を地元で公正な価格で販売させたのだった。

中国革命のすさまじい規模からすれば、これは些末な出来事でしかなく、物事の大きな流れからすれば何の意味もなさそうだ。だが、それはこうした運動としては、二年前に岳北農工会がつぶされて以来のものだった。ものの数日で、似たような紛争が他の村でも起こった。月の終わりまでには湘潭県《シャンタン》と周辺地域で二十以上の農民協会が組織された。その時点で、毛沢東の活動についての報告が趙恒惕の耳に入り、かれは至急、秘密の電報を湘潭保密局に送った。「直ちに毛沢東を逮捕してその場で処刑せよ」。この命令は、毛一家と知り合いの係官の目に入り、すぐに伝令が警告を伝えた。これで農民組織家としての毛の日々はいきなり終わった。かれはその午後に、医者に変装して密閉した籠椅子にのって長沙に向かったのだった。

道中、かれはコミンテルンが正しかったのだという思いにとらわれていた。中国の小作農民たちの勢力を無視しては民族主義運動は続かない。革命が成功するためには、まず自分たちと対立している階級に対する小作農たちの不満という、巨大な未開拓の水源を動員しなくてはならないのだ。

九月始めに長沙で隠れているときに書かれた詩で、毛沢東はこの先にある作業のすさまじさについて率直に述べている――

百舸争流　　　　百艘の船が流れに抗う
鷹打長空　　　　鷹が果てしない虚空を打ち、
魚翔浅底　　　　魚が浅い水底に漂う
万類霜天竟自由　全生物は霜天の下で自由を希求する。
悵寥廓　　　　　その莫大さにひるんで
問蒼茫大地　　　私は茫漠たる大地に尋ねる
誰主沈浮?　　　それでは運命の興亡を左右するのは誰なのか、と。

これに続き、驚くほどノスタルジックな一節で、毛沢東は自分や学生仲間たちが「学者の理想的な情熱を持って、まっすぐ恐れ知らずに何の制約もなく発言し」そして「当時の高位で権勢ある者たちをくそみそにけなした」、あの「輝かしい日々」が過ぎ去ってしまったことを嘆いている。当時、かれらは中国の問題すべてに対する答えを手に入れたと思い込んでいた。いまや三十一歳にして、青春の陽気な確信は失われていた。

韶山で過ごした七ヶ月で、中国政治の様相は激変していた。孫文は一九二五年三月に死亡し、支持者たちには国民党第一次代表大会の決定を維持するよううながす遺書が残された。それは連ソ容共、つまり国共合作を承認して、ロシアとの同盟を支持するものだった。孫文の後継者として浮上したのは左派の汪兆銘だった。このため保守派からの反動が生じ、同年中に右派残留組の「西山会議派」が主導権奪取を試みて失敗する。五月三十日の事件に端を発する反帝国主義熱の大波とともに、汪兆銘支持は高まり、若い過激派は群れをなして国民党と共産党に加入した。その後まもなくかれのライバル胡漢民《フー・ハンミン》がモスクワに追放となった。表向きは、その夏の国民党古参過激派の廖仲愷暗殺に関与したという容疑のためだった。一方、蔣介石はいまや広東衛守部隊長だったが、新生の国民革命軍の中に支持基盤を構築しはじめた。結果として、国民党は年初よりはるかに強力になり、また急速に左寄りに傾いた。

それだけでも、長沙で地下生活を送る毛沢東は大いに勇気づけられただろう。かれはちょうど、夏曦などかつての仲間たちと、次にどうすべきか相談しているところだった。だが他の要因もかれを同じ方向に押しやっていた。韶山で、毛沢東は一年前の自分の政治的直感が正しかったと確信した。最終的に中国の救済は、共産党が労働者や農民を率いて、抑圧者を暴力的に打倒するという階級闘争を通じて実現される。だがその日がやってくるまでは、革命を推進するには国民党のほうがはるかに優れた立場にあった。かれらは共産党が活動できないところでも合法的に活動できたし、ロシア人が教練して出資している独自の軍も持ち、広東省に安全な領土基盤も持っていた。このため毛の農民夜学はマルクス主義を教えようとはせず、孫文の『三民主義』――つまり民族主義、民主主義、社会主義を教えた。六月に政治活動を再開してから、毛の党構築努力は中国共産党や青年団よりも国民党支援を重視していた。かれの新しい政治的信念は、その年の末に書かれたレジュメにまとめられている。

私は共産主義を信じ、プロレタリアの社会革命を支持する。だが現在の国内国外の抑圧は、一つの階級の力だけでは打倒できない。私は民族革命を利用することを支持する。そこではプロレタリア、プチブル［農民］と中間ブルジョワ左派が協力し、中国国民党の三民主義を実行して帝国主義を打倒し、軍閥を打倒し、［それと手を組む］買弁や地主階級を打倒し（中略）［この三つの革命階級による］）共同支配を実現する。つまりは革命的一般大衆の支配である。

個人的な考慮もこの判断に一役買ったことだろう。国民党中央執行委員会で、毛はいまでも候補委員だった。中国共産党では何の役職もなかった。さらに国民党は、秘密結社や反王朝闘争にルーツがあり、都市を基盤とする共産党よりも当初から農民層に関心を示していた。一九二五年秋には、国民党は農民部を設立し、地方オルグ担当者向けの農民運動講習所を設置した。その間、中国共産党は何一つしていなかった。

一言でいうと、革命闘争の中心は上海ではなく広州に移っていた。だから九月第一週の末に毛沢東が長沙を抜け出したのも、南へ向かうためだった。自分がどう迎えられるか、当人も自信がなかったようだ。同行者の一人によると、毛沢東は突然パニックに襲われて、趙恒惕の部隊に出くわしたら大変だといってメモを全部燃やしてしまったという。神経衰弱がぶりかえし、到着して数日は入院することになった。

だが広州に赴いたのは正しかった。何年も後にかれは「非常に楽観的な雰囲気が広州には満ちていました」と回想する。国民党本部では、新生国民政府の主席汪兆銘との面会を取り付けた。汪は党内で最も強力な人物として、地位をかためつつあった。そして、一九二四年一月の国民党第一次大会で毛沢東の若々しい熱気に大いに感銘を受けた人物でもあった。いまやかれは毛沢東に対し、仕事を減らしたいから国民党宣伝部の臨時部長をやらないかと提案した。二週間後に、この人事は正式に認められた。

上級幹部となった毛沢東には権力があった。楊開慧とその母親に子供二人が長沙からやってきて合流した。かれらは並木通りの東山郊外地区に家を借りた。そこはロシアの軍事顧問や、蔣介石を含む多くの国民党指導者たちも家を持っている地域だった。

その後十八ヶ月にわたり、毛沢東はいまや革命の成功に不可欠と思われる二つの問題に専念した。国民党左派の吸収と、農民層の動員である。その冬、かれの最初の活動は新しい党機関誌『政治週報』を創刊して、右派の西山会議派からの国共合作攻撃に対抗し、「革命的決意が揺らいでいる人々」の決意を固めなおすことだった。創刊号にはこうある。

連ソ容共は革命の勝利という目標を我が党が追求するにあたり、重要な戦術である。故大総統［孫文］は真っ先にこれを決定し（中略）第一次全国代表大会でもこれは採択された。（中略）今日の革命は、世界の革命と反革命の最終的な決定的闘争における一挿話となる。（中略）我が党の革命戦略が、ソヴィエト・ロシアとの連合を出発点として採用しないなら（中略）そして農民や労働者の利益を推進する共産主義者を容認しないなら、革命勢力は孤立へと沈み、革命は成功できない。（中略）革命を支持しないものは反革命である。中道は絶対にない。

選択肢は、国民党右派が示唆する「西洋式の中流階級革命」か、あるいは「全革命勢力」の共同支配につながる、広範な左翼連合形成のどちらかだ、と毛沢東は主張した。「中立の灰色い仮面」をかぶろうとする者は、まもなくどちらに就くか決めざるを得なくなる。

ずばりどの勢力が革命勢力としてあてにできるかという問題を扱ったのが「中国社会各階級的分析」という長い論文である。これは一九二五年十二月一日に、新生国民革命軍の機関誌『革命』に発表されたもので、高飛車なことばで、韶山で過ごした長い思索の月日の結果をまとめていた。

だれが敵か？　だれが友か？　敵と友を区別できぬ者はもちろん革命家ではないが、しかしその区別は容易ではない。中国革命が（中略）何の成果もあげていないのは（中略）まさに真の敵を攻撃するために真の友と連合するのに失敗したことに戦略上の誤りがあるのだ。

毛は続けて、中国にある二十以上のちがった社会区分を数え上げ、それを五つの主要階級に分類した。それは大ブルジョワ（「恐るべき敵」）およびその仲間である右派から、中間ブルジョワ層左派（「絶対に帝国主義にはしたがわない」が『赤色』傾向に直面するとふるえあがりやすい」）、そしてプチブルの三分類（富農、商人、職人や専門職）で、革命意識はその貧困度に比例していた。さらに、セミプロレタリアが六分類あり（主に貧農や中間農民、小店舗主や屋台主）、都市部、地方部、ルンペンプロレタリアにも四種類あった。これらの中で、都市労働者と苦力《クーリー》が革命の「主力」とされていた。農業プロレタリア、貧農や屋台主は「革命プロパガンダにきわめて受け入れやすい」とされ、「勇敢に戦う」とされた。そしてルンペンプロレタリアは、盗賊、兵士、泥棒、売春婦は「導く方法が見つかれば（中略）勇敢に戦う」とされていた。

これをもとに、中国四億人の中で、どうしようもなく敵対的なのは百万人、基本的には敵対的だが味方につけられるかもしれないのが四百万人、そして残り三億九千五百万人は、革命的か、少なくとも好意的な中立の立場だと毛は結論した。

革命の客観的な条件はすべて揃っている、と毛沢東は書いた。唯一欠けているのは大衆動員の手段である、と。その後の年月を通じ、この信念が揺らぐことは決してなかった。あらゆる希望が失われたかのように思えた最悪の時期にすら、この信念がかれを支え続ける。だがこれは、その冬の毛沢東による説法が絶えず向けられていた、国民党中心派、「迷える中間ブルジョワジー」の党代表たちにとっては、ほとんど何の慰めにもならなかった。そしてかれらに選択がつきつけられる時期は、だれの予想よりも早く訪れることになる。

一九二五年末の時点で、蔣介石は国民党で汪兆銘に次いで強力な指導者となっていた。国民革命軍第一軍司令として、かれはその秋にいくつか軍事行動を成功に導いており、おかげで広東省は国民党政府のものとして確保され、地元軍閥の攻撃から保護されるようになった。かれは広東衛守部隊を指揮して黄埔軍官学校の校長となり、そこを本拠とした。かれの忠誠心は疑問の余地がないように思えた。その前の十一月に西山会議派が汪兆銘の指導力を疑問視したとき、蔣介石はすぐに支持の声明を出した。だが一九二六年一月の第二次国民党全国代表大会中に、蔣介石は言うことをきかなくなった。この会合で、国民党は中央執行委常務委員会の構成の面でも――そこで蔣介石はいまやたった三人しか残っていない穏健派三人の一人で、残りは国民党左派三人と共産主義者三人だった――政策発表の面でも急激に左寄りとなったのだった。政策は、党がそれまで認めたものよりはるかに過激なものとなっていた。毛沢東が起草した「宣伝決議案」は恐ろしげに警告している。「中国農民の解放運動を支持する者だけが忠実な革命的党員である。それ以外は反革命分子である」。農民運動が革命の中心だという発想は、国民党穏健派に広く支持された。だが「解放」ということばの使用は、地方部での社会革命を示唆するもので、穏健派には支持しかねるものだった。国民党はいまだにブルジョワ政党であり、その支持の大半は、直接間接を問わず、地主階級の一家からきていた。こうした人々は改革を支持したが、地方部の既存秩序を暴力的に転覆するのは想定外のことだった。

蔣介石にとっては、他の多くの党員同様に、この新しい過激路線は不穏に思えた。さらにこれは、蔣介石自身の地位が突然圧迫されはじめた時に起きた変化だった。ソ連軍事顧問団の新しい団長、N・V・クイブシェフ将軍が二ヶ月前に到着し、キサンカ（子猫ちゃん）というあり得ない暗号名を使っていたが、かれは傲慢で融通のきかない人物であり、中国人と特に蔣介石を徹底的に見下して、それ以上に国民革命軍をソ連配下にがっちり掌握しようと決めていた。蔣介石はまもなくかれが大嫌いになり、一月十五日には嫌気がさして第一軍司令を辞職する。主な争点は、待ちに待った北伐の時期だ。これは中国全土を国民党政府の下に統一し、軍閥を押しつぶして帝国主義の同盟国たちに一目置かせるという孫文の夢を実現するものだった。クイブシェフは、まだまだかなり準備がいると論じた（上海の中国共産党指導部もこれに同意していた）。蔣介石は先に進みたがった。汪兆銘がクイブシェフ支持の様子を見せると、戦線が決まった。ロシア使節団の通訳の一人、ヴェラ・ヴィシュニャコヴァ＝アキモヴァが状況を見事にまとめている。「蔣介石と汪兆銘との間に隠れた権力闘争が展開しているのはだれもが知っていた。片方が持つのは政治的な権威、反対側が持つのは軍事力」

だが三月二十日未明の蔣介石による攻撃は、だれも予想しなかったものだった。かれは戒厳令を発令した。そして広東衛守部隊の共産主義将校と工作員を全員逮捕させ、そして砲艦中山号の艦長も、振る舞いが怪しいと言って逮捕させた。そしてソ連軍事顧問邸に兵を送って包囲させ、その衛兵を武装解除させた。その後蔣介石は、汪兆銘がクイブシェフの後ろ盾で、共産主義者率いる海軍部隊に自分を逮捕させ、モスクワに追放するつもりだという情報を得たのだと主張した。これは事実だったかもしれない。だがそうでなくても、その頃には対決は避けられないものとなっていた。

後に「中山艦事件」や「三二〇事件」「広州事変」と呼ばれるこの「クーデター」は、開始と同じくらいすぐに終わった。だれも手傷を負わず、まして死人は一人もなし。翌日にはかれはすでに、部下が命令を逸脱したと謝っていた。だがその時点でかれの意図は理解された。ソ連や中国共産党に反対するつもりはないが、「一部の個人」が権力を逸脱したのだという。七十二時間後、クイブシェフとソ連上級顧問二人が、ウラジオストック行きの船に乗った。汪兆銘は「病欠」と称して静かにヨーロッパに向かった。ロシア人たちは事態を収拾しようとし、そして上海の共産党首脳部も、コミンテルンから特にせっつかれることもなく、自分たちも黙認するしかないと決定した。

いつもながら毛は反対した。国民党軍で最も高位の共産党員は、二十八歳の周恩来《ゾウ・エンライ》と、元新民学会会員で、蔡和森の妹蔡暢《ツァイ・チャン》と結婚した李富春《リ・フーチユン》という若き湖南人だった。どちらもフランス留学後、一九二四年に広州にやってきた。周恩来は黄埔軍官学校の政治部主任で、蔣介石の国民革命軍第一軍で代理政治委員だった。李は譚延闓指揮下の第二軍で同じ地位にあった。クーデターの数時間後、毛沢東は周恩来と李富春宅で会談した。周恩来によれば、毛沢東は蔣介石が孤立していると論じたという。残り五軍のうち、四軍の司令は蔣介石に敵意を持っていた。そして第一軍と軍官学校の双方で共産主義者たちが要職をおさえていた。国民党左派が決然と動けば、蔣介石の支持基盤は崩壊する、と毛は主張した。他の共産党広州支部指導者たちも、同じような結論に達したという。だが周恩来がこれをクイブシェフに諮ると、このロシア人はそれを却下した。どうやら、蔣介石軍が強すぎるというのが理由らしい。

このため、さらに悪者探しが始まり、毛沢東たちが文句の矛先を向けたのは広州の中国共産党委員会で軍事担当だった周恩来だった。かれが蔣介石の第一軍や黄埔軍官学校への潜入にばかりかまけて、革命軍のほかの部分に共産主義分子を配置しなかったというわけだ。だがこうした問題は理屈でしかない。結局のところ、蔣介石が全面的に勝利して、国民党指導者として不可欠な存在としての地位を確保しつつある、ということだった。そしてかれはその役割を、その後四十九年にわたって、名目実質を問わず掌握し続けることになる。

毛沢東の立場はいまや微妙だった。これまで引き立ててくれたのは汪兆銘だった。かれのおかげで、第二次党大会の後に毛は臨時宣伝部長として再任されており、二月と三月初頭にはその他の要職も得ている。だがかれと共産党との関係はいまも波乱含みだった。一九二五年十月に、毛沢東が国民党の宣伝部長といううまい役職についたと報されたとき、共産党指導部がどんな反応を見せたかという記録はない。だがこの役職は、共産党が一九二四年春以来、虎視眈々と狙っていた役職だったのだ。そして共産党の中なら毛沢東がその任に選ばれることはあり得なかった。かれは言うことをきかず、思想も独自で、中国共産党では役職がなく、そして一年近くも党中枢とは何ら接触がなかった。

毛沢東が自分の頭で考えようと決意していたことは、その冬にかれが「中国の条件の中で生み出されたイデオロギー」を求めた呼びかけにもあらわれているし、また大衆の優位性についての強調にもあらわれている。

学問的な思索（書生思想）は（中略）社会経済的な解放を求める大衆の要求に奉仕しない限り、無価値なお飾りである。（中略）インテリゲンツィアのスローガンは「大衆の中に入れ」であるべきだ。中国の解放は大衆の中にのみ見いだされる。（中略）大衆と自分を切り離す者は皆、自分の社会基盤を失っているのである。

コミンテルン教義という拘束衣に縛られた共産党中央委員会にとって、「中国の条件にしたがった」イデオロギーという発想は完全な異端だった。中国の救済は、無定型で中身も定まらない「大衆」などからくるのではなく、それを率いる都市のプロレタリアからくるのだ、とかれらは固執した。

こうした相違が表面化したのは、毛沢東が党機関誌『向導』に「中国社会各階級的分析」を発表し、湖南での旅から得た教訓をまとめたときだった。陳独秀は、それが農民層の役割をあまりに強調しすぎているという理由で、その刊行を拒絶した。

上海の指導部から毛沢東が排斥されたことは、党指導部がもう少しまとまっていたなら痛手となっただろう。だが一九二六年始め、中国共産党は内紛まみれで、そこに政治と個人的な問題がどうしようもなくからみあっていた。彭述之と陳独秀が片方にいて、瞿秋白がそれと対立していた。蔡和森は、最近自分の妻と不倫をしていた彭述之を憎んでいて、張国燾は板挟みになっていた。それだけにとどまらず、中央部と広州の党委員会とは全然ちがった政策を推進しており、ボロディンが後に言及したように、ときにはまったく別の党にしか思えないこともあった。中央委員ですらない毛沢東との争いが一件増えたところで、どうでもよかったのだ。実際、党の首脳部にとって、毛の唯一の重要性は、かれが国民党の要職をいくつか手に入れたということだけだった。

一九二六年四月、共産主義者たちが蔣介石の次の動きを不穏な思いで待ち受ける中、毛沢東は意図的に表に出ないようにした。中央委員会の全権大使として広州に派遣された張国燾は、毛沢東が「終始議論から距離をおき、傍観者の立場を取った」と回想しており、そこに鋭い洞察でこう付け加えている。「かれはそこからかなりの経験を学んだようだった」

蔣介石（かれはロシアと完全に手を切るという選択肢も持っていた）とボロディン（蔣介石が必要

とするロシア製兵器の流れをコントロールしていた）との間で一ヶ月にわたり激しい交渉がとびかったあげく、かなり蔣介石側に有利な妥協で手打ちとなった。国民党中央執行委員会は五月十五日に総会セッションで会合し、一連の決議を行った。共産主義者は国民党の各部の部長になることが禁止され、また高次の国民党委員会では三分の一以上の役職を占めてはいけないと決められた。また国民党組織の中の共産主義派閥を禁止し、国民党員が今後共産党に加入してはならないとも決めた。そして中国共産党に対し、現存する二重党員の完全な一覧を提供するよう要求した。一方で蔣介石は、国民党右派を弾圧し、指導者の多くを逮捕したり追放したりした（これは共産党のみならず蔣介石にとっても有利なことだった）。そして国共合作については、その状態を維持することで合意した。ロシア人たちはといえば、北伐に全面的な支援を与えることになった。

今回は中国共産党指導部も、珍しく全会一致で反対した。陳独秀は（またもや）「党内工作」廃止を唱え、共産党の独立を再確認すべきだと述べた。だがスターリンは、蔣介石との取引は守れと固執した。それ以降、ボロディンの冷笑的な表現を借りれば、中国共産党は「中国革命において苦力《クーリー》役を演じる運命に甘んじた」。当時はそうは思われていなかったものの、今回の国民党の「クーデター」は、中国共産主義者とモスクワとの関係において転機となったのだった。一九二六年三月までは、コミンテルンが中国共産党に与える助言は、全体として十分な情報に基づく善意によるものだったし、上海の未熟な中国共産党指導部の判断よりも現実的である場合が多かった。このクーデター以後、モスクワの対中政策はクレムリン政治のおもちゃとなり、スターリンとトロツキーや、他の大ライバルであるソヴィエト党の穏健派代表ニコライ・ブハーリンとの争いの延長になっていった。

最終的に、毛沢東にとっては予想をはるかに上回る結果となった。他の共産党員の国民党役職員と同様に、かれも宣伝部長の地位を五月二十八日に辞した。だが他の要職、たとえば規模も重要性もますます高まりつつあった、農民運動講習所の所長の地位や、政策面を扱う国民党農民運動委員の職は続けられたのだった。

こうした決断は、北伐で農民が果たせる役割についての蔣介石の認識を受けてものだった。一九二六年の時点で、毛沢東は国民党内で農民について本当に知っている数少ない権威の一人だったのだ。かれは国民革命軍の第二軍（湖南省）士官訓練学校で、農民問題について講義を行っていた。そして国民党の湖南省青年部訓育員養成所や、広東大学付属中学校、そして農民運動講習所でもそうした講義を行っていた。さらにかれの経験は中国中部の省が中心で、そこはまさに北伐軍が通過するはずの地域だった。蔣介石のロシア人顧問たちは、この遠征が成功するには道中の農民たちを動員して支援を得ることが必須だと強く述べていた。毛沢東の見方も同じだった。かれは三月以来ずっと、国民党農民運動委員会に対して「革命軍が行軍する地域には細心の注意を払う」ように進言していたのだった。

五月の中央執行委員会全体会議から二ヶ月もしない一九二六年七月九日、総勢七万五千人ほどの革命軍は、軍閥をたたきつぶして中国を国民党の旗の下に再統一する、待ちに待った遠征を開始した。

それは湖南での事件を利用するため、急いで組織されたものだった。湖南地方軍司令官の唐生智《タン・シェンジ》は、反乱を成功させて南部勢に加担すると宣言していたが、かれが呉佩孚の北部軍による攻撃に直面していたのだ。唐生智を支援するという方針は（少なくとも短期的には）成功した。月末には、湖南省は南部勢力の手中に落ちたからだ。そして蔣介石は軍総監として、薄い灰色の外套と無数の新しい肩書きや権限を誇らしげに身につけて、長沙に落ち着いたのだった。いまやヴァシーリー・ブリュヘル将軍の率いるソ連顧問団も同行していた。かれはソ連軍事使節団の最初の団長だったのだが、クイブシェフの後任として戻ってきたのだった。かれと蔣介石はウマが合い、そして後に「大元帥」と呼ばれるようになる蔣介石は、軍事能力があまり高くなかったので、戦術問題は経験豊かなブリュヘルに任せるだけの知恵を持っていた。

毛沢東は、他の中央執行委員たちと共に練兵場にでかけて兵員の出発を見送ったが、それ以外には国民党政治にあまり深入りしなかった。

そして、農民に関する作業に没頭した。農民たちは予想通り、まもなく南部軍の前進に大きな役割を果たすようになった。革命軍が湘潭を通過してから、かれは農民運動講習所の学生五十人を韶山に送り、農民協会の実際の活動を見学した。一ヶ月後、かれは国民党の農民部門機関誌『農民運動』に論文を発表し、そこではじめて革命的変化の主要な障害として地主を挙げ、それを打倒する主要な道具として農民を挙げたのだった。

まさに今日に至るまで、いまだに革命政党の内部ですら、経済的に遅れた半植民地における革命の最大の敵が、村落の封建父権階級（地主階級）だということを（中略）理解しない人々が多数存在する。（中略）［この］階級は、故国の支配階級にとっても外国の帝国主義にとっても、唯一の確固たる基盤となっている。この基盤を揺るがさない限り、その上に築かれた上部構造を揺さぶることはまったく不可能である。中国の軍閥など、この地方封建階級の親玉でしかない。軍閥を打倒したいが田舎の封建階級は打倒したくないと言うのは、単純に言えば些事と重要事、本質的なものと副次的なものとを区別できないということである。

革命が成功するためには、農民たちが解放され、地主の権力が叩きつぶされなくてはならない、と毛沢東は論じた。

その含意としては、それ以外のすべてはプロレタリアも含め、二次的なものでしかないということだった。毛沢東はこれをごまかそうとするどころか、正面から擁護した。農民の階級闘争は「都市部の労働者運動とは性質がちがう」とかれは書いた。都市労働者の運動は、ブルジョワジーの政治的立場を破壊する段階にはなく、単に労働組合の権利を獲得するだけの段階にしかなかった。だが農民は、生存をかけた基本的な闘争に踏み込んでいた。

したがって、我々みな都市部の労働者や学生、中小商人が蜂起して買弁階級を強烈に打倒し、直接的に帝国主義に抵抗すべきだということは知ってはいるし、特に進歩的な労働階級があらゆる革命階級の指導者だということは知ってはいるものの、もし農民が蜂起して村落で戦い、封建父権地主階級の特権を打倒しなければ、軍閥や帝国主義の力は決して根こそぎにはできないであろう。

毛沢東は何ヶ月もかけて、この分析をゆっくりと発展させていった。農民がかれの表現でいえば「国民革命の中心問題である」という発想は、前年十二月にさかのぼる。一月にかれは、大地主こそが「帝国主義と軍閥の真の基盤であり、封建父権社会の唯一の確固たる堡塁であり、あらゆる反革命勢力が出現する究極原因なのである」と述べた——この表現にはボロディンも注目し、一ヶ月後に高位のソヴィエト使節団に対する報告の中で使っている。

だが中国地方部の封建主義こそが変革の主要な障害だと結論したのが毛一人ではなかったにしても、いまの毛のようにこのテーゼの意味合いを考えて、その論理的な結論に到着した者はだれもいなかった——とはいえその結論は、中国共産党にはイデオロギー的に認めがたく、国民党にとっては現実的な理由から受け入れがたいものだったのだが。

「農民運動」論文は、一九四〇年代と五〇年代に毛沢東公式著作集が編纂されたときには採録されなかった。あまりに非正統的だったからだ。だがその後、正しいイデオロギー的正当性のポーズをうわべだけは装いつつも、共産主義者の勝利は二十年以上後とはいえ、確かにかれが述べたように、都市プロレタリアートではなく小作農民を動員することで実現されたのだった。

このように毛沢東が将来の戦略の知的基盤構築に没頭している間、かれの講習所が訓練した農民オルグ担当者たち――そのほとんどは国民党の名を隠れ蓑にした共産党員だった――は地方部に散開して地方部蜂起を煽動しはじめた。最初は湖南省、続いて湖北省と江西省で、かれらは国民党軍の下地を整え、軍が通過した後も残って新しい農民協会をまとめあげ、そしてその後は公然と活動できるようにした。

戦場でも事態は急速に動いた。八月十二日、蔣介石は長沙で軍事会議を招集し、そこでいまや湖南省の国民党総督となっていた唐生智が、自分の手勢と蔣介石部隊の混成軍を率いて、北伐の次の標的である武漢を攻撃することが決まった。北部軍の指揮は呉佩孚自ら執ったが、かれの兵員は南部軍の敵ではなく、九月の六日と七日に唐生智は漢口と漢陽《ハンヤン》を制圧した。武漢の三都市のうち、第三の武昌《ウーチャン》は、攻撃軍に対して十月十日まで持ちこたえたが、そこで蔣介石の手下が守備軍の指令の一人を買収した。それから南昌《ナンチャン》で、南の侵攻軍は二週間も苛立たしい足止めをくらったが、十一月にはやっとそこも陥落し、南部軍とその同盟軍は湖南省、湖北省《フーベイ》、江西省を一掃した。広西省《グアンシー》はすでに国民党勢力の一部だったし、貴州は七月に寝返っていた。広東省に隣接するあらゆる省の中で、敵の手中にあるのは福建省の北半分だけとなり、それも十二月には陥落した。

この間ずっと、中国共産党指導部は文字通り完全に脇に追いやられていた。九月には、北伐の成功こそ国民党の真の権力のありかを示すものだと考えた広東省委員会が、国民党左派との連携という党中央部の政策の見直しを求めた。広東省委員会の主張は（後の出来事を見るときわめて正しいものだったが）、国民党左派の指導者たちは何ら原理原則を持たない烏合の衆で、単に「国民党中道や右派と協力できないから」というだけの理由で、自分の利益を守るために群れているにすぎない、というものだった。陳独秀はまたも、個人的には大嫌いな国共合作を擁護しなくてはならないといういまいましい立場に置かれたが、コミンテルンがそれを続けろという以上、ほかに仕方なかった。

毛は広東省委員会に賛成だった。かれらと同様、毛沢東は国民党左派がいかに無気力で自分の利益しか考えていないかを、間近で目の当たりにしていたのだった。そしてかれらと同様に、北伐は革命の目的にとって大前進だと思っていた。十月には国民党の中央各省区連席会議が開かれ、国民党政権の首都を広州から漢口に移すことが提案されたが、土地税の強奪を何年も前倒しで終わらせるべきだと荘厳に主張したかと思えば、その舌の根も乾かぬうちに、今年は党の資金が底をついたから、例外的に土地税は続けなくてはならないと弁解めいた主張をする連中の偽善ぶりを毛沢東は嘆いている。その頃には毛沢東はすでに、広州には自分の未来がないことを知っていた。農民運動講習所での勤務が終わり、かれは実質的に失業状態だった。

ここでもまた、農民たちが毛沢東の救い主となった。

北伐に続く爆発的な農民運動を見て、やっと中国共産党指導部も農民運動が重要だと気づき、それがいままでずっと国民党の旗印の下に率いられてきたことにも気がついた。十一月四日、陳独秀は中央局に対し、農村工作の作業計画を起草しろと命じた。それは農民の要求に応えつつ、この件について共産党と国民党左派との間に「あまり距離を」作らず、「尚早な分裂」の危険を冒さないものであるべきだった。問題は、六ヶ月前の蔣介石と同じく、だれをその指揮にあたらせようかということだった。九月には、地主に対する階級闘争を呼びかける『農民運動』の毛沢東論説が、瞿秋白の目にとまっていた。レーニン主義の正統教義からははずれていたが、瞿秋白はその主張に賛成だったのだ。かれはヴォイチンスキーと親しく、上海指導層の中で最も影響力の強いメンバーとされていた。かれはどうやら、毛沢東が便利な仲間になると結論づけたようだ。

数日後、毛沢東は上海行きの船に乗り、そしていまや第三子を懐妊していた楊開慧は、家族とともに湖南に戻った。一九二六年十一月十五日、中央局は毛沢東が中国共産党中央委の農民運動委員会書記に任命されたと発表した。

こうして二十三ヶ月に及ぶ政治的な自発的亡命は終わった。有意義な時期だった。毛沢東は農民層の革命勢力について、確固たる信念を獲得したし、巨大で複雑な政党装置の首脳部で活動するための重要な技能も身につけ、委員会の操り方や、党決議の細かい文言についてどう交渉すべきかも学んだ。だが国民党左派の女々しい魅力と長く戯れた後では、共産党の中で狭いとはいえ居場所を見つけられるというのは、毛沢東としてもホッとしたことだろう。この先、かれの忠誠心は、一九二五年に書いたように抽象的な「共産主義」だけにとどまるものではなく、ためらいや後退はあっても、その共産主義を実現させようとしてますます数を増す中国人男女に対するものともなる。

任命されて十日後に、毛沢東は武漢に向かった。武漢はまもなく国民党政権の首都になるはずのところで、共産党は新しい農民委員会の拠点としてこの都市を指定していたのだ。途中、蔣介石が拠点をおいた南昌を経由し、国民党とその戦略をめぐり蔣介石と国民党左派との間で延々と展開される闘争に続く初の暗雲が垂れ込める様子をまのあたりにしたのだった。

その秋を通じ、蔣介石の総監としての地位は、唐生智に脅かされることになった。かれの地位は、湖南省や漢口、漢陽での成功により高まっていたのだった。国民党政府の財務部長宋子文《ソン・ズウェン》と外交部長の陳友仁《チェン・ユージーン》が、ボロディン、孫文の未亡人宋慶齢《ソン・チンリン》など国民党左派の上層部とともに十二月始めに南昌に着いたことで、唐生智からの脅威はなくなった。だが支援の見返りとして、新着勢力は妥協を勝ち取ることができた。それによれば蔣介石の軍指揮官の地位はそのまま認めるものの、政治的な役割は制限され、汪兆銘を政府代表として呼び返すことになっていた。これで蔣介石は、ひとたび漢口への引っ越しが終わったら、またもや国民党左派や唐生智が自分の権力を制限しようとするだろうと確信した。それなら蔣介石としては、南昌に残ったほうがいい。そうすれば、敵が投げつけてくるどんな脅威にも抵抗しやすくなるからだ。

結果として、二つの競合する首都が生まれた。十二月十三日、武漢の国民党指導層はボロディンの助言を受けて、「臨時連席会議」を創設し、すぐに政府と党本部をそこに置くという決議を可決した。三週間後、譚延闓が広州から国民党要人の第二の集団に加わると、かれらは「とりあえず」国民党と政府は南昌に残ると決議した。

共産党の指導層は、この分裂が自分たちの国民党左派支持を正当化するものだと見た。十二月半ばに漢口で開かれた中央委員会の特別会議で、陳独秀は国民党左派が重要な緩衝役であり、共産党と国民党右派との直接抗争が起きるのを防いでくれているのだと警告した。左派はしばしば「弱く優柔不断で一貫性に欠ける」と陳独秀も認めた。だが、何かもっとよいものが登場するかもしれないからと期待してそれを見捨てるのは、比喩的に言えば「来週は肉や魚が食えるかもしれないからといって、いま豆がゆや野菜を食わないようなものだ」。党の戦略は正しい、と陳独秀は論じた。共産党はひっそりと背後で働き、国民党左派の支援を強化して、いまや蔣介石の率いる「新右派」と呼ばれる一派(元の国民党中道)からの攻撃に耐えられるようにすべきである。そして、議論のわかれる手法は避けるべきだ――たとえば土地を強制的に農民に再分配するなど――これは連合を疎外するかもしれないからだ。「左派の存在こそは国民党との協力の鍵である」と全体会議は最終決議で宣言していた。

この慎重な楽観論は、一部は過去二年で共産党の党員数が驚くほど増えたことから来ている。一九二五年一月の第四次党大会では千人以下だったのが、一年後には七千五百人（五・三〇事件後）となり、それがもっぱら北伐のおかげで、一九二六年十二月には三万人になっていた。同じくらい重要な点として、国民革命軍の指揮官や政治工作員や参謀のうち千人ほどは共産党員であり、それを周恩来の軍事委員会がいまや連隊の「核」または党の秘密セルへと組織化しつつあったのだった。

陳独秀とその背後のコミンテルンが推した戦略――ボロディンに言わせると「苦力役《クーリー》を引き受ける」、陳独秀の批判者に言わせると「右派投降主義」――の問題点は、独自の軍も持たず、唐生智からせいぜいが思想的な支持を受けているだけの国民党左派が、蔣介石にその指揮権を引き渡すよう説得できると想定しているところにあった。毛は、農民委員会の書記として、投票権のない委員として参加した全体会議議論でそれを指摘した。「右派は部隊を擁している。左派にはない。一連隊だけでも、右派のほうが左派より強いだろう」。この指摘は陳独秀からの厳しい反論にあった。陳独秀はかれの発言が「ばかげている」と言ったが、中身のある反論はまったくしなかった。

何週間か過ぎて、分裂の理由がはっきりしてくると、共産党中央は左派復活の希望が実現しそうにないことを認め、国民党右派が「ますます強力に」なりつつあると述べた。だが中央が示唆できる唯一の回答は、党が国民党、特に国民党左派に対して、共産党は忠実で無害な同盟相手だと納得させるためにさらなる努力を重ねるということだけだった。

毛沢東も公式には、このきわめて慎重な隠蔽路線に忠実に沿った発言をした。十二月中旬の特別会議後まもなく、かれは漢口を後にして長沙に向かい、湖南省農民協会の第一次農民代表大会に出席した。そこでかれは聴衆に向かい、「地主を打倒する時期はまだ訪れていない」と確約した。地代削減、金利の上限、地方労働者の賃上げは正当な要求である、とかれは述べた。だがそれ以上となると、民族革命が優先であり、地主たちにも多少の譲歩を認めるべきである、と。

二ヶ月もしないうちに、毛沢東はこの見方を完全に否定することになる。

そのときかれは救世主的な論調で、農民運動は「すさまじい出来事」であり、それが中国を一変させるもので、共産党はその政策を完全に変えなくてはならない――さもなければ無用の存在となってしまう、と宣言するのだった。

ごく短期間のうちに、中国の中央、南部、北部の省にいる何億もの農民が、疾風怒濤のごとく蜂起する。その勢力はあまりに急速かつ暴力的であり、いかに強い権力であっても、何であれこれを抑圧することは能わぬ。かれらは自分たちを縛るあらゆるくびきを破壊して、解放への道を邁進するであろう。かれらは最終的に、あらゆる帝国主義者、軍閥、汚職官吏、地元暴漢、悪辣な郷士たちを墓場送りにする。あらゆる革命政党やあらゆる革命同志は、かれらの前に立って試され、受け入れるか排除するかを決めるのはかれらだ。かれらの先頭にたって導くか？　背後にまわり、優柔不断を決め込んでかれらを批判するのか？　あるいはかれらの反対にまわって立ち向かうか？　全中国人は自由に選べる。（中略）だがその選択は早急に行わねばならない運命にあるのだ。

毛の見解の驚くべき変化――多少の誇張を考慮しても、かれが描いた図式はどの共産党幹部がそれまで書いたどんなものともまったくちがっていた――は、一九二七年一月から二月始めの一ヶ月にわたり、かれが湘潭を始めとする五つの地方部の郡を旅した結果として生まれたものだった。

それは天啓だった。農民運動の現実は、「漢口や長沙で我々が見聞きしたものとはほとんど完全にちがっていた」とかれは、戻ってから中央委員会に語っている。かれはその結論を、後に「湖南省農民運動視察報告」として有名になる文書にまとめた。それは見事な知的力作であり、長さ二万語近く、そして毛沢東が後の一九三〇年代初期に江西省で行った地方調査と同様、詳細なフィールド調査に基づいていた。「私は調査会を村落や県の町で開き、農民運動における経験豊かな農民や同志たちに出席してもらった。私は熱心に耳を傾け（中略）そして大量の材料を集めた」。農民運動は、二段階で展開したと毛沢東は告げられた。一九二六年一月から九月にかけて、農民協会が組織され、最初は秘密裏だったが、北伐の後では公然と活動するようになった。十月から十二月にかけて、地方部は蜂起した。農協の会員数は、晩夏には四十万人だったのが、二百万人にはねあがった。湖南省中央部のいたるところで、古い封建秩序が崩壊した。

農民の攻撃の主要な標的は地元の暴漢や悪い郷士、無法な地主たちだが、行きがけの駄賃でかれらは各種の父権的な思想や組織も攻撃する。（中略）攻撃はごく単純に嵐のようだ。それを受け入れたものは生き残り、抵抗すれば死滅する。結果として、封建地主が何千年も享受してきた特権はこなごなに砕ける。（中略）農民協会がいまや唯一の権威の源となる。（中略）夫婦げんかのようなつまらぬことでさえ、農民協会の前に持ち出されて調停が決定されなくてはならない。（中略）農民協会の委員は放屁ですら聖なるものと見なされる。農協は地方部であらゆることを決めているのである。（中略）まさに文字通り「かれらの言うことがその通りとなる」。

国民党左派や、共産党内部からさえ、これがあまりに極端であまりに「恐ろしく」なりすぎ、したがって抑えるべきであるという批判が出てきた。だが毛沢東はこの運動を擁護した。

実際問題として、広範な農民大衆は、その歴史的使命を実現すべく蜂起したのである。(中略)結構なことであり、何ら恐ろしいことはない。「恐ろしい」などとんでもない。(中略)きちんと評価をするなら、民主革命の成果を全部で十点とするなら、都市住民や軍の成果は三点であり、残り七点は農民である。(中略)確かにある意味で地方部の農民たちは「無法」だ。(中略)地元暴漢や悪者郷士に罰金を科し、上納金を要求してその紫檀の椅子をたたき壊す。連中が農民協会に逆らえば、大量の人々がその家を襲い、ブタを屠殺してその穀物を食べ尽くす。そして地元暴漢や悪者郷士たちの世帯に属する若い婦人たちの、象牙を埋め込んだ寝台に寝転がるかもしれない。ちょっとでも挑発されれば、かれらは逮捕を行い、背の高い紙の帽子をかぶせて、村の中を引き回す。(中略)かれらは地方部に一種のテロル、恐怖政治を作り出したのである。

これは一般人が「行き過ぎ」とか「不正を正すときの適正な制限を超える」とか「やりすぎ」とか呼ぶものである。こうした発言はもっともらしいが、実はまちがっているのだ。(中略)

革命は人々をお食事会に招いたり、小論を書いたり、絵を描いたり、刺繍をしたりするのとはちがう。そんなに洗練され、優雅で優しく、「穏和で折り目正しく、礼儀正しく柔和で穏やか」ではいられない。革命は蜂起であり、ある階級が別の階級の権力を打倒する暴力行為である。(中略)農民たちがきわめて強い力を使わなければ、何千年も続いてきた地主たちの根深い権力を打倒することなどとてもできない。(中略)「農民たちの」過剰な行動は(中略)まったくもって不可欠であった。(中略)はっきり言うなれば、あらゆる地方部に一時的にテロルの支配をもたらすことが必要なのである。（中略）まちがいを正すためには、適正な限界を超えることが必要である。そうしないとまちがいを正すことはできない。

この「テロル」がいかなるものかについては、報告の最後の部分で論じられている。地主の権力と名誉を叩きつぶすことが農民闘争の中心的な任務だと宣言した毛沢東は、かれらが使える手法を九つ挙げている。公開糾弾から罰金、そして投獄から死刑まで。「地元郷士の大物を（中略）一人処刑したり、地元暴漢の大物を一人処刑したりすれば、その影響は郡全体にとどろき渡り、残る封建主義の悪を一掃するのにきわめて有効である。（中略）反動分子を弾圧する唯一の有効な方法は、それぞれの郡で少なくとも一人か二人を処刑することである。（中略）かれらは権力の頂点にあった頃には、瞬き一つせずに農民たちを殺した。（中略）ではいまや農民たちが蜂起して、連中の一人や二人射殺することがいけないなどとは誰が言えようか？」

蜂起の狙いはいくつかあった。地代と負債利息の引き下げ、穀物価格が下がるように買い占めをやめさせる、地主の私兵たち解散させて、農民槍部隊で置き換えるなど。この槍部隊は「とがった諸刃の刀を長い柄につける（中略）それを見ただけで、地元の専制地主や悪者郷士は震え上がる」。そして村落会議に基づく新しい地方行政組織の設立もある。毛や地方部の党指導者は、それが農民協会と国民党との地方部統一戦線の手駒になってくれることを期待していたのだった。こうした経済政治的な目標以外に、社会的な狙いもあった。農協はアヘン吸引と博打に反対していた――そして氏族や宗教的な権威にも反対している、と毛沢東はほめている。

中国の男性は、三種類の権威体系に支配されているのが通例である。（1）国家体系（政治権威）（中略）（2）氏族体系（氏族権威）（中略）（3）超自然体系（宗教権威）である。女性となると、この三つ以外に男性にも支配されている（夫の権威）。この四つの権威――政治、氏族、宗教、男性――は封建・父権的イデオロギー体系を体現するものであり、中国人、中でも農民を縛る太い四本の縄である。（中略）他のすべての権威体系の背骨となっているのは、地主の政治権威である。打倒すれば、氏族権威、宗教権威、夫の権威はすべて揺らぎ始める。（中略）氏族体系、迷信、一方的な貞操観念は、その自然な末路を迎えるであろう。（中略）偶像を自らの手で作ったのは農民たちであり、時期がくればかれらは自らの手でその偶像を投げ捨てるであろう。だれか他人が時期尚早にそれをやってやる必要などはない。

湖南省でのこの数週間にわたる、毛沢東の経験はきわめて強烈であり、そこから得た教訓はその後一生毛沢東から離れなかった。いまやかれは理解したのだ。革命は細かく管理することなどできない。あらゆる革命においては、必ず過剰がつきまとうし、立ち後れる者も必ず出る。かれは孟子を引用した。「こうした問題に対する我々の方針は『君子引而不発、躍如也（君子は弓を引くがそれを放たず、自ら躍るかの如くなり）』である」。指導部は方向性を指し示せるが、革命を前進させるのは人々に任せるしかない。大災厄の恐れが生じたときにだけ（そして最後には必ずそうなるのだが）指導者たちは急ブレーキを踏むことになる。

同じく重要であり、対外的にもっと劇的なのは、かれが公然と暴力を容認したことだった。一年前の一九二六年一月、かれは「特別な状況では、最も反動的で邪悪な地元の悪漢や悪辣な貴族に会ったら（中略）かれらは完全に打倒されなければならない」と認めてはいたものの、それがどういう意味かはっきりとは述べなかった。六ヶ月後に農民運動講習所での講義で、かれはほかに対処方法がない場合には反革命勢力に対し「強硬な手段」を使うと初めて語っている。いまや曖昧さは取り除かれた。地主たちが革命の主要な障害であり、小作農民がそれを排除する主要な道具であるなら、適切な手法は革命的暴力である――それは七年前の若くもっと理想主義的な毛沢東が、マルクスとクロポトキンとの選択の際に拒絶した、まさにその暴力だった。革命的暴力は、領土と権力をめぐって闘われる戦争の暴力とは質的にちがったものだった。それは何かをやったために敵となった人々に向けられるのではない。その人の性質そのもののために敵とされた人々に対するものだ。それはボリシェヴィキがロシアのブルジョワジー打倒に使ったのと同じ、階級憎悪の深い井戸から出たものであり、似たような結果をもたらすことになる。

毛沢東の報告は波乱含みであり、それが一九二七年二月最後の週に党本部で受領されると、公開すべきかどうかで意見は大きく分かれた。瞿秋白は強く公表を支持した。陳独秀と彭述之はためらった。毛沢東自身は、農民協会などの各種地元当局が運動の力に圧倒されてしまっていることを認め、地方部がかれの言う「無政府状態」に置かれていることも認めた。国民党は、左派も右派もこのますます手がつけられなくなりつつある赤色テロルの報告に唖然として、これは共産主義者の責任だとした。さらに、この殺害は毛沢東が主張したほど孤立した例外的なできごとではないことが明らかになってきた。いまや中国共産党中央委員会の委員である李立三の父親は老いた地主だったが、地元の農民協会宛の手紙を息子から預かって故郷に戻った。その手紙は無視された。老人はすぐに処刑された。

一方、モスクワからは意外な新しい指示が届いた。それまではスターリンが自ら敷いたコミンテルンの方針は、国民党との統一戦線を脅かしかねないから農民運動は抑えるというものだった。いまやロシアの指導者はこれが「大きなまちがいだった」と宣言した。コミンテルンの第七次総会の主張は、十二月半ばにモスクワで承認され、毛沢東の報告の直前に上海に届いた。そこにはいまやこう書かれていた。「地方部における階級闘争激化が反帝国主義前線を弱めるという懸念には根拠がない。(中略)資本家階級の一部の、怪しい優柔不断な協力を疎外するのではないかという理由で(中略)農民革命(の推進)を拒否するのはまちがっている」この主張では、国共合作も維持すべきであるとも明言されていたが(スターリンはいつもながら二兎を追いたがった)、その論調はいまやずっと攻撃的で、中国の指導者たちはどう対応していいかわからなかった。

最終的には薄汚い妥協が決まった。毛沢東の報告のうち、第二部までは三月に『向導』に掲載された(そして革命的暴力について、中国人同志のようなためらいを一切持たないコミンテルンは、これを広く再掲した)。だが最後の部分――処刑集会や農民が地主を殴り殺したりする話が登場し、国民党左派を「日がな一日大衆煽動について話はするが、実際に大衆が蜂起したら震え上がる」と揶揄している部分――は削除された。後に毛沢東は、全文を武漢でパンフレットとして刊行するよう手配し、瞿秋白がそれに熱っぽい序文をつけた。この一件で、毛沢東と瞿秋白の政治的な連合は強化されたが、陳独秀との関係はますます悪化した。かれは十年後にエドガー・スノーにこう語っている。「もし農民運動がもっときちんと組織され、地主に対する階級闘争に向けて武装されていたら、「共産党基盤地域は」ずっと早く、ずっと強力な形で全国に展開していたはずです。でも陳独秀は猛烈に反対しました。かれは革命における農民の役割を理解せず、その可能性を著しく過小評価していたんです」

問題の一部は、陳独秀と中央局がもっと重要な問題で手一杯だったことだ。二月十七日に、国民革命軍が浙江省都の杭州を制圧した。翌日、その前哨部隊は上海からたった四十キロの松江まできていた。共産党の支援を受けた労働組合は、市の陥落は時間の問題と思い、ゼネストを宣言した。だが国民軍の侵攻は起こらなかった。上海駐屯地指揮官の李宝章《リ・バオザン》は処刑隊を街に送って活動家を狩りたてた。上海のファッショナブルな目抜き通りから数分のところで、処刑隊の活動をアメリカ人記者が見ている。

死刑執行人たちは、幅広の剣を腰に下げ、兵隊たちにともなわれて、被害者たちを目立つ街角へと引っ立てていった。そこでストの指導者たちは無理矢理前のめりにさせられて、首を斬られた。その頭がとがった竹竿に突き刺されて、空中に掲げられて次の処刑場に向かうと、何千人もが恐ろしさのあまり逃げ出した。

この頃には、中央局とソヴィエト顧問たちは、どうやらそれぞれ同じ結論に達したようだ。蔣介石との妥協は不可能であり、中国共産党と国民党左派は軍内の唐生智勢力――ロシア人たちはいまやかれを支援していた――の後ろ盾で、蔣介石を権力の座から引きずり下ろす方法をなんとか見つけなくてはならない。こうした目標は、実現可能に思えた。蔣介石自身の支持者たちも迷いを見せていた。蔣介石の虚栄心と個人的な野心、批判者の言う「ナポレオンコンプレックス」、ボロディン排除へのこだわり、そして何よりもかれが汪兆銘の復帰を邪魔しているという広く信じられた報告が、重要な穏健派の支持を失わせる結果となっていた。革命の焦点はいまや南昌から武漢に移ったという感覚が外国にはあり、蔣介石にはそれを止める術がないと思われていたのだ。

バランスが後戻りできない形で崩れたのは、一九二七年三月六日、八人構成の国民党中央執行委のうち五人が、南昌から武漢に向かう蒸気船に乗ったときだった。四日後、国民党の待ちに待った二届中央執行委第三次全体会議が漢口で開催されると、それは国民党左派と共産党員がその圧倒的多数を占めることになった。

蔣介石自身と、国民党常務委員会主席の張静江《ザン・ジンジャン》は出席を拒んだ。二人が欠席したため、左派で固めた国民党政治委員会が党権力の最高機関として新設され、軍を文民統制の下に置くためにさらなるステップがとられた。国民党左派と中国共産党との提携は、まともな連合のように見え始めていた。共産主義者二人、譚平山と蘇兆征《スー・ザオゼン》（後者は香港広州のスト組織を手伝った船員指導者）が新国民政府で大臣級の職権を与えられたが、これはボロディン（とモスクワ）が年初以来せっついていた一歩だった。北伐が再開された。上海はほとんど一発の銃声もなく投降し、蔣介石は三月二十六日に南昌から上海へ拠点を移した。汪兆銘はヨーロッパから帰国した。両者が、一年前に蔣介石のクーデターで崩壊した軍部文民二頭政治を再生してくれるのではという希望が広がった。

毛沢東は、国民党二届三中全で長々と語り、総会は（毛の共産党よりずっと積極的に）かれが湖南地方部の視察から持ち帰ったアイデアの多くを承認した。そこには村落政府の設立と農民防衛軍による保護、圧政的な地主に対する死刑や終身刑などが盛り込まれ、そして初めて提案された、「腐敗官僚や地元暴漢、悪い郷士や反革命分子」の持つ土地の押収と再分配も含まれていた。

総会の宣言では、土地は革命の原動力である貧農にとって「中心的な問題」であり、党は「土地問題が完全に解決されるまで」かれらの闘争を支援する。これは実際よりも過激に聞こえる。重要な問題——土地問題に具体的にどう取り組むのかということ——は言及されなかった。だが少なくとも、いまやそれが議題にあがっており、その後毛沢東は中華全国農民協会と国民党土地委員会、および新政策の実施を担うはずの各種組織設立準備に没頭した。

この頃には楊開慧と子どもたちが合流した。そして武昌に家を借り、そこで毛沢東は再び農民運動講習所を開き、所長となった。四月初め、三男が生まれた。毛沢東はかれを岸龍《アンロン》と名付けた。人生は一見すると、やっと平常に戻りつつあるかのようだった。

同日、一九二七年四月四日、汪兆銘と陳独秀は上海で共同声明を発表し、両者の狙いが共通であることを確認した。後に張国燾が書いたように、この宣言は「いささか催眠術的な効果」を持ち、共産党—国民党友愛に対する甘いノスタルジアの輝きをもたらした。確かに、噂は引きも切らなかった。条約港の外国新聞は、蔣介石打倒の共産主義クーデターや、蔣介石による共産主義打倒蜂起の憶測でもちきりだった。汪と陳は、その共同声明で噂はでっちあげだと一蹴している。ブハーリンは『プラウダ』に、意見の相違は避けられないものだが「悲観論の入りこむ余地はない」と書き、スターリンはモスクワの秘密会議で、蔣介石は革命を支持する以外に道はないのだと語った。ひとたびその役目を終えれば、蔣介石は「レモンのように搾り取られて投げ捨てられる」。だがその日までは、両国の共産主義者たちは、疑わしきは罰せずの方針でかれを取り扱うとスターリンは述べた。かれは簡潔に述べている。「百姓たちはくたびれた駄馬でも必要なだけ手元に置いておく。追い払ったりはしない。我々もそうするのだ」

章末注

＊1　第一届と第二届の中央委員会は、それぞれ三人と五人構成で、中央局はなかった。第二次党大会は個人主義とアナルコ共産主義を防ぐべく「中央集権化と鉄壁の規律」を求め、詳細な組織規定を作ったが、それはおおむね何の実効性もないものにとどまっていた。それが第三次党大会で、中央委員会を中央委員九人と候補委員五人に拡大してから変わった。

＊2　この手紙についてこれ以上のことはわかっていないし、それがどんな口論を引き起こしたかも不明だが、

毛がその誤解について複数形で語り「辛辣な気持ちが再び」と述べていることから、どう見ても妻が簡単に許せるものではなかったようだ。

＊3　共産主義者たちは、中央執行委員会四十議席のうち十議席をおさえており、国民党員が十万人以上いて共産党員は五百人しかいなかったことを考えると、代表比率はあまりに不釣り合いだった。だが孫文はこれを、ロシアの援助を引き出すための交渉材料の一部と見ていた。議決権を持っていたのは、共産主義者の中央執行委員の中でも常務委員だけだし、その一部は孫文の昔からの仲間だったのだ。譚平山は昔から同盟会員だったし、当初は候補委員だが後に正式委員となった林伯渠は、国民党の前身である孫文の革命党に所属していた。

＊4　努力の結果、この種のものとしては湖南省初だった岳北農工会が一九二三年九月に創設された。これはちょうど、かつての省都督譚延闓が南からの侵略を開始したときだった。農工会は絶頂期には会員千人以上を誇った。そして穀物価格の低下、地代の削減と、地元の地主が農民の借金に課したすさまじい金利の廃止を訴えた。譚延闓がいたおかげで、農民たちは地主たちの当初の反攻から多少は守られた。だがこの地域は趙恒惕総督のお膝元の一部であり、十一月末に譚延闓軍が敗走すると、趙恒惕軍は農協本部とその支持者の多くの家に火を放った。少なくとも農民四人が死亡し、何十人もが逮捕され、運動は崩壊した。

第6章

馬日事変に至る出来事とその血みどろの後日談

一九二七年四月十二日の早朝四時過ぎ、上海西部地区に、川の蒸気船が放つ鈍い汽笛がこだました。それは国民党軍と、それを補佐する千人の「武装労働者」に、同じ青いデニムで「工（労働）」と書かれた白い腕章つきの制服をまとい、労働者階級の地区である南市や閘北にある共産主義者拠点を包囲する位置につけという合図だった。その任務を支援すべく、市政委員会は国民党指揮官白崇禧《バイ・チョンシ》に、外国人居留地の自由通行権を与えていた。

夜明けとともに一斉攻撃が始まった。「労働者」は実は、上海の有力な地下組織青幇《チンバン》のメンバーだった。不意をつかれた共産主義者たちは、装備も戦闘員もまったくなかった。まともに抵抗できたのは、兵器の備蓄があって、共産党員指揮下の労働者がバリケードを作れた総工会指揮部と商務印書館だけだった。昼前になると軍は機関銃や野戦砲を持ちだしてきたので、そのバリケードも破られた。「共産党勢力がつぶされたというと言い過ぎかもしれないが、共産党はまちがいなく大きな痛手を負った」と『タイムズ』は報じている。イギリス人が配備されている地域警察の推定では、死者四百名、重軽傷者や逮捕者はずっと多かった。

翌日、そのとき上海にいた最高位の共産党員だった周恩来《ゾウ・エンライ》はゼネストを命じ、上海の大半は機能停止した。繊維工場で働く女子供を含む労働者千人が、軍本部に行進して請願書を提出しようとした。

次に起きたことは、『ノースチャイナ・ヘラルド』の見出しに簡潔にまとめられている。「閘北《ザベイ》で激戦――共産主義者、女子供を最前列に（中略）だが兵はそれでも発砲」。同紙によると、デモ隊は丸腰だった。兵は数メートルの距離から一斉射撃を行った。二十人ほどが即死。さらに逃げまどう二百人も銃撃された。目撃者は、荷車に山積みになった死体が集合墓地に運ばれて埋められたという。その後はもうデモはなかった。蔣介石とその仲間が権力をがっちりと掌握したのだ。

共産党と国民党左派が蔣介石の蜂起をなぜ予想できなかったのかは、ほとんど理解しがたい。問題の一部は、スターリンが国共合作をなんとしても維持しろとこだわっていたことだった。スターリンは、中国を統一してモスクワの敵である列強の勢力を抑える見込みは国民党のほうが圧倒的に高いと信じていた。だからソ連と国民党の同盟は維持せよというわけだ。かれの中国戦略は、革命ではなく現実政治だった。その過程でかれはコミンテルンに目隠しをしてしまい、そのコミンテルンが中国共産党に目隠しをした。

だが話はそれだけではすまない。コミンテルンの指図の分を割り引いたとしても、中国共産党首脳部は、自らすすんでだまされるままとなっていた。この上海クーデターの丸一ヶ月前に、かれらは蔣介石がはっきりと反共に転じたという証拠の山を、意図的に黙殺した。三月半ば、国民党第三次総会が国民党左派と共産党の同盟を再確認すると（これは同時に蔣介石と国民党右派を、党の組織内で傍流化しようとするものでもあった）、蔣介石配下の地域のいたるところで、系統的な暴力行為が左派に対して仕掛けられるようになった。はるか遠い四川省の重慶から、シナ海沿岸の厦門《アモイ》まで、その手口はすべて同じだった。秘密結社（通常は青幇とつながりがある）から雇われた暴漢が、必要に応じて兵の支援を受けて、左派の大衆組織をつぶし、それにかわる新しい「穏健」集団がすぐに設立されるのだ。

他の勢力も関わってきた。国民党左派の配下にあった漢口《ハンコウ》は、経済的に大惨事となっていた。暴力的な労働争議で、何十という中国銀行が閉鎖をよぎなくされた。交易は停止状態だった。上海から不安げに見守る裕福な中国人資本家や事業家にしてみれば、通称「紅都」は避けたいものすべてを体現した場所だった。それだけでもたくさんなのに、三月には上海で労働者の蜂起が起きた。共産党員がそれを冷酷に指導し――『黒衣のガンマンたち』と『ロンドンタイムズ』は述べている――きわめて効果が高かったその蜂起は、共産主義政権の味見として非常に恐ろしいものとなった。

外国人コミュニティでも、「ボリシェヴィキの脅威」を止めろと言う圧力が列強に対して強まりつつあった。強奪の扇情的な物語にみんなとびついた。何度も引き合いにだされたあるニュースは、すでに「妻の共有化」で有名だった共産主義者が、漢口の街中で「雪白の肉体と見事な乳房」を持つ選ばれた女性たちを「裸体隊伍」させた様子を描いていた。いかにも物欲しげででっちあげめいた記事ではある。あるアメリカ人宣教師は「ボリシェヴィズムの狂犬を抑えられず（中略）それが海を越えて愛するアメリカにまで飛び火することになったら」どうなってしまうのかと震え上がっている。ある住人はこう回想する。「みんな恐怖にとらわれていました。みんな自分の召使いたちに殺されてしまうんだと思ったんです。そして真相はといえば、初の本当の警告は、ボーイや苦力《クーリー》や乳母たちからきていたのでした。かれらは繰り返し続けていたんです。『問題たくさん――日本側いくのがましだね』」

三月二十四日、その恐怖を狂乱に引き上げる事件が生じた。国民党軍が南京を占領したとき、兵たちはアメリカ、イギリス、日本の領事館を強奪し、退去しようとしている外国人たちに発砲したのだった。イギリス領事が負傷し、イギリス人二人、アメリカ人一人、フランス人一人、イタリア人神父一人と、日本の海兵隊員が死亡した。この通称「南京事件」を見て、西洋資本家たちは、そろそろ行動しようと決意したのだった。

したがって四月初めまでに、列強と上海資本家たちは、どちらもアナーキーと混乱への転落を止める方法を模索していた。あらゆる外国人の唇にのぼる疑問は、蔣介石——国民党の総司令であるばかりか、明らかに共産主義の狙いに納得していない人物——がその期待に応えてくれるか、ということだった。『ノースチャイナ・デイリーニュース』はこう書いている。「蔣介石は分かれ道に立っている。揚子江以南の中国が共産党に飲み込まれるのを唯一防げるのは蔣介石である。（中略）だが蔣介石将軍が同胞たちを赤から救うためには、すばやく決然と行動しなくてはならない。かれは行動と決断の人たり得るであろうか？（中略）それともかれもまた、中国とともに赤い洪水に飲み込まれてしまうのか？」

答えは徐々にやってきたし、しかも見事に隠蔽されていた。上海の中国実業界は、秘密裏に三百万ドル以上を支払った。これは一千万ドルとも二千五百万ドルとも言われる「借款」の第一次分だった。この借款ははっきりと、共産主義者たちをおさえるという理解のもとに提供された。四月六日、北京の列強代表たちは、熾烈な反共で知られる満州軍閥の張作霖《ザン・ズオリン》が支配する北京政府に対し、中国警察が公使館地区に立ち入って、ソヴィエト大使館の敷地を捜索することを認めた。そこは李大釗《リ・ダジャオ》など現地の共産党首脳部の多くが逃げ込んでいたところだった。上海では、ソヴィエト領事館に警備兵が配備されて、ロシア人の役人以外は出入りさせるなと命じられた。青幇の首領杜月笙《ドゥ・ユエシエン》は「共進会」を設立して、「武装労働者」なるものを訓練し、きたるべき対決に備えていた。実は杜月笙の師匠「あばたの黄」こと黄金栄《ホアン・ジンロン》は、十年前に上海で青年将校だった蔣介石と友達になっていたのだった。そしてその間ずっと、福州から南京まで、反共弾圧は着実に進行していたのである。

だがこれだけのことがあったのに、最後の刀が振り下ろされたときには、ある同時代の目撃者に言わせれば「革命の擁護者たちは不意をつかれた」。何の防衛準備も行われなかったばかりか、共産労工委員長で、上海総工会主席でもある若き汪寿華《ワン・ショウホア》――上海で最も重要な共産主義指導者と言ってもいい――は、四月十一日に、よりによって杜月笙自身の晩餐招待にうかつにも応じたのだった。到着すると、かれは絞殺されて、死体は郊外の荒れ地にある穴に放り込まれた。

問題は分析の失敗ではなかった。すでに一月の時点で、共産党中央局は「外国の帝国主義勢が、国民党右派や中道派と同盟した」場合には「きわめて危険な状況」が起こると警告していた。だが大元帥は行動を見事に偽装していたので、腹心の部下以外にはだれもかれの真の意図を見抜けなかった。だまされたのは、外国人も共産党も同じだった。四月の始め、『ノースチャイナ・デイリーニュース』は、蔣介石が「はっきりと反共の」立場を取らないと嘆いており、中央局は地方部の共産党主導組織への攻撃が個別の反動主義者たちによるものであって、蔣介石の支援など受けていないと信じ切っていた。つまるところ一九二七年の時点で、中国共産党はブルジョワ層との同盟にあまりに没頭しており、それを無視した革命など考えることすらできなくなっていたのだった。

四月十二日午前中、毛沢東は漢口で、新設の国民党土地委員会の会議に出席して、農民の要求を満足させつつ、国民党の地主支持者たちの反感を買わないような土地再分配方針を編み出そうとしていた。かれはまだ湖南《フーナン》省での経験から希望にあふれており、過激なアプローチを提案していた。農民たちが地代の支払いを拒否することで、自主的に行動してもらえばいい――法的な追認は後からでもかまわない、というのだ。毛と瞿秋白《チュイ・チュバイ》は、同月末に予定された共産党第五次大会に向けて、似たような提言を起草中だった。新任のコミンテルン代表マヘンドラナス（M・N・）ロイはモスクワから着任したばかりで、ボロディンに比べて農民革命にはずっと支持を示していた。汪兆銘《ワン・ザオミン》は漢口にいて、陳独秀《チェン・ドゥーシュ》も向かっているところだった。

その午後、上海から緊急無線連絡の第一報が到着すると、慎重に編み上げた希望はすべて一気に崩壊した。

その後六日にわたり、共産党中央局はほとんどぶっ通しで会議を行い、モスクワからの顧問二人はまったくちがった助言をした。ボロディンは「戦略的撤退」を提案し、陳独秀もこれに賛成した。つまり武漢《ウーハン》政府支配下の地域で、農民運動と労働運動を大幅に抑えて、唐生智《タン・シェンジ》指揮下で北伐を即時再開するということだ。唐生智は、河南でソ連から大量の支援を受けているクリスチャン将軍の馮玉祥《フェン・ユーシャン》と手を組んで、張作霖の北部軍に共同遠征をしかけるべきだ、とボロディンは述べた。張作霖を破れば、蔣介石にも対応する時間ができるし、一時的に棚上げした革命運動も再開できる。ロイはこれが「農民とプロレタリア（中略）および大衆に対する裏切りである」と主張。中国革命は「農業革命として勝利するか、あるいはまったく勝てないかである」とかれは宣言した。北に遠征するのは「あらゆる段階で革命を裏切っている、反動勢力そのものと野合することである」。ボロディンの提言は「きわめて危険」であり、共産党はそれを拒絶せよ、とロイはまとめた。

この論争は、スターリンの中国政策が持つ根本的な矛盾をあらわにした。労働者や農民を優先するのか、それともブルジョワジーとの同盟を優先するのか？

大激論がかわされるなか、上海から周恩来と首脳部二人の電報が届き、第三の道を示唆した。かれらの話では、蔣介石の軍事的な立場は見た目よりずっと弱い。唐生智が南京に進行して「決然と懲罰行動に出れば」蔣介石軍は敗れる。だが優柔不断を続ければ、蔣介石は地位をかためてしまう。瞿秋白は上海グループを支持した。陳独秀は帝国主義勢力がいちばん弱い北西方面に侵攻しようという古い孫文のアイデアを蒸し返した。譚平山《タン・ピンシャン》と張国燾《ザン・グオタオ》は南進して広東省《グアンドン》の国民党の古巣を取り戻したがった。

こうした議論の不毛ぶりと中国共産党の無能ぶりは、次の週末に赤裸々に示された。中央局はやっとのことでロイの立場を支持し、この段階で北伐を続けるのは「革命にとって有害である」という決議を発表した——が、その翌日には汪兆銘がボロディンにそそのかされて、北伐をすぐに再開すると発表したのだった。

毛沢東はこれらの会議には出なかった。地位も低すぎたし（中央委員ですらなかった）、湖南報告をめぐるいさかい以来、陳独秀は毛と口もきかなかった。だが毛沢東はロイに賛成だった。

その月、かれは国民党土地委員会で、若い左翼と高齢でもっと保守的な国民党高官との混成団とともに、関係者万人を満足させるような土地再分配方式を考案しようと苦労していた。大問題は、どのくらいの規模で再分配を行うべきかと言うことだった。毛沢東の提案のように、私有地をすべて取り上げるべきか？　それとも毛沢東の父親が所有していたより少し広い、三十畝（一・二ヘクタール）以上の私有地だけにしようか？　それとも高齢の代表が求めるように、五十か百畝（三・三ヘクタールか六・七ヘクタール）以上のものだけ？　最終的には、これまた無意味な論争となった。というのも毛沢東の草案委員会が最終的に提言した、ごく限られた再分配案ですら、国民党中央執行委員会に棚上げされてしまったのだ。地主階級出身の将校が多い軍のお気に召さないかもしれないから、という理由だった。

共産党での毛の努力も、結果は似たようなものだった。第五次党大会で、あらゆる土地を召し上げろと主張するかれの決議案は、討議にさえかけられずに棚上げされた。「土地国有化」の原則には口先ばかりの賛意が述べられたが、無意味なことだった。共産党も国民党同様、「小地主」からの土地収用を禁止しており、その「小地主」の定義は都合良く定義されていなかったのだ。

この段階で、毛沢東は再び「共産党の方針にきわめて不満」だった。これはお互い様だった。新しい中央委員会が選出されたとき、かれはかろうじて候補委員として名を連ねるにとどまり、党のヒエラルキーでは三十位にしかならなかった。一週間後、中央委員会農民委員会が「再編」されると、書記職は瞿秋白に奪われた。瞿秋白は新しい政治局(中央局を改名したもの)の常設委員にも任命された。毛沢東は委員には残ったし、全国農民協会の仕事も続いた。だが湖南省から戻ってかれが書いたような「あまりに急速かつ暴力的であり、いかに強い権力であっても、何であれこれを抑圧することは能わぬ」農民運動を中国全土に構築するという可能性は、ますます非現実的に思えてきた。

一方、他の省からの凶報は怒濤のように流れ込んできた。広州では、国民党右派の総督が戒厳令を発した。共産党員の嫌疑をかけられた二千人が連行され、大量に処刑された。蔣介石が直接支配している地域では「清党運動」が実施されて共産党員は根絶やしにされた。北京では張作霖の命令で、ソヴィエト大使館捜索のときに拿捕された李大釗とその他十九人が絞首刑となった。

五月初めには、武漢の支配下にあるのは湖北省《フーベイ》、湖南省、そして省長の朱培徳《チュー・ペイデ》が昔から汪兆銘の仲間だった江西省だけだった。

もっと深刻なのは経済危機だった。労働運動が過激になったので、都市は無政府状態に陥った。漢口、漢陽《ハンヤン》、武昌では三十万人が失業していた。外国人数は四千五百人から千三百人に減り、残った人々の窮状は「漢口の赤い恐怖」なる見出しで『タイムズ』に記載されている。

政府はいまや完全に共産主義となり、ビジネスは不可能で、労働組合とピケが市を支配しており、兵士たちはかんしゃくを起こして、イギリス人が外に出るのは危険である。企業の社長は暴漢の暴力の標的となっており、中には銃剣で街路から追われた人もいる。

広州と上海の銀行が、蔣介石の命令で武漢との取引を停止したことで、事態はさらに悪化した。徴税も停まった。政府は裏付けとなる歳入もないのに紙幣を刷った。生活必需品が店頭から姿を消した。四月末には米不足のおそれすら出てきた。湖南省の革命当局が、価格を抑えようとして穀物の輸出を停止したからだ。

ボロディンの頑固な主張で、国民党中央執行委員会は未承認ストを禁止し、労働運動に「革命的規律」を課す手段を講じ、通貨を安定させ、価格安定をはかるとともに、失業者救済にのりだした。

この時点で、軍事バランスが再び傾き始めた。唐生智軍は、河南の馮玉祥配下の新国民軍と合流しようと北上した。だが湖北省には形ばかりの守備隊しか残らず、蔣介石には武漢の防衛力を試す機会ができた。五月半ば、三百キロ上流の宣昌にいた国民党司令官夏斗寅《シャ・ドウイン》は蔣介石の下につき、二千人を率いて漢口に侵攻した。蔣介石のうながしにより、武漢を形だけ支持していた他の将軍もその後に続いた。五月十八日、夏の先鋒隊が武漢から数キロのところにいるとの報告が入った。商店主は鎧戸を閉め、川の渡し船は停止された。守備隊長代行に指名されていた共産主義者葉挺《イエ・ティン》は、教練中の士官候補や兵員を数百人かき集め、できる限りの戦闘準備を行った。毛沢東は農民運動講習所の学生を四百人動員しろといわれた。かれらは旧式のライフルと即席の軍事教練を与えられ、市街のパトロールを行った。

翌朝、葉挺の即席軍が出撃して、夏は敗走した。だがいったんついた火はなかなか消えなかった。長沙では、武漢陥落の噂がとびかった。汪兆銘は逃亡、ボロディンは処刑されたというのだ。すでにその春、左派と穏健派との派閥抗争は手に負えなくなっていた。四月には、右派や外国とのつながりを持つ有力な市民が何人か逮捕されて射殺されていた。中には子供時代の毛沢東を大いに感動させた一九一〇年の米騒動の煽動に一役かった、原保守派の老学者の葉徳輝《イエ・デフィ》もいた。いまや兵士と農協活動家が衝突をはじめていた。五月十九日には、唐生智の副司令である何鍵《ホー・ジャン》の義父が、共産主義デモ隊に殴られた。

　二日後の一九二七年五月二十一日、旧暦の馬日に、長沙守備隊長許克祥《シュウ・ケシャン》は辛抱しきれなくなった。湖南省の共産党指導部は、六週間前の上海の仲間たちとはちがって、計画を事前に察知していた。かれらは三千人の労働者にピケを張るように命じたが、武器は木の棒や槍だけで、抵抗のための作戦などは一切なかった。その午後、共産党指導者たちは緊急用資金を山分けし、女子供を安全な場所に避難させた。午後十一時に発砲が始まり、夜明けまで続いた。ある指導者の妻は後にこう書く。「炎が天を照らしました。［農協本部から］銃声が聞こえ、機関銃やライフルが聞こえました。（中略）一家全員が目をさまし、祭壇のある部屋でおびえながら静かに座っていました。生後六ヶ月の息子が私のひざにすわって乳を吸っていましたが、母乳は出ませんでした。息子は泣きわめきました」

　許克祥は後にこう自慢している。「夜明けまでに、長いこと町を覆っていたテロリズムの赤い霧は、我が輩の一息だけで吹き飛ばされたのである」

　その後三週間で、推定一万人が長沙とその周辺で殺された。共産主義者の嫌疑をかけられた集団は、毎日日の出と日没時に、西門外の古い処刑場に連行された。また、農民自衛軍による無謀な蜂起で死んだ者もいた。これは湖南の共産党委員会が五月三十一日に行えと命じたものだった。間際になって漢口から、蜂起中止命令が届いた。長沙と湘潭《シャンタン》を攻撃する二グループは計画変更の知らせを受けておらず、殲滅させられた。

湖南省から、保守派による弾圧の波は湖北省に広がった。そこでは敗走した夏斗寅軍が暴れて、何千もの村人を虐殺した。江西省では農協が解体させられ、郷士たちによる復讐の嵐が訪れた。中国中央部の全土で、赤色テロに変わり白色テロが生じた。自分たちに刃向かおうなどという気を興した農民たちに対し、地主の私兵である民団が恐ろしい意趣返しを始めたのだった。六月半ば、中華全国農民協会向けの報告で毛沢東はこう報告している。

湖南省では（中略）かれらは湘潭総工会委員長の首をはねて、その頭を足蹴にし、腹に灯油をつめて死体を焼いた。（中略）湖北省では（中略）専制的な郷士層が革命的農民に向けた残虐な懲罰は、目玉をくりぬく、舌を引き抜く、はらわたをくりぬく、斬首、切り刻み、砂責め、灯油で火あぶり、灼熱した鉄棒による焼き印などである。女性の場合、乳房を［針金で］突き通してお互いにつなぎあわせ、はだかで市中引き回しにしたり、あっさり切り刻んだりする。（後略）

湖南省の醴陵《リーリン》では、殺戮が終わるまでに八万人が死亡した。茶陵《チャリン》、来陽《レイヤン》、瀏陽《リユウヤン》、平江《ピンジャン》の四郡では三十万人近くが死んだ。虐殺は十年前に張敬堯《ザン・ジンヤオ》、人呼んで「張毒」の手勢が湖南省を荒らし回ったときすら上回った。一八五〇年代の太平天国の乱以来、これほどの大流血は中国では初めてだった。

馬日事変とその後の恐ろしい経過は、共産党にとっての転機だった。張国燾は後に「この血みどろの教訓から、共産党は『武力に対抗できるのは武力だけ』ということを学んだ」と書いている。

だがこれは後知恵というものだ。その時点での共産党の対応は遅々として混乱していた。長沙虐殺の第一報が武漢に届いたとき、共産党はいまだに夏斗寅の反乱未遂を議論しており、今後あんなことが起きないように農民運動は少し抑えようという、幾度となく繰り返されてきた結論をまたもや蒸し返しているところだった。それどころか、政治局が五月二十五日に下した最初の反応は、これは農民たちが浮かれすぎたせいだから、自業自得だというものだった。翌日、汪兆銘の承認を得て、ボロディンを団長とする共産党国民党共同調査団が、実際に何が起きたのかを調べに長沙へと出発した。その出発と同時に、毛沢東は中華全国農民協会の名前で湖南省指導者たちにメッセージを送り、「これ以上の摩擦を避けるために、辛抱して政府職員を待つように」とうながした。調査団は長沙にたどりつけなかった。湖南省の関所で追い返されたのだ（ある証言によれば、この先に進めば殺すと許克祥に警告されたという）。これでやっと、中央委員会は国民党首脳部に許克祥の「暴動委員会」解体を訴えた。さらに、当時はまだ共産党が仲間だと思っていた唐生智の指揮で、長沙に懲罰遠征隊を派遣するよう要請した。そして農民が自衛できるように、武器を送ってくれとも要請した。こうした要求のどれ一つとして実現しなかった。

五月末、毛沢東は政治局に対して、湖南省の党組織再建を手伝いたいので自分を派遣してくれないかと申し出た。十日後、かれは湘潭に赴いて、新しい省委員会を組織して書記になるよう指示を受けた。この決定はすぐさま取り消された。だが六月始めから、毛沢東は湖南の状況に対処する日常業務をかなり担当することになった。党は、農民たちの手綱を引き締めるように要求していたが、かれはその後数週間にわたって、農民の正当な「暴力的抵抗手段」をかたくなに擁護しようとし、両者の妥協をなんとか声明や指示の中で実現しようとして、ある程度の成功をおさめたのだった。

その間に、くたびれ果てた中国共産党に対し、まったく予想外の方面から別の打撃が降ってきた。

四月の蔣介石によるクーデター以来、スターリンは中国騒動の責任をめぐり、トロツキーとの争いに没頭していた。結果として、中国共産党はすべて好き勝手に行動できた。だが一九二七年六月一日、クレムリンでの長時間にわたる異様に秘密めいたコミンテルン総会の後で、漢口に電報が届いた。その中でスターリンは中央委員会に対し、もっと強硬路線を執れと指示していた。農民革命は「手を尽くして」推進せよ。行き過ぎへの対応は農協自身に任せよ。国民党は革命法廷を設け、蔣介石と接触を維持したり、大衆を抑えるのに兵力を使ったりする将校には厳罰を。「説得ではもう不十分である。行動の時が来た」とスターリンは宣言していた。「悪漢どもは処罰されねばならない」。「湖南と湖北から共産主義者二万人と、革命的労働者や農民五万人ほど」を動員して「手遅れになる前に」頼りになる新規の軍を組織し「信用ならない将軍たちへの依存をすぐに断ち切るべし」。国民党中央執行委員会にもまた新しい血を入れるべきである。農民や労働者階級から大胆な新指導者を連れてきて、そろそろ「信念が揺らいで妥協しつつある（中略）一部古参指導者」の決意を刷新すること。あるいはその古参指導者どもを一掃してしまうこと。

この信書が読み上げられると、政治局員たちは張国燾によれば「泣くべきか笑うべきかわからなかった」という。後に陳独秀は、それが「糞風呂に入るようなものだった」と述べている。ボロディンとヴォイチンスキーですら、これは実施しようがないと同意した。

別にスターリンの発想がまちがっているというのではない。一年前に共産党指導部はモスクワに懇願して、広東省の独立農民軍武装用にライフル五千丁を要請したのだが、国民党軍に不信感を抱かれるからといって断られていたのだった。また毛沢東と蔡和森《ツァイ・ヘセン》は長いこと、農民の行き過ぎは農協内部で解決させるべきで、外部から無理強いすべきではないと主張してきた。だが問題はそこではない。この新しい指令は手遅れなだけではなかった。革命運動における勢力バランスに関するスターリンの評価は、どこに目をつけているのやらわからないほどピント外れだったのだ。国民党左翼ですら、まして共産党などには「信用ならない将軍たち」を抑える力などまるっきりなかった。また共産主義者が国民党中央執行委員会を再編させるなどというのも無理な話だ。中央執行委員会はいまや急速に右傾化しつつあり、いまの同盟関係を存続させるだけでも共産党は手一杯だったのだ。

この分かれ道において、この電報で共産党が農民運動をもっと強く支援するようになるのではと期待したロイは、自ら行動を起こした。

ボロディンや中国指導層の誰にも相談せずに、ロイは独断で電報を汪兆銘に見せた。その動機はついにまともには説明されなかったが、どうもスターリン同様、ロイも勢力バランスを読み違えたらしい。汪兆銘にとってはいまでも共産党の支援が重要だと思ったらしいのだ。だからモスクワが国民党に失望していることを証明すれば、汪兆銘もショックを受けて、もっと過激な政策を採るようになるだろうと思ったようだ。だがやってみると、まったく正反対の結果となった。汪兆銘は国共合作はおしまいだと結論づけた。翌日の六月六日、かれは国民党左派の代表団をつれて、ちょうど馮玉祥《フェン・ユシャン》が陥落させた河南省鄭州《ゼンゾウ》に赴いた。表向きは、蒋介石に対抗する同盟について議論したいということだったが、実際には南京の国民党右派といずれ和解するために、和平信号を送り始めるのが狙いだった。

ロイのへまは、避けがたい事態をさらに加速させたにすぎない。共産党が御しようとしている、狂ったように走る馬二頭——農民反乱とブルジョワ革命——は何ヶ月にもわたりちがう方向へ走り去ろうとしていた。ロイの行動がなくても、馬日事変のおかげで最終的に両者は袂を分かつことになる。

六月十五日、陳独秀はスターリンに、政治局としての回答を送った。それはソ連指導者の事態対応に対する包み隠さぬいらだちという点でも、災厄は避けられないという感覚の点でも驚くべき文書である。陳独秀は、子供に諭すようにこう書いている。

農民運動は、特に湖南省で急激な展開を見せました。国民軍の九割は湖南省出身です。農民運動の過剰については、軍のすべてが反発しています。（中略）こうした状況では、国民党だけでなく共産党も譲歩政策を採らざるを得ません。（中略）さもなければ（中略）国民党とは分裂が生じてしまいます。それどころか、これがごく間近に起こることは避けられない可能性が高いのです。（中略）貴殿の指示は正しく重要であります。我々も完全に合意するものです（中略）が、それを短期で実現するのは不可能です。（中略）こうした任務を実現する立場に至るまで、「国民党左派指導層と国民軍との」良好な関係を保つことが必要です。

ロシア指導者の指示の中で、陳独秀が直接返答しなかったのは唯一「独自の信頼できる軍」を作れ、というものだった。これは偶然ではない。スターリンの電報が届くほんの数日前の五月二十六日ですら、政治局は相変わらず武装紛争は避けよと固執していたのだ。だからこそ、五月三十一日に予定された長沙攻撃は中止になったのだった。いまやこれは変わろうとしていた。えらく遅ればせながら、独立共産軍の問題がやっと真剣に議論されるようになったのだ。

スターリンの電報が持つ長期的な意義は、それが引き起こした直接の騒動が忘れ去られてからはるか後に生じた。それはその後の数ヶ月かけて、中国紅軍が生まれるための種をまいたということだった。

陳独秀が政治局の回答を送った頃に、中央委員会の秘密委員会が設立された。委員長は当時中央委員会軍事委員会の書記だった周恩来だった。かれは湖南に百人以上の共産主義工作員を送り込み、許克祥勢に対して武装農民蜂起を組織するという詳細な計画を書き上げた。実施の直前、武漢での会合で、毛沢東はかれらに対して、任務は故郷に帰って「武装軍事力により革命闘争を維持する」ことだと告げている。どうやら想定では、もし蜂起が成功したら、共産党率いる農民部隊はスターリンが要求する「信頼できる軍」の核を形成する予定だったようだ。

六月二十四日、毛沢東は共産党湖南省委員会の書記に任命され、すぐに長沙に出発した。抑圧が続くなか、何か拾い出せるものはないか視察しようと考えたのだ。数日後、かれは衡山《ヘンシャン》で、共産党と青年団の高官生き残りに対して、ためらう時期は終わったと告げた。これからは「銃には銃で対抗」しなくてはならない、と。

だが毛沢東が演説している間にも、共産党の足下から地面が奪われつつあった。

汪兆銘とロシア人との間の分裂が公然化するのは時間の問題だった。ソヴィエト顧問たち自身ですら、先行きは十分にわかったので、引き揚げるためにこっそり荷造りを始めた。よろめきつつあったのは汪兆銘だけではない。モスクワのもう一人の腹心だった馮玉祥も、月額二百万ドルの補助を受ける見返りに、いまや蔣介石支持に寝返っていたのだった。

政治局には暗い悲観論がたちこめていた。蔡和森は「みんな陰気な様子であてどなくうろつき（中略）何事についてもしっかり決然と合意できなくなっていた」と回想する。

焦りの色があらわれた。六月二十三日、中央委員会書記処は「国民党との即時決別は、我が党の即時解体を意味する」とメロドラマじみた警告を発した。そして「この危険な危機から我々を引き出す」ために、新しい「五月三十日事件」（これは一九二五年に中国全土を火の海にしたものだ）を作り出そうと提案した。こんなイカレた提案に継ぎを当てるのはロイの役目となった。かれは指導層に厳しく告げている。「国共合作がなにやら自己目的化して、そのためにすべてが犠牲にされようとしている」。この警告は無視された。六月三十日、最終的な崩壊を何とか避けようという最後の必死の試みとして、政治局は臆病な決議を承認する。そこでは国民党が「国民革命における指導的地位を持つ」ことを再確認し、労働組織や農民組織——農民自衛軍を含む——を国民党監督下に起き、労働者のピケの役割を規制し、ストの要求も制限するというものだった。

ほぼ同時期に、毛沢東は緊急の召喚状を受け取った。予定された湖南蜂起は中止、すぐに武漢に戻れという。明らかにボロディンは、国民党左派の残骸に対するリスクは、蜂起によるどんな利益よりも大きいと結論したのだった。

七月四日月曜、毛沢東と、いまや禁止された湖南省農協の主任柳直荀《リュウ・ジシュン》は、武漢の政治局常務委員会拡大会合に出席して、次にどうするべきか決めようとした。現存する議事録を見ると、指導層はわらにもすがる思いだったようだ。議論の大半は、唐生智とその部下何鍵《ホー・ジャン》将軍との関係をめぐるものだ。何鍵将軍は許克祥の上官なのだった。何鍵は反共を広言しており、唐生智もいまや急速に右傾化しつつあった。だが会議は毛に言わせると、いまだに「唐と何の決裂を促進し、唐を我が方に引きつける」ことができるかもしれないと信じたがっていた。これはないものねだりもいいところだ。一九二七年七月になると、共産主義指導層は政治的な影響力など一切行使する能力を失っており、内心ではみんなそれがわかっていた。

かれらの直面した大きな問題は、蜂起が中止になる前に組織された、地元農民自衛部隊をどうするかということだった。蔡和森は、山にこもらせてそこから反乱をはじめさせようと主張した。李維漢《リ・ウェイハン》は、連中が山賊化したらどうするんだと反対した。そして、公認の地元平和維持軍になればいいと提案した。それができないなら、かれらは兵器を隠して待つべきだ、と李維漢は付け加えた。陳独秀は、農民が実質的な軍になれるのは、国民党の率いる国民軍の訓練を受けた場合だけだと主張し続けた。毛沢東はこうまとめている。

「実際には合法的に設立がむずかしい平和維持軍」以外には、二種類の方法がある。（a）山にこもるか（b）軍に入るかだ。山にこもれば、真の軍事力の基盤を作り出せる。（中略）そうした軍を維持しなければ、将来緊急事態が起こったとたんに我々はどうしようもなくなる。

議論はだらだらと続き、何ら決定は下されなかった。だが明らかに毛沢東と蔡和森の頭の中には、将来の戦略の萌芽が形成されつつあった。

だがかれらが話し合っている間にも、事態は結末に向けて動きつつあった。スターリンは、六月十五日の陳独秀の返事がお気に召さなかった。七月第一週かそれ以前に、かれは陳独秀を更迭することにした。ロイとヴォイチンスキーは二人ともモスクワに呼び戻され、七月十日にはブハーリンが『プラウダ』に寄稿して、ソヴィエトの助言を「非現実的」だと一蹴したことで中国共産党指導部を糾弾した。二日後、陳独秀は辞表を提出し、五人構成の中央委員会「臨時常務委員会」——張国燾、李維漢、周恩来、李立三《リ・リーサン》、張太雷《ザン・タイレイ》——が設立されて日常業務を監督する一方、ボロディンと、陳独秀の後継者として指名されるはずの瞿秋白は廬山《ルーシャン》にこもり、党の採れる方策について検討した。

翌日七月十三日、新しい党中央部は国民党左派の指導層が「苦闘する大衆を裏切った」と糾弾する宣言を採択したが、すぐには発表しなかった。七月十四日と十五日、国民党左派の指導者たちもまた非公開会議を開き、共産党員の役割をさらに制限して実質的には排除するに等しい決定を下した。そして七月十六日には、宣言と決議がどちらも公開された。

茶番は完全に終わったわけではなかった。モスクワの指示で、共産党は「進歩的な国民党左派分子」との統一戦線が続いているという作り話を維持し続けた。だが実際には、合作はおしまいだった。ものの数時間で、何鍵将軍の部隊が労働組合を制圧し、共産主義の容疑者を連行しはじめた。毛沢東ら共産党指導層は身を隠した。陳独秀は変装して上海行きの蒸気船に乗った。残ったソヴィエト顧問たちも中国を離れた。最後まで残った一人であるボロディンは、汪兆銘自ら率いる国民党中枢陣により、漢口駅で儀礼的な見送りを受けた。やがてかれは、ゴビ砂漠を命からがら車でこえて、十月始めにシベリアにたどりつく。中国に対するモスクワの影響力維持のため、スターリンは何百万もの黄金ルーブルを費やしてきた。それがいまや無に帰した。

年末までに国民党左派も崩壊し、汪兆銘はヨーロッパに逃げる。二十年代末までに、蔣介石は北京を制圧して中国の新支配者となるのだった。

だがそれはまだ先の話だ。一九二七年の猛暑の中、楊開慧《ヤン・カイホイ》とその幼子三人は、最後にもう一度長沙に戻ることになる。国共合作は終わった。共産主義革命が始まろうとしていた。

ベッソ・ロミナーゼは中国人の相方と最初はウマが合わなかった。若く未経験で、ソ連の国境から外のことはほとんど知らず、気にもしていないようだった。張国燾《ザン・グオタオ》はかれが武漢《ウーハン》にやってきた七月二十三日に会っている。後にかれは「記憶の中で最悪の会話だった。（中略）かれの性格は、十月革命の後のヤミ屋まがいで、態度はツァーリ時代の官憲もどきで（中略）中国共産党のインテリたちを奴隷扱いしていた」と書いている。

ベッソ・ロミナーゼはスターリンの腹心だった。二十八歳でかれは、中国の指導者たちにコミンテルンの新方針を無理強いし、最近のどうしようもない失敗はスターリンのせいではなく、中国指導層のせいなのだということを是が非でも受け入れさせるために送り込まれた。ロミナーゼにとって、モスクワこそはあらゆる可能な叡智の源だった。張国燾の表現では、かれは「皇帝の勅令」を携えてきたのだった。中国共産党の迷えるプチブル指導者どもは、ソ連の体験とコミンテルンの指令を正しく適用しさえすれば、中国革命は勝利して、ロシアとその支配者の栄光も増すというわけだ。生涯ずっと外国で革命をこっそりと醸成してきたボロディンや、レーニンと農業政策を論争してきたロイなどとはちがい、ロミナーゼと付き添いの傲慢で自信なさげな若者たちの小集団は、スターリンの個人的な権力機械の歯車でしかなかった。一九二七年後半、クレムリンの主は中国革命の未来などあまり気にしておらず、単にトロツキーの見方がまちがっていて、自分のが正しいということを示したいだけだった。

中国の共産党員は、この頃やっと陳独秀《チエン・ドウーシユ》の辞職強要と統一戦線崩壊のショックから立ち直りかけたところだった。三月に江西省で始まった党員虐殺は、四月に上海で加速して、五月の湖南で頂点に達したが、その意義もやっとはっきりと理解されるようになっていた。それは宿主組織に裏切られ、自衛の手段も意志もない寄生虫政党の必然的な運命だったのだ。したがって七月十五日との国民党との決裂後、共産党の新しい臨時指導部は、共産党主導の農民軍を作れというスターリンの命令を根拠に、きわめて急いで独立戦略のガイドラインの概略を作成した。

七月二十日、農民運動選出に関する秘密指示が出され、「農協の政治権力を目指す闘争において勝利を保証するには革命的武装軍事力が必須である」と主張された。毛沢東がその起草を手伝ったのはほぼまちがいない。指令は農協幹部たちに「この問題に百二十パーセントの注意を向けよ」と指示していた。続けて、そうした軍事力を獲得するために党が使える各種の手段が詳細に論じられていた。その手段としては、地主の私兵から武器を奪う、「勇敢で訓練をうけた農協のメンバーたち」を軍閥軍に送り込み、内通者として活動させる、秘密結社メンバーと連携する、農民自衛軍をこっそり訓練する。そしてあらゆる手段が失敗したら、毛沢東と蔡和森《ツアイ・ヘセン》が二週間前に主張したように「山にこもれ」と指示されていた。

同時に中央常務委員会は、湖南省《フーナン》、湖北省《フーベイ》、江西省《ジャンシー》、広東省《グアンドン》で、一連の農民蜂起の波を準備しはじめた。これは九月半ばの秋収穫祭中に実施される予定だった。この時期は地代の支払期限で、農民と地主との緊張関係が最高になる季節だからだ。そして江西省の省都南昌《ナンチヤン》では、軍事蜂起が計画された。そこに国民革命軍の中で共産党の将校が率いる部隊がいくつか駐屯していたからだ。

モスクワはそんな計画は何も知らず、またもや騒動になって責任を取らされるのはまっぴらだったロミナーゼが不安になってお伺いをたてると、神託めいた二重否定の返事が帰ってきた。「蜂起に勝利の見込みがないのであれば、それを開始しないほうがよいであろう」。だがその頃には、中国の指導者たちはコミンテルンの計算ずくのあいまいさにうんざりしていた。ボロディンと陳独秀の下で長い不名誉な退却戦を経験したかれらは、いまやどんな代償を払ってもいいから行動するつもりだった。モスクワの慎重論を無視して、特別に組成された前敵委員会[*1]の議長となった周恩来《ゾウ・エンライ》は、八月一日未明に蜂起を開始するよう命じた。南昌はほとんど一発も発砲することなく陥落し、四日にわたって共産党の支配下におかれた――スターリンは大喜びだった。これはトロツキストどもの反対に対してひけらかせる勝利だったからだ。

蜂起参加者一覧は、共産主義革命の名士名鑑さながらだ。[*2]後に紅軍の総司令となる朱徳《チュー・デー》は、南昌の公安局長だった。数々の秘密結社を渡り歩いてきた、口ひげ姿の四川人である賀龍《ホー・ロン》は後に共産党の元帥となるが、蜂起軍主要部隊を指揮した。南昌の師団長だった葉挺《イエ・テイン》将軍は後に抗日戦争中に共産党新四軍の指揮官となる。葉の政治委員だった聶榮臻《ニエ・ロンズン》と司令の葉剣英《イエ・ジャンイン》もまた後に元帥になる。林彪《リン・ピアオ》という名の、やせていささか無口な黄埔軍官学校卒業生もそうだった。かれは参加した将校の中で最も若年の一人であり、二十歳になったばかりだった。

共産軍二万人強は、八月五日に南昌を出発して南進し、ある共産主義に影響された宣言が述べたように「新旧軍閥の勢力外に（中略）新しい根拠地」を設けるべく広東省に向かった。

こうした出来事が展開する間、毛沢東は武漢に残った。そこではコミンテルンの命令で、瞿秋白《チュイ・チュバイ》とロミナーゼが若き書記の鄧希賢《デン・シシャン》、後に仮名の鄧小平《デン・シャオピン》で知られるようになる人物の補佐を受けて、緊急党大会の準備をしていた。その表向きの目的は、「［党の］軍隊を再編し、過去の深刻な誤りを糾し、新しい道を見つけること」だった。

二日後、共産党員の男性ばかり二十二名が、漢口《ハンコウ》の日本租界にあるロシア経済顧問の大洋館に集まった。無用な注意をひきたくないので、中座は認められず、だれかが玄関にきたら、株主総会を開いているということになっていた。瞿秋白はまったく似合わない派手なネルシャツを着ていた。かれは結核の症状がひどく、八月のうだる暑さの中で顔の血管が浮き出て目立っていた。この会議は実に慌てて招集されたし、秘密厳守と多くの指導者が南昌にいなかったこともあって、中央委員会のうち出席者は三分の一だった。党規に照らすとこれは定足数に満たない。だがロミナーゼは、党が直面している緊急事態を鑑みて、この会議で臨時の決定をくだし、それを六ヶ月以内に開催される大会で追認すればいいと固執した。

八月七日の会議での新しい戦略には、昨冬と春のスターリンの指示が反映された。大地主に対する階級闘争と、軍閥政権に対する国民革命との間に矛盾はないと述べたものだった。革命の重心は、労働組合と農民協会に移行すべきだ、とロミナーゼは論じた。農民や労働者は党の主要組織でもっと大きな役割を果たすべきである。そして武装労働者と農民の蜂起との協調戦略を練り上げるべきである。この点で、南昌蜂起は「明らかな転機」を期すものだった、とかれは述べた。更迭された指導者陳独秀の下で実施された、妥協と譲歩の弱腰政策は、廃止されたのだ。

ロミナーゼは、モスクワからさらに二つの教訓をたたき込んだ。コミンテルンの命令には絶対従うべし。六月にその指導を拒否したことで、党指導層は規律を乱しただけでなく、「犯罪行為」を行ったのである。そして党がいまや国民党支配地ですら公然とは活動できない以上、「しっかりした戦闘的秘密機構」を持つ軍事的隠密組織へと組織改革するべし。

建前上は一同の考えを揃えるためだが、同じくスターリンのメンツを保つために、会合は「全党員に対する回状」を発表し、旧指導層ほぼ全員を網羅する、長々とした自己批判を掲載した。陳独秀はロミナーゼ（そしてロイ）にメンシェヴィズムだと批判され、「革命を逆立ちさせ」[*3]、農民運動や労働運動を抑え、国民党に叩頭し、党の独立性を放棄したと名指しで批判された。譚平山《タン・ピンシャン》は国民党農民部部長なのに「闘争を放棄」して「恥ずかしげもなく地方革命の支援を拒否した」と称して叱責された。李維漢《リ・ウェイハン》は、名指しではないが五月末の農民の長沙攻撃を取り消したと責められ、周恩来は六月に武漢で労働者ピケの武装解除を認めたことで責められた。毛沢東でさえ、国民党の土地再分配拒否に抗議しなかったことと、全国農民協会のために起草した指令で十分過激な路線を採用しなかったことで遠回しに批判されていた。

それでも、前のボロディンと陳独秀の指導層よりは、新しいロミナーゼと瞿秋白のほうが、毛沢東にはずっと気に入った。階級闘争の明確な強調、蜂起の原動力としての農民や労働者の優位性、武装軍はの使用といった方針は実に甘い響きに聞こえた。また外国の帝国主義とここでの封建主義との関連性についてロミナーゼが述べたのも気に入った。

ロミナーゼのほうでも毛沢東を「有能な同志」と考え、新臨時指導陣が発表されると、中央政治局候補委員に任じられるというごほうびが待っていた（政治局に戻るのは、一九二五年に韶山に引っ込んで以来のことだった）。政治局の中央委員九人のうち、四人は労働者階級出身で、その一人の蘇兆征《スー・ザオゼン》は労働者にもっと大きな役割を与えろとロミナーゼがこだわったために、瞿秋白と李維漢とともに三人構成の常務委員に指名された。南昌蜂起軍にいた彭湃《ポン・パイ》は、農民運動を代表し、任弼時《レン・ビースー》は青年団代表だった。張國燾と蔡和森はどちらも穏健派と思われていたので降格された。張国燾は候補委員として数ヶ月は残ったが、一九二二年以来トップ指導層にいた蔡は、共産党北方局の書記に左遷された。

なぜ農民運動の代表として選ばれたのが、毛沢東ではなく彭湃だったのだろうか？　原因の一つは、彭湃の本拠地である広東省に強い基盤を再建したかったからかもしれない。だが毛沢東の人格的な問題もあった。陳独秀の失脚直後、周恩来は毛沢東を四川省に異動させようとして失敗している。どうやら毛を湖南の権力基盤から切り離したかったらしい。瞿秋白はその年前半に農民部で毛といっしょだったから、毛沢東がいかに頑固で聞き分けがないか何度も十分に目にしていた。味方としては頼もしい——でもライバルにしたり、部下にしたりすると、言うことをきかせるのは大変だ。[*4]

　ロミナーゼ到着直前、毛沢東は湖南省での秋収蜂起の準備を任された。最初の提案は、南昌からの正規一連隊と、湖南省東部と南部からそれぞれ千人ずつ程度の農民自衛軍部隊を動員した二連隊とで構成される農民軍を組織する、というものだった。これは八月一日に常務委員会で承認された。その農民軍が省南部の五、六郡を占拠して、農民革命を支援し、革命地域政府を作る。狙いは唐生智《タン・シェンジ》支配を弱めて「革命軍の根拠地」を作り、そこから全省農民蜂起を興して唐生智を打倒しようという計画だ。

　八月三日、常務委員会はこの計画を、四省にまたがる全面的な秋収蜂起の素案に組み込んだ。これは「反地代反租税」蜂起として定義され、最終的にはそれが湖南省と広東省をカバーする新革命政府の形成につながればいい、というのがかれらの希望だった。

　だが南昌蜂起の成功で、瞿秋白とロミナーゼは湖南省での作戦を南部だけにとどめず、省全体に広げるべきだと確信した。二日後、湖南省の党委員会から改訂版の計画が要求された。だが明らかに不満なものだったようで、八月九日にロミナーゼは、長沙の新ソヴィエト領事（およびコミンテルンのエージェント）である「同志マイヤー」なるロシア人の助言を受けて、湖南省委員会——書記は毛沢東の級友で新民学会の仲間の易礼容《イ・リロン》——が無能であり、再編が必要だと結論した。毛沢東の名誉のために言っておくと、この問題が政治局で議論されたとき、かれは易礼容とその仲間を擁護して、かれらが果敢に「馬日事変以後の悲惨な状況の中で何とか挽回を試みていた」と論じた。だが効果はなかった。ロミナーゼは、湖南省の政治局候補委員彭公達《ポン・ゴンダー》を、新しい省委員会書記に任命した。

八月十二日、毛沢東は湖南省中央特派員に任命され、蜂起を軌道に乗せる準備のため長沙に向かった。一週間後、新生の「再編」湖南党委員会が初会議を開いた。その構成員は、ロミナーゼの指示通り労働者農民出身の者が多数派を占めていた。会合にはコミンテルンのエージェントであるマイヤーも同席し、長沙近くの田舎家で作戦計画が議論された。

この時点で三つの問題が生じた。最初のものは比較的小さなものだった。マイヤーは会議で、毛が道中にいる間に漢口から送られた最新のメッセージを伝えた。そしてかれか毛沢東か、あるいはその二人ともが、労働者農民ソヴィエトをロシア方式にしたがって、地元権力組織として設置するのをスターリンがついに許してくれたと――実はまちがって――結論してしまったのだ。毛沢東は驚喜して、すぐに中央委員会に手紙を書いた。

> これを聞いて私は欣喜雀躍した。客観的に述べて、中国における状況はとっくに一九一七年に達していたが、公式にはみな、我々が一九〇五年の状況だという立場をとった。これは甚大なる誤りであった。労働者、農民、兵士のソヴィエトは、客観的状況に完全に適応している。（中略）［彼らの権力］が［湖南省、湖北省、江西省、広東省に］確立したら、全国で迅速なる勝利が実現されるであろう。

したがって、共産党としてもすでに評判の落ちた国民党左派と革命的共闘を維持しているという茶番を維持するのはやめて、そろそろ自分の名前で行動すべきだ、と毛沢東は論じた。「国民党の旗印は軍閥の旗印となった。すでに黒旗でしかない。我々は即座に決然と紅旗を掲げなくてはならないのである」とかれは書く。

この省では、農民は国民党を青地に白い太陽の旗印と結びつけており、それは許克祥《シュウ・ケシャン》によるひどい残虐行為を連想させるものでしかなかった。だからこの提言は常識でしかない。だがこの問題は政治的に微妙だった。というのもこれは、スターリンとトロツキーの間に継続中の論争に絡んだ話でもあったからだ。このため、毛沢東は実際より四ヶ月先走っていたことになる。ソヴィエト設置と国民党旗の廃止がやっと了承されたのは一ヶ月後だった。スターリンのロシア的パラダイムでは、確かに中国は毛の主張通り一九一七年の段階ではあったが、十月ではなく四月の段階でしかなかったわけだ。

第二の問題は、土地収用という前からの問題をめぐるものだった。八月七日会議はこの問題を敬遠した。毛沢東は長沙に戻ってから数日がかりで、農民の見方を精査した。そしていまや、共産党の「土地国有化」政策と、貧民たちの土地に対する渇望とで折り合いをつける、遠大な提案を提出した。かれは省委員会にこう語った。「あらゆる土地は、小地主や自作農の土地も含め（中略）公有とされ」、その農家の労働力と食わせる口の数に応じて「公平に」再分配されるべきである（この要求を巡り、後に無数のインキと血が流されることになる）。小地主やその扶養家族たちも、土地分配には含められるべきだ（が大地主は別）、とかれは付け加えた。「それだけが人々の心を安んじさせる唯一の方法だからである」

定義の問題は一時的な興味にとどまるものではなかった。それは中国共産主義革命の核心となる、土地改革論争の土台となる。そしてその議論は一九四九年の勝利前夜まで休みなく検討が続くのだった。

だが一九二七年八月には、毛沢東の提案は瞿秋白の政治局ですら容認しがたいほど過激なものだった。八月二十三日に党中央は詳細な返答を送り、毛沢東が原理的にはまちがっていないものの、この問題については少なくとも――ソヴィエトの組織や国民党旗の廃止と同様に――かれは時期尚早である、と告げた。小地主の土地を収用するのは、いずれは実施されるであろう、だがそれをいますぐスローガンとして掲げるのは戦術的にまずい、と党中央は述べていた。

長沙での論争から生じた第三の問題は、もっと根本的なもので、解決もはるかにむずかしかった。というのも、それは瞿秋白とその同僚たちが共産党復活のために期待していた、武装蜂起戦略すべての根幹に関わるものだったからだ。六月のスターリン電報以来、革命推進のため共産党は武装軍を使わなくてはならないという広い合意が生まれていた。だが分析はそこで終わっていた。その軍がどんな形を取るのか、どんな役割を果たすべきか、それが農民や労働者の大衆運動とどう組み合わさるべきか、党の政治力を強化するためにどう活用されるべきかは、まったく検討されていなかった。毛沢東はこの問題について、漢口で八月七日に簡潔にまとめている。

我々は孫文が軍事運動しかしないと批判し、自分たちは正反対に、軍事運動を行わずに大衆運動だけを実施した。蔣〔介石〕と唐〔生智〕はどちらも銃をとることで台頭した。それに従事しなかったのは我々だけだ。現在ではこれに多少の関心は払っているが、いまだにはっきりした概念を持っていない。たとえば秋収蜂起は、軍勢なくしてはまったく不可能である。（中略）これからは軍事問題に最大の関心を払うべきだ。権力は銃身から獲得されるのだと知るべきである。

当時は、だれもこの印象的な発言に反対しなかった。ロミナーゼ自身も、南昌蜂起が軍部隊を共産党の思い通りにできたことで、秋収蜂起の「成功を保証する」ものだと認めている。だがすぐさまその判断はひっくり返された。湖南省の指導者たちは「本末倒置」はやめろと警告された。まずは民衆暴動だ、と政治局は決定した。軍事力はその次となる。政治権力に関する毛沢東の名言――後に「銃身主義」と呼ばれるようになる――はもっと疑問視されるようになった。十日後の常務委員会の決定では、それは「中央部の決定に必ずしも一致しない」とされた。革命の核は大衆である、軍事力は、よくても付随的なものでしかない。

一九二〇年代の若き中国過激派にとって、これは悠長な論争などではなかった。その前の十年間を通じて、中国は政治その他を問わずあらゆる権力を銃身から引き出した人々、すなわち軍閥によって蹂躙されてきたのだった。政治力がどうやって軍事力をコントロールできるのかというのが大問題となり、それは共産党の国民党との経験によりいっそう激しいものとなった。国民党では、文民指導者たちは明らかに自分の将軍たちを抑えきれなかった。加えて、一九一七年十月革命の神話があった。その神話では、民衆暴動は軍事による制圧よりなぜかもっと「革命的」だとされていたのだった。革命で得たものを守るために軍事力は使っていいけれど、でも最初の火花は己自身の鎖をふりほどく、農民や労働者からこなくてはならないというわけだ。さらにこれはまさに農民が待ち望んでいることでもある、と瞿秋白は主張した。共産党としては「導火線に火をつけ」さえすれば、止めどない地方革命が南部中国全土で爆発するというわけだ。

暴動の実行を任された省の指導層は、そんなことがあり得ないのを知っていた。湖北省の地元党幹部は、農民がやる気をなくしているという気後れするような報告を次々に送っていた。湖南省では、ある地元委員がはっきりと、農民たちは戦うだけの度胸なんかないと述べている。かれらが求めているのは、政治体制なんか関係なくて、単によい政府なのだ、と。毛沢東も同意した。共産党がこの春に活動していたら、事態はちがっていたかもしれない。だがその後の三ヶ月で地方ネットワークは地下に潜伏したり解体させられたりしているし、農民たちは驚くほど壮絶な全国的流血によって、力ずくで服従させられている。その中で軍の支援なしに暴動を目論むのは自ら惨劇を招くようなものだ。毛沢東は警告している。「部隊一つか二つの支援があれば、暴動は実行できる。そうでなければ失敗は不可避だ。（中略）［それを否定するのは］自己欺瞞でしかない」

見解がこれほど離れていては当然のことだが、八月二十二日に武漢で常務委員会に提出された毛の改定案は、中央部の期待を大きく下回るものとなっていた。

文書として提出した提案では、毛沢東は本意を隠そうとして、政治局の同僚たちに対して正規兵による二連隊に暴動の「口火を切らせる」必要はあるが、その「主力」となるのは労働者と農民であること、暴動が長沙で「始まり」、「湖南省の南部と東部も同時に暴動」すること、「うまく湖南省南部［の全域］を制圧するのが不可能であるとわかれば」、南部の三郡だけで暴動を行うという代替案も用意してあるのだ、と保証してみせた。だが魂胆がばれたのか、それとも湖南省の文書とともに、蜂起が八月三十日に始まるという口頭の提案――計画より十日早い――を伝えた若き省委員会の委員たちが口をすべらせたのだろう。いずれにしても、その計画は却下された。長沙を皮切りにするのはもっともなことだ、と常務委員会は認めた。だが――

まず、貴殿の文書報告と口頭報告の両方が、「周辺の」県における農民暴動の準備がきわめて脆弱であり、長沙制圧に外部の軍事力をあてにしていることを示している。この種の一方的な軍事力偏重を見ると、貴殿が大衆の革命的な強さを信じていないようにうかがえる。これは軍事冒険主義をもたらすものでしかない。第二に、長沙の作業にばかりかまけているため、貴殿は他地域における秋収蜂起を無視している――たとえば湖南省南部の計画放棄がそうだ。(中略) さらに事態の進展にともない、きみは[正規軍]二団を使うことはできない。

政治局は毛沢東の魂胆などお見通しだった。かれは確かに全省暴動という発想を捨てており、全勢力を長沙に集中しない限りこの試みすべてが失敗すると確信していた。省都攻撃に正規軍が提供されないという知らせは、単にこの確信を強めただけだった。湖北省では省指導部が似たようなジレンマに直面し、いやいやながら中央の意向に従った。毛沢東は、陳独秀が春に自分の農民運動に関する見方を誤って拒絶するのを見ていたので、秋になって瞿秋白のまちがった見方と思えるものをみすみす認めるわけにはいかなかった。一週間かけて、いやがる彭公達を含む省委員会の勇気をかきたててから、毛沢東は強気の返事を書いた――実質的に、湖南はやりたいようにやるという返事だ――そしてあわれな彭公達にそれを届けさせた。

手紙で指摘されていた二つの錯誤についていえば、事実と理論のいずれも貴兄らの指摘する錯誤を示してはおりません。(中略) 長沙攻撃において二部隊を使う狙いは、労働者農民軍の不足を補うためであります。連隊が主力とはなりません、暴動の展開を守る盾となるのです。(中略) 軍事冒険主義に陥っているとおっしゃいますが (中略) これはまさにここでの状況に対する貴兄らの不明を示すものであり、一般大衆の武装暴動を呼びかけつつ軍事面には何ら関心を払わないという矛盾した政策となっております。

我々が長沙の工作にばかり注意を払って他のところは無視しているとおっしゃいます。これはまったく事実ではありません。（中略）我らが勢力は湖南省中央部で暴動を行うのがやっとなのです。全県で暴動を引き起こせば、勢力が分散して長沙暴動すら実施できなくなります。

彭公達がこの反抗のメッセージを携えてやってきたときに、政治局常務委員会でどんな議論が行われたかという記録は散逸している。だが九月五日、党中央は怒りの反駁によってその苛立ちをぶちまけた。

湖南省委は（中略）農民に暴動を広げる数々の機会を逸した。［いまや］湖南省委は即座に決然と中央計画を遵守して実行しなくてはならず、暴動の主力を農民自身の上に構築しなくてはならない。逸脱は許されない。（中略）この緊急闘争の最中にあって、中央は湖南省委に中央の決議を絶対執行するよう訓令する。逸脱は許されない。

だがその時点では常務委員もよくわかっていたように、こんな指令はもはや少しでも効果を持つには遅すぎた。ここで言及されている「中央計画」は、数日前に長沙に送られたものだが、瞿秋白によるもっと入念な計画を詳述しており、民衆蜂起を連携させた一斉蜂起による通称「中国革命委員会湖南湖北分会」が、まずは地方都市を制圧し、それから省都を制圧し、ついには中国全土を制圧することになっていたのだ。毛沢東から見れば、それは手持ちのリソースとはまったく相容れないものだったから、かれはそれをあっさり無視した。

彭公達が武漢にいる間に、毛沢東は安源《アンユアン》に旅立ち、そこで前敵委員会を設立して、省委員会が認めたわずかな作戦の中心である長沙攻撃のために軍を集め始めた。

これは以下のような構成だった。まずは元国民党の国民革命軍のうち、共産党に寝返っていまや江西省と湖北省の境界に近い、長沙から二百キロほどの修水《シュシュイ》に拠点を置く、正規兵千人（毛沢東はそれを第一団と改名していた）。さらに江西湖南省境近い山の小さな町である銅鼓《トングー》にいる、武器のほどんどない農民軍（第三団）、そして当の安源では、失業鉱夫（一九二五年の炭坑閉鎖でクビになっていた）と江西省西部農民自衛隊のよせ集め部隊（第二団）。これをいっしょにしてできあがったのが、工農革命軍と呼ぶことに政治局が合意した代物の第一師団だった。

九月八日までに、暴動の予定表が各部隊に伝えられた（そして毛沢東の知らないところで、長沙の当局にも売り渡されていた）。毛沢東の命令で国民党の旗は廃止された。修水の仕立屋たちは徹夜で兵たちが呼ぶところの「鎌と斧」の旗を作った。中国共産党軍初のものだ。翌日、長沙に向かう鉄道が妨害され、第一団は長沙北東八十キロの平江に向かった。

この時点で、暴動の動向どころか中国の未来すら変えたかもしれない事件が起こった。毛と仲間たちが安源から銅鼓に向かう途中、一行は国民党の民団巡邏に小さな山村の張家場《ザンジャファン》付近でつかまったのだ。そのときのことを毛は何年も後に回想している。

> 国民党のテロルは当時最高潮に達していて、アカだと疑われた人間が何百人も射殺されました。私は民団本部に連行されて射殺されることになっていました。しかし、同志たちから数十元ほど借りて、なんとか衛兵に賄賂をわたして解放してもらおうとしました。一般の兵士は傭兵だから、別に私が死のうと生きようと特に関心はないのです。でも係の尉官がそれを許しませんでした。それで私は逃げようとしましたが、民団本部から三百メートルくらいのところにくるまで機会がありませんでした。その時点で私は身をふりほどき、野原に駆けだしました。

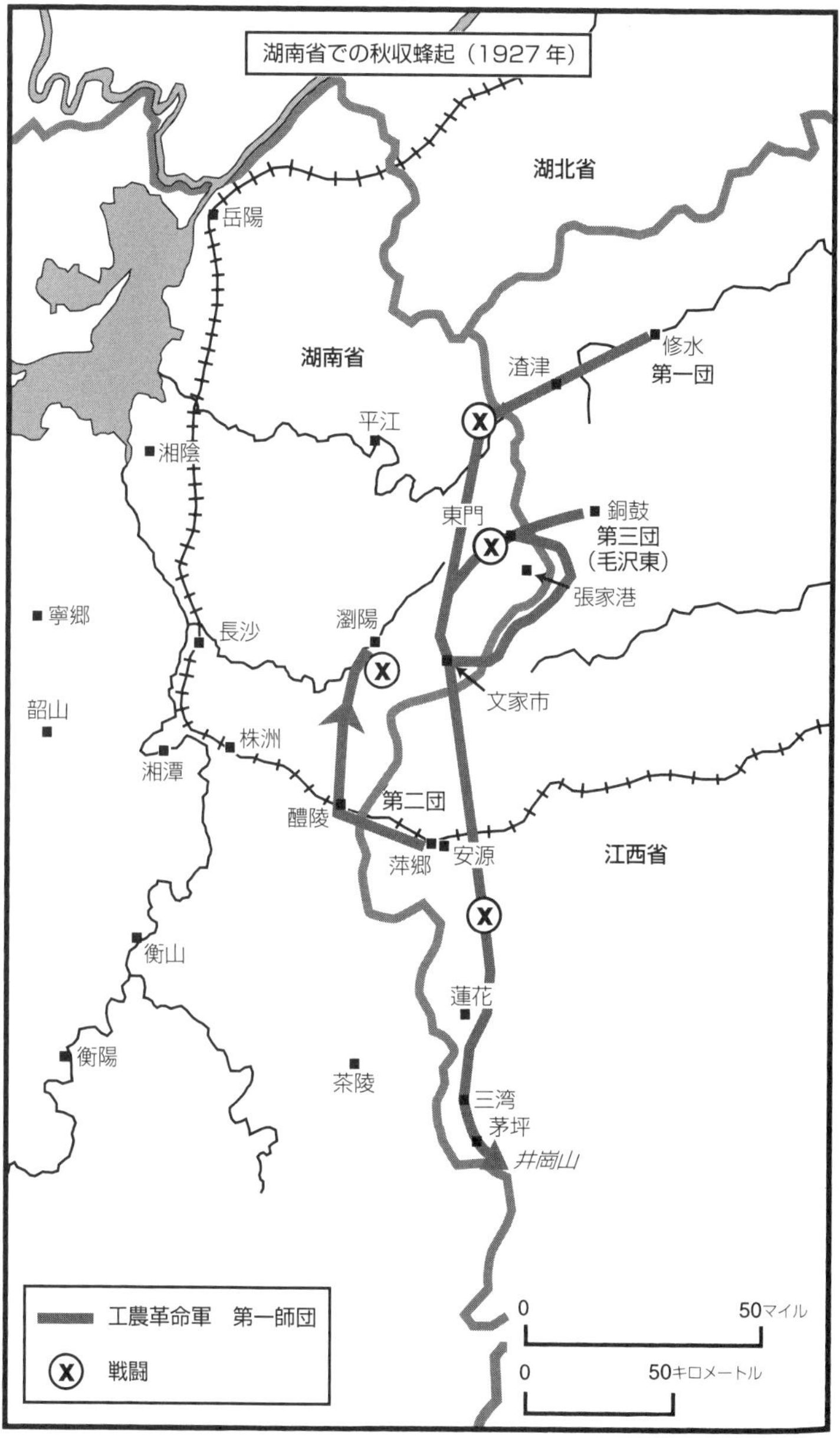

湖南省での秋収蜂起（1927年）
湖北省
湖南省
江西省
岳陽
渣津
修水
第一団
平江
湘陰
東門
銅鼓
第三団
（毛沢東）
張家港
寧郷
瀏陽
長沙
文家市
韶山
株洲
湘潭
第二団
醴陵
萍郷
安源
衡山
蓮花
衡陽
茶陵
三湾
茅坪
井岡山
工農革命軍　第一師団
戦闘
0
50マイル
0
50キロメートル

私は小池の上にある高いところに着きました。そこは背の高い草に囲まれていたので、そこで日暮れまで隠れたんです。兵士たちは私を捜して、農民たちに無理矢理捜索に加わらせた。それが何度もすぐ近くまできて、一回などあまりに近くて手が届きそうな距離でしたが、どういうわけか見つからずにすんだんです。とはいえ六回はもうダメだ、またつかまると思いましたがね。やっと暗くなってから連中は捜索をやめました。私はすぐにそこを離れて山を越え、夜通し動き続けました。靴がなくて足は傷だらけです。道に出ると、農民と会って、かれが親切にしてくれて泊めてくれたうえ、その後は隣の地区への道まで案内してくれました。手持ちは七元しかなく、それを使って靴と傘と食べ物を買いました。やっと無事に［銅鼓に］たどりついたときには、ポケットには銅銭二枚しかありませんでしたよ。

だがこの一件で、毛沢東は残りのツキを使い果たしたようだ。第一団は、その優れた武器を狙った地元勢力による待ち伏せに入り込み、三部隊のうち二つが殲滅された。翌日九月十二日、毛沢東の第三団は湖南省に十五キロ入った小都市東門市《ドンメン》を制圧した。だがそこで進撃は止まってしまった。省政府軍が反攻に出て、暴動勢は二日後に江西省に追い返された。そこで毛沢東は、第一団に降りかかった惨劇を知った。その晩かれは省委員会にメッセージを送り、九月十六日朝に長沙で起こす予定の労働者暴動計画を中止するよう進言した。

翌日、彭公達はかれの提案を承認し、実際にも公式にも暴動は終わった。だが最後にもう一つ悪い知らせが待っていた。安源の第二団が、省境から入ってすぐの鉄道沿いの小さな県の醴陵《リーリン》を制圧して、毛沢東軍を待つために計画通り瀏陽《リュウヤン》に進んだ。だが毛軍が現れなかったので、九月十六日に単独で攻撃を開始したが撃退された。翌日、第二団は包囲されて一人残らず殲滅された。

完膚無きまでの敗北だった。

八日前に出発した三千人のうち、残ったのは半分のみ。残りは逃亡か裏切りか戦闘で失われていた。毛沢東本人ですら、捕まってかろうじて命からがら逃げ出したところだった。暴動は、省の境界沿いの小さな町二つか三つをなんとか制圧したが、どれも二十四時間もたなかった。長沙そのものは、まったくといっていいほど脅かされなかった。

三日にわたり、かれらはこれからどうするかを議論した。第一団の代理団長である余洒度《ユ・サドウ》は、体勢を立て直して改めて瀏陽占拠を目指そうと述べた。だが毛沢東と、もっとも経験豊かな軍指揮官である盧徳銘《ルー・デミン》は反対した。八月初旬、瞿秋白が新たに選んだ政治局が初めて武漢で会合を開いたとき、毛沢東はロミナーゼに、湖南の暴動が敗れたら生き残った軍は「山に上がる」べきだと語っていた。九月十九日、前敵委員会は省境近くの文家市《ウエンジャン》で徹夜会合を行い、この方針を承認した。翌日、毛沢東は地元の学校の外で軍全体の集会を招集し、長沙攻撃は中止だと発表した。闘争は終わったわけではない、とかれは告げた。だがこの段階で自分たちの居場所は都市ではない。敵がもっと弱いところで、新しい地方部の拠点を見つけなくてはならない、と。九月二十一日に、かれらは南を目指して出発した。

湖北などでも、暴動は同じく失敗だった。南昌から出発した蜂起軍は、兵員二万一千人のうち一万三千を最初の二週間で失ったが、そのほとんどは脱走によるものだった。生き残りが沿岸に達したときには、戦意は完全に喪失していた。十月初め、賀龍、葉挺、張国燾、周恩来（かれはそのときには担架で運ばれなくてはならなかった）を含むほとんどの指導者たちは漁村に向かい、「船を借りてあっさり本土に逃亡した」——当時ですら香港は、反逆的な若者たちの避難所となっていたのだ。

この遠征は「政治的にも軍事的にもきわめて幼稚」であり、結果は悲惨なものだった、と張国燾は後に認めている。ほぼ無傷で生き残ったのは二つの小部隊だけだった。一つは海陸豊で彭湃勢と合流した部隊、そしてもう一つは朱徳とその若き補佐官陳毅《チェン・イー》の下で、地元軍閥と和睦して広東州北部に根拠地を置いた部隊だった。

十一月に政治局は上海で会議を開いて沙汰を待った。党の「基本路線」と暴動戦略は「完全に正しかった」というのがそこでの宣言だった。暴動が失敗したのはそれが「純粋に軍事的な観点からのみ」実施されたからにすぎず、大衆動員への注意が不十分だったからである、という。

そして懲罰が発表された。湖南省の指導者たちは、「地元の盗賊や一握りの寄せ集め軍」に頼りすぎたという咎めを受けた。ロミナーゼの強硬な主張で、毛沢東は政治局から追われたが、どうやら中央委員の座は失わなかったようだ。彭湃はコミンテルンの長沙エージェントであるマイヤーに「臆病と欺瞞」を糾弾され、あらゆる役職を失った。南昌軍崩壊の責めを負ったのは張国燾で、かれも政治局を追われた。同じく責任を追及されたのは、南昌革命委員会議長の譚平山で、かれは党を追放された。周恩来と李立三《リ・リーサン》は叱責だけで許された。

中国指導者たちは、はじめてスターリン主義的なボリシェヴィキの規律を味わうことになった。

基本的な政策は正しいとされたので、これらの決定はさらに失敗必至の暴動群を意味した。それは十二月の広州で頂点を迎える。そこで暴動勢は、葉剣英の率いる国民党将校の訓練部隊千二百人の支援を得て、三日近くも持ちこたえた。だがその後の虐殺で、党員やその支持者たちが何千人も殺された。銃弾節約のため、かれらはまとめてしばりあげられ、はしけで沖に連れ出されて海に投げ込まれた。ソヴィエト領事館の職員五人が壁際に並ばされて銃殺された。その後まもなく、中国のソヴィエト公館はすべて閉鎖を命じられた。

だがそれでも政治局はあきらめなかった。五月には五万七千人だった党員数が、十二月には一万人になるという状況で、党は敗退のたびに軍事活動の勢いをもっと高め、革命の情熱をたぎらせるのだった。長沙のロミナーゼやマイヤー、広州のハインツ・ノイマンといったスターリンの手下たちも、火に油を注いだ。だがその根底にある理由は、国民党との連合の失敗に対するいらだちだった。このために党の指導者たちやその配下のだれもが、ますます過激な活動へと向かう恐ろしいスパイラルにとらわれてしまったのだった。

翌春、この鬱屈した革命的熱狂の爆発で残ったものといえば、最も貧しくてたどりつくのも困難な地域に、共産党の根拠地がいくつかポツポツと孤立してあるだけとなっていた。その多くは複数の省の境界近く、当局の手が及ばない断層にあった。たとえば広東省北部、湖南と江西省の境、江西省北東部、湖南と湖北省の境、湖北河南安徽省境の三角地帯、そして遙か南の海南島《ハイナン》などだ。

その後三年にわたり、中国共産党の政治はモスクワ、上海の政治局、党の省委員会、現場の共産党軍指揮者の四つ巴で、二つの重要な問題を中心に形成されることになる——地方と都市部の革命の関係、および暴動蜂起と武装闘争との間の関係である。

毛沢東はこうした決定的な論争において主要な役割を果たすことになる。だが一九二七年の秋には、目下の関心は生き残ることだった。

九月二十五日、文家市から出発して四日後に、毛沢東の小さな部隊は、萍郷《ピンシャン》南の丘陵地で攻撃を受けた。部隊を指揮した盧徳銘が戦死。第三団は総崩れとなり、農民兵二、三百人と大量の装備が失われた。残党は井崗山《ジンガンシャン》の北四十キロにある山村の三湾《サンワン》に再結集した。

ここで毛沢東は、師団の残りを集めてたてなおし、単一の団にした——「工農革命軍第一師第一団」――そしてブリュヘル将軍らソ連の軍事顧問たちがソ連のやり方に従って国民党軍用に開発した方式をまねて、政治委員を任命した。それぞれの分隊には党小組織があり、それぞれの部隊には党支部、それぞれの大隊には党委員会。そのすべては、毛沢東がいまも書記を務める前敵委員会の指揮下におかれた。

だが三湾で行われた改革の独創性は別のところにあった。それまでの毛の体験は、ほとんどが政治理論家としてのものだった。大衆闘争に直接さらされた経験は、長沙で労働運動を組織し、湖南農民運動のオブザーバーとして活動したときのものだけだった。いまや毛沢東は初めて、国民党の脱走兵や、武装農民や労働者、やくざや盗賊のボロボロで規律のない集団をまとめあげて率いなくてはならないはめになった。そしてそれを、なんとかしてはるかに優れた敵に立ち向かえるだけの、しっかりした革命軍に仕立て上げなくてはならないのだ。

これを実現するため、かれは当時の中国に存在したどんな軍隊ともちがう、軍の基盤となる方針を二つ発表した。まず、それが総志願軍であること。辞めたければ好きに辞めていいし、路銀も与えられる。残ったら、もう将校に勝手に殴られることはないし、それぞれの部隊に士兵委員会が組織されて不満のはけ口となり、民主的な運営が行われるようにする。第二に、兵たちは民間人をきちんと扱わなくてはならない。ていねいな口をきき、買ったものには正当な値段を払わなくてはならない。そして大衆に属するものは「紅薯《サツマイモ》一つ」ですら盗んではいけない。

それまでの中国は「よい鉄を釘にするような無駄なことはするな、よい男を兵にするような無駄はやめろ」がモットーの国であり、「よい」軍は盗むだけですますが、「悪い」軍は家捜し、強奪、放火、強姦、殺害するとされ、将校たちが野蛮な規律統制手段に訴えるのが当然だった。だからこの毛沢東の方針は真に革命的なものだった。

だが、毛軍がどこへ向かうべきかという問題は残った。
三湾に到着して一週間後、毛沢東は、農民運動講習所の元学生を通じて袁文才《ユアン・ウェンツァイ》という人物と接触した。かれは南二十キロほどの寧岡《ニンガン》県の人物で、二十代前半の貧農だった五年前に「馬刀団」なる土匪団に参加した。一九二六年にかれらは地元共産主義者に影響を受けた。袁自身も共産党に入り、馬刀団は農民自衛軍に生まれ変わっていた。手持ちの武器は旧式の銃が六十丁、それも一部は壊れていた。そして井崗山で、元仕立屋の王佐《ワン・ズオ》という人物が率いる似たような運動と密接な結びつきを持っていた。

袁の同意で毛沢東は手兵を寧岡の小都市である古城《グーチエン》につれてきた。そして十月六日に初めて袁と会ったとき、善意のしるしとしてライフル百丁を贈った。計算高い動きだった。袁はお返しに毛の軍に食料備品を提供した。そして翌日には、軍本部を茅坪《マオピン》に置くよう提案した。これは川谷にある小さな市場町で、低い丘に囲まれており、井崗山に向かう西への主要な道ものびていた。その道は狭い砂道で、それが森の中をくねって高さ五百メートルの高地へと続いているのだ。

一週間ほど毛沢東はためらった。代替案はさらに南の湖南広州の省境に向かい、そこで南昌からくるはずの朱徳や賀龍と合流することだった。だが十月半ばに新聞で賀龍軍が敗走したことを知った。これで話は決まった。

軍事的には、井崗山はきちんと防衛すれば、ほぼ難攻不落だった。それは四県——寧岡、永新、遂川、酃県——の境にあり、湖南省と江西省の境界にあり広東省まで南下している羅霄山脈の中心にある。その岩山自体は、そびえたつ恐ろしげな黒い山の集まりで、頂は雲に隠れ、カミソリのように鋭い崖や、中国樅、松、竹がうっそうと生い茂り、滝が深い峡谷へとなだれ落ちて、はるか下で細く青い水流となり、亜熱帯の植生の分厚い壁の向こうにある見えない崖からは、むきだしの岩の背の高い頂がのぞいている。それは詩人の風景で、壮大だが悲惨なほど貧しかった。

高地にはほとんど農地がなく、山肌や小さな平地から削りだしたわずかな耕作地は、二千人にも満たない住民をやっと食わせる程度しかなかった。住民たちは木造の掘っ立て小屋や、小さくてほとんど窓のない石造りの家に住んでいたが、それらは主要な居住地である茨坪《チーピン》（そこは商人六人ほどが店を出し、週に一度の市がたった）と五つの村——大井、小井、中井、下井、上井——にはさまれたところに散在していた。井崗山という名前はこれらの村からきている。村人たちは地元産の赤い野生米を食べ、リスやアナグマを罠でとらえて食用にした。兵の食料は平野部のもっと肥沃な県から、人が担ぎあげなくてはならなかった。

茅坪が毛沢東の主要な前哨基地となった。その後十二ヶ月、軍事状況が落ち着くたびに、軍は本部を茅坪に置いた。かれは兵に三つの主要任務を与えた。戦闘では勝利を目指して戦わなくてはならない。勝ったら地主の財産を没収して、農民に土地を提供するとともに、軍自身が必要な資金を集めなくてはならない。そして平和時には、「群衆」、つまり農民や労働者やプチブルを味方につけるべくがんばらなくてはならない。十一月に軍は五十キロ西の茶陵《チャリン》を制圧し、「工農兵ソヴィエト政府」の設立を宣言した。省境地域では初のものだ。一ヶ月後に国民党軍が戻ってきて打倒されたが、他の省境ソヴィエトもまもなく誕生した。一九二八年一月には遂川、二月には寧岡にソヴィエト政府が誕生している。

国民党の攻撃がきつくなりすぎたら、茅坪は放棄されて、一行は山に登り、南二十キロの大井にある王佐の拠点へと引き上げた。そこからだと街道を支配できるのだ。王は接収した元地主邸にすんでいた。この貧困地にしては豪邸で、白塗りの壁に切妻屋根で、優雅にそりかえった軒が、スレート色の瓦屋根の下からのぞき、欄間も装飾がほどこされて、木壁の部屋が一ダース以上あり、それぞれに机と天蓋付きの寝台がある。部屋はどれも三つの大きな中庭に面しており、庭のそれぞれは天に開かれて、真ん中の深井戸が雨水を排出するようになっている。毛沢東は袁にしたのと同じように、大量のライフルと、かれの手勢に共産党教官たちが軍事訓練を提供するという申し出をして王に取り入った。最初はうさんくさく思っていた王だが、後に訓練部隊の指揮官の何長工《ホー・チャンゴン》の助けでこれまでいやがらせを受けてきた地主の私兵を首尾よく撃退してからは、かれも毛沢東の味方になった。

その冬、毛沢東は軍事という新しい役割を習得するための余裕ができた。身をもって範を垂れることの重要性を理解した。そうすれば疲れ切った兵たちを意志力だけで動くよう説得できるのだ。兵のほとんどは文盲だったので、説明にはおはなしや絵を多用するようになった。「雷神は豆腐を打つ」という教えで、なぜ兵力を集中して敵の弱いところを叩くべきなのか説明した。蔣介石は巨大な水がめであり、革命軍は小石に過ぎない。だが小石は固く、その石で絶え間なくたたき続ければ、いつの日かそのかめも割れる。

だがこんな小康がいつまでも続くわけがない。二月半ば、袁文才と王佐の手勢をまとめて、工農革命軍第二団が形成された。何長工が党代表となり、共産党の幹部が連隊のレベルまでそこに入り込んだ。十日後、国民党江西部隊が、茅坪北十三キロの新城《シンチエン》を制圧すべく兵を出したという報せが入った。二月十七日の夜、毛は手勢を三大隊率いてそれを包囲した。夜明け、敵兵たちの朝練中に、毛は攻撃命令を出した。

戦いは数時間で終わった。終わってみると、敵指令とその補佐官はどちらも死亡し、百人以上が捕虜となった。捕虜たちが茅坪に連行されると、毛沢東は——三湾で自軍の兵を驚かせたのと同じように——帰りたい者は好きに帰っていいし、路銀も与える、と告げ、捕虜たちを驚愕させた。残りたい者は革命軍に加われる。多くはその通り残った。この技術は実に有効だったので、一部の国民党指揮官たちもそれを真似ようとして、共産党の囚人たちを釈放し始めたほどだった。
勝利には代償もあった。湖南省と江西省の国民党指揮官たちは、敵がこれまでとはちがうのに気がついて、井崗山堡塁の攻撃用にもっと強い兵を集めはじめ、経済封鎖を敷いた。だがその方面での毛沢東の悩みは、すぐにまったくちがう性格の問題にかき消されてしまう。

一九二七年十月以来、毛沢東は湖南省委員会と接触しようとしてきた。湖南省委は階級的にはいま毛沢東が率いている前敵委員会の上になる。かれのメッセージの一部は明らかに伝わったようで、十二月半ばには、党中央部は毛沢東の活動状況をかなり把握しており、当時は広東省北部にいた朱徳に対して、毛と連携するよう指示している。上海のあずかり知らぬことながら、朱徳はすでに数週間前から井崗山根拠地と接触しており、その使者となったのはほかならぬ毛沢東の末弟沢覃《ツォータン》だった。毛沢覃は南昌から朱徳軍と行動をともにしていたのだ。その後、両軍はときどき連絡をとりあっていた。だが政治局は毛の行動に関する評価で分かれていた。瞿秋白は毛の独立精神を認知して尊重しており、ある程度の制限内で好きにやらせようと思っていた。だがいまも軍事方面の担当だった周恩来は、瞿の最も強力な同僚の一人となったが、毛沢東の戦術に強く反対した。[*5] 毛沢東勢は「土匪の性格」を持ち、「いつもあちこち飛び回っている」と周恩来は論じた。一九二八年一月に発行された、武装暴動についての中央委員会の通知で、周恩来は湖南省秋収蜂起における毛沢東の指導ぶりを反面教師として挙げている。

「こうした指導者は」大衆の強さを信用せずに軍事的な日和見主義に傾倒し、軍事力だけで計画を練って、あれこれの軍部隊を動かそう、あれこれの労働者や農民の武装勢力を動かそう、あれこれの土匪勢と連合しようと画策し（中略）そうすることで計画のふりをした策謀により「武装暴動」を引き起こそうとする。こうした武装暴動なるものは大衆と何ら関係がない。

一九二八年一月に長沙に届いた別の中央委員会指示は、毛沢東を「深刻な政治的錯誤」の咎で糾弾し、湖南省委員会に対して毛沢東を辺界地区での党指導部から除籍し、「実際的な需要に見合った」新しい作業計画を練り上げるように指示している。これも周恩来によるものであることはほぼまちがいない。

こうした知らせを携えてきたのは周魯《ゾウ・ルー》という人物で、湖南特別委員会[*6]の下級幹部だった。かれは三月の第一週にに茅坪に到着すると精力的に仕事をして、毛沢東に対しては政治局と湖南省委からの解任を告げただけでなく――これは六ヶ月前に党中央とやりあったとはいえ、晴天の霹靂だったにちがいない。このような形で懲罰を受けた、反対派の共産党指導者はこれまでいなかった――党そのものから除名されたと誤って伝えたのだった。これがただのまちがいか、あるいは毛沢東の権限を破壊しようという意図的な陰謀だったのかははっきりしない。だが何ヶ月も苦労したあげくにやっと軍が初勝利をおさめ、根拠地がようやく形になりはじめたときにこんな報せがくるのは、かなりの衝撃だったにちがいない。この叱責の不公正さ加減は耐え難かったと毛沢東は後に書いている。

この新たな「党外」人として、毛沢東は師団長となった（二月に第二団が組織されたとき以来、空職となっていた地位だ）。前敵委員会は廃止され、周魯が党代表となった。

このとき、地域間のライバル意識が割り込んできた。湖南省委と江西省委はどちらも、自分の地元で革命を推進するのが主な関心事だった。十二月には、朱徳軍が広東省の根拠地を離れて湖南省南東部に進軍し、省境の町の宣章と、さらに北の郴県と来陽で農民暴動に資金を出し、「工農兵ソヴィエト」を設立した。三月初め、指揮権を握った周魯の最初の行動は、毛の軍を湖南に派遣して朱徳軍の支援をさせることだった。毛沢東は従ったが、なるべくぐずぐずと進んだ。二週間たってもかれの軍はまだ江西省の境界から数キロ入っただけだった。だが朱徳軍が湖南と広東の国民党正規部隊に攻撃を受けて、毛の第二団はその支援にかけつけなくてはならなかった。やっとそれが収まった頃には、周魯は湖南省委のお騒がせのおかげで究極の代償を支払わされていた。捕まって処刑されてしまったのだ。毛沢東は酃県《リンシャン》へと北上し、追跡してくる軍を追い払った。地主の私兵たちが荒らした根拠地は再奪取され、そして酃県か寧岡のどちらかで——二人の回想は一致していない——毛沢東と朱徳は初めて対面する。四月の終わり近くのことだった。

朱徳は四十一歳、毛沢東より七つ年長だった。一九三〇年代に数ヶ月かれと行動を共にしたアグネス・スメドレーは、毛沢東は「一風変わった思弁的精神を持ち、永遠に（中略）中国革命の理論的諸問題と格闘していて」本質的には知識人だったと書き、それに対して朱徳は「むしろ行動の人であり軍事組織家だ」と述べている——

身長は、百七十センチくらいだろうか。醜男でもハンサムでもなく、英雄的なところも熱血的なところもまったくなかった。頭は丸くて、ごま塩の黒い短髪で覆われ、額は広くてすこしはげ上がり、ほお骨が目立った。強い頑固なアゴが広い口と完璧な白い歯を支え、それが歓迎の笑みを浮かべると輝いた。（中略）外見は実に平凡で、制服［それは着たきりで度重なる洗濯によりぼろぼろで色あせていた］がなければ、中国のどこの村でも、そこらの何の変哲もない農民で通ったことだろう。

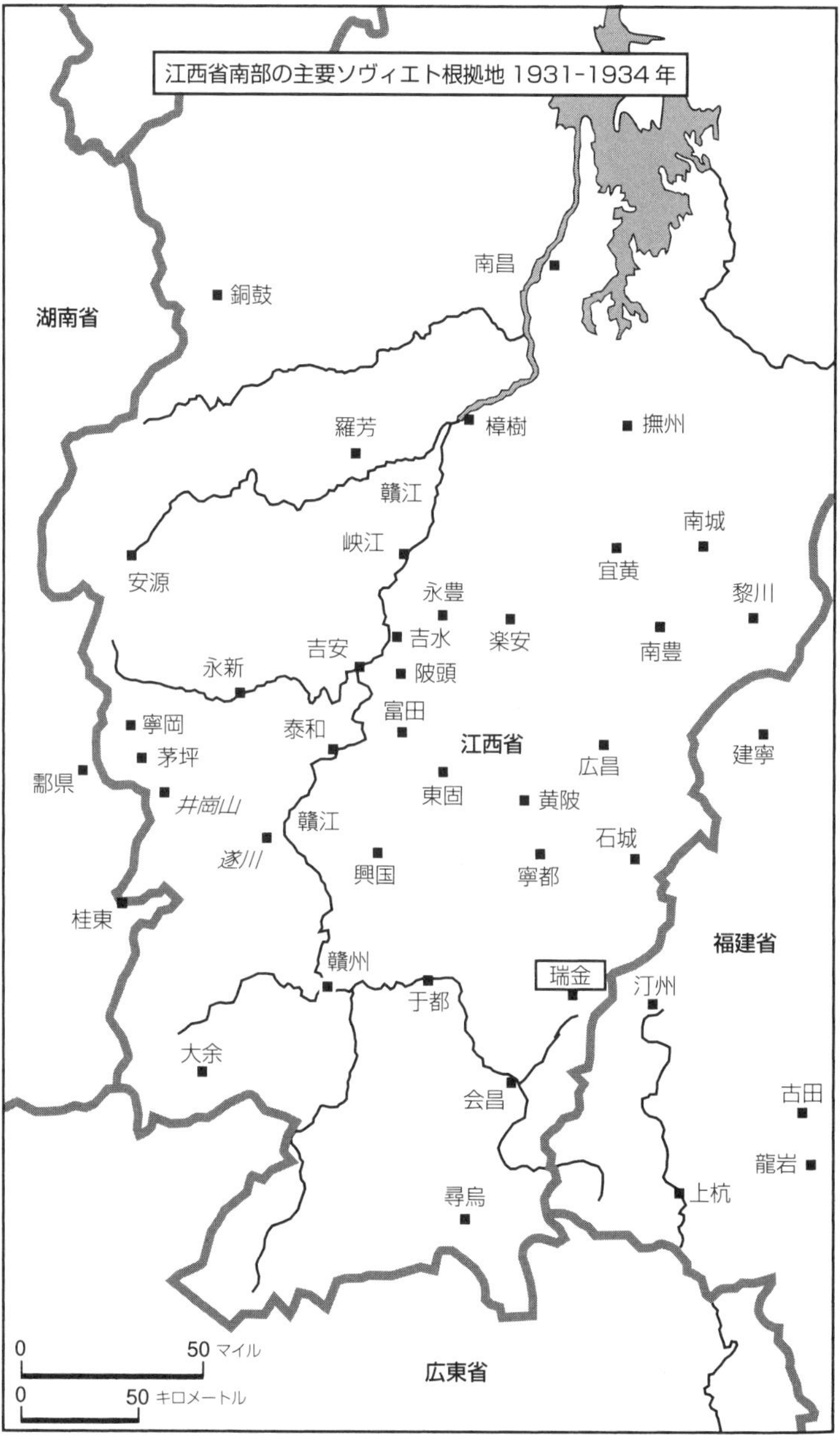
江西省南部の主要ソヴィエト根拠地 1931-1934 年
南昌
銅鼓
湖南省
羅芳
樟樹
撫州
贛江
峡江
南城
安源
宜黄
永豊
黎川
吉安
吉水
楽安
南豊
永新
陂頭
富田
寧岡
泰和
江西省
茅坪
酃県
広昌
建寧
井崗山
東固
黄陂
贛江
石城
遂川
興国
寧都
桂東
福建省
贛州
瑞金
于都
汀州
大余
会昌
古田
龍岩
上杭
尋烏
0
50 マイル
広東省
0
50 キロメートル

だが朱徳の人生は、毛沢東以上に古い世紀の終わりから新世紀の初めにかけて中国を吹き荒れた、矛盾と変革のるつぼを体現したものだった。四川省の貧農一家に生まれ、秀才としての学位を得ていた。これは官僚となる第一歩とされている。だが朱徳はケチな軍閥になりアヘン中毒になった。一九二二年に上海で治療を受けてから、かれはヨーロッパへ向かう船に乗る。そこで周恩来に会って共産党に招かれたのだった。四年にわたりベルリンで勉強してから、中国に戻って軍人としてのキャリアを再開し――今回は共産党の手先としてだったが――国民党の精鋭、「鉄軍」という誇らしい異名をとる第四軍に入った。

毛沢東と朱徳との提携は、井崗山根拠地の最盛期に行われた。この根拠地は急速に拡大し、その夏の最盛期には七つの県にまたがって、人口五十万人以上を含んでいた。

毛沢東の政治的なツキも改善した。かれは四月に朱徳から、自分が党を除名などされていないことを報された。そして五月には、省の党指導部から報せが届いた。毛が十二月以来ずっと主張してきた湖南江西辺界特別委員会がついに承認され、毛がその書記になったという。まもなく辺界ソヴィエト政府が袁文才を主席として設立された。

二つの軍は合併して工農革命軍第四軍となった。名前の由来は、朱徳やその将校たちほとんどの出身である国民党第四軍だ。そしてその名はまもなく再び――政治局の承認付きで――第四「紅軍」と改められた。これは決して些末な改名ではない。これは軍と民衆暴動との役割分担を巡る、長引いた不毛な論争の終わりの始まりを示すものだったからだ。「紅軍」はその定義から暴動蜂起をもとにしていたので、そんな区別は起こりようがなかった。

この通称朱毛軍は、四団で構成され、およそ八千人が所属していた。第二十八団の核は、朱徳が南昌から連れてきた「鉄軍」だった。第二十九団は、湖南南部農民自衛軍だ。第三十一団は、毛のかつての第一団。そして袁文才と王佐が率いる第三十二団（かつての第二連隊）だ。統合性を重視して師団司令は廃止された。朱徳は紅軍総司令となった。毛は党代表に、そして朱徳の副官だった陳毅は、党軍事委員会の書記となった。

五月二十日、紅軍と六県党委からの代表六十人が謝氏祠堂に集い（謝氏は茅坪でいちばん裕福な地主一家だった）、中共湖南江西辺界地域第一次代表大会が開催された。

朱徳との提携にもかかわらず、これはかなりの悲観論の時期だった。湖南で朱徳軍が敗北したことと、紅軍が去ったら地主勢力が根拠地を易々と奪回してしまったことで、暴動戦略の有効性を疑う人は増えていた。したがって演説の中で、毛は次の問いかけを行った。「紅旗はいつまで維持できるか？」その年いっぱい、かれはこの主題を何度も繰り返すことになる。

一つの国の中で、いくつかの小地域が赤色政治権力下にあり、それが四方を白色政治権力に囲まれているという状況がある程度以上続くという状態は、世界のどこでもこれまで見られたことがない。この奇妙なことの発生には特別な理由がある。（中略）それは間接的な帝国主義支配下にあり（中略）白色政治権力の間の分裂や抗争が長引いている［半植民地の］中国だけで起こる。湖南と江西の辺界にある［我が］独立政権は、そうした多くの小地域の一つである。困難で重要な時期においては、一部の同志はこうした赤色政治権力の存続を疑問視し、悲観的情緒を示すことも多い。（中略）［だが］白色勢力が間断なく続くことだけを考えても、赤色政治権力が生まれ、存続し、日々成長することは疑問の余地がないのである。

他の条件もいろいろ必要だ、と毛は主張した。紅軍地域が存在できるのは、湖南、湖北、江西、広東のように、北伐の間に強い民衆運動が発達した地域だけであり、「国全体の革命状況が前進を続ける」場合のみである（毛は、中国の革命状況が前進していると固執していた）。紅軍地域は正規紅軍による防衛と、強い共産党の指導を必要としている。その場合ですら、根拠地維持が困難な場合もあると毛は認めた。「軍閥同士の争いは、毎日絶え間なく続くわけではない。いくつかの省で白色政治権力が一時的に安定したら、支配階級は（中略）赤色政治権力をつぶそうと手を尽くすだろう」。だが白色勢力の間では「あらゆる妥協は一時的なものでしかあり得ない。今日の一時的な妥協は、明日のより大きな戦争の下地となるのである」と毛は断言した。

したがってこの段階における正しい方針は、紅軍が去ったとたんにつぶれるような暴動をたきつけるために全国をうろつくことではなく、単一の地域で革命を深めることに専念することだ、と毛は論じた。

二日にわたる大会が終わったときには、毛の政策は承認された。

井崗山が絶えず敵の圧力にさらされていた当時――朱徳がきてから三週間のうち、かなり大規模な攻撃が二度も撃退されていた――この戦略はかなり大胆なものだった。だが毛沢東は軍事戦術家としての自分の新しい役回りにだんだん自信を持ち始めていた。冬の間に毛は、農民たちが伝奇物語を語っているのを耳にした。老聾の朱という伝説的な山賊の主の話で、こんな原則に従って戦ったという――「戦争について知るべき唯一のことはぐるぐる回ることだ」。この話の教訓は、敵の主力軍からは逃げろということだ、とかれは兵に語った。ぐるぐる引きずり回せ。そして敵が混乱してわけがわからなくなったところで、一番弱いところを衝け。

これは民間伝承めいた詩にまとめられており、紅軍の将来の戦略の本質を伝えるものとなっている。毛と朱徳がまとめたその最終形は五月に軍すべてに広められたが、十六文字で構成されている。

敵進我退　敵が進めばこちらは退き
敵駐我攪　敵が休めばこちらは攪乱
敵疲我打　敵が疲れればこちらは攻撃
敵退我追　敵が退けばこちらは追う

その後の数ヶ月で、さらに二つの原則が敷かれた。

敵と戦うときは紅軍を集中させ（中略）兵力の分断を避けて個別撃破を避けよ。
支配地域を拡大するにあたっては、波浪式の推進政策をとり、冒進政策には反対せよ。

一方、一九二七年九月に三湾で毛沢東が発表した民間人に対する軍の扱いは、いまや「六大注意」なるものに拡張された。兵たちは、農民の家に泊めてもらったら、わら布団や寝台の木の囲いを返すこと。借りたものはすべて返すこと。壊したものは弁償すること。礼儀正しくすること。商取引は公平に行うこと。囚人は人道的に扱うこと。後に林彪が「注意」を二つ追加した。「女性に絡むな」（当初は「女性の前で入浴するな」）、そして「便所の穴は家屋からずっと離れたところに掘り、終わったらちゃんと土をかけろ」である。同時に「三大規律」が発表された。「命令や指令にはしたがえ」「民衆からもは物をとるな」（もともと「紅薯一つたりとも」だった部分は「針一本糸一本たりとも」に改められた）、「地主や豪族から徴収したものは公に分配せよ」だ。
毛沢東の革命戦略の方針は、瞿秋白の蜂起重視の方針とは根本的にちがっていた。瞿秋白は、訓練なしの農民や労働者がむきだしの熱狂により旧体制を打倒し、権力を自ら掌握できると考えていた。だが毛沢東は農民を、共感と支援の源だとしか思っていなかった――後に述べたように、「魚」（共産ゲリラ）が泳ぐための「海」でしかない、と。井崗山ですら、紅軍に志願した地元民はほとんどいなかった、とかれは冷静に指摘している。地主たちが失脚してその土地が山分けされたら、農民たちはもう関わりをもちたがらず、畑仕事に精を出したがった、と。同じ理由で、かれは都市のプチブルに対してもあまり過激に走るなと主張した。小都市の屋台主や商店主は、やりすぎると反革命に走ってしまう。確かに行き過ぎは避けられないことも多いし、世論の先鋭化の手段としては有益なことも多い、とかれは認めた。だが実際には、それは足を引っ張る場合も多かった。「人を殺して家を焼くには、大衆基盤がなくてはならない（中略）軍が自分で焼いたり殺したりするだけではダメだ」と毛は書いている。革命的暴力が役にたつのは、はっきりした目的があって、その後に必ずくる反動に耐えられるほど強い運動の裏付けがある場合だけだ、とかれは論じていた。

三月に周魯がやってきたとき、毛沢東はこうした視点のために厳しく批判された。かれの仕事は「右がかりすぎている」「じゅうぶんに殺し放火しておらず、『プチブルをプロレタリアにして無理にでも革命に向かわせる』という政策を実行していない」とされた。だがその頃には、周魯はもとより毛すら知らなかったことだが、上海の政治局も気が変わり始めていた。瞿秋白は四月にこう書いている――

全国の農民運動は、郷士たちを殺すだけでなく、家を焼き払わなくては「いけない」と思っているようだ。（中略）湖北省の多くの村は灰燼に帰した。湖南省のある地方の指導者は、県都を丸ごと焼き払うことを提案した。農民暴動者が必要なもの（ガリ版印刷機など）だけを持って行けばよく、革命に加わらない者は皆殺しにするという。（中略）これはプチブル的傾向である。（中略）プロレタリアが農民を率いているのではなく、農民がプロレタリアを率いていたのだ。

五月の湘贛辺界第一次代表大会で毛が提出した穏健政策は、したがって実に時節を得たものだった。一週間もしないうちに新生の湖南省委[*7]は、その春の朱徳による遠征の大失敗でどうやら懲りたらしく、朱毛紅軍が井崗山に根拠地を置いたままにすることに同意し、そして「都市全部を焼き払う」ことの愚かさについて憤慨した警告を発した。これに対して毛沢東は三文芝居を承知のうえでこう回答している。「省委は都市を焼き払うのが誤りであると指摘する。我々は二度とそのまちがいをおかさない」

まもなく中央委員会も毛の戦略を承認した。六月はじめ、根拠地からの手紙がやっと上海に届いた――前年十月に根拠地ができて以来、初の直接の連絡だ。指導層のほとんどはモスクワにでかけ、第六次党大会の準備をしていた。中国は蔣介石の「白色テロ」が猛威をふるっていて危険なので、モスクワで開催すべきだとコミンテルンが決定したのだ（そのほうがロシア人もしっかりコントロールできる）。中央委員会の回答を起草する役目は、留守番をしていた新民学会時代からの毛の友人、李維漢が担当した。かれは熱心に毛沢東の指導を支持した。周魯が廃止した前敵委員会の復活を提案し、井崗山基地を強化して、そこから湖南省と江西省の革命を広める拠点にする毛沢東の計画を支持した――これは大会決議の特徴だったリアリズム精神と歩調を合わせるものだった。

二週間後、モスクワ北西六十キロのズヴェニゴロドの廃屋に集まった代表団百十八人は、中国には「革命的高潮」などなく、それが間近に迫っている様子もないことを正直に認めた。

党は、農民や労働者たちの強さを過大評価し、反動勢力を過小評価していた、とかれらは宣言した。中国はいまだにブルジョワ民主革命の途上にあり、主要な任務は国をまとめて帝国主義者に立ち向かわせることだ。さらには地主制を廃止し、工農兵ソヴィエトを設立して「無数の労苦大衆に政治統治に参加するよううながす」ことだ。社会主義革命はその後だ。

こうした主題はすでに、二月のコミンテルン決議で主張されており（上海はそれをほぼ黙殺した）、そこれはまた地方革命を都市部暴動と協調させることが重要だと強調されていた。だがスターリンの名代として議事を監督していたブハーリンは、いまや重要な条件をそこにつけた。「暴動を実施するという「スローガンは」維持するかもしれない。［だが］これは中国ほどの広い国において（中略）無数の民衆たちが突然、ごく短期間に蜂起するということを意味するものではない。（中略）そんなことは起こりえない」。中国の指導者たちは、不均一で長引く闘争に向けて自らを鍛えるべきである。そこでは、一部地域での勝利は他地域での敗北に相殺されてしまう。それでも、全省蜂起が起こるまで長い準備期間は不可欠だった。

これにより、中共第六次党大会は、国民党の地方部掌握を弱めて地元ソヴィエトを設立するため、ゲリラ戦争戦略を承認した。もっともそのソヴィエトは、当初は「一つの県だけや町がいくつかだけ」かもしれないとは述べられていたが。軍事力は中国革命において「きわめて重要」であり、紅軍の発達こそは地方部における「中心問題」となるべきである、と決議は宣言した。これに対し、大衆基盤なしに活動する熱狂者の小集団による英雄行為は、失敗が運命づけられているとして厳しく糾弾された。これは都市部で特にそうだった。ブハーリンの表現では――

もし党の率いる暴動が一度、二度、三度、四度失敗し、十回、十五回と潰されたら、労働者階級は「おい、あんたら、聞いてくれ！　あんたら素晴らしい人たちなんだろうけれど、それでも出てってくれ！　おれたちの指導者の器じゃないよ」と言うだろう。（中略）この「種の」過剰なひけらかしは、どんなに革命的であれ、党には役に立たない。

都市暴動がはっきり否定されたわけではない。だがブハーリンの演説や大会決議全体の方向性は、少なくともこの段階では革命の主力は労働者ではなく、農民なのだということだった。唯一の条件は、農民たちはアナキスト的なプチブル傾向を抑えるべくプロレタリアの指導の下に置かれるべきだということだけだった。

こうした決定は、根拠地と紅軍が発展するための「正しい理論基盤」を提供した、と毛沢東は後に書いている。

中央委員会の六月初頭の手紙も、党大会決議も、井崗山に届くのは何ヶ月も後だった。だが党の路線が変わったことを示す兆候は十分にあった。その夏、毛の人生も変わったが、それはまったくちがう面でだった。かれは「革命的伴侶」を得たのだった。

十八歳の彼女は賀子珍《ホー・ズーズン》という。活発で独立精神の旺盛な彼女は、ほっそりした少年っぽい体つきと、広州出身の母親ゆずりの繊細な顔立ちに魅力的な微笑を備え、そして地元の学者だった父親からは学究肌の性格を受け継いでいた。彼女はフィンランド人の尼僧が運営する地元のミッションスクールの学生だった十六歳のときに、こっそり共産党に入党したのだった。

彼女の兄の同級生だった袁文才が彼女を毛沢東に紹介し、その春から彼女は毛沢東の助手として働きはじめた。後に彼女が書いたところによれば、毛沢東が好きになりはじめているのに気がついたとき、彼女はその気持ちを隠そうとしたという。だがある日、毛沢東は彼女が自分をうっとり見つめているのに気がついて、何が起きたか悟った。そこで椅子を引き寄せると座るように言い、長沙に残してきた楊開慧《ヤン・カイホイ》や子どもたちのことを諭したという。その会話の後でまもなく、二人は同棲を始めた。袁文才はこの成り行きを喜び、婚礼の晩餐を調理した。どうやら毛が地元の娘と関係を持てば、地域の防衛にもっと注力してくれるだろうと期待したらしい。毛沢東自身、婚姻という習慣に対する嫌悪を昔から広言しており、井崗山ではそれを尊重すべき理由などなおさら見あたらなかった。王佐には妻が三人いたし、朱徳も六年前に四川省の妻と小さな息子を捨て、いまやずっと若い娘と同衾していたのだった。

それでも毛沢東は明らかに、楊開慧に対する不貞に多少の後ろめたさは抱いたようだ。自分への弁明として、かれは楊開慧からは何の知らせもなく、処刑されたのかもしれないと思ったと賀子珍に告げている。だがその時点でもそれ以降も、かれが長沙の家族と連絡を取ろうとした形跡はまったくない。この娘を伴侶とする決定は、外部の世界との結びつきを徐々に断ち切ろうとする、ほとんど意識的な一歩だったようにも思える。その世界とは、革命に支配される以前の「正常な」世界だ。

数ヶ月後に、毛沢東が新しい「妻」を得たという知らせが楊開慧の元に届くと、彼女は深く落胆した。[*8] 結婚初期には、彼女は毛沢東の昔の恋人陶毅《タオ・イー》に対する嫉妬に苦しんだ。彼女は、二人がまだ情事を続けているのではないかと疑っていたのだ（濡れ衣だったようだが）。いまや毛沢東は彼女を完全に捨てた、と手紙の中で彼女は苦々しげに書いている。自殺しようとも思いましたが、でも子どもたちのために思いとどまりました、と彼女は付け加えている。

政治的休戦はすぐに終わった。またもや政治抗争の種となったのは、省同士のライバル関係だった。江西省委は北東百キロの吉安《ジーアン》市を攻撃するよう催促し続けていた。いまや湖南からは次々と使節が訪れ、ますます強い調子で、第四紅軍が主力部隊を衡陽南の県に送るよう要求した。これは朱徳が三月に敗北を喫した地域だったが、そこで暴動を起こすよう再び努力しろというのだ。

これは一見したほど無茶な提案ではない。衡陽《ヘンヤン》は湖南省の中央部から南部への主要街道の拠点だ。ここでうまく暴動が起きれば、湖南と広東省——伝統的に「もっとも革命的」な省——を結ぶことができる。それは十年前に譚延闓《タン・ヤンカイ》が、長沙攻撃の機会をうかがう中で南軍を配備した地域に、新しい根拠地を確立することになるのだ。だがまさにそのために、この地域の守備はきわめてかたく、第四軍では攻撃できない。毛沢東も朱徳もそれをよく知っていた。

湖南省委は、毛が絶対にいやがると予想していたようだ。というのも、省委書記自らが井崗山に向かい、辺界特別委員会を自分で指揮すると通告し「即座に躊躇なく［我々の指示を］実施しなくてはならない」と有無を言わせず付け加えていたのだ。省委書記は二十三歳の楊開明《ヤン・カイミン》だった。だがかれが到着する直前の六月三十日に、特別委員会と第四軍の軍事委員会との共同会議が毛沢東を議長として開催され、衡陽作戦をぴしゃりとはねつけた。長沙への手紙で毛は、この作戦を進めたら第四軍は壊滅しかねないと警告している。楊開明は明らかに、この決定をひっくり返すほどの力は自分にないと感じたようで、その後二週間にわたり、不穏なにらみ合いが続いた。

そこへ湖南省と江西省の国民党軍が、またもや井崗山攻撃を企んでいるという報せが入った。朱徳のの兵である第二十八団と第二十九団は湖南省に入り込み、湖南軍を背後から襲うことが決まった。毛の兵である第三十一団と第三十二団は、朱徳の兵が戻れるまで江西省の軍を食い止めることになった。

戦闘計画の最初の部分は、なかなかうまくいった。だが朱徳が予定通り毛の兵と合流しに戻ろうとしたところで、楊開明と、その同僚で朱徳軍に同行していたさらに若い二十歳の杜修経《ドウ・シュージン》が、上級党委の権限を発動して、いまや当初の省委の指令を実行しなくてはならないと主張した。朱徳はおとなしく、二連隊を衡陽にさしむけた。結果は毛の予想通りだった。毛自身の兵はずっと強い国民党江西軍に反撃をくらい、山岳地に撤退せざるを得なかった。寧岡と平野部の隣接する二県は、この年二度目の敵軍占拠の憂き目にあった。それでもまた長沙から若い使者がやってきて、毛に残った兵を率いて湖南省南部の朱徳軍に合流せよと迫った――だがその会議の真っ最中に伝令が部屋にとびこんできて、朱徳軍が完敗を喫したと告げた。第二十九団は大打撃をうけて、もはや戦闘部隊として存続できなくなってしまったという。第二十八団も這々の体で井崗山に撤退中だった。これを受けて議論もおしまいとなった。

だが第四軍の苦境はまだ終わってはいなかった。朱徳勢は兵の逃亡でさらに弱体化し、毛沢東が井崗山南西の桂東《グイドン》で合流すべく出発すると、地元国民党軍司令官たちは、紅軍の惨状に乗じてまたもや攻撃をしかけた。今回は井崗山の要塞はほとんど制圧されかけた。

八月三十日に何挺穎《ホー・ティンイン》という若き共産軍将校が劣勢の大隊一つだけを率いて、寧岡の頭上の高地を支配する黄洋界の隘路を死守してみせた。相手の国民党軍は湖南第八軍の連隊三つと、江西軍の一連隊だったが、大きな被害を出し、夜になって士気が低下するとかれらは攻撃をあきらめた。毛沢東は感動し、この出来事を記念して筆を執った。

早巳森産壁至　　我らが防御は鉄壁のごとし
更加衆志成城　　さらに人々の意志がそれを強化する
黄洋界上炮声隆　　黄洋界の上に銃声が響き

この頃には、毛の地位はきわめて不明確なものとなっていた。七月半ばには楊開明が辺界特別委員会の書記代行職についていた。だが桂東で毛沢東は手管を弄して、軍を代表する競合の「前敵委員会」を設立し、自分が書記におさまった。

一方、湖南省南部遠征は、毛沢東と朱徳の緊張関係を再び表面化させることになった。この緊張は、四月に両軍が統一されたときにはうやむやにされていたが、いまや朱徳は明らかに毛の指揮下から逃れたがっており、唯一の軍指揮官になる機会を渇望していた。あらためて自由を味わうと――それで敗北を喫したにせよ――夏の間に自分が君臨していた支配的な地位を毛沢東に返すのは、いまや気が進まなかった。さらに朱徳の部下の一部、そしてひょっとすると朱徳自身も、自分たちの敗北は、毛沢東が湖南省委の提案に逆らって、第三十一団と第三十二団を同行させるのを拒否したせいだと内心では思っていた。

毛と楊開明との正式な権力区分は、十月に茅坪で開催された辺界第二次代表大会で確認された。楊は特別委員会の書記として留任した。だが健康上の理由で、中立的な立場の譚震林《タン・ズンリン》が代行として指名された。かれは二十代半ばのもと労働者で、茶陵に毛が設置した初のソヴィエト政府の長をつとめた人物だ。毛は「前敵委員会」書記の地位は維持した――これでかれは実質的に軍の政治委員となった。だが代表たちの自由投票で決まる、委員会の位階でいうと、毛沢東は最下位に近かった。理由は、代表大会の政治決議に書かれていた。「これまで共産党機関はすべて個人独裁で党書記の専制であった。集団指導や民主精神は一切なかった」。毛同志は、その主犯格の一人である、と決議はあっさり書いている。

かれの政策は尊重され続けた。先の二月のコミンテルン決議に基づいた、党大会承認済みの政治戦略はその秋に井崗山にも伝わっていたが、毛の発想を忠実に反映していた。だが同志たちに言わせると、毛の指導スタイルは大いに改善の余地がある。

この異常な状態が終結したのは十一月の初めだった。五ヶ月近い配達期間を経て、六月に李維漢が起草した中央委員会指示が井崗山に届いたのだ。

毛沢東は喜びを隠しきれない様子だった。「これはすばらしい手紙で（中略）我々の多くの錯誤を正し、ここで多くの議論の的となった問題を解決している」とかれは宣言している。辺界地域での「共産党最高権力機関」として新しい前敵委員会が組織され、毛沢東が書記となった。他の主要委員は、いまや陳毅にかわり軍事委員会の長となった朱徳、そして毛の提案で楊開明にかわり、辺界特別委員会書記となった譚震林だった。これは一つには伝統的な権力階層を復活させ、前敵委員会はどこに存在しようとも、その地域の地元党組織に対する支配力を持つと定めている。だがそれだけにとどまらず、四軍の利害が根拠地の利害より優先するということを含意している。これは来る冬にきわめて重要な点としてあらわれてくる。今のところ、毛の個人的な地位は確保されたが、根拠地の地位ははっきりしなかった。

三週間後の中央委員会への報告書で、毛は直面している困難を詳細に説明した。一つの重要な問題は、辺界各県の党員はほとんどが農民で、かれらの「プチブル意識」のおかげで安定性が失われ、無謀な蛮勇とパニックまみれの逃走との間ですさまじい波が生じることになっている、とかれは書いている。

これに対する長期的な答えは「プロレタリア意識」の強化だ、と毛は主張した。そのためには、労働者や兵士をもっと党の学習機関に入れるべきである。これは上海のイデオローグたちのご機嫌を取ろうとして追加しただけの、マルクス主義政党教義への追従ではなかった。毛は農民連隊が次々と圧力の下で崩壊するのを見てきた——たとえば一九二七年の三湾における自分の第三団、七月の衡陽における朱徳の第二十九団などだ。このためかれは、「プロレタリアの指導」がまさに成功の前提だということに気がついたのだ。それは党の教義のせいではなく、農民暴動の背骨を強化するためだ。だが短期的には、別の対症療法があり、これは党のその後の発展に深い意味合いを持つことになる——粛清である。

夏の間、辺界が最大限に拡大した時点で、共産党はしっかりと地域の支配を掌握しており、共産党に加入するのが賢明に思えたために党員数は一万人にふくれあがった。いまや地主や郷士分子や富農たち、そして「紙札遊び、賭博、不良行為、腐敗活動」に従事する者たちが根こそぎにされた。結果として、党の規模は縮小したがずっと戦闘力は高まった、と毛は誇らしげに報告している。

だが辺界での活動の中心は政治的なものではなく、軍事的なものだった。「戦闘がわれわれの日常生活を形成するようになった」と毛沢東は中央委員会に告げている。南昌と秋収蜂起のときに共産党に寝返った正規兵たちが紅軍の屋台骨だった。だがかれらのうち、残ったのはたった三分の一。残りは死傷や逃亡で失われていた。その穴を埋めるため、捕虜や「流浪者」（つまり盗賊や乞食や泥棒）が動員された。不幸な出自にもかかわらず、後者は「きわめて優れた戦闘員」で、紅軍としてはいくらでもほしいくらいだ、と毛は主張する。さらに兵のほとんどは階級意識を発達させた、と毛は付け加えた。かれらは自分が何のために戦っているか知っており、厳しい条件でも文句も言わずに耐えた。

それでも冬が訪れる頃の雰囲気は最悪だった。毛沢東は後に「疲弊と敗北の雰囲気」があったと書いている。朱徳は「兵たちが飢え始めた」と回想する。塩三十グラムが一銀元——労働者の月給並の値段となった。他の日用必需品は、そもそも手に入りもしなかった。冬服を作る布もなく、病人の薬もなかった。

お金がないので賃金は廃止され、配給制度が導入された。それでも食料調達には月五千元かかり、銅銭はすべて地主や商人からの徴用でまかなうしかなかった。毛と朱徳が署名した「公務基金籌借信(公式資金調達信書)」は礼儀正しく以下のように説明している。

紅軍は(中略)商人の保護に全力を尽くす。(中略)しかし現在の食料不足のため、我々のために五千元、わらじ七千足、靴下七千足、白布三百巻を用立てていただくよう要請すべく本状をしたためるものである。(中略)これらが本日夜八時までに用意されることが喫急である(中略)この要請を無視すれば、それは商人たちが反動勢力と野合していることを示すものである。(中略)その場合は「町の」反動的商店をすべて焼き払わざるを得ない。(中略)警告しなかったとは言わせない!

商店主たちは従った。だが毛が指摘したように「同じ場所で二度は接収できない。一回やったら、もう取るものは残らない」。兵たちが根拠地に長居すれば、まだ絞り尽くしていない「邪悪な郷士や地元暴漢たち」を見つけるためにますます遠くに出かける必要がある。そしてその場合ですら、地主の唯一の作物はアヘンであることが多く、兵たちはそれを接収して売るしかなかった。

その十一月、毛は根拠地を放棄しなくてはならないという可能性を初めて提起した。江西省南部に移転するという緊急事態計画が立案されたが、これは「経済状況があまりに悪化して江西省南部以外に生き残れる場所がない場合にのみ実施する」、と毛は強調した。

一ヶ月後、二つの出来事があって、この条件がかなり現実のものとなりかけた。七月に湖南省北部の平江《ピンジャン》で反乱した元国民党兵八百人が、辺界地区にやってきたのだ。指揮官である彭徳懐《ポン・デーホアイ》は、三十歳になったばかりの粗野で飾り気のない、率直な人物で、根っからの兵士であり、毛沢東の故郷の湘潭《シャンタン》出身だった。かれの自称第五紅軍は四軍に併合され、彭徳懐は朱徳の副官となった。一方、江西省と湖南省の国民党軍が、またもや囲剿戦を計画しているという報告が入ってきた。今回はこれまで例を見ないほど大規模な作戦になるという。十四連隊から二万五千兵以上が、五種類のルートで井崗山に終結しつつあった。

将来戦略の問題がいきなり緊急性を増した。

彭徳懐の登場で明らかにバランスが崩れた。籠城して攻撃に耐えるのは不可能だった。新たに拡大した軍を冬中養えるだけの兵糧はなかった。そしてそれは、協調した反撃の新しい可能性をもたらしてくれるものでもあった。

正月の直後、寧岡で行われた前敵委員会拡大会議で、彭徳懐の兵と王佐と袁文才の第三十二団が後に残って堡塁を守備し、毛沢東と朱徳は第二十八団と第三十一団を率いて攻勢に転じ、東にある省都のどれか、吉安《ジーアン》か贛州《ガンヅウ》を制圧して、敵の背後を襲うことに決まった。

一月十四日夜明け、主力部隊は井崗山から南のふもとに続く、険しい山頂をたどるほとんど使われていないルートをこっそりと移動した。朱徳によれば「道どころか、獣道らしきものさえない。（中略）岩や山頂はぼろぼろで、すべりやすくつるつるだった。（中略）吹きだまりには雪がたまり、氷のような風が身を切る中、一行はじりじりと前進し、巨大な岩の上を這うように進んで、眼下の暗い谷間に滑り落ちるのを防ごうと、お互いにしがみつきあったのだった」。その夜、かれらは江西省国民党大隊を、南四十キロの大汾《ダーフエン》で武装解除させて、敵の野戦厨房でたらふく食った。だが翌日、合意したとおりに東へ進んで広州を脅かすかわりに、紅軍は南進を続けて辺境町の大余県に到着した。そこでかれらは国民党軍旅団に痛撃をくらい、ぼろぼろになって広東省へと退却したのだった。

毛沢東はそもそも、彭徳懐の兵数百名に対する圧力を弱めるための陽動作戦を実施するつもりなど、少しでもあったのだろうか？　彭徳懐の部隊は、三十対一で劣勢だったのだ。それとも単に、主力軍を安全に逃がすためのシニカルな手口でしかなかったのだろうか？　彭徳懐は、毛沢東に裏切られたと思っていた。四十年後にも、その恨みはまだ消えてはいなかった。

彭徳懐は何の助けもないまま、一週間ほど持ちこたえた。その頃には、山道五本のうち三本はすでに敵に制圧されていた。彭徳懐は生き残っていた三中隊をまとめあげ、激しい雪嵐の中を、毛沢東の部隊が残していった千人以上の婦女子や病傷兵をつれて、敵のバリケードを突破するという不可能な作業にとりかかった。後の回想によると「我々は山羊道をたどり、井崗山でいちばん高い山頂の切れ目にある断崖絶壁を登った」。どういうわけか、かれらは敵の包囲網の第一陣はうまくすりぬけた。そして第二陣も道を空けた。このまま不可能が実現しそうな気配が見えてきた。だが大汾で運が逆転して、かれらは待ち伏せの中に入り込んでしまった。彭徳懐の兵はなんとかそれを突破したが「敵は急速に包囲の隙間を封じて、逃げ遅れた負傷者や病傷者たちを包囲した」。助けるのは不可能だった。数日後にまた戦闘があって、彭徳懐は兵の数を数えた。平江から同行した兵士八百人のうち、残っているのは二百八十三人だった。

毛軍は多少ましだった。最初の一ヶ月で、かれと朱徳は井崗山から出発した三千五百人のうち、六百人を失っただけだった。それでもこれは惨めな時期であり、紅軍創設以来最悪だ、と毛は書いている。毛や兵たちと行軍していた賀子珍にとってはなおさらつらかった。彼女は毛の子を宿して妊娠五ヶ月だったのだ。朱徳にとって、これはひたすら「ひどい時期」だった。かれらはまもなく、永続的な根拠地を新設する希望を、少なくとも一時的には完全に放棄した。そしてどこへ行っても、秘密ソヴィエト政府や党委員会を設置して、紅軍が移動してもそれが地下活動を続けられるようにした。新種の戦争が始まったのだ。もはや固定した場所を守備するのではなく、柔軟なゲリラ戦争を展開するのである。

党中央との通信は、井崗山でもかなり困難だったが、いまや完全に途切れた。一九二九年の最初の三ヶ月、毛軍は上海のみならず、省委とも連絡が取れなかった。山を下りる前に、かれは金四オンスを萍郷《ピンシャン》に送って秘密の通信局を設立させた。もう一つ、もっと野心的な試みとして、かれは後に五千元分のアヘンを福建省に送り、厦門に連絡基地を設立させようとした。どちらもまったく成功しなかった。この年の毛の手紙は、中央からの指示がないことと、江西省委の文書回送が実に不手際だということについての苦情だらけだ。

だがこれには、それなりの利点もあった。毛沢東と朱徳は、問題に直面したら自分で解決策を講じることができた。どこかよそで夢見られた不適切な戦術を無理に使わせられることはなかった。その冬に毛沢東が中央委員会に書いた文書によれば、井崗山時代の教訓の一つは「軍事行動についての今後の上層部からの指示は、何よりもあまり硬直的であってはならない」というものだ。さもないと現場の指揮官たちは、「不服従と（中略）敗北」との間で選択を迫られるという「真に難しい立場」に置かれてしまう。だが連絡が取れなければそんな困難は生じない。とはいえそのために何ヶ月にもわたり、毛沢東や、中国南部や中央部の他のもっと小さな赤色支配地の指導者は、お互いのことを何も知らずに生き残ろうと苦闘した。自分が奉仕しているはずのモスクワや上海の政策についても何もわからなかった。ほとんどの場合、新聞すら手に入らなかったのだ。

通信問題は、毛沢東と中央指導層との間の争いの背景となった。それは湖南省委とのそれまでの相違より遙かに大きな影響を持つことになる。

一九二九年一月始め、六ヶ月前にモスクワで開催された第六次党大会の主要決議がようやく井崗山に届くと、一同は熱狂的に賛同した。「決議は（中略）きわめて正しく、歓喜をもって受け入れるものである」と毛沢東は上海に書き送っている。また、自分が中央委員として再選され、二十三人の中央委員中十二位となったこともうれしかったのはまちがいない。これは紅軍が重要性を増していることの反映だった。だが毛の預かり知らぬことで、また知りようもなかったことだが、新総書記の向忠發《シャン・ゾンファ》は、元武漢の港湾労働者で労組指導者ではあったものの、単なるお飾りでしかなく、真の権力を握っていたのは公式の中央委員会の序列では毛よりずっと下の、周恩来と李立三なのだった。[*9] 毛は年末まで、李立三の昇進を知らないままとなる。

そして党中央の方も、同じく毛沢東の状況を知らなかった。二月に毛沢東の軍勢が井崗山を離れたという初の報告が上海に届いた時点で、政治局は毛沢東から九ヶ月近くも連絡を受けていない状況だった。

こうした状況で、周恩来は毛沢東と朱徳に対し、軍事力をなんとしても維持するよううながす手紙を書いた。そのためには、軍勢を数十人単位の部隊、最大でも数百の兵力に分割して村々に散開させ、「農民の日常的闘争を動員」する支援をさせて党の影響力を広め、革命にもっと都合のいい状況がくるのを待つべきだと述べていた。

毛沢東はこのアプローチの発想からして嫌いだった。昨十一月の中央委員会への報告（まだ中央委員会には届いていなかった）の中で、かれは「これまでの経験では、これはほぼ毎回敗北につながった」と書いている。今回は、その末尾に書かれた一刺しがこれをなおさら認めがたいものにしていた。毛沢東と朱徳は二人とも上海に戻るべきだと書かれていたのだ。
周恩来は、一九二七年七月にも毛沢東を湖南省の基盤から切り離そうとして失敗していたので、この決定に従わせるのがきわめて難しいことも知っていた。だから手持ちのあらゆる手練手管を使って、それをもっと承伏しやすいものにしようとした――

　この二同志は、一年以上も活動してきた軍を離れたくはないかもしれない。しかし（中略）中央委員会は（中略）朱徳と毛の離脱は軍に何ら損害を与えず、軍が散開計画を実施するには二人がいないほうがよいと考える。（中略）朱と毛が中央委員会にくれば、一万人強の兵を率いて一年以上も敵とわたりあう貴重な経験について全国の同志たちに説明できる。これは革命の目的に「もっと」ずっと大きな貢献となるであろう。

これは理屈は通っていた。紅軍が分散したら、毛沢東と朱徳が残る理由もない。この指示が執筆と同時の二月初め、共産党軍が敗走中でだれが見ても殲滅の危機が目前に迫っていた時期に毛沢東の手に渡っていたら、前敵委員会の多数派はこれを受け入れたかもしれない。だが上海から江西省西部への千キロの配達には二ヶ月かかり、毛沢東と朱徳の手元にそれが届いた頃には、状況は一変していた。

一月末に広東省へボロボロになって敗走してから、かれらは福建省と江西省の境界に沿って北上したが、国民党江西省部隊の追跡を受けていた。瑞金《ルイジン》から二十キロの山中にある大柏地《ダボディ》では二月十一日に、紅四軍は対戦を決意した。もっぱら林彪の連隊が、徹夜で行軍して敵の背後にまわってくれたおかげで、追跡してきた国民党軍は圧倒的に敗北した。ライフル二百丁、機関銃六機、兵士千人が捕虜となった。それは四週間前に井崗山から敗走して以来初の勝利で、毛は後に「我が軍の士気は大いに高揚した」と報告している。一ヶ月後には、省境から福建省に入ってすぐの地方都市汀州《ティンソウ》を占拠。福建省第二混成旅団を率いる地元の有力者の郭鳳鳴《グオ・フェンミン》は殺され、死体は通りに三日間さらされた。

これらの成功に気をよくした毛沢東は上海に長い手紙を書き送り、紅軍第四軍が汀州と瑞金を中心とする二十県ほどでゲリラ戦を展開する計画だと述べた。そして大衆が十分に動員されたら、福建省西部と江西省南部に新しい常設根拠地を置くと書いた。

二週間後に届いた周恩来の指令は、軍に散開せよと命じていた。

毛の返事は、前敵委員会と彭徳懐（かれの兵はいまや主力軍に再び加わっていた）の支持も得たものだったが、新指示をきっぱり拒絶した率直さと、上海中央部に対して自分がまったく対等の立場にあるという態度の二点で驚くべきものだ。かれは本部に呼びつけられて異論を上奏する野戦指揮官としてではなく、高位の党指導者として同僚たちに意見を述べる形で返答をしたためたのだった。

中央委の手紙が下した評価はあまりに悲観的である（中略）井崗山に対する［一月の］攻撃は、反革命潮流の最高点を示すものである。しかしそこでそれは止まり、その後は徐々に弱まっていったが、その間に革命の潮流は次第に高まった。（中略）現在の混沌とした状況で、我々が民衆を率いるには前向きなスローガンと前向きな精神が必須である。

軍を分散させるのは「非現実的な見方」であり、瞿秋白の冒険主義に匹敵する大きな誤りである「取消主義」のにおいがする、と毛沢東は述べた。毛と朱徳はもちろん必要ならば新職に就くが、その場合には「有能な交代要員」を派遣してもらわなくては困る。それまでの間、江西省と福建省でのゲリラ戦計画はそのまま進める。この計画の見通しはきわめて明るく、「［江西省都の］南昌に迫る」現実的な可能性がある、と毛沢東は宣言した。目下の軍閥同士の争いは、国民党支配崩壊の前兆であり、紅軍は江西省と、それに隣接する福建省西部と浙江省地域に独立ソヴィエト政府樹立を「一年を期限として」目指すべきである、と毛沢東は主張した。

この提案はまもなく、毛沢東もまた「冒険主義」的傾向を抱いているという糾弾を引き起こすことになる。そして当人もまた、期限を設けたのはまちがいだったと認めた。だが楽観的すぎたとはいえ、かれの分析は根本的にはまちがっていなかった。江西省には中国の他のどこよりも遥かに大きなソヴィエト政府が樹立されることになるのだ。とはいえ、それには一年よりは長くかかったのだが。上海の指導部より自分のほうが、政策を上手に判断できるという毛沢東の信念は、周恩来の手紙の主要論点のもう一つに対する反論にあらわれていた。周恩来は「党の現時点での主要任務は、主に工業労働者の間に（中略）党のプロレタリア基盤を確立して発達させることである」と書いていた。確かにその通りではある、と毛は返答した。しかし――

地方部の闘争、小地域でのソヴィエト設立、（中略）紅軍の拡大は、都市部の闘争を支援して革命的蜂起を促進するための前提である。したがって、都市部の闘争を放棄して地方でのゲリラ主義に陥るのは大いなるまちがいだが、その一方で――党員の中にそうした見方を抱くものがあれば――農民権力の発達が労働者の指導力を奪うのではないかと恐れるのもまちがいであると我々は考える。（中略）半植民地中国での革命が失敗する唯一の道は、農民闘争が労働者の指導を得られない場合だけだからである。農民闘争が労働者よりも強くなるというだけで革命が滞ることはない。六次大会は、農民革命を無視することの誤りを指摘している。

一年後、地方革命対都市革命の議論は、またも毛沢東と党指導部との対立の主要な原因となる。だがこの時点では、周恩来は毛の主張を黙認した。紅軍の勝利報告が次々に入ってくるにつれて、撤収命令も撤回され、そして六月にやっと毛の手紙が到着すると、政治局は散開計画がまちがいだったと認めた。*10

だがこれには続きがあった。

毛は歴史の原動力として弁証法を個人的に信じていた。夜が最も暗いのは、夜明けの直前なのだという信念だ。これは井崗山を放棄してからの数ヶ月での塗炭の苦しみで、さらに強化されていた。紅軍はほとんど崩壊寸前だったのが、体勢を立て直し、苦しみからもっと強くなって、再起を果たした。だが第四軍の全員が、辺界地区の喪失をこれほどあっさり合理化できたわけではなかった。多くは、革命の見通しに関する中央部の陰気な評価に同意しており、軍はこれからも一月末からやってきたような柔軟なゲリラ戦を展開して、常設根拠地の設立はあきらめたほうがいいと考えるようになっていた。

四月半ば、于都《ユドゥ》でこれらの問題は紅四軍前敵委拡大大会の議題となった。彭徳懐の支持により、そのときは毛の方針が採択された。紅四軍が西福建省で勢力を立て直そうとする間、彭徳懐の軍勢は江西省に戻って井崗山の奪回を試みることで合意された。江西省に一年以内に独立ソヴィエト政権と作るという目的は圧倒的に了承された。

だが合意は見かけだけのものだった。翌月の間に、毛沢東とその支持者、そしてほとんどが朱徳に肩入れしていた軍指揮官の大半との間に、深い溝が生まれた。

この溝は、一年前に紅軍を形成した二つの勢力がたどってきた歴史の相違から生じた部分も大ききい。毛沢東の軍勢は、井崗山の根拠地を構築する中で軍事技能を学んだ。朱徳の軍勢は絶えず移動し続け、南昌から汕頭に向かった。そこから広東省北部へ、そして最後に湖南省南部へ。起源の相違は、両者の志向する戦争形態の差につながった。だがそれは、井崗山における初の政治演説で宣言された毛の確固たる信念の反映でもあった。その演説でかれは、「紅旗はいつまで掲げつづけられるか」という問いを投げかけているが、そこで述べたように、紅軍基地を設置することだけが、全国革命への現実的な道だとかれは確信していた。

この戦略をめぐる対立は根本的なものだった。だが他のもっと私的なけんかも今では変わってきた。毛沢東の高圧ぶりは賀子珍ですら認めるところだった。いまや昨秋の井崗山の場合と同じく、毛沢東の「家長的な支配のやり方」「書記の専政」「権力の過剰な中央集中」に対する苦情が聞かれるようになっていた。今回は、毛沢東の批判者たちも前より用心深かった。毛沢東を直接批判するのではなく、軍事面での軍の役割に批判を集中させ、それが「あまりに手を広げすぎ」、一九二九年三月の汀州陥落以来、紅軍が急成長をとげたので「前敵委員会がすべてを把握し切れていない」と指摘したのだった。

これは毛自身がまいた種だった。二月初め、井崗山からの逃走に続く最も暗い日々に、朱徳が率いる軍事委員会は廃止されていた。その後まもなく、毛の提案で連隊（団）は縦隊に改組された。結果として軍事司令官の権力は目に見えて減らされた。朱徳やその同僚たちは毛の政治機械の歯車に貶められたいなどとはまったく思っておらず、軍事委員会の復活を声高に要求し始めた。

この政治的なヘビの穴に、無邪気で声高な劉安恭《リュウ・アンゴン》なる若き共産党員がやってきた。周恩来が、紅四軍担任連絡官として遣わした人物であり、それ相応に責任ある地位を与えろとの要請が伴っていた。劉はソ連から戻ったばかりで、レーニン主義理論が中国のありとあらゆる問題に対する答えなのだと仕込まれていた。

毛は当初、劉安恭が味方になるか、少なくとも自分の手駒になるかもしれないと思っていたようだ。五月末、福建省の永定近くでの険悪な会議の後、毛沢東は周恩来に、軍事委員会は劉安恭を書記兼紅軍の政治部主任として再建すると告げている。毛としては、これで朱徳が書記の座を奪回できなくなるので有利だった。毛から見ると、この対立はますます朱徳との権力闘争となりつつあった。毛は内心で、朱徳が「長く抑圧してきた野心」を抱いていると非難していた。

だが朱徳との対立を有利に運ぼうという毛の作戦は裏目に出た。新委員会が設立されて劉安恭が真っ先にやったのは、前敵委員会を縮小することで自分の委員会の権限を拡大することだった。六月八日に白砂で指導層が会合を開く頃には、毛は全面対決は避けられないと結論していた。前敵委員会は「不死不活の状態」だとかれは苦々しげに書いている。前敵委員会は第四軍の責任を取ることになっていたが、それを指揮する権限は与えられていなかったのだ。こんな状況では、自分はとても書記などつとめられない。辞職する、とかれは宣言した。

これははったりだった——そして当初は成功するかに見えた。会議は三十六対五で、たった一週間前に再建されたばかりの軍事委員会廃止を決議した。だが会議は、戦略と指導層という大きな問題は、正式な紅四軍第七次党代表会議の討議に任せられるべきであると決定した。大会は八ヶ月ぶりとなる。そして二週間後に、このために徴用した地元の学校でその大会が開催されると、その議長は毛沢東ではなく陳毅だった。

毛は「家長制的傾向」のために糾弾され、その仕事のやり方は強烈な批判を受けた。朱徳のやり口もまた非難された。毛は軍が固定根拠地をかためようとせずに、ゲリラ戦ばかりにかまけているので「流寇（流れ盗賊）状態」に堕していると反論したが、「それは真の問題ではない」と一蹴された。

そして二ヶ月前にかれの提案した、江西省全体を「一年以内に」制圧しようとするという提案は、まちがいだとされた。新しい前敵委員会が選出されると、毛沢東も朱徳も委員としては留任した。毛は党代表となり、朱徳は軍司令だ。だが書記職は陳毅が取った。毛は再び日陰に退くことになった。二十一ヶ月前に山に退却してから三度目のことだ。

政治抗争が火花を散らす中で、齢十九の賀子珍は娘を産んだ。赤ん坊を連れて行くことはできなかったので、彼女は紅軍の他の女性と同じことをした。赤ん坊が生まれて三十分後に、彼女は十五銀元入りの小包をつけて、それを農民一家に里子に出したのだ。涙は流さなかった、と彼女は後に書いている。

その後五ヶ月にわたり、毛沢東は第四軍指導職から退いていた。健康上の理由が口実ではあったが、それは身体的というよりむしろ精神的な健康だった。賀子珍の表現では「かれは病気でした——そして心が乱れており、そのためになおさら病気がひどくなりました」。それでもかれは、七月には福建省西特別委員会と同行し、新根拠地の設置について助言した。そこと江西省南部とを結び、汀都で語った全省ソヴィエトの核を形成したいと思ったのだ。だが毛沢東は前敵委員会のゲリラ作戦再開計画については一切関わりを持とうとはせず、このため陳毅とはすさまじい口論となり、どちらも怒りで蒼白になりつつ怒鳴りあう羽目になったのだった。

毛沢東の不服従に直面して、前敵委員会は七月末に、陳毅が上海にでかけて中央に仲裁を頼むべきだと決議した。その間の書記代行は朱徳がつとめることとなった。

数日後、毛沢東はマラリアにかかり、山奥の小屋に引きこもった。毛と賀子珍は、学者の寓居のようにしつらえた小さな竹小屋に暮らし、そこを「饒豊書房」と名付け、それを銘板に書いて戸口の上に掲げた。

　争いから身を引くという手口は、毛沢東が生涯で何度も使うものだが、すぐに功を奏した。陳毅が上海にたどりつくより先に、政治局は紅四軍第七次党代会決議を入手しており、同時に毛沢東が論争についての見解を述べた手紙も受け取っていた。そして政治局は、代表たちの行動がまちがっていたと結論した。八月二十一日、朱徳の司令部に送られた指示は、党の指導力を中央集権化することが重要だと強調し、暗黙のうちに当職の役割を拡大しようという毛沢東の方針を認めていた。それは「断じて家長制ではない」と指令は宣言しており、「紅軍は単なる戦闘組織ではなく、宣伝と政治的な責務も負っているのだ」と指摘していた。

　混乱の責任を主に取らされたのは、かわいそうな劉安恭だった。かれは派閥主義を引き起こしたと糾弾され、上海に戻るように言われたが、その指示を実行する以前に戦闘で死んでしまった。

　九月末、この中央指示を受け取った朱徳は、また紅四軍の党代表大会を開いて毛にも出席を依頼した。毛は「はいそうですかと戻るわけにはいかない」と言って断った。そこで代表大会は、正式に前敵委員会書記としての復帰を要請する手紙を送った。今回は毛もやってきたが、担架に担がれての登場で、自分がとても働ける状態ではないことを誇示して見せた――これには予想外の副作用があり、毛の状態についてゆがんだ情報が翌春にモスクワに届いたために、コミンテルンは毛の訃報を発表したのだった。三週間後、陳毅が戻ってきた。かれが携えてきた中央委員会文書は、かれ自身が起草して周恩来と李立三が承認したものだった。それは「革命においては紅軍のみが重要だと考える軍事的同志の偏狭な見方」を糾弾したが、固定根拠地をすぐに構築したがる毛がまちがっていると述べ、江西省全体を一年以内に掌握するというかれの計画を批判していた。朱徳との関係という重要な問題については、中央委員会はどちらにも肩入れを拒み、「錯誤的工作方法（まちがった作業方法）」を採っているると双方を批判した。そのまちがいの中身としては「形が正反対の立場を採用して口論すること」「お互いを疑い、政治的な立場から見て遠い観点からお互いを評価すること」「行いを明らかにしないこと」――平たく言えば、ガキのようにわめきあっていることだ。毛は前敵委員会書記にとどまるよう文書は書いていた。だが毛も朱徳もまちがいを正してまともに協力することを学ばなくてはならない。

この手紙は、すぐに戻ってこいという前敵委員会からの手紙と一緒に、福建省西部にいた毛沢東に十月最終週に届いた。かれはそれを無視した。

これはマラリアとは何の関係もなかった。その頃には地元の県委員会がキニーネを手に入れており、マラリアは治っていた。これは政治的な声明だった。過去二年で、同僚たちは三回にわたり毛を政治的に追放してきた――まずは中央委員会、次いで湖南省委の指導職、そしていまや前敵委員会。こんど戻れというなら、同意に先立って、まちがいなく本気で自分に復帰してほしいことを確認しろ、と言おうとしたのだ。翌月、かれは昼間はずっと地元農民と土地改革について議論をし、晩にはまたも恒例の、英語学習の努力をしていた。

十一月十八日、広東省での作戦が大敗を喫し、軍は兵の三分の一を失った。朱徳と陳毅は再び毛に手紙を書いた。毛はこんども返事をしなかった。一週間後、前敵委員会の全員が正式に「復帰して我々の活動の指導にあたっていただくことを祈念するものである」との要請書を出し、兵の特別部隊を護送につけた。今回は毛も折れた。十一月二十六日、毛は復職した。

第四軍の思想を「中央委の正しい指導の下で」統一させるのは「まったく何の苦労もない」と、毛沢東は党中央に確約していた（つまり観点のちがいに折り合いをつけるようがんばるということだ）

にもかかわらず、毛は自分自身の見解を強引に導入させ、中央文書については自分の勝手な解釈を強調し、気に入らない部分は削除した。

福建省西部の古田村《グイタン》でかれが十二月に招集した会議は、後に毛沢東が党の集合的な精神を自分の思い通りに操作するお気に入りの手法となった「整風運動」のお手本となる。十日にわたり、出席者たちは小集団に分かれて、それぞれを支部書記や政治委員が指導し、「誤った思想の根っこを掘り起こし、それが引き起こした害を議論して、それをどう矯正するかを決める」。書記の毛沢東は、どの思想が「誤って」いて、どれが「正しい」かを決めるのが主な仕事だった。当然のことながら、朱徳とその支持者たちはもっぱら前者の分類に属していた。

「党内の錯誤思想糾正について」と題された毛の政治文書の冒頭部分は、それに続くすべての論調を決定づけていた。それは「純粋軍事的な観点」や「個人主義的な規律不服従」としてあらわれる「超民主主義の有害な根っこ」を厳しく批判し、「軍事的同志」は常に党の指導を受けて報告を行うことと主張した。九年後に毛沢東は、同じ論点をもっと手際よく述べている。「党が銃を指揮する。決して銃が党を指揮することが許されてはならない」。

朱徳を名指しはしなかったものの、毛沢東は軍指導者を、封建主義的慣行の容認と「きわめて低劣な軍事能力」の点で叱責した。体罰がいまだに横行しており、特に第二縦隊（朱徳の元二十八団が主体である）では蛮行があまりにひどく、自殺者を三人出しており、兵たちは苦々しげに「将校は兵を殴るだけじゃなくて殴り殺す」と述べていた。囚人たちの扱いはひどく、逃亡者は射殺され、紅軍の傷病者はそのまま死ぬに任されている――これはすべて党原則にあからさまに違反している、と毛は述べた。

中央指示は、毛の指導的地位を不動のものとした。だがそれは、そもそも論争の発端となった問題をめぐる毛沢東の視点にはまったく影響しなかった――ゲリラ戦争を仕掛けるべきか、それとも固定の革命拠点を確保すべきかという問題だ。これについてかれは数日後に、林彪宛の私信で明らかにしている。中央委員会は悲観的すぎる。一年前に、紅軍を散開させろと提案したときとまったく同じだ。中国社会全般に見られる矛盾、特に軍閥同士の反目は、きわめて深刻なものとなっており、「火花一つで燎原の炎が起こる」――そしてこれが「まもなく」起こる、と毛は述べていた。

マルクス主義者は予言者ではない。（中略）だがまもなく中国で革命の高潮が起こるというとき、私は断じて、一部の人の表現では「来るかもしれないもの」、妄想的なもの、実現不可能なもの、行動のための意味合いがないもののことを語っているのではない。それは遙か沖合の船で、帆柱の先端が岸からすでに見えているようなものだ。東の朝日の輝きがすでに高い山から見えているようなものだ。母親の子宮でせわしなく動き、いまにも生まれようとしている子供のようなものなのだ。

この文章を書いた毛沢東は、党の政策と真っ向から対立していた。党は、新しい革命的な潮流などまったく認められないという見解だったのだ。毛沢東の権力を回復したまさにその中央指示が、前敵委員会に対して軍閥同士の反目をあまり深読みしてはならないとはっきり釘を刺していたわけだ。だが、毛沢東はまだ知らなかったが、それまでの二ヶ月間で党の方針も変わっていた。

一九二九年を通じてずっと、中国とロシアは満州の中東鉄道の立場をめぐって大げんかを展開していた。これは中国とロシアの共同管理下にあった。蔣介石の南昌国民党政府は新たな満州の指導者張学良《ザン・シュエリャン》の支援を受けて、この二重システムを終わらせたいと思っていた。五月にはハルビンやチチハルなどの満州都市にあるソ連領事館（これらは中国のソ連領事館が閉鎖された後も活動していた）を中国警察が捜索し、ソ連職員が共産主義工作を続けているという証拠をおさえた。七月には相当数が強制送還となり、やがて残った領事関係もすべて廃止された。

しばしためらってから、モスクワは中国にお灸を据えることにした。十月にコミンテルンは中国共産党に手紙を書き、「ゲリラ戦争を強化拡大」するよう要請した。特に満州と、毛沢東や賀龍[*11]が活動している地域でそれを行い、ロシア軍部隊が中国国境を越えて行っている懲罰遠征とタイミングをあわせろと述べた。このメッセージが上海に到達したのは十二月初旬だったが、その頃には南昌政府も弱腰になり、本気で平和を求めていた。だがその手紙に書かれた政治分析はすぐに一人歩きを始めた。

ゲリラ攻撃への呼びかけを正当化するため、モスクワは中国が「きわめて深い民族的危機の時期に入った」と宣言し、その特徴は「革命的高潮の出現」と「革命的高潮が確実に訪れるという客観的な先決条件」であると宣言した。文言は意図的にあいまいになっていたが、その論調はそれまでのコミンテルンによるお触れの慎重さと驚くほどちがっていたので、いまや中央指導層の中心人物として台頭しつつあった李立三は、待ちに待った革命的蜂起をついに主張できるときが来たのだ、と確信した。

かれがそれをやったのは、十二月八日に発表された中央委員会指示でのことだった。これは農民自衛隊の編入により紅軍を急速に拡大せよと述べたものだった。そして各種共産党軍事部隊の間の協調を改善し、分散するより集中を基本原則とせよと述べた。この最後のものとの関連で、もっとも驚くべき政策の逆転が起こったのだった。

これまでの、大都市占拠を避けるという戦術は変えなくてはならない。勝利の可能性がある限り、大衆が扇動できる限り、都市に攻撃を加えて制圧すべきである。主要都市を急速に占拠するのは政治的な意義がきわめて大きい。この戦略は、労働者、農民、兵士たちの全国的な闘争と協調すれば、革命の大潮流をもたらす。

この文書が一九三〇年一月末頃に江西省に届くと、毛沢東は中央委員会の革命見通しが、いまや自分のものとかなり近いことを知って、驚くとともに喜んだ。数日後、吉安近くの陂頭《ピトウ》で開かれた、前敵委員会拡大会議で、毛は同志たちが一人ずつ、昨年夏のかれの分析が正しかったことを卑下しつつ認め、吉安《ジーアン》を皮切りに「江西省全体を解放する」と誓うという光景を楽しむことができた。

これを実現するために、総前敵委員会が創設されて毛沢東が書記となった。これは、かれ自身の第四紅軍だけでなく、いまや三千人強で井崗山北部を拠点とする彭徳懐の第五軍、そして彭徳懐の同僚黄公略《ホアン・ゴンルェ》率いる新生第六軍（これは贛江の南部流域で活動していた）、さらには江西省南西、福建省西、広東省北部の根拠地をすべて統括する「最高機関」とされていた。

会議は最終声明を発表した。それを起草したのは毛沢東で、内容は革命的情熱にあふれかえっている。

世界革命の高潮が今すぐにも到来する！　中国革命の高潮がまもなく訪れる！　中国のソヴィエトはロシアのソヴィエト後継者として出現し、両者は世界ソヴィエト［体制］の強力な一部となる！　中国内においては、江西省ソヴィエトがまず登場する。なぜなら条件が（中略）江西省のほうが他の県よりも成熟しているからだ。（中略）［我らが闘争の直接的な結果は］必然的に（中略）南方の革命勢力が全国の革命勢力と連合して支配階級を徹底的に埋葬するであろう。

だがレトリックと現実は別物だ。こうした計画を実践に移すとなると、毛沢東はきわめて慎重に動いた。吉安攻撃の決定ですら、見た目通りのものではなかった。「この進攻号令はまったく正しい。だが第一歩はまず町そのものを攻撃することではなく、それを包囲して、市内の人々にとって生活をますます困難にし、パニックの種をまくことである。（中略）その後、［次の段階に］進むのだ」。そして実際には、国民党が攻勢に移るとこの第一歩すら中止され、三月には吉安攻撃は完全に中止された。数日後には、贛州を制圧しようという試みも中止された。かわりに総前敵委員会はその後三ヶ月にわたり、既存の地方根拠地の拡充を行った。集約なき拡大は「深刻な右傾的日和見主義である」というのがその口実だった。

この慎重ぶりは上海でも見過ごされることはなかった。李立三はすぐに、「革命的高潮」の意味合いについて深刻な解釈の相違があることに気がついた。

李立三の「高潮」は理論に基づくものだった。それはモスクワでソ連の利益にかなうように書かれたコミンテルン文書に端を発しており、その文書を李立三が自分に都合よく歪曲したのだ。毛沢東の「高潮」は実践的政治の問題だった。過去一年、かれは前進する唯一の正しい方法は、地方根拠地を構築することだと論じ続けてきた。中央委員会の九月指令は、これが「革命的高潮の出現」を必要とすると主張していた。毛沢東にとっては、この条件がいまや満たされたという李立三の承認は、どのみち自分でやろうと思っていた政策に正当性を追加してくれるだけのものでしかなかった。

もし取引の一部として、都市制圧のアイデアについて口先だけでも支持が必要ならば、紅軍が無用な危険にさらされない限り、毛沢東としては喜んでそれに応じるつもりだった。さらにその口先も、そもそも最小限だった。陂頭会議ははっきりと、共産党の「主要任務」は「ソヴィエト区域の拡大」と述べていた。全般的な方針としては、都市制圧は（吉安占拠という個別計画は別として）言及さえされていなかった。それどころかほんの数週間前に毛沢東は、古田《グィタン》で、「大都市に進軍」したい連中は、単に快楽の追求に関心があるだけで「思いっきり飲み食いしたいだけ」なのだと嘲笑している。

一方、李立三にとっては都市革命こそが根本だった。かれのキャリアのほとんどは、毛沢東の見習いとして安源の坑夫たちを組織してから、一九二五年の五三〇運動を組織して全国的な名声を得るまで、ずっと労働組織が核だった。地方革命こそは中国の未来の鍵を握ると毛が熱狂的に信じていたのと同じくらい、李立三はプロレタリアこそが中国を救うと確信していたのだった。

この深い政治的な溝に加え、両者の間には強い個人的な反目もあった。李立三は毛沢東より六歳若かった。十八歳の学生だった李立三が、新民学会につれない態度を見せた時点で、両者は反りが合わなかった。十年後、地主だった李立三の父親が処刑されたときに毛が無関心だったため、冷たい関係は敵対関係となった。一九二九年十月に、李立三の昇進をやっと知った毛沢東が「李兄」に対して書いた、「貴殿の優れた指導の手紙を書いてくれ」と頼んでいるいささかぎくしゃくしたメモは、その報せがもたらした心許なさをはっきり示している。

個人的な要因を除いても、「革命的高潮」をめぐる毛沢東と中央の政治的な相違はそう長く隠しおおせるものではなかった。一九三〇年二月、周恩来は指導層の新戦略をずっと広範かつ詳細に記述した文書を起草した。これは中共中央第70号通告として発表されたが、そこでは朱徳と毛沢東が名指しで「軍勢を隠して分散させるのに固執した」と批判されている。党の目的は、「一つまたは少数の省においてとりあえずの勝利をおさめること」であり、そのために紅軍全体の戦略は、主要交通路の要所にある主要都市を抑えることに向けられるべきである、とその文書は宣言していた。それには地元の蜂起、労働者による政治的なストや国民党兵舎の反乱などと手を組むべきであるとのこと。二週間後の三月十日、政治局はまたもや毛の軍隊が意味もなく「縦横游撃（ふらふら攻撃した）」と批判した。別の中央指令は毛が「党の指命と国民的な革命状況に逆らって」行動していると糾弾した。それから周恩来はモスクワに向かい、八月に戻るまで李立三が一人で中央政策を牛耳ることになった。

一九三〇年の春から初夏にかけてずっと、毛沢東はこうした指示に逆らってきた。

毛軍は、江西省、広東省の辺界地域から退却を拒んでいた。かれらはそこで小さい国民党部隊と小競り合いを繰り返し、軍事的な強さを作り上げていたのだ。毛自ら、「ソヴィエト地域の代表者会合」のために上海にこいという李立三の要求を無視し続けていた。このため、この会合は最も重要な人物を欠いたまま五月半ばに開催された。まちがった指示を実行するのは、実は「一種の妨害工作」だから自分は絶対に与しない、とかれは前敵委員会にこともなげに告げている。

一方、李立三自身の発想——後にいう「李立三路線」——は、三年前に瞿秋白が主張した過激な見方にますます似てきた。瞿秋白と同じく李立三も、革命の実施で紅軍にだけ頼るのはまちがっていると宣言した。軍の部隊は、労働者の暴動と並んで活動しなくてはならない、と。瞿秋白同様に、「攻撃あるのみ、退却はない」と李立三も主張した。柔軟な戦闘という毛の戦術は、「主要都市を制圧すべきなので（中略）いまや現代の要請に合致していない」から、毛沢東と朱徳は「やり方を変えなくてはならず」、ゲリラ根性を捨てなくてはならない。毛の「都市の包囲に地方を使う」という発想は、吉安攻撃の計画の中で初めて明示的に現れたものだが、これも「きわめて錯誤的」であり、「地方部の作業が優先で、都市部の作業はその次だ」という発想は、それ以上に深刻な誤りだとされた。

争いが表面化したのは六月のことだった。毛は「帝国主義におびえて」おり、農民的観点と「流寇思想（流れ盗賊的なイデオロギー）」を示して、絶えず中央委指示に背き続けたと糾弾された。その厳しい攻撃が続いた後で、政治局は江西省だけに革命政権を樹立するという提案を拒否する決議を行い、かわりに遥かに暗い見通しを掲げたのだった。

中国は世界帝国主義支配の鎖における一番弱い輪である。それは世界革命の火山が噴火する見通しの最も高い場所である。（中略）中国革命は（中略）世界革命と、全世界における最終的な決定的階級戦争の口火を切るかもしれない。（中略）したがって共産党の目下の仕事は、広範な民衆に呼びかけ（中略）あらゆる革命勢力の協調全面蜂起の準備を決然と進めさせることであり、（中略）今後は武装蜂起の準備を活発に行うことである。（中略）今のところ、新たな革命的高潮が日ごとに近づく中で、我々の全般的な戦術方針は、一つ以上の省で初期的な成功を勝ち取る用意をし、国家的な革命政権設置の準備を行うことである。

この分析に基づき李立三が書き上げた計画は、毛の部隊がまず九江《ジュージャン》と南昌を攻撃し、続いて紅軍の協調攻撃を武漢にしかけるというものだった。

共産軍をもっとしっかり掌握するために、李立三は大規模な政治的軍事的組織改正を始めた。各種の行動委員会が設置され、それぞれの省における政治権力の非常時における政治機関となり、中央（つまり実質的に李立三自身）から直接命令を受ける。軍では中央革命軍事委員会が設立され、これも李の命令を受けて、既存の軍構造にかわる四つの新しい軍組織を指揮する。十日後、中央委の特派員である涂振農《ツー・ゼンノン》が汀州の毛沢東のところにやってきて、かれと朱徳に軍を北進させよという直接命令を渡した。気休めとして、毛沢東は新設の軍事委員会主席の座を提供された。朱徳は総司令とされた。したがうしかなかった。

その後まもなく毛沢東の書いた詩は、この作戦に関する疑念などまったくないかのようだ。

百万工農斉踊躍　百万の工農が一斉に蜂起し
席巻江西査搗湘和鄂　江西省を席巻して湖南湖北を直撃する
国際悲歌歌一曲　だがインターナショナルは悲しく響き
狂嵐為我従天楽　天からは狂嵐が降り注ぐ

毛の疑念を裏書きするかのように、軍の進み方はきわめて遅々としたものだった。汀州を発ったのが六月二十八日。十日たっても、西百五十キロもない興国《シングオ》県にすら達していなかった。二週間後、百キロほど北の樟樹《ザンズー》で初めて敵兵と交戦している。それから毛と朱徳は、南昌は守りがかたすぎるから正面切っての攻撃は無理だと決めた。ここは形だけやっておこうということになった。それにしたがい、八月一日には分隊が市の川向こうにある鉄道駅に送られ、そこでかれらは三年前の南昌蜂起を記念して空に祝砲を撃った。その後まもなく、毛は中央委にこう説明している。「八月一日のデモを実施するという任務を実施し終えたので、［西八十キロ、山の反対側にある］奉新《フエンシン》周辺地域に散開して民衆動員と資金調達、宣伝活動などを実施した」

武漢に対するすばやい協調攻撃という李立三の大計画もこれでおじゃんとなった。だがその頃には、どのみち李立三は他の問題を抱えていた。かれの強引な暴動方針を見て、モスクワでも警報が鳴っていたのだ。五月にコミンテルンは、「全国的な革命の高潮は未だに登場していない」と強調する手紙の起草を命じていた。革命運動の強さだけでは「国民党と帝国主義者の支配を打倒するには不十分である（中略）だがそれが中国を制圧できなくても、多くの主要省を支配することはできる」と手紙は続けていた。これは李立三が展開した路線とはかなりちがっていた。かれは絶えず、独立省政権や、それをいうならどんな永続根拠地であっても、全国的な蜂起の文脈でしか生き残れないと絶えず主張してきた。そして毛沢東のように、個別の地方政権が全国的な蜂起に先立って生まれるなどと主張するのは、「極度の誤りである」と述べていた。だがいまやモスクワが信じるよう求めているのは、まさにそういうことだったのだ。

手紙が上海に着いたのは七月二十三日だった。この時点で李立三は、自分が計画している攻勢はモスクワのお墨付きが得られるものではなく、中止すべきだということをはっきり知っていたはずだ。だが、勝てばすべてが正当化されると期待したとおぼしき李立三は、それを他の政治局員から隠した。

二日後、彭徳懐は不意をついて長沙に侵攻し、何鍵《ホー・ジャン》が率いる四倍の規模の国民党軍を撃破して、七月二十七日に市を制圧した。九日間持ちこたえ——そしてヨーロッパ中の新聞に警告の見出しを躍らせてから——退却を余儀なくされた。それでも李立三は大喜びで、毛沢東もどうやら、湖南で権力を掌握するのはやっぱり現実的な案かもしれないと思うようになったようだ。両軍は八月半ばに合流し、八月二十三日に瀏陽近くで開かれた会議で、両者を統合して紅一方面軍とし、朱徳を総司令、毛沢東を政治委員と紅一方面軍総前敵委員会書記[*12]にすることが決定された。毛を議長とする工農革命委員会も組織され、戦闘地域での最高権力機関となることが決まった。前敵委員会や、地元・省の党当局よりも大きな権限を持つということだ。

同じ会議で、かなりの議論のあげくに、もう一度長沙占拠の試みを行い、今回はそれを保持し続けようと決まった。

毛自身はこれについて迷いがあったようだ。何鍵の部隊はかなり動揺しており、紅軍の士気は高かった。一方で、もう奇襲は使えなかった。その迷いは翌日に書いた手紙に反映されており、そこでかれは大量の援軍を江西省に送ることが「非常重要」だと何度も強調していた――「二週間以内に一万人、さらに一ヶ月中にもう二万人」――そして長沙占拠は「可能と思われる」が、「大規模な作戦行動」が必要だと慎重に付け加えていた。

そして実際、この注意書きの通りとなった。国民党軍は頑固に抵抗を続け、共産軍の攻撃は市の南東数キロで足止めされた。九月十二日に国民党の援軍が新たに到着しようとしていたので、毛は退却命令を出した。

二十四時間後、兵は江西省に向かうと告げられた。「武漢で最初の勝利をつかみ、全国の政治権力を掌握する」という口実が与えられたが、次の標的はずっと慎ましいものだった。三週間にわたる休息と装備補充の後で、吉安に対して攻撃が行われた。吉安は省三番目の都市で、人口四万人だ。地元の共産軍は八回も占拠を試みたが、毎回押し戻されていた。

だが十月四日夜、敵の守備隊が戦いもせずにこっそり逃げだし、毛沢東は「数年にわたる戦いの中で、紅軍と民衆による初の大都市占拠であり（中略）江西省全土での勝利の始まり」を宣言しおおせた。これはちょっと誇張が過ぎる。共産軍が吉安を占拠したのはたった六週間だった。だがそれは、党の上から下までの大喜びを十分に反映している。紅軍の勢力を百万人に増やすとか、ソ連や世界のプロレタリアとの連帯を永遠に誓うとかいった、大仰な宣言が発表された。そして現在の「世界的革命状況」においてはソヴィエトの力が中国と世界中で「噴出し前進することは必須である」との予測も出た。

毛沢東は指揮本部を地主邸に設置した。都心にある快適な石造の住宅だ。かれと賀子珍は内院の後ろ、かつては閨房だった赤い漆塗りの豪勢な区域に暮らし、朱徳とその若き愛人の康克清《カン・ケチン》は外側の部屋をもらった。古田で、都市生活の罠についてあれほど警告した毛沢東ではあったが、かれを含むだれもが、都市の与えてくれる休息を大いにありがたく思ったのだった。

一方の上海では、李立三がきわめてまずい立場に置かれていた。七月に、あるソヴィエト軍事顧問が秘密の無線送信機を設置し、中央委員会がモスクワと通信できるようにした。李立三が好き勝手な真似ができたのは、手紙をコミンテルンとやりとりするのに数ヶ月かかったからだが、その自由度は一夜にして消え失せた。七月二十八日に受信された最初のメッセージの一つは、かれの都市暴動計画に対するソヴィエトの強い反対を改めて述べたものだった。またもや李はそれを握りつぶした。だが一ヶ月後、モスクワがかれの計画を「冒険主義」と呼び、「大都市制圧のまともな可能性はない」とはっきり告げると、李立三としても武漢と上海での暴動計画を中止せざるを得なかった。

この頃には、周恩来と瞿秋白が戻ってきたので、もはや李立三もモスクワの意見をごまかすことはできなくなった。それでもかれは長沙奪還命令の撤回を拒み、九月に中央委員会の全体会議が開かれたときには、自分はこれまでずっとコミンテルンの命令にしたがっていただけだと固執した。しばらくは李立三の不服従もうまくいった。六届三中全会決定として知られるものは、過剰な楽観論からくる「あいまいさやまちがい」はあったものの「政治局の路線は正しい」と結論づけた。だが処刑延期は短命だった。十月に、モスクワはその秋に李立三が行った豪快な発言の一部について、詳細な記録を受け取った。各種の提案の中で、かれは満州で蜂起を興してロシアと日本の戦争を引き起こそうと提案し、ロシア人の中国情勢理解についてバカにした口をきいていた。

スターリンは激怒した。

十一月半ばに上海に届いた辛辣な手紙で、コミンテルンは李立三が反マルクス主義、反コミンテルン、非ボリシェヴィキ、非レーニン主義的な路線を実施したと糾弾した。数日後にモスクワで、かれは卑屈な自己批判を行ってそれが大規模に公表され、そしてその後十五年は消息が知れなかった。

この時期の毛沢東の見解はなかなかつかみがたい。かれは故国でも外国でも革命が勢力を増していると本気で信じてはいた。共産主義者の手に入った新聞は、アメリカの大恐慌や、ヨーロッパでの工業争議、アジアや南米での反帝国主義蜂起を伝えていた。一方で、「全国津々浦々の革命的な盛り上がりは、日々ますます高まっている」という公式な主張にも関わらず、かれの行動はきわめて慎重なものとなっている。吉安《ジーアン》制圧で、李立三が正しく、南昌掌握が第一であり、次に武漢を責めるべきだと確信した同僚たちを、毛沢東は何度もたしなめている。まずは江西省という一つの省で権力を掌握しよう、ほかはその後だ、と毛沢東は主張した。

李立三の全国制覇の夢をめぐる論争は、蔣介石によって断ち切られた。かれは今後六ヶ月で、江西省の「赤禍」を完全にたたきつぶせると発表したのだった。国民党が反共作戦でこれまで動員したよりはるかに多い、十万人の兵を使うという。だが、今回かれが対決しようとしている共産党軍は、一九二八年の冬に井崗山から散り散りに追い立てられた、戦争したいとも思わない飢えかかったゲリラの寄せ集めとはまったくちがう存在だった。当時、毛沢東と彭徳懐の手勢は四千人以下で、銃を持っていたのはその半分。残りは槍を持ったり、棍棒で戦ったりしていた。いまや紅一方面軍の兵員は四万人、そのほとんどが新しいライフル銃を持っていた。

伝統的な軍の観点からすれば、その兵員の質はかなり問題だった。ほとんどは文盲の農民だ。「あたりかまわずウンコをするな！」「囚人のポケットを漁るな！」などという命令を張り出さなくてはならなかった。だがこの劣悪な材料を使って、古田会議以来の一年で、紅軍政治工作員たちは、きわめて士気の高い、ますます高度な戦闘軍をつくりあげるのに成功していた。

識字キャンペーンが実施された。規律教育が強化された。軍官については、評価と昇進のシステムが導入された。新兵は「年齢十六歳から三十歳まで、少なくとも身長百五十センチ、健康で重病を持たないこと」とされていた。毛沢東が以下のようなことまで説明する必要を感じたということは、この任務がいかに困難だったかを示している。

「こうした要件の」理由は、眼病を持っている者は狙いをつけて撃つことができないからだ。耳が聞こえないと命令がわからない。鼻がつぶれているのは、おそらく遺伝的な梅毒を持っていて、他の伝染病にもかかりやすい。どもる者は、兵士として通信任務を果たせない。他の疾患を持っている連中は、弱い身体では戦えないというだけでなく、病気をほかの者にうつす危険性がある。

戦場には前線救急所が設置され、死者を埋めるのが仕事の付属部隊も設けられた。雑嚢輸送や野戦厨房を担当する兵站部門も設けられた。偵察、地図作成、諜報、警備部門も設立された。

一九三〇年六月以降、朱徳と毛は一日一度か数度にわたり詳細な軍事命令を発布して、戦闘の手順、行軍計画、斥候配備指示、渡河準備、その他二十師団を動かし続けるのに必要なありとあらゆる些事を指示した。上級将校には副官がつき、それまで戦場で唯一の通信手段だった伝令や旗信号にかわって野戦電話が使われるようになった。

紅軍が敵国民党に比べて圧倒的に劣っている分野は、いまや一つしかなかった。軍事技術だ。長沙攻撃の失敗の後で、毛は敵の無線設備（そして使い方を紅軍信号兵に教えるオペレーター）の捕獲を常に命じ続けた。そして捕獲した敵の装備を使って機関銃や迫撃砲部隊が設置された。だがコミンテルンも指摘したように、紅軍の武装は相変わらず「貧相だった。特に砲と弾薬の面できわめて劣っていた」。

一九三〇年に、一部は「李立三路線」のおかげで、紅軍の戦術はゲリラ戦から機動戦へと変化しはじめた。だが蔣介石が提案していた囲剿戦の脅威に対抗するには新しい戦術が必要だった。十月三十日、南昌から南東百二十キロにある袁水沿いの羅坊《ルオファン》に近い小村で前敵委員会の拡大会議が開かれ、毛は初めて「敵を深くおびき込む」という原理を説明した。多くの深遠な発想と同じく、その本質はきわめて単純だ――毛が井崗山で編み出した戦術をちょっと発展させたにすぎない。「敵が進めば退く。敵が疲れれば攻撃する」。今回の新しい形では、「敵を赤軍地域におびき込め。かれらが疲れ果てるのを待って殲滅せよ！」そこから結果として生じるのは「持久戦的戦術」である、と毛は後に説明している。

敵は短期決戦をしたがっているが、我々はとにかくそれには応じない。敵は内紛を抱えている。蔣介石は単に我々を倒し、自分の内紛に戻りたいだけだ。（中略）かれを煮立たせておこう。そしてその内紛が厳しくなったところで、猛然と一撃を食らわすのだ。

この新戦略にも反対者はいた。ある人は、これが李立三の指示した攻撃戦略を否定するものだと論じ（これはその通りだ）、それが「革命的高潮の出現」という発想――これは毛沢東が主張し続けているものだ――や主要都市を攻撃せよという指令と相容れないと述べた。ほかの者は、きわめて合理的に、攻撃地域で国民党軍が大暴れするだろうと恐れた。

だが朱徳は毛沢東を支持し、多少の異論はあったものの、前敵委員会はこの計画を承認し、それが翌日軍指揮官たちに伝えられた。

六週間にわたり、蒋介石軍は地元赤衛隊の嫌がらせをうけつつ、共産軍の後を追い続けた。共産軍は、江西省中央部の荒れた丘陵地を越えて退却し、一度も交戦せず、夏の間に占拠した県を次々と放棄していった——まずは吉水《ジーシュイ》と吉安《ジーアン》、続いて永福《ヨンフエン》、楽安《レアン》、東固《ドングー》——そしてゆっくりとジグザグの退却路を描いて南に進んだ。紅軍に対する農民の支援がいちばん強い地域を目指したのだ。

十二月始め、蒋介石自らが南昌に到着した。さらに二大隊が派遣されて福建省との境界をかため、主力部隊は四縦隊となって、江西省の半ばに長さ二百二十五キロのゆっくりと狭まる円弧を作った。その中心には、黄陂村近く、前線から十五キロにも満たないところで、共産軍がじっと待ち続けていた。

最初のチャンスはクリスマスイブ、毛沢東三十七歳の誕生日の二日前にやってきた。彭徳懐軍（いまや紅三軍団）が北に送られて、譚道源《タン・ダオユアン》率いる蒋介石の第五十師団をそこで待ち受けろと指示された。だが譚道源の兵たちは罠だと感じ、前進を止めた。四日後、作戦は中止となった。

こんどは紅一方面軍全体が、南西二十キロの小都市龍岡に向かった。そこにはもう一つの国民党前哨隊、張輝瓚《ザン・ホイザン》率いる第十八師団が二十九日に到着していた。共産軍はその晩位置について、翌朝十時に総攻撃が始まった。五時間後にはすべて終わった。張輝瓚自身と旅団長二人、さらに捕虜九千人とライフル五百丁に機関銃三十丁が捕獲された。報せが譚道源に届くと、かれは即時撤退を命じた。

だが一月三日、紅第一方面軍が追いつき、北東五十キロの東韶《ドンシャオ》でさらに捕虜三千人と大量の兵器や装備が捕獲された。そこには毛が大喜びしたことに、完全な信号兵部隊が一式揃っていた。二週間後にはそれが紅軍初の無線部隊の核となった。手回し式の発電機と鉱石受信機を使ったものとはいえ、当時は最先端の技術だ。

張輝瓚は処刑され、その頭は木の板にのせられて贛江に流された。そのまま南昌まで流して蔣介石をあざ笑おうというわけだ。

毛沢東には他のだれよりも喜ぶべき理由があった。「敵を深くおびきこむ」という新戦略が、だれも予想だにしなかったほど大成功しただけではない。十二月に毛は、六届三中全会がかれを政治局の候補委員に復帰させたと報されたのだ。かれがその地位についたのは、三年前の秋収蜂起のとき以来のことだった。

だがよいことは長続きしない。

一九三一年一月半ば、政治局常務委員項英《シャン・イン》が予告もなしに毛の小布本部《シャオブー》に到着した。根拠地を訪れた指導層としては圧倒的に地位の高い人物だ。かれの告げたところでは、新しい中央局が周恩来を長として設立され、それが江西省のみならず、中国全土のソヴィエト根拠地域について最高権力を持つという。よい報せとして、こんな決定など何一つ知らなかった毛沢東は、二ヶ月前に中央局の書記に任命されたという。悪い報せは、これからは項英がその職に就くということだった。

項英は元労働組織家で、毛沢東より四歳年長だった。第六次党大会で、指導層の労働者数を増やす運動の一環として常務委員に選ばれていた。仕事は簡単。根拠地を中央委の直轄指揮下に戻すことだ。一月十五日、項英は前敵委員会と革命委員会の解散を命じた。前敵委員会は毛の主要な権力基盤であり、革命委員会も毛が議長だった。さらにかれは、毛を他の要職からも解いた。

だがこの変化は見かけ倒しだった。項英は年功序列が味方だったが、毛沢東には紅一方面軍という後ろ盾があった。結果として妥協が生じた。項英は形式上の権力を得たものの、実権の相当部分は毛が維持したのだ。

状況をさらにややこしくしたのが、上海での事態の変化だった。スターリンは中国専門家のパヴェル・ミフを派遣して、また中央委員会全体会議を開催させ、失墜した李立三を暴露糾弾させた。項英も毛も知らないうちに、この四中全は李立三の誤りをきわめて厳しく糾弾する決議を承認し、これはまもなく党員全員必読の文書となった。また人事異動も行われた。毛は無事だった。また党の名目指導者向忠發も、総書記として留任した。周恩来もまた今回に限ったことではないが、すばやく立場を鞍替えすることで生き延びた。だが瞿秋白は更迭され、項英は政治局には残ったものの、常務委員の職は失った。

だが重要だったのは王明《ワン・ミン》というがっちりしていささかアゴの垂れた若者が任命されたことだった。かれはこれまで中央委員会にすらいなかったのに、いきなり政治局正式委員として抜擢されたのだ。

当時二十六歳の王明は、ミフを学長とする孫文大学の中国人OBの代表格で、まえの冬に上海に戻っていた。このグループからは他にも、中央委員会の要職に指名されていた。「二十八人のボリシェヴィキ」「スターリンの中国派」あるいは単に「帰国学生」などと様々に呼ばれたこの集団は、その後四年にわたり指導部の主力となる。

李立三の失墜に関する初の報告が根拠地に届いたのは、一九三一年三月で、その三週間後には任弼時《レン・ビースー》（かれは毛沢東のロシア研究会が十年前にモスクワに送った十六歳の学生だった）率いる中央代表団がやってきた。一月に政治局に加わった任弼時は、六届四中全会の決議全文と、新しい党中央からの指示を携えてきた。それによれば、中央局の活動見直しまでの間、毛を書記とする総前敵委員会が江西省における最高党機関であり続けるべきである。工農革命委員会もまた復活し、その主席である毛と、総司令である朱徳は、江西省に限らずあらゆる紅色根拠地における、ソヴィエト活動や軍事活動すべてについて、名目上の権限を持つことになった。これは別に、上海の新指導層が毛をいささかも特別視していたからではない。すぐにわかるように、実はその正反対だった。だが上海指導部は、李立三や旧三中全会グループとあまりに近しかった項英を信用していなかった。毛沢東を昇格させることで、項英の力を抑えようとしたのだ。

この判断の分かれ目で、蔣介石は第二次囲剿作戦を開始した。今回は冬の二倍、二十万人の兵を集めた。戦略は前回とおおむね同じ。国民党の主力、蔣介石の「錘子（ハンマー）」は、北西から根拠地に進行し、南方と東方の逃走ルートを防ぐためにあらかじめ広東省と福建省の境界に軍伐軍を配置しておいて、そこを「鉄床」として紅軍をつぶそうというわけだ。だが今回は国民党指揮官たちも慎重に動き、占領地は先へ進む前に強化するようにした。

毛沢東と朱徳は、こうした準備を二月以来観察していた。だが「敵を深くおびき込む」戦術が、これほど数に差があるときにも使えるかどうかについて項英と意見が別れ、どちらも譲らなかったので、はっきりした対抗戦略も決まらなかった。任弼時のグループ、通称「四中全会代表団」の到着も、事態をさらに混乱させた。かれらは、紅軍が根拠地を全部放棄して、湖南省南部に退却すべきだと提案した。毛沢東と朱徳は反対した。他の指導者たちも分裂し、中には紅軍を解体しろという古い議論を蒸し返す者さえいた。

論争が続く間にも、蔣介石の縦隊は着々と南からやってきた。すでに三月末、紅軍は主力部隊を寧都県にまで退却させた。これは第一次囲剿の雌雄を決した戦場にほど近いところだ。そしてそこの青塘地域のある村で両者は対決した。

一九三一年四月十七日、中央局拡大会議は、項英の指導力を厳しく批判する一連の決議を可決し、李立三路線に反対した毛の努力を賞賛した。翌日、毛は軍事戦略の点でも自分の意見を通した。退却は却下され、会議は「江西省根拠地を全国ソヴィエト地域の基盤とする」と決議した。紅一方面軍は北進を始め、蔣介石の兵員動員がもっとも手薄な、東固近くの山岳地で敵と対決を図った。一方の毛沢東は、敵の戦線を突破し、北西へ福建省目指して進軍するという野心的な反攻作戦の計画を始めた。

ほぼちょうど一ヶ月後に、かれは東固から西十五キロにある白雲山てっぺんの白壁の寺から、朱徳の第一集団軍が山肌を駆け下りて国民党二師団を攻撃する様子を眺めた。一時間後、あらかじめ決めた信号を受けて、彭徳懐の兵が側面を攻撃した。捕虜四千人、ライフル五千丁、機関銃五十丁、迫撃砲二十機、そしてオペレーターまで完備した国民党信号部隊丸ごとが捕獲された。その後二週間にわたり、紅軍は大規模な戦闘を四回実施し、結果として五月末には、東百五十キロにある福建省の建寧を制圧した。そのときまでに、国民党の兵員が累計三万人武装解除され、ライフル二万丁が捕獲された。第二囲剿網はずたずたになり、蔣介石の司令官たちは、総員退却を命じた。

この後は、紅軍の使うべき戦術についての議論はすべて止んだ。毛と軍事指揮官たちは思い通りに活動できるようになった。

だがまさにこの大成功のおかげで、紅軍は壊滅寸前に追い込まれることになる。アカどもが、単なる匪賊の一派として一蹴できる程度のものなら、蔣介石としてもそれが放置されたところであまり気にはしなかった。だが配下の最高の将軍たちすら撃破できる紅軍となると、話はまったくちがってくる。南昌の国民党総司令部は「軍事的成功」を喧伝する一方で、蔣介石はいそいで援軍を用意した。六月末には、四月の五割増しとなる兵三十万人を集め第三次「共産党弾圧作戦」を始めた。

いまや毛をはじめとする共産党指導層は、不意をつかれることになった。第二次作戦が失敗したら、第三次作戦が続くことは五月の末から承知していた。だが、蔣介石が体勢を立て直すのがこれほど早いとはまったく予想もしていなかった。六月末の時点で紅軍は福建省全域に散開して「民衆動員と資金調達」に奔走していたのだ。これは共産軍が拡大するにつれてますます重要性を増してきた活動だった。二十八日時点で、毛は資金調達と兵糧増強にもう二、三ヶ月使えるつもりでいた。三十日にはそれがたった十日に短縮され、そして週の終わりまでには「緊急通知」が発表され、第三次作戦が目前で、しかも「きわめて残酷」なものとなりそうだから、勝利を実現するためにはみんながいままでの十倍もがんばらなくてはならないと述べられていた。

その後二ヶ月で、紅軍はほとんど壊滅寸前に追い込まれた。

国民党は今回、蔣介石自らの指揮下で、挟み撃ち作戦に出た。きわめてゆっくりと南進し、占拠した地域は守備堡塁でかため、どの師団も孤立して共産軍の攻撃の的とならないよう慎重に歩みを進めた。

最初の十日間、紅軍司令部は兵をまとめて何とか戦闘態勢を作ろうとした。七月半ばには、南へ退却を始め、福建省の境まで追ってきた蔣介石の東縦隊に、広東省に逃げようとしているのだと思わせようとした。そして瑞金《ルイジン》のすぐ北にある稔田《レンティアン》で主力部隊は回れ右をして西に向かい、汀都県北部へと向かった。その際も主要街道からずっと離れた村道や馬車道を使い、蔣介石の偵察機に見つからないようにした。隠れて奇襲の機会をうかがい、蔣介石の西部隊でもっとも手薄な東固近くの部隊を襲うのが毛の計画だった。そうなると東縦隊が応援にかけつけるから、その隙に紅軍は福建省に向かい、敵の背後から攻撃をしかける。準備不足を考えれば、毛としてはこれでも上出来だろう。だがそれは、第二次作戦のときの戦略とあまりに似ていた。今回の蔣介石はそう簡単にはだまされなかった。

汀都と瑞金を制圧してから、国民党東縦隊は南進を止めて東に向かった。根拠地にますます深く入り込むにつれて、かれらは地元の赤衛隊に絶え間なく嫌がらせを受けた。夜に眠れないようにするため、ラッパを吹いたり古いマスケット銃をぶっ放したりして、山道沿いにブービートラップを仕掛け、通信回線を妨害して病床兵たちに奇襲をかけたのだ。国民党指令官たちの対応も似たり寄ったりだった。朱徳によれば「村は焼き払われ、民間人の死体が撃たれたり、斬られたりクビをはねられたりした場所にそのまま転がり、子供や老人も例外ではなかった。女性は殺される前に強姦されて、股を開いたまま地面に転がっていた」。

七月最終週に共産軍は、南部の夏の猛暑の中での五百キロ近い強行軍で疲れ果て、興国《シングオ》北部で休憩した。そこで三十一日に主力部隊は夜陰に乗じて迂回し、敵の前線の背後にまわって、八十キロ離れた蔣介石の西縦隊後衛部隊に夜間攻撃をしかけろと命じられた。二夜にわたる壮絶な夜間行軍の後で、兵が陣形を整えつつあったとき、毛は国民党指令官たちが援軍を呼んだと知り、攻撃は中止せざるを得なかった。

紅軍が興国に戻る途中、敵の九師団が北、南、東から結集したので、紅軍は贛《ガン》江沿いの細長い塹壕に追い詰められた。

八月四日、毛沢東と朱徳は、可能なうちに突破を試みるしか手がないと判断した。一部隊が地元の赤衛隊と農民軍に伴われ、湖南に向かおうとしているかのように、西に突進して見せた。それを国民党四師団が追った。これにより生じた幅二十キロほどの間隙を縫って、紅軍の主力部隊が包囲網を突破した。二日後、この作戦で初の大規模交戦が生じ、紅軍は追跡してくる敵師団を二つ撃退して、やがて十二月に共産軍が大勝利をおさめた龍岡で、別の大軍を殲滅し、捕虜を七千人以上も獲得した。

だが蔣介石は、紅軍の動きを予想するのがうまくなりつつあった。いまやかれは八師団を派遣して、共産主義者たちをずっと狭い輪で包囲した。今回は逃げ道はなかった。

今度も毛沢東はフェイントを試みた。紅一軍団の一部が主力軍のふりをして、北部に進撃してみせた。だが包囲網は閉じられたままだった。唯一可能な逃走ルートは、国民党師団二つの間にそびえる、高さ千メートルの山で封鎖されていた。山越えは不可能だと思われていたので、そこには兵はいなかった。

その晩、闇に乗じて二万人以上の紅軍すべてが、その山の断崖絶壁をよじのぼり、国民党の偵察兵から五キロ以下のところを通って、東固北の丘陵地に安全を求めて逃げ出したのだった。

それは驚くべき成果だった。だがその殲滅から間一髪の逃走は、自分が相手にしているのがこれまでのどの作戦のときよりも侮りがたい相手だということを毛沢東に思い知らせることとなった。かれは重い荷物をすべて捨て、馬の数も大幅に減らすよう命じた。敵は「きわめて機動的な軍」を作った、とかれは警告した。紅軍は、しばしば夜間行軍を伴う長く苦しい戦いを覚悟しなくてはならない。勝利は紅軍の機動力が敵の機動力を「十倍どころか百倍も上回る」ことにかかっているのだ。

だが救いがやってきた。夏の間に蒋介石のかつてのライバル、胡漢民《フー・ハンミン》と汪兆銘《ワン・ザオミン》が広東省と広西《グアンシー》省の軍閥と手を組んで、広州に政府を作り、蒋介石の南京政府と対立した。九月始め、この新生南部政府は、あらゆる南北紛争で焦点となる湖南省に兵を送った。この脅威を無視するわけにはいかなかった。江西省の「掃共作戦」は中断され、蒋介石軍は西からの新しい脅威に対応することになった。

九月六日、毛沢東と朱徳は国民党が興国から退却して北上するのを眺めていた。置き土産として、蒋介石はかれらの首にかけた賞金を倍にすると宣言した。生死を問わず五万ドルから十万ドルだ。

毛沢東は、またもや自分の作戦が勝利を収めたと主張できた。国民党の十七連隊が粉砕され、敵兵三万人が死傷または捕虜となった。共産党は、江西省南部と福建省西部の二十一県の一部を抑え、配下の人口は二百万人以上だった。だが最初の二回の作戦とちがい、今回は共産主義者の損害も甚大だった。蔣介石の軍は敗退していない。紅軍は相手が試合放棄したので勝っただけの話だった。一九三一年九月十三日、日本が満州侵攻。その後一年、蔣介石はよそに気を取られることになる。だが江西省の一件は片付いていなかった。かれも共産主義者たちも、いずれかれが戻ってくるのを知っていた。

国共合作が終わり、共産党が武装蜂起の政策を採用してから四年がたっていた。当時の共産主義革命における四人の主役――瞿秋白、李立三、周恩来、毛沢東――は革命が成功し、中国がいつの日か共産主義になるという揺るがぬ信念を共有していた。

かれらの相違点は、手法とタイミングをめぐるものでしかなかった。だが革命においては、手法とタイミングこそがすべてだ。

瞿秋白は破壊的な若き作家であり、トルストイとツルゲーネフを愛していた。李立三は、一生を共産主義に捧げた。この二人とも、革命の猛火が間近に迫っていると信じていた。瞿秋白は、一九三五年の処刑直前に国民党の監獄から書いた印象的な手紙の中で、もし自分が党主であり続けたら、李立三と同じまちがいをしていただろうと書いている。「唯一のちがいは、私はかれのように無謀にはならなかっただろうということだ。つまり、私にはかれほどの勇気はなかっただろう」

李立三の「革命の高潮」をめぐる見当外れなこだわりのおかげで、共産党はかれが権力を握る前に比べてずっと強力になった。周恩来はすでに不可欠な役員として台頭しつつあったが、その時々のモスクワの「路線」が何であれ、そつなく上手にそれに従っていた。毛沢東は、若き林彪の前で編み出して見せた「燎原の炎」でもわかるように、ロマンチックなビジョンが皆無だったわけではないが、四人の中でもっとも地に足が着いた人物であり、認められたのはかれの見方だった。

一九三一年までには、かれらが論争した二つの大きな戦略上の問題――革命闘争における紅軍の優位性と、都市と地方との関係――はどちらも毛沢東に軍配が上がる形で決着がついていた。四中全会は、李立三に対する毛沢東の反対を支持した。ちょうど二年半前の第六次党大会が、毛の瞿秋白に対する反対を支持したように。李立三（および周恩来）の方針は「根拠地集約の必要性を完全に見落とした」と四中全会は指摘した。かれらは「ゲリラ戦を古くさいと見なし」、「紅軍に大都市を攻撃せよと言う、時期尚早で冒険主義的でドグマ的な命令を与えた」。毛自身でもこれほどうまく言えなかっただろう。

その夏、コミンテルンは以下のように決定した。今後は、革命の主な原動力は紅軍となり「それを核として、労働者と農民の革命勢力が（中略）集約され組織化される」。加えて、党の主要任務は軍をさらに強化し、紅軍根拠地を拡大集約し、中国ソヴィエト政府を設立して国民党支配の「白色地域」で労働者や農民を組織化することである、とされた。農民運動は、都市部の革命運動を「遙かに凌駕した」ので、都市での活動は地方部のソヴィエト地区支援に向けることとされた。労働者の暴動など、もはやおくびにも出なかった。

章末注

＊1　共産党前敵委員会は、党指揮下の軍部隊に包括的な指示を与える党機関である。軍事戦略や戦術を担当する軍事委員会の指揮権を持ち、また活動地域の地方党委員会（県レベルや特別区レベル）も管轄となる。だが前敵委員会自体は、それが活動する省の省委員会の下にある。従って南昌では、周恩来の前敵委員会は（少なくとも理屈の上では）江西省の党委員会の権限下にある。広東省では、中共広東省委員会の指示を受けなく

てはならない。

＊2　一九五五年に任命された人民解放軍の元帥十人のうち七人は、南昌蜂起の参加者だった。この蜂起記念日は、現在の中国で人民解放軍の創設記念日として祝日になっている。

＊3　メンシェヴィキは、直訳すると「少数一派」の意味で、一九〇二年にロシア共産主義運動から階級的暴力の問題をめぐって多数派のボリシェヴィキから分裂した。その後ソヴィエトの共産主義者たちは、メンシェヴィズムということばを、あらゆる右翼的反対論や階級和解支持論すべてを指すのに使うようになった。

＊4　八月七日会議の後で、瞿秋白は上海の中央部に毛沢東を配属しようかと考えた。だが毛沢東はこれを辞退し、自分は高い建物が嫌いなので、田舎で「森の英雄たち」といっしょの生活がいいのだと茶目っ気のある回答をした。転属はすぐに中止となった。

＊5　中央委員会軍事委員会の議長だった周恩来は、中央部の軍事方針の執行責任者であり、党の規律にうるさい人物としてすぐに評判となった。一九二七年冬の毛沢東に対する周恩来の攻撃は、勝ち組を見定めて（この場合には瞿・ロミナーゼ軍事路線）それにすり寄るという、周恩来の生涯のやり口の初期の見本だと思いたくなる。だがその路線がすでに変わっていた一九二八年六月になっても、周恩来はまだ毛沢東を批判していた。この事実は、もっと深い遺恨を示唆している。ひょっとしたら一九二六年の三月二十日事件をめぐって広州で衝突したか、あるいは最初の中止された湖南蜂起計画でいっしょに働いた一九二七年六月の武漢で衝突があり、それが根にあるのかもしれない。

＊6　一九二八年一月、共産党湖南省委員会はあまりに厳しい弾圧を受けて、実質的に解体されてしまっていた。そこで苦肉の策として湖南特別委員会が代理で活動していた（その委員は「錯誤的で非プロレタリア的政治傾向」のために批判はされていたが）。この時期、各省で共産党委員会が繰り返し物理的な粛清を受け、しかもそれに取って代わる資格を持った党員が死亡していったために、毛沢東のような古参党員は、しばしば経験が

浅いか無能かその両方である人物の下で働くはめになった。周魯は、「湖南特委軍事部長」というご大層な肩書きにもかかわらず名ばかりの存在だった。南部の省ではどこも、地域での党の作業（得に暴動の扇動）を導くために「特別委員会（特委）」が組織された。特委はそれぞれの省委員会（あれば）の下にあるが、活動上の自立性もある程度はあった。理論的には、一九二八年初頭の湖南省は、湘南特委と湘東特委を擁していた。江西省には西南、東、北に特委があった。中には紙の上でしか存在しないものもあり、一部はごくたまにしか活動しなかった。

＊7　省委員会は三月に復活し、その後は湖南南部特別委員会から辺界地区に対する権限を取り戻していた。残念ながら毛沢東がすぐに発見したように、この新しい上司たちは、特別委員会よりもっと若くて未経験なのだった。

＊8　一九七二年、長沙にある楊開慧の叔母の一人の旧宅で、文書の束が見つかった。その中には一九二八年か二九年に、楊開慧《ヤン・カイホイ》が毛沢東の不義を知って書いた手紙が混じっていた。手紙の一部は、湿気と虫食いにやられて判読不能となっている。オリジナルは共産党中央文書館が保有しているが、その存在が公式に明かされたことはない。

＊9　第六次党大会での選挙は明らかに異様なものだった。その理由の一部は、会合そのものが変だったことにある。モスクワで開催されたので毛沢東、彭湃、李維漢といった党の要人は欠席し、代表の頭数だけ揃えるために、ソ連大学に留学中の中国人学生ばかりが出席していた。もう一つは、党全体を率いることができる中国からの指導者が一人もいなかったことだ。結果として、コミンテルンが中央委員の候補一覧を提示すると、その全員が選出はされた——が、その序列はコミンテルンの意図通りにはならなかった。新政治局員では、向忠發が中央委員会第三位、蘇兆征が九位、毛沢東が十二位、周恩来が十四位、蔡和森十六位、項英が十七位、張国燾は二十三位だった。李立三は中央委員会で二十二位で、政治局では投票権のない候補委員というすべり

こみで入ったような立場だった。正式委員になったのはやっと、一九二八年十一月になってからだ。ロシア式の人事管理は、明らかにかなり稚拙だったようだ。

＊10　政治局は、紅軍を散開させろという命令が、ブハーリンによる「中国情勢の無知」から生じたと主張した。ブハーリンはその後失墜させられていたので、責任をなすりつけても問題はなかった。

＊11　一九二七年九月の南昌軍敗北の後で、賀龍は故郷の湖北省に戻り、一九二八年一月に根拠地を設立して工農革命軍を設立した（そしてややこしいことに、かれもまたそれを紅軍第四軍と名付けたのだった）。

＊12　毛沢東は一九三〇年二月に陂頭で第四、五、六軍（それぞれ朱徳、彭徳徳、黄公略が指揮官）の総前敵委員会書記に任命された。かれはこの地位を夏の組織改正まで保持し続けたが、実際にこの三軍に対して本当の指揮権を獲得したのは、八月の瀏陽会議が終わってからだった。同様に四月には政治局がこの三郡の総司令として朱徳を任命したが、この任命もまた現実的に意味を持ったのは、紅一方面軍が形成された後のことだった。

第8章
富田
無垢の喪失

一九二七年以降、革命の現実的なニーズと生存の必要性により、中国指導層に強制されてきた戦略見直しは、いまや党自身の性格の根本的な変化も伴うものとなった。

かれらはその変化を肯定的に「ボリシェヴィキ化」と表現しており、ある程度はこのラベルも適切だ。かれらは確かに、ボリシェヴィキのやり口を意図的に真似ようとした。そしてレーニン主義的な規律を導入しようとした。効率のよい中央集権化した政治機械を作ろうとした。だが他の要因も作用していた。トロツキーとブハーリンに対するスターリンのキャンペーンは党内紛争のモデルを提供し、中国共産党はそれを忠実になぞって、一九二九年末には陳独秀《チエン・ドゥーシュ》と彭述之《ポン・シュージー》をトロツキストとして追放した。そしてその十五ヶ月後には何孟雄《ホー・メンション》と羅章龍《ルオ・ザンロン》（長沙での学生時代以来、毛沢東の親友だった）を右翼として追放した。こうした傾向は、中国革命特有の残虐さによってさらに強化された。都市部での白色テロルだ。一九二七年半ばから、共産党員は無慈悲に狩りたてられて殺された。地方部の白色テロでは、軍閥の兵や地主の私兵たちが、共産党シンパがいると疑われた村をしょっちゅう焼き払っていた。そして赤色地域では、国民党による包囲と破壊の脅威が絶えずつきまとっていた。

当初は、国民党の報復や党のセクト主義からくる暴力は、通常は外向きだった。上海労働者にストをしろと強制した「黒衣のガンマン」は、階級的妥協を主張する「黄色労組指導者たち」に対抗して行動していた。瞿秋白《チュイ・チュバイ》の武装暴動に伴う広範な「放火と殺人」は、理論的には優柔不断な層を共産党側につかせるためのものだった。

一九二八年半ばの中共第六次党大会の頃には、こうした恫喝的な手法は非生産的だと批判されていた。一九二九年に毛軍が汀州《ティンゾウ》を占拠したとき、紅軍が家を五百軒焼き払って市民千人以上を殺したというニュース報道は「すべてでたらめであり信じる価値もない」ものであり、実際には「五人しか殺されておらず、そのすべてが反動勢力であり」、焼かれた家も五軒だけだ、と中央委に報告している。テロルは共産主義の大義のためには不可欠であり、「地主や横暴な郷士およびその走狗どもを一切のためらいなしに虐殺」するために必須である、と毛は（一九二六年の湖南についての報告でも述べたように）主張している。だがテロルの利用は、階級の敵に対してのみ向けられるべきである、とかれは論じた。

こうした留保条件はあったものの、敵と味方の区別はしだいにぼやけていった。遅かれ早かれ、片方に適用された手法はもう片方にも使われることになる。

発火点は一九三〇年二月、陂頭《ピトウ》での前敵委員会拡大大会だった。これは毛が、都市部への攻撃を行うという李立三《リ・リーサン》の決定を論じるためと称して招集したものだったが、会議の相当部分はずっと局地的な問題の検討に費やされた。隣接する東固《ドングー》と吉安《ジーアン》における党の状況である。一週間後に前敵委員会の名の下に毛が発した通達は、こう説明している。

江西省西部と南部における党には重大な危機が生じている。それは現地の地方指導機関が全水準で地主や富農だらけであり、党の政策が完全に日和見主義に陥っているという事実からくる。

この状況を徹底粛正しなければ、党の偉大な政治的任務執行が不可能になるばかりか、革命は根本的失敗を被ることになる。党内の革命的同志に呼びかける。（中略）日和見主義的政治指導を打倒し、地主や富農を党から排除して、党が急速にボリシェヴィキ化されるようにすべきである。

この業界用語の影に隠された問題は二つあった。地元指導者たちは、江西省出身者以外の人々、もっぱら湖南《フーナン》省人の多い前敵委員会から中央集権的な指揮を下そうとする毛沢東の試みをいやがっていた。また、こうしたよそ者たちが、自分たちの家族や部族を犠牲にして推進しようとする、厳しい土地改革もあまり気が進まなかったのだ。

毛にとって、かれらは自分たちの小地域の利害を党全体より優先させる「山頂主義者（山的頂峰）」であり、したがって手綱を引き締める必要があった。

このため陂頭会議は、この地域の既存党組織解体を宣言し、劉士奇《リュウ・シキ》を首領として、新生江西省西南党特別委員会を組織すると決定した。劉士奇は湖南省の若き共産党員で、賀子珍《ホー・ズーズン》の妹である賀怡《ホー・イー》と結婚していた（つまりは実質的に毛の義弟だった）。二番目の秘密指令は、西南江西省共産党の創設者四人（地元では「四大党官」）を見せしめに処刑しろと命じていた。

なぜ毛沢東は、党の同士を殺すなという不文律を破るべきだと決断したのか？　そのヒントは、六週間前にかれが古田会議で書いた決議の中にある。その中でかれは、党や紅軍内で「規律に対する個人主義的な反感」を示す人物は、「客観的に見て反革命的」な形で行動していると警告していた。これはまさにスターリン主義的な発想で、毛は後にこれをもっと老獪で柔軟な「敵と我々との矛盾」（対抗性矛盾）と「人民の間の矛盾」（非対抗性矛盾）へと展開することになる。だが一九三〇年の時点でそれはすでに、党の敷いた方針を邪魔する共産党員は、その理由はどうあれ「敵」の一部となり、敵として扱われるべきだという議論を正当化するものとして多用された。罪状が政治的なものである以上、裁判手続きなど大衆教育のためのお芝居として以外はどうでもよかった。こうした場合、毛を含む党指導層は被告が「公開裁判を受けて死刑宣告を受ける」よう宣言することになっていた(死刑以外の判決はありえなかった。あらかじめそう決まっていたからだ)。

司法の独立性はもともと中国では弱かったが、そのわずかばかりのものですら、ボリシェヴィズムがいまや根絶やしにしたわけだ。

この意味で、党内でも革命的暴力を毛が使うようになったのは、十年前にかれがマルクス主義——理想主義的な若い学生だった毛が、極端すぎて暴力的すぎると拒絶したまさにその政治哲学——のみが中国を救えると結論づけたときに歩み始めた道を、さらに一歩進めただけではあった。殺人に対するタブーは、なし崩しに弱まっていった。まず湖南省での農民の行き過ぎを毛沢東が擁護したとき、理論的に崩れた。そして一年後、兵を率いて戦いを始めたときに、実践的にも崩れた。そして一九三〇年、いまや「敵」の定義がもっとあいまいでいい加減なものとなってきたのだ。毛にとっての、その「さらに一歩」は、かれが率いる党と軍組織にとって、すさまじい意味合いを持つことになる。

粛清せよという任務を与えられた劉士奇は決然と行動した。地主層や富農層出身の党員が何百人も、その後数ヶ月で南西江西党から追放された。五月には党の内部文書が初めて謎の「AB団」について言及するようになった。この団体は、地方委、特に吉安とそれに隣接する永福県、永豊県、興国県で跋扈しているとされていた。しばしば反《アンチ》ボリシェヴィキ連盟と称されるこの団体(実はA、Bの文字は、この団内の上級団員と下級団員を示すものだ)は、国民党の右翼勢力だった。一九二六年に吉安で創設され、中国の他の地域ではほとんど活動しなかったが、江西省南西部では、改組主義者

（国民党左派の元指導者である汪兆銘《ワン・ザオミン》の支持者たち）、第三党、社会民主党といった他の改革運動と並んで、それなりの勢力を持っていた。共産勢、改革派、国民党の支持者がみな同じ社会階層の出身で、同じ家族や部族からきており、その忠誠心も分裂していたはずの状況では、AB団内通者という発想はそれ自体としては考えられなくもない。だがAB団の手先と称された人数のすさまじさを見ると、この話はかなり怪しい。

毛の軍が吉安を制圧した十月までには、江西省南西部の党員千人以上――つまり三十人に一人――がAB団員として処刑されていた。

この時点まで毛が個人的にどれほど関わっていたのかははっきりしない。ある程度は関与していたはずだという一応の証拠はある。劉士奇とのつながりを度外視しても、前敵委員会は江西省南西部特委の仕事に対し、最終的な責任を負う。毛沢東は、AB団とのつながりと称するものが見つかったらすぐに報告を受けていたし、紅軍が南昌《ナンチャン》へと北上するときにこの地域を通って、詳細な報告を受けていたはずだ。だがこの段階では、逮捕者こそ多かったが、殺された人数は比較的少なかった。血の粛清が本格的に始まったのは、紅軍がその先へ進んだ後でしかなかった。

引き金となったのは、劉士奇が任命されたときに黙殺された、江西省指導者たちの帰還だった。李文林《リ・ウェンリン》は三十歳の知識人で、毛と同じく富農層の出身であり、東固根拠地創設者の一人として、紅軍が一九二九年春にこの地域に逃げ込んだときに、その指導力で毛に感銘を与えていた。夏の間、かれは上海にでかけてソヴィエト地区代表大会に出席し、李立三とよい関係を築いた。八月に、毛が湖南にでかけているとき、かれは特委を説得して全体拡大会議を開催させ、劉士奇を退陣させ、紅軍で都市を攻撃するという李立三の戦略を支持し、その春に毛沢東の固執で承認された過激な土地法を撤回させた。李文林は自ら特委書記の任命を受け、すぐに李立三の命令で創設された省行動委員会の書記となった。

この新指導層の最初の仕事として、かれらはＡＢ団員をいぶり出すための「残酷きわまる拷問」を命じた。そして「非常に前向きで忠誠心あると思われる人々、発言が非常に左翼的で非常に正直な人々」ですら疑って尋問しなくてはならないと警告した。殺された人数は急速に増えた。自白ごとに新しい被害者の群れが生じ、その被害者がさらに自白したからだ。毛沢東が十月に吉安に到着すると、おかげで江西省南西部の粛清が始まったときに考えていたよりも遙かに大きく複雑な問題に直面することとなった。当時の問題は、単に地元党委が「地主や富農」だらけだという話だった。いまや党委は「ＡＢ団員だらけ」で、それが「暗殺を実行し、[*1]「白」軍と内通しようとし、ソヴィエト根拠地域や各種の革命組織を排除する反乱を企てている」とかれは中央委員会に述べている。

毛の答えは粛清をさらに強化することだった。十月二十六日、毛と李文林は「富農反革命分子」を地元ソヴィエト政府から排除するよう呼びかける共同声明を出した。そして「ＡＢ団活動家をすべて処刑」し、紅軍内のＡＢ団の掃討を実施するよう呼びかけた。

四日後、この見かけ上の連合は、「敵を深くおびきこむ」という毛の提案によって砕け散った。江西省の幹部たちはこの戦略に決然と反対した。自分の村が敵の進路上にある人々にとって、この新方針は生死に関わるものだった。それは村の女たちが強姦されて殺されかねないということであり、子供や老人が残虐に殺され、家が焼かれ、財産がすべて破壊されかねないということだ。第一次囲剿作戦を開始しつつあった蔣介石軍を前に、紅軍が南へ撤退を始めると、紅軍内には反乱の空気が漂い始めた。

兵たちが黄陂《ホアンピ》にたどりつき、体勢をたてなおして来る戦闘に備えようとしたところで、政治部門は「整頓運動」という美名のもとで、不穏分子を根絶やしにしようと動いた。最初に折れたのは、甘隷臣《ガン・リチエン》という連隊幹部で、激しい殴打のあげく、自分がAB団ネットワークの一員だと自白したのだ。それで十分だった。自分たちの何倍もの敵に直面してすさまじい緊張を強いられていた紅軍は、すぐに火がついた。

江西省南西部で党を飲み込んだ粛清の炎は、いまや一切の例外なしに将校や兵員を焼き尽くしはじめた。師団は次々と自分自身を攻撃して猛然と自滅していった。どの部隊も中隊レベルまで「粛反委員会」を設置した。すでに師団長となり、後に中国最高位の将軍に名を連ねる二十一歳の肖克《シャオ・ケ》は、回想記にこう書いている。

当時、私はAB団問題に専念していた。我が師団は六十人を殺していた（中略）するとある夜、師団の党委でさらに六十人殺すことが決まった。翌朝、私は報告に向かった。（中略）だが四軍政治委で「殺しすぎだ。農工出身者は単に自白させるだけでいい（中略）」と言われた。そこで私はすぐに戻った。四人たちはすでに処刑場に引き出されていた。私は「殺すな、師団の党委でもう一度議論が必要だ」と言った。その後、三十人以上を釈放することにした。でも二十人以上はやはり殺された。全体として四軍の中で、七千人のうち千三百〜四百人が撃滅された。

政治局幹部は弱腰だと見られるのを恐れて、同僚を上回る粛清を実施しようとした。一人はAB団員だと疑われた将校に、それと知らずに食事を届けたというだけで、十四歳の「紅小鬼」の処刑を命じた。ある軍官が介入したおかげで、その子は助かった。ほかのところでは、中隊長が粛清の必要性に疑問を述べただけで、その中隊全員が処刑された。一週間強で、紅一方面軍の将校は兵員四千四百人がAB団とのつながりを自白した。二千人以上がすぐに射殺された。

九ヶ月前には土地改革を巡る単純な意見の相違として始まったものが、江西省出身者と湖南人とのライバル意識で油を注がれ、いまや怪物となって一人歩きを始めていた。

「富農」「AB団員」「反革命分子」といったレッテルは、すべていっしょくたになってしまった。地元の相違点は、全国的な紛争にも影響を受けていた。南西江西省の党指導者たちは、かれらなりの魂胆で、毛沢東の方針への対抗策として李立三の政策を支持した。国民党による包囲網が強化されるにつれて、被害妄想も深まり、AB団員だという糾弾は、毛沢東の戦略に異議を述べるあらゆる人物を打倒する棍棒と化した。粛清は血みどろとなり、毛の反対者たちは消え去った。「富田事件」の舞台がこれで整ったのだ。

小さな市場町の富田《フーティアン》は贛江の支流富水沿いにある。十六キロ東の東固とを隔てる白雲山の西端だ。古い石橋の横に女たちがしゃがんで、平らな石に洗濯物を打ち付けている。商店が数軒、くねった道が何本か、そして川岸からは灰色瓦と白塗りの分かれた軒を持つ家が、乱雑に固まっている。

風景はピレネー風とでも言おうか。松林や樅、竹に厚く覆われ、蔦の生い茂る山頂からは、四県を見渡せる。足下にはシダが茂り、山の突風が吹く。夏には、細長い田んぼで小さいやせた骨張った男たちが、ボロボロの青い上着とぶかぶかの短パン、そして目のくらむようなぎらつく日差しから守るための、ゴミ箱のふたにできるくらい大きな幅広の麦わら帽子をかぶって働いている。冬には、街道は泥沼となる。東固からの道は通行不能となり、たどりつくには西から平野を横断するか、川の水位が高いときに船でくるしかない。

紅軍が吉安を放棄してから、江西省行動委員会司令部は富田に置かれた。

一九三〇年十二月七日日曜日の午後、昼食からまもなく、李韶九《リ・シャオジュ》という毛の政治参謀が黄陂から中隊長の下に到着した。かれは毛沢東の総前委から、省政府主席曽山《ゼン・シャン》、および行動委員会宣伝部主任陳正人《チェン・ゼンレン》宛の手紙を二通携えていた。二人とも毛の腹心だ。手紙は、李白芳《リ・ボウファン》（行動委員会内部の秘密AB団指揮部の首領とされていた）、段良弼《ダン・リャンビ》（AB団隊長とされた）、謝漢昌《シエ・ハンチャン》（東固第二十軍政治部主任で、これまたAB団スパイとされた）の逮捕を命じるものだった。かれらの名前とAB団とのつながりと称するものは、拷問でかれらの仲間だと自白した紅軍軍人により明かされたのだ。

李韶九は、念には念を入れた。委員会事務所を兵で三重に囲ませてから、ライフルを構えた兵十人をつれて事務所に入った。李白芳、段良弼、謝漢昌および五人の行動委員会委員たちが、手足を縛られて連行された。そのほとんどは、二十代の前半から半ばだった。かれらが説明を求めると、李韶九はだまって銃をかれらの頭に突きつけた。

高級軍官八人は、委員会本部からもと判事の官衙に連行された。巨大な白壁の建物を巨大な中央門が貫き、それが広大な中庭に続いている。甘く香るキンモクセイの木が、持ち上がった石壇に生え、その両脇に屋根付きの木造歩廊が延びている。その西端には片持ち式の灰色瓦屋根があり、そこに優美に反り返った軒がついて、巨大なキャノピーを形成していた。それが石彫りの礎石の上に立つ巨大な木の柱四本で支えられている。その下にはひな壇があり、帝政時代には判事がそこで裁判を行っていた。天井から吊された金箔張りの額には「誠敬堂」と書かれている。

ひな壇の向こうには、大きな板張りの拷問部屋があった。何世紀にもわたり、衙門の司直が帝国の法を厳しく施行したところだ。李韶九もそこで尋問を行った。最初に尋問されたのは段良弼だった。その様子をかれはこう書いている——

李韶九は私に尋ねた。「段良弼、おまえはAB団員か？　自白するか？　そうすれば拷問は免れるぞ」

　私は謹厳に答えた。「私の経歴を見るがいい、私の仕事を。（中略）調べてみるがいい。私がAB団員なら、それはプロレタリアに対する犯罪だ。それならきみの手を煩わせるまでもない。私は銃を取って自害する」

　だが李は答えた。「おまえの経歴については（中略）おまえと理論を議論する能力はおれにはない。おれは罰するための七つの拷問を持っているだけだ（中略）」

　かれが七つの罰をすべて説明すると、私はこう言った。「好きにしろ。私には何も恐れることはない。きみが何をしようと私は（中略）」私が語り終えないうちに、李は兵に私の服を脱がせろと命じた。私は裸で床にひざまずかせられた。かれらは「地雷公焼[*2]」という拷問を行い、私の体を香木で焼いた（中略）最初私は、「焼き殺すならそうすればいい。この世では死は免れない。問題はどう死ぬかということだけだ」と思った。親指はどちらも折れてちぎれかけ、ほとんど皮一枚でつながっているだけだった。体はもはやくすぶる残骸と化し、無事なところは一カ所たりとも残っていなかった。全身切り傷とあざだらけだった。

　すると突然、かれらは打擲をやめ、李韶九がこう述べた。「良弼、おまえは死にたいと思っているが、おれがほしいのはそういうことではない。何が起きようとも、おまえはAB団員であることを自白して、ネットワークについて語らねばならない。そうしないと、ずっと生死の境をさまよわせてやる」

　李韶九は殺し屋の暴漢ではあったが、これはかれが独自に考案したものではなかった。かれは単に前敵委員会の指示に従っていただけだ。その指示は毛が自ら承認したもので「重要な指導者はあまりすぐに殺さず、［最大限の］情報を搾り取れ。（中略）かれらの出す手がかりをもとに他の指導者を見つけ出せる」と述べていた。同じ野蛮な手法が至るところで使われた。十八ヶ月後、中国共産党の検討は以下のように結論している。

AB団の事件はすべて自白を元に明らかとされた。事実を裏付けて糾弾を確認する手間はほとんどかけられなかった。（中略）使われた手法は、ニンジンと棒だった。「ニンジン」とは詐術で自白を引き出すことである。（中略）「棒」とは、被疑者を手で吊してから、先の割れた竹棒で殴打するという意味である。それが効かなければ、香木で焼いたり、灯油ランプの炎であぶったりした。最悪の手法は、相手の手のひらを机に釘付けにして、割れた竹をそのツメの下に押し込む手口だった。こうした拷問手法には「輿乗り」「飛行機乗り」「カエルの水飲み」「サルの手綱引き」といった名前がつけられた。（中略）抵抗した被疑者への対処法は拷問しかなかった。拷問は自白するまで止まらなかった。

他のみんなと同じく、段もやがて自白したが、一緒に逮捕された七人の名前しか共謀者としてあげなかったことで良心の呵責を逃れた。李白芳は写真のような記憶力を持っており、正反対の戦術に出た。拷問者たちを混乱させようとして千人近い名前を並べ立てたのだ。

翌日、十二月八日の朝、李韶九は前夜の自白に基づいてさらに逮捕者を増やした。曽山と毛の秘書古柏《グー・ボー》が黄陂から到着して尋問に加わった。週末までに百二十人が中庭の両側に面した独房に収容された。床から天井まで鉄格子のようにのびる、幅二センチほどの狭い木の薄板でできた格子で仕切った独房だ。囚人の中には、李白芳ら三人の被疑者の妻たちもいた。夫の消息を尋ねて県政庁にやってきたのだ。彼女たちは、男たちよりもっと残虐な拷問を受けた。兵たちは乳房を切り裂き、性器を焼いたのだ。

その後、李韶九は前敵委員会の指示にしたがって東固へと向かい、第二十軍の粛清を始めた。そこでかれは致命的なまちがいをした。容疑者の一人謝漢昌が、AB団の共謀者として劉敵《リュウ・ディ》なる大隊長を糾弾した。劉敵は李韶九と同じく長沙出身で、自分が罠にはめられたのだと李韶九になんとか納得させた。だが釈放されるとすぐに、劉敵は反乱の先頭に立ち、四百人から成る救出縦隊を率いて富田に向かった。次の晩に戦闘が展開され、李韶九の兵百人が死亡して、県政庁の重い木の門がこじ開けられて、ひどい手傷を負った行動委員会指導部は解放された。

残党の緊急会議で、第二十軍は贛江を渡って、毛沢東の復讐から安全な永陽《ヨンヤン》に向かうこととなった。県政庁外には旗が掲げられ、そこにはこう宣言されていた――「打倒毛沢東！ 朱《チュー》［徳《デー》］、彭《ポン》［徳懐《デーホアイ》］、黄《ホアン》［公略《ゴンルエ》］支持！」――そして党中央に対して毛沢東をあらゆる要職から追放しろとの請願が送られた。この報せが黄陂に届くと、三人の軍指揮官は毛との連帯を宣言し、反乱者たちを糾弾した。だが指導層を分裂させる試みは、もっと狡猾に続けられ、毛沢東が古柏に秘密指令を出して、朱徳、彭徳懐、黄公略もAB団指揮者だという証拠を集めさせているのだという文書が流れた。この偽造はあまりに粗雑で信用できるものではなく、前敵委員会は長々しい要領を得ない反論を発表して、永陽指導者たちを党に対する反逆と、革命勢力内に不和をもたらそうとする陰謀のかどで糾弾した。そして事態は膠着した。贛江の片側には第二十軍、対岸には毛軍、どちらも党政策を忠実に実行しているのだと主張した。

富田での出来事も、紅軍が味わった恐るべき流血沙汰も、毛が蔣介石の初の囲剿作戦を文句なしに打ち破る妨げとはならなかった。むしろかえってそれが役にたったかもしれない。粛清の猛威で結束を固めたため、それに耐えた人々は緊密な規律と鉄の意志を持った、異様に士気の高い軍団となったのだった。

それでも、見解の異なる派閥が永陽にいるのをいつまでも放置するわけにはいかなかった。一九三一年初頭に根拠地域にやって来た項英の最初の仕事は、富田が引き起こした悪意をなんとか鎮めることだった。この頃には毛沢東ですら、最新の勝利で名声が高まったこともあり、殺害が行きすぎだったと思うようになっていた。黄陂で逮捕された李文林は、保護観察つきとはいえ釈放されたし、李韶九はやりすぎだったとして更迭された。一九三一年一月十六日、新生の中央政治局は、劉敵ら五人の反乱指揮者の追放を発表し、富田で起きたのは「反党事件」だと宣言した。だが、反乱軍がすべてAB団員だという証拠はないとも述べた。その後六週間にわたり、項英は和平の探りを入れ始め、誤解で行動した者たちとは折り合いがつくかもしれないと慎重に匂わせるようにした。

毛沢東にとって、こうした申し出は実質的な非服従であり、かれは項英の示唆にお冠だった。なおさら腹立たしいのは、富田での騒動が一部は派閥抗争でしかないというのが実にはっきりしていたということだった。だがAB団撲滅運動が正当化されるかという本質的な問題において、項英は党の大半と同じく毛沢東を支持した。一月から二月にかけて、容疑者の逮捕は続いた。自分たちは無罪だと主張し続けていた永陽の反乱部隊ですら、それが正しいと同意している。

我々はAB団が江西省においては広範な組織であり、それがソヴィエト地帯にも侵入していることを否定するものではない［とかれらは書いた］。というのも我々もAB団と活発に戦ってきたからである。（中略）段良弼同志は江西省特委でAB団と戦った初の人物である。（中略）彼ですら［いまや］AB団員の烙印を押されている。

行動委員会の元指導者たちが、あれほどの拷問を受けながらも相変わらず粛清を支持しているという事実は、当時の根拠地域における雰囲気がどんなものだったかを実に雄弁に物語っている。一九三一年三月、反乱部隊のほとんどは武器を捨て、寛大な処置の約束（とかれらが信じたもの）を受けて投降した。

不幸なことに、かれらの帰還は李立三失脚の報せとたまたま同時に起きた。上海の新指導層は、富田の出来事に対してきわめて厳しい態度を示した。いまやそれは「反コミンテルン、反共産党の李立三路線」の現れだとみなされ、「紅軍の殲滅と根拠地域の破壊」を狙ったものとされた。四月に劉敵は朱徳を議長とする軍法会議にかけられ、死刑を宣告されて斬首された。まだ二十代前半だった。李白芳ら三名もまた処刑された。

四中全会代表団権限の下で開催された中央政治局拡大会合で、この新方針が確認された。


AB団は、共産党内部の小さな党となり（中略）革命の旗印の下で反革命活動［を実施している］。（中略）なぜ近年そのようなことができたのか？　主な理由は（中略）［第一に］地主や富農が中国共産党に容易に潜入できたからである。（中略）革命が展開するにつれ（中略）こうした分子は我々を裏切ること必定である。［第二に］党は李立三のまちがった政治路線に従っていた。（中略）［第三に］我々は反乱分子の粛清作業に十分な関心を払わなかった。捕らえられたAB団員はその場で銃殺され、さらなる糸口を掘り出すために利用されなかった。（中略）これもまたAB団が拡大できた理由である。

前敵委員会は（毛沢東の下で）「おおむね正しい」政治路線を採り、富田反乱に対しては階級的な立場を採用したと賞賛された。中央委は（項英の下で）「李立三路線との調和」および富田事件への「まったく誤った」アプローチについて厳しく糾弾され、「階級的な立場から逸脱し」「党組織のあらゆる水準で、AB団に対する闘争を緩め、和らげ、終わらせようとした」と批判された。

富田の反乱軍が全員「AB団の重要な一員であり（中略）李立三路線の旗印のもとで反革命的な反逆を実施していた」（つまり項英が示唆しようとしたような、単なる道を誤った同志ではない）という会合の結論と、その含意——つまり李立三路線とAB団は表裏一体であるということ——は、毛と新生の党中央にとっては実に都合がよかった。いまや毛は堂々と、粛清はライバル派閥に向けられたものなどではなく、党路線を守るという原則に則ったものだと主張できた。上海の帰還学生組は、以前の中国共産党指導層よりもスターリン主義的なやり口に大きく影響されており、重要なのは党をさらにボリシェヴィキ化することだと考えていた。つまりは李立三支持者を根絶やしにして、地方主義と異論をたたきつぶすこと——ひいては党を忠実で従順なレーニン主義の道具に変えることだった。あらゆる反対派を、AB団という総称の下にくくれるとなれば、この作業はずっと楽になる。

結果として四月以降、粛清はかつてない猛威をふるうこととなった。取り調べを政治安全部門を通じて中央集権化しようという試みは繰り返されたが、地方の村や町にいる、学のないしばしば文盲の党職員はすさまじい権限をふるった。ほんのちょっとした口実で、いやそれすらなしに、気まぐれに死が宣告された。党の調査員はこう報告している。

寝言で党の文句を述べた者や、荷担ぎ棒で物資輸送を手伝わなかった者、大衆デモに参加しな

> かった者、党集会に欠席した者（中略）はみなAB団員として逮捕された。その恐怖があまりに大きく、ほとんどの人は昇進しても新しい職場に行こうとしなかった、（中略）新任者はAB団員として糾弾される危険が高かったからである。（中略）頂点となると、他の人と話をするだけでAB団員の嫌疑をかけられた。したがって党員は、議論を目撃する上位の党役がいない限り会合に出席を拒んだ。
>
> ［晩夏には］江西省政治保衛署は、AB団員の見込みが高いとして［根拠地域の］あらゆる富農を逮捕すべきだと提案した。（中略）彼らはかなり公然と、真の罪人を取り逃がすよりも、無実の者を百人殺すほうがいいと述べていた。（中略）こうした異様な見解に基づき、あらゆる組織や革命集団が、反革命分子を逮捕、尋問、処刑する自由を勝ち取った。革命への忠誠を証明するためにAB団を狩り出せという雰囲気が支配的だった。

容疑者たちは、所属しているとされた「ネットワーク」の詳細を明かせと拷問されると、知人を糾弾するか、党の事務所で働いていた人々の名前を思い出そうとした。党職員は自衛のため名札を墨塗りしたり、名札自体をつけないようになった。

第三次囲剿作戦の間には、尋問をしている時間すらなかった。一部の部隊では点呼方式が採用された。AB団員だと自白した者は恩赦を受ける。一切のつながりを否定したら処刑される。

七月には、富田事件の後で永陽に逃亡した（そして三月に行動委員会指導者たちが投降してからもとどまった）第二十軍の部隊が中央根拠地域に呼び戻され、きわめて厳しい蒋介石の挟み撃ち作戦の撃退に協力しろと言われた。二十三日に、かれらは于都北三十キロほどにある平頭賽《ピンアンザイ》の毛軍と合流した。その司令官曽炳春《ゼン・ビンチュン》は中央局と接触しており、富田事件をめぐる政治的な影はすでに晴れたと信じていたようだ。だが、かれの軍は到着と同時に包囲されて武装解除された。曽炳春自身から末端の慎ましい副小隊長まで、あらゆる軍官が逮捕された。一般兵は他の紅軍部隊に分散して配置換えとなった。ものの数時間で、第二十軍は消滅した。その後、中国共産党軍で第二十軍の名は二度と使われなくなる。

一ヶ月後、李文林を始めとする行動委員会指導者残党は、曽炳春とその軍官たちのほとんどとともに、毛沢東自ら議長を務めた法廷によって数万人の観衆の前で死刑となった。

一九三一年夏から初秋にかけての粛清による総死者数は、推測するしかない。第二十軍の将校や兵四百名が処刑され、これまた江西省の地元から集められた第三十五軍からもおそらく数百名が粛清された。他の紅軍部隊の粛清者数はもっと多かった。江西省の党組織内では、二十以上ある郡のうち三郡だけで、三千四百人が殺されている。九月初旬になると、中国共産党中央観察員の一人は「江西省南西部の党と青年団知識人の九五パーセント」がAB団とのつながりを自白したと報じている。今日、最も詳しい中国史研究者でも、単に「何万人も」が死んだと述べるにとどめている。

年末にかけて、国民党囲剿による緊張が薄れるにつれて粛清もおさまり、そこでの毛沢東の役割も減った。十二月には、もっと現実的な組織的コントロールを課そうという新しいずっと真剣な試みが実施された。毛沢東の名において、「大衆の利益擁護」を目的の一つとした「反革命案件を処理し司法機関を建立するための暫定的行程」が公布された。下級職員は、処刑を命ずる権限を剝奪され、上訴の制度が導入されて、拷問の利用は糾弾された。この新規則は、守られるほうが珍しいようなものだったし、どのみち抜け穴は山ほどあった。さらに処罰を決めるにあたっては階級的な出自が決定要因となるべきだと明記されていた。このアプローチは中国の共産主義法体系において、根本的な一線としてその後ずっと残ることになる。地主、富農、「資本家出身」者は死刑。「大衆」はやりなおしが効く。

そこへ上海から周恩来《ゾウ・エンライ》が到着し、実質上の中央局書記に就任した。そして一九三二年一月に、粛清の規模と手法が公式に疑問視された。

殺しが些末なこととされ、その最大の結果として党内にはパニックが生じた。主導的な機関ですら例外ではない。これは反革命的な影響でだまされた大衆を味方につけて党の反対者たちを孤立させる戦略とはいえない。むしろ正反対で、我々自身の革命勢力に損害を与え、我々の階級戦線に立つものたちを揺るがせた。これが最大級の誤りである。

だがこの苦情は単に、無秩序な殺害に反対しているだけだった。中央局も周恩来自身も、反革命勢力に対する掃討作戦は、それ自体としては「全く正しい」という主張を崩さなかった。手法は変えるべきだが、それはこの活動を終えるためではなく、もっと効果的にするためだ。

その春、速度は下がったものの、処刑は続いた。一九三二年には李文林、曽炳春他三名のAB団指導者とされる人々——かれらは前の八月の「裁判」以来、江西省南西部各地の村の民衆大会で引き回しにされていた——が公開で斬首された。その後二年にわたり、粛清はそろそろ落ち着いておさまりかけてはきたが、政治安全部はそれでも毎月五百件ほどを処理して、結果として毎月八十人から百人が銃殺された。

江西省における殺害は、もっと広いパターンの一部でしかなかった。福建省西部では、秘密の社会民主派という嫌疑をかけられて、六千人以上の党員や高官が処刑された。湖南・江西省の境界地域にあった彭徳懐のかつての根拠地域では、一万人が殺された。武漢《ウーハン》から北東百十キロほどの大別山地にある鄂豫皖《エユワン》では、北京大学卒の都会人張国燾《ザン・グオタオ》が、いまや中央政治局常務委員で毛沢東と同じく共産党創設者の一人として粛清を統括し、二千人の「叛徒、AB団員、第三党党員」が命を落とした。かれの政治委員である陳昌浩《チエン・チャンハオ》はこう説明している。

革命の形勢は一日ごとに発展前進をとげている。（中略）敵はすでにかれらの飛行機や銃や機関銃がいかに効果がないかを感じている。したがってそれは改組派、AB団、第三党を使ってソヴィエト地域と紅軍に入り込もうとしている。（中略）これはきわめて毒辣なる計画である。飛行機や銃で攻撃してくる敵を見るのは容易だが、改組派、AB団、第三党を見るのは容易ではない。敵は我々に対してかくも毒辣なのである！

江西省北西部の根拠地域で、何千人もの反革命分子が粛清されてから、それを実行した左派指導者の曽洪易《ゼン・ホンイ》は福建省北部に移動して、さらに二千人の「重組分子やAB団」を殺した。

粛清的な発想はゆっくりと、その毒を共産党支配地域全体に広めた。一九三七年に政治状況が全国的に変わるまで、包囲されてすさまじく不利な状況で戦う紅軍兵集団は、しばしば想像を絶する困窮と困難に直面しつつ、定期的に自分たち自身に攻撃の刃を向けて流血を起こし、ときには国民党軍による被害よりも、内ゲバによる死者数のほうが多いことさえあった。

粛清の口実はどれも同じだった。土地改革を巡る相違、地元や民族的なライバル意識、「李立三路線」に関連した政治問題。そして手口もまた同じだった。「自白を強要します。するとそいつが自白して、それが信用できたらそいつを殺します。あるいは自白しなければ、そいつを殺します」と福建省東安全局の長官は説明している。粛清の究極の原因もまた、いつも同じだった。それは常に権力を巡るものだ——個々の指導者が自分の意志を強要し、支持者がそれに従うよう仕向けるためなのだ。

スターリニズムのお手本や、スターリニズムのレトリックの影響は、一九三〇年代初期に中国の紅軍根拠地域で起きたことの説明としてはごく部分的なものでしかない。ロシアにおけるすさまじい流血粛清は、レニングラードでキーロフが殺されたのが発端であり、それは富田の五年後のことだ。中国共産党指導層が、理想主義的で実力のないインテリ仲間（それは三年ちょっと前に国民党からちょっと突かれただけで崩壊してしまった）から、強面のボリシェヴィキ中核集団へと変身をとげ、例外的な状況では（後に完全に忠実だったことが証明された）例を見ないような男女の虐殺を命じるようになった理由は、中国国内の状況からくるもののほうがずっと大きかった。

決定的な要因は内戦だった。ほとんどの戦争では、逃亡者は射殺される。囚人はひどい扱いを受けて情報収集される。基本的人権は停止される。共産勢と国民党との間の戦争では、どんな規則も遵守などされなかった。

一九三一年初期、中央政治局保衛局責任者の顧順章《グー・シュンザン》（かれはウラジオストックのロシア秘密警察の訓練を受けた、きわめて有能な諜報員だ）が武漢に派遣され、蔣介石の暗殺を命じられた。かれは手品師の変装をしていた。だが国民党特務は写真でかれの正体を見破り、四月にかれは逮捕され、寝返るよう説得された。上海のフランス諜報局の推定では、その後三ヶ月でかれの裏切りにより、数千人の共産党員が処刑された。その中には、党の名目だけの総書記向忠發も含まれていた。かれは六月に射殺された。

だが共産党は一方的な被害者ではなかった。顧順章が寝返った翌日、かれの家族が消えた。五ヶ月後、首を切られた一家の裸体がフランス租界の空き家で、深さ三メートルの土とコンクリートの下から見つかった。下手人の共産党エージェントは国民党につかまり、その一家が周恩来の命令で、仕返しとして処刑されたのだと語った。生き残ったのは顧順章の小さな息子だけだ。かれはどうしても、子供を殺せという周恩来の命令を実行できなかったという。そしてかれはさらに五軒の家に案内した。それぞれさらに死体が見つかった。それは周恩来が、党の規律を守るために殺せと命じた共産党幹部たちだった。死体が三ダースも出てきたところで居留地警察はもうたくさんだと判断し、捜索はそこで止まった。

周恩来による顧順章の家族殺害は例外的なものではなく、この情け容赦ない紛争においては常態だった。

国民党も残虐さでは負けていなかった。湖北《フーベイ》省では紅軍指導者徐海東《シュウ・ハイドン》の妻が国民党につかまり、妾として売り飛ばされた。徐海東一族の子供や乳児を含む六十人以上が狩りたてられて殺された。一九三〇年十一月、毛沢東率いる長沙攻撃が失敗した二ヶ月後、毛の妻楊開慧《ヤン・カイホイ》は市の瀏陽門外の処刑場に連行されて、国民党省長の命令で首をはねられた。子どもたちは親戚がかくまい、こっそり上海に送られたが、数ヶ月後には末弟の岸龍《アンロン》が、その地で下痢のため四歳で死んだ。国民党兵士たちは、毛の両親の墓を掘り返すよう命じられた。

徐海東の根拠地域である鄂豫皖では、エドガー・スノーによれば虐殺は「宗教戦争のごとき強烈さ」に達し、他の南部紅軍地域では、国民党勢は「排水捉魚（池を排水して魚を捉える）」なる方針を実施した。つまり五体満足な男はすべて殺され、村は焼かれて、穀物の備蓄はすべて奪われるか破壊されたのだ。ゲリラたちを山に追い込むべく、広大な森林が切り倒されて、動く物はその場で射殺された。生き残った村民たちは、平野部の柵に囲まれた掘っ立て小屋に追い立てられ、兵や地主の私兵たちに監視された。女や娘は娼婦や奴隷として売りとばされたが、やがて外国使節団が苦情を申し立てたので、蔣介石がこれをやめさせた。

当初、国民党の兵は被害者の首で倒した敵の数を数えた。これは実用性に欠くので（重いから）、かわりに耳を切り落とすようになった。ある師団は「実力を示すため」耳を三百キロも集めたという。湖北省の黄安県では、村人十万人以上が殺された。河南省の新県では八万人が死んだ。湖南省と湖北省の境にある彭徳懐のかつての根拠地域では、百万人だった人口が一万にまで減った。二十年後になっても、廃墟となった村や人骨が山に散らばったままだった。

毛沢東自身は、こうした極端な荒廃ぶりをほとんど見ることはなかった。最悪の虐殺が江西省を襲った頃には、紅軍はすでに移動していた。だがそれは、毛沢東やその他共産党指導者たちが活動する社会的な文脈を雄弁に物語っていた。

宋朝の学者司馬光《シマ・グアン》を読んだ毛沢東は、中国の歴史が「現代の鑑」でしかないのを知っていた。そしてその中国史においては、反逆者たちはすさまじく厳しい弾圧を受けた。紅軍地域における蔣介石の虐殺は、太平天国の乱で起きた流血に比べればおとなしいものだった。蔣介石の兵は耳を集めた。十七世紀の将軍張献忠《ザン・シャンゾン》〔訳注：中国語訳によると、原文では明代末の農民反乱指導者の李自成となっているが、記述内容から見て張献忠のこと〕は、足を集めることで四川省を鎮圧し、将軍の寵姫がその残虐さに抗議すると、彼女の足もその山に加わることになった。国民党は、共産党指導者の家族を処刑した。清朝では、反体制的な学者や将軍の家族が九等親まで虐殺された。粛清対象者のノルマ制ですら、一見すると後のソ連NKVDの手口と似てはいるが、[*3]起源は中国なのだった。

共産主義闘争の舞台となった流血と恐怖の渦は、この遺産の成果だった。一人として四十歳を越えない、妻や家族や子どもたちと引き離された（あるいは毛のように妻子の間接的な死因となった）、党を率いる男たちは、持てるエネルギーと忠誠のすべてを一つの目的に集中した。革命の大義である。この呵責なき頑固ぶりからは、通常の外部世界における道徳などまったく居場所がない、狂信的な忠誠心が生まれた。紅軍内では、各種の連隊はすべて共産主義の孤児たちで構成され、かれらの唯一の願いは階級の復讐だった。憎しみは、外部に向けられようと内部の敵に向かおうと、強力な武器だったのだ。

　指導者たちの反応は、どれも同じというわけではなかった。中には鄂豫皖の高敬塘《ガオ・ジンタン》のように、嬉々として粛清に没頭し、孤立と被害妄想の雰囲気をあまりに先鋭化させたおかげで、一九三七年に中央委が根拠地域のゲリラたちとの接触を回復しようとしたら、最初の使節団が逮捕されてスパイとして射殺されてしまったほどだった。あるいは朱徳のもと政治委員陳毅《チエン・イー》のように、テロルをほとんど、あるいはまったく使わない人もいた。

　毛沢東の反応はもっと複雑だった。一方で、かれは「鉄の紀律」を求めた。一方では、紅軍が、正しい考えとよい指導力やお手本で動く、総志願軍であるべきだという見解も続けていた。毛沢東にとっては、ボリシェヴィズムは単に権力を得る手段よりもはるかに大きな物だった。それは中国の刷新において、イデオロギーであり、ある意味で道徳的な力ですらあるのだった。知的には、かれはこれがもたらす矛盾——規律と自由、強制と自発性——と折り合いをつけるため、対立物の合一を認めた（学生時代の論文や、後に延安《ヤンアン》でもそうしたように）。だが実践においては、常に両者は争い続ける。これは一九三〇年代初期の江西省でもそうだったし、かれが長い人生で引き起こす、ありとあらゆる粛清強制運動においても然り。

　こうした時には、毛沢東は一九二六年冬に湖南省の農民運動から導いた教訓に立ち返るのだった。「まちがいを正すためには、適正な限界を超えることが必要である。そうしないとまちがいを正すことはできない」とかれは当時書いている。この観点からすると、血の粛清は残念なことで、将来は避けた方がよいものではあるが、でも必要であることには変わりなかったのだ。
　同じことが「ＡＢ団」なる用語がねじ曲げられて恣意的に使われたやり口についてもあてはまる。当初は毛沢東も、他の指導者たちが明らかに信じていたように、ＡＢ団が本当に脅威だと信じていたかもしれない。だが処刑された何万人もの中で、一人として本当にＡＢ団員だという証拠が（拷問による自白以外には）何一つ見つからないのに、それを信じ続けるほどのバカではなかった。「社会民主党」「改組派」「第三党」——結局はそんなものはどうでもよかった。それはただのレッテルで、党指導者たちが攻撃したいと思う政治的な逸脱をなんであれ含むように拡大解釈されるのだった。これについては中央委も、反ＡＢ団キャンペーンで「用語の錯誤」と称するものがあったと認めたときに正式に述べている。これまた必要なことだった、と毛は結論したのだろう。いずれにせよ、同様の「錯誤」はその後のあらゆる政治運動で生じることになる。

章末注

＊1　「暗殺」が何を指すのかは説明されていないが、毛が念頭においていたのは二つの事件だったかもしれない。その春に井崗山以来の仲間である袁文才《ユアン・ウエンツァイ》と王佐《ワン・ズオ》が、反逆しようとしたとして怪しげな状況で射殺されたこと、そしてこれまた昔からの支持者である宛希先《ワン・シシャン》が、数ヶ月前に殺されたことだ。どちらの場合にも、江西省党委の高官が関与していたとされた。

＊2　これはどうやら、下半身を強打するものらしい。こうした手法を使ったのは共産勢だけでなく、一九三〇年代半ばになっても国民党支配地域でも使われていた。「飛行機乗り」（あるいは三十五年後の文化大革命時代の呼び方では「ジェット機乗り」）は、両手を背中で縛り、その人物を両腕で木の梁から吊すというもので、

名前こそ現代的だが、手法としては何世紀も使われてきた拷問だった。

＊3　ＮＫＶＤは、ソ連ＫＧＢ（国家安全保障委員会）の直系の先祖だ。一九三〇年代のスターリンによる粛正で、ＮＫＶＤの地域支部は、逮捕射殺されるべき「人民の敵」の数についてノルマを課されていた。

第9章 共和国主席

蔣介石の第三次囲剿作戦が一九三一年九月に敗北したことで、党中央部は毛沢東と江西省根拠地を完全に掌握しようとして、一層決然とした試みをまたもや始めることとなった。

顧順章《グー・シュンザン》の裏切りで、党の都市部ネットワークが大打撃を受けたために、紅軍地域の重要性はますます高まった。コミンテルンは一年以上も前から、次の闘争が展開されるのは中国都市部ではなく地方部だと主張し続けていた。六月の党総書記向忠發《シャン・ゾンファ》の逮捕と処刑により、党指導部の交替は不可避となり、また上海で活動する物理的な危険性が高まりつつあったので、分散の声が高まっていた。

すでに四月には、上級幹部が上海から派遣されて、鄂豫皖《エユワン》と賀龍《ホー・ロン》の湖南西根拠地の党委を運営していた。三ヶ月後、周恩来《ゾウ・エンライ》がずっと先送りにしてきた江西省への旅を実施し、中央政治局の運営を引き継ぐとともに、王明《ワン・ミン》が中国共産党のコミンテルン代表として安全なモスクワに戻ることが決まった。これまた帰還学生で当時二十四歳の博古《ボー・グー》は上海にとどまり、党指導者代行となって、新しい党大会の招集を待つこととなった。同時に、江西省の共産地域（いまや大仰にも中央ソヴィエト根拠地域または中央ソ区と改名されていた）に共産主義政府を作る計画が開始された。これは中央指導部をすべてこの省に移転させるための第一歩だった。

これを背景に、王明、博古と帰還学生仲間は、毛沢東の権威をつぶす協調作戦を開始した。八月末

――第三次囲剿作戦がまだ打倒されないうち――党中央は長々とした悪意ある指示を放った。それは毛沢東を（名指しはしなかったが）、明確な階級的立場の欠如、富農への過度の寛容、労働運動展開の失敗、根拠地拡大の失敗、紅軍「ゲリラ主義」の容認について非難していた。このメッセージが十月に根拠地に到着すると、かなりの困惑と怒りが巻き起こった。毛と仲間たちは、自分たちの十倍もの敵軍を見事に撃退したばかりだったということもある。それに当の帰還学生たちが、しばらく前にゲリラ戦を時代遅れ扱いしたという批判で、李立三《リ・リーサン》を失脚させたばかりだった。そしてコミンテルンはその夏に、きわめて珍しい動きとして、根拠地での政策の点で毛沢東を名指しで賞賛していたのだった。

上海の博古にとって、こんな些末なことはどうでもよかった。その秋にかれの念頭にあったのはドクトリンではなく、権力だった。

十月半ば、かれは不承不承ながら、周恩来が現地に到着するまでは毛が中央政治局書記代理の地位にとどまることに同意した（これは毛が五月以来非公式に就いていた役職だった）が、毛の仲間の数人を昇進させる提案は拒絶した。その後間もなく、毛沢東が新生ソヴィエト政府の長を政治局から派遣してくれと要請すると、博古は毛が自分でその職に就けと答えた。つまり、かれは二階に蹴り上げられてはしごを外されたのだった――党と軍に対する影響力の大半から切り離されて、かわりにほとんど名誉職でしかない役職を与えられたわけだ。十一月始め、まさにそれが起こった。根拠地党大会が開催され、毛を長とする総前敵委員会は解体されて、かわりに朱徳《チュー・デー》を議長とする革命軍事委員会が設置されたが、毛沢東はその十二委員の一人にすぎなくなった。おまけに、「偏狭な経験主義」だとしてたっぷりと批判されることになった（今回も名指しではなかったが）。つまりは党の方針を犠牲にして現実的な要因を重視しているということだ。

二日後の十一月七日、ロシア革命記念日、江西省と近隣根拠地の代表六百人が、小さな市場町瑞金《ルイジン》の東五キロほどの叶坪《イエピン》村に集まり、中華ソヴィエト共和国の建国を宣言した。かれらは中世の見事な謝家祠堂(村人は全員姓が謝だ)に集まった。まわりには樹齢千年以上のものもある、ねじまがった樟脳の木が茂っている。鎚と鎌のついた旗が、巨大な漆塗りの柱の間に張り渡された。紅軍パレードが行われ、その後たいまつを掲げた行列が進む中、ときどき爆竹が耳をつんざくような音をたてて爆発し、濃い青い煙が漂う。「これからは中国領の中にまったくちがう二つの国家がある。一つは通称中華民国なる帝国主義の傀儡である。(中略)もう一つは中華ソヴィエト共和国であり、搾取され抑圧された労働者、農民、兵士、労苦人の広範な大衆の国家である。その旗印は帝国主義の打倒、地主階級の排除、国民党軍閥政府の打倒(中略)そして全国の正真なる平和統一を目指す苦闘である」と毛は宣言した。

新しい共産党議会は、中国工農兵代表ソヴィエト全国代表大会と呼ばれた。その第一次大会で、新生ソヴィエト共和国を構成する二十かそこらの赤色県の首都が瑞金に決まり、そして毛沢東は国家主席と人民委員会主席に指名された。

知らない人が見れば、毛は実にうらやむべき地位にいるように思えただろう。この新しい役職は、これまでのどんな役職よりも高い公式の地位を毛に与えていた。コミンテルンは、毛がいまや司る新しい「国家」を非常に重要なものと見なしていることをはっきり述べていた。だが毛は、これまで自分を無力化したり操ったりしようという試みをあまりにたくさん目にしてきており——一九二七年七月にかれを四川省に追いやろうとした周恩来の試み、その一ヶ月後に、毛を上海の首脳部に入れようとした瞿秋白《チュイ・チュバイ》の試み、第四軍から毛を離れさせようとした李立三の手口——いま行われていることについて、いささかも幻想は抱けなくなっていた。確かに、いまや毛は、クレムリンの後ろ盾を持ち、王明ら帰還学生組にとってすら、あっさり追い出すには重要すぎる存在となった。だが毛を傍流にして、主要な意志決定のラインから外し、権力基盤から切り離すことはできた。

その効果は間もなくあらわれた。

一月に周恩来は、毛にかわって中央政治局書記となって初の行動として、「一つ以上の省で初期の勝利を実現する」というしばしば繰り返された目標を実現すべく、大都市を改めて制圧しようと呼びかけた。

毛は同僚たちに、その標的として南昌《ナンチャン》は難しすぎると説得した。だが上海の博古との相談の後で政治局会議が再招集され、委員の大半は贛州《ガンゾウ》攻撃を支持した。毛はこれにも反対で、朱徳も同意見だった。贛州は守備もかたく、三方を水に囲まれ、敵も贛州を「絶対に失ってはならない拠点」と見なしているし、紅軍のほうは一年前に贛州占拠に失敗したときと同じく、重火器その他、制圧に必要な装備を欠いていた。今回は毛沢東の議論は却下された。この計画に賛成した彭徳懐《ポン・デーホアイ》が前線指揮員に任命され、かれは毛沢東のまちがいを証明しようという決意を明らかに燃やしていた。

十日後、中央政治局は第三次会議を開き、欠席した周恩来にかわり毛沢東が議長を務めた。議論は前の九月に起きた日本の満州侵略となった。博古はこれを「ソ連に対する攻撃に向けた危険で具体的な一歩」と解釈した。毛沢東は絶対ちがうと述べ、侵略は全国的な反日感情の潮流を引き起こし、それは通常の階級対立を超えたものになっているので、党はそれを利用すべきだと主張した。これはある発想——抗日統一戦線、中国のあらゆる階級を国家防衛の愛国的な努力へとまとめあげるもの——の萌芽であり、遠からぬ将来に中国共産党の権力闘争において重要な役割を果たすことになる。だが一九三二年一月には、これはあまりに先走りすぎた発想だった。党中央の政策はすべて、階級闘争の先鋭化が主力となっており、階級の区分をあいまいにするなどもってのほかだった。毛の仲間たちは、一九二九年の東方鉄道紛争のときと同様に、最優先の関心事はモスクワに対する脅威だと固執した。怒号がとびかった。最後にだれかが毛沢東に面と向かってこう言った。「日本はロシアを攻撃するために満州を占領したんだ。それがわからないなら、おまえは右派日和見主義者だ」[*1]。あたりは静まりかえった。毛沢東は立ち上がり、怒り狂ってその場を去った。

その日のうちか、あるいは間もなく、毛は病気休養を申し出て、認められた。贛州攻撃で彭徳懐に同行する王稼祥《ワン・ジャシャン》が、毛沢東の唯一残された軍事的役職である前線部隊総政治部主任の座を引き継いだ。一週間後、毛沢東は賀子珍《ホー・ズーズン》と護衛数人をつれて、東華山《ドンホアンシャン》の廃寺に向かった。東華山は、瑞金南八キロほどにある低い火山性の丘で、かれはそこで「回復期」を過ごすことになる。

それは質素で人気のない場所で、毛沢東の陰気な気分にはぴったりだった。なめらかな黒い岩に彫り込まれた一室だけの隠居所は石のファサードと灰色瓦の屋根を持ち、暗く、寒く、とてもじめじめしていて、床にはコケが生えていた。政治的な困難に直面するとありがちなことだが、毛沢東の気分の落ち込みは、かれの肉体にも影響した。賀子珍は、毛が急に老け込み、やせ始めたと言う。湿気で症状がひどくなるのを恐れて、彼女は若い護衛たちにその寺に住まわせて、自分たちは数メートル離れた洞窟に引っ越した。そこは小さいが乾燥していて、水浴びのできる石の洗面所もあった。水は三十メートル下の村から竹竿でかついで運んでこなければならず、その路も石壁に刻んだ小さな階段の狭い路だった。

平原の見晴らしはよく、西には古寺が三つ、周囲の丘の見張りのように建っていた。毛沢東は、根拠地の幸せな時代に馬上で作った詩を書き綴り、気を紛らわそうとした。ときどき、瑞金から党文書や新聞が送られてきた。毛沢東は、強制された隠居状態で、政治的な傷が癒えるのを待つしかなかった。

上海にある博古の指導部は、新生「臨時中央」と呼ばれていたが、後に喧伝されたほど不合理なものではなかった。そもそもそれが生き残ったこと自体が大成果だ。コミンテルンの中国活動が完全に機能停止に陥っていた時期に——ウクライナの諜報部員である代表のヤコフ・ルドニク（またの名をヒレール・ノウレンス）は、ベルギー労組活動家のふりをしていたが、逮捕されてしまったのだ——博古と、やはり帰還学生で三十代前半の同僚張聞天《ザン・ウエンティアン》は、特別工作員のネットワークを維持して蔣介石の軍指揮系統の最高位まで潜入させ、国民党特殊部隊のメンバーや、かれらが雇っていた共産党の裏切り者たちを始末するのに成功していたのだった。

いまや人口五百万の共産党根拠地への指導の面であまり成功していなかったのは、李立三やそれに先立つ瞿秋白の左翼的な発想にいまだに影響され続けていたせいだった。そのせいで博古は一月に、大都市攻撃の話をまたも蒸し返してきたのだった——

　これまでは大都市攻撃は避けてきた。この戦略は過去には正しかったが、状況が変わったのでもはや正しくない。我々の任務はソヴィエト地区を拡大し、個別のソヴィエト地区を結びつけて一つの統合地域を形成し、現在の有利な政治的軍事的条件を活用して、重要な中央都市を一つか二つ制圧し、一つ以上の省で初期の勝利を勝ち取ることである。

博古の分析は、失墜した先人たちのものよりは冷静だった。だが達した結論は似たり寄ったりだった。世界的な大恐慌は、国民党支配地域の経済を「全面崩壊寸前」にまで追い詰めたが、紅軍は蔣介石の失敗した囲剿戦の中で「目下の内戦の血塗られた戦場で鍛えられ」、空前の強さを誇る。「国内の階級諸力のバランス」が変わり、政策も変わる必要があるのだ、と。

ある意味で、これはそんなに変な話ではなかった。過去三年にわたり、毛沢東も「一つの省での勝利」を訴えていたのだ。手をこまねいているわけにはいかなかった。勝利にあぐらをかいている蜂起軍はすぐに崩壊する。各地の共産根拠地を結ぶのはきわめて論理的な方針だったし、それには必然的に都市の制圧も必要になる。だが問題は、博古が自称「堅決進攻的路線」を厳守し、戦術上の問題はどうあれ、南昌、吉安、撫州《フソウ》（これも江西省の都市）を制圧するという総合目標を達成すべきだとこだわり続けたことだった。さらに、軍事力をめぐる不一致もあった。蔣介石の第三次囲剿作戦を撃退したために、上海の指導層は、紅軍の強さについてかなりの過大評価をするようになってしまった。毛沢東と朱徳は、その時点でも一年前と同様に、まだ守備の固い国民党拠点を制圧するだけの十分な戦力がないことを知っていた。だから二人は贛州攻撃に反対したのだった。博古、張聞天とその支持者たちは、こうした疑念を日和見主義の証明だと見た——それが政策の欠陥ではなく、それを実施したがらない者の欠陥なのだ、と。


三月初め、元宵節直後のある午後、毛の護衛たちは馬上の二人が接近してくるのを目にした。それは毛沢東の「病欠」の間に政府首脳代理を務めていた項英《シャン・イン》と、その警護だった。

項英は恥じ入るように毛に告げた。贛州攻撃は大失敗だった、と。二月半ば以来三週間にわたり、彭徳懐軍は都市の防衛線に対して大攻勢を四回仕掛けて失敗し、大損害を出したのだった。城壁を爆破しようとしたがこれも失敗した。二日前に、国民党軍は防衛線の中から攻撃隊を派遣して彭徳懐を驚かせており、ほとんど撃退されずじまいだった。そしていまや、国民党の援軍四師団が吉安と広州から集結しつつあり、彭徳懐の退路を断とうとしている。軍委は、毛に病欠を終えて、すぐに戻って助言をするよう要請したい、と項英は述べた。

毛沢東は二つ返事で承知した。豪雨が降り注いでおり、賀子珍は毛に待つように頼んだ。「具合が悪いのに、この雨の中を出て行ったら病気がこじれます」と彼女は文句をつけた。毛はそれを一蹴した。かれの「病気」は消え失せていた。

毛が贛州から二十五キロほど上流の小さな市場町、江口で軍に合流した頃には、彭徳懐はなんとか逃げ出していた。だが四軍がどこへ向かうべきかについて、まだ議論は続いていた。毛沢東は、江西省の北西部に向かい、福建省との境界の北部に沿って新しい根拠地を作ろうと提案した。そこなら敵勢も弱く、丘陵地なので紅軍の戦いぶりに有利だったからだ。だが同僚たちの大半は、これが中央の決めた目標から逸脱しすぎていると感じた。中央は、吉安《ジーアン》と南昌を襲えと指示していたのだ。彭徳懐は、敗北の悔しさもあって、かれらを支持した。最終的には、軍を二手に分けることが決まった。彭徳懐の第三軍は、贛川西岸を北上して吉安に向かい、林彪《リン・ピアオ》率いる第一軍は、南昌の南東百三十キロほどのところにある、江西省中央部の県都三つを制圧しようと試みることになった。毛沢東は、非正式顧問という新しい肩書きで林彪軍に同行し、やがて林彪とその政治委員である聶榮臻《ニエ・ロンズン》を説得して、福建省のほうが標的としてずっといいと説き伏せた。林彪はこれを告げる電報を軍委に送り、福建省に入ってすぐの汀州へ進軍して指示を待った。毛は瑞金に戻り、三月末に自分の主張を中央政治局に対して説明した。

今回は毛が勝った。二日にわたる会議の議長を務めた周恩来は、毛の意見に逆らって根拠地で初の軍事作戦を強行し、そしてそれが大敗を喫するのを目の当たりにしていたのだ。項英は、このもめ事の最中に毛沢東を呼び戻すという汚れ仕事をやらされたのだった。彭徳懐なら反対したかもしれないが、かれは欠席していた。

だが毛がその春に自分の主張を通せた背景には、別のもっと深い理由があった。毛沢東と周恩来との個人的な関係は、中国にとってその後五十年にわたりきわめて大きな影響を持つようになるものだが、それが初めてはっきりと表面化したのが、この瑞金での会議だったのだ。周恩来は毛沢東より五歳年下で、見事な策士であり、冷静で決して過剰には陥らず、常にその状況が提供するものから最大の利益を引き出そうとしていた。最終的な勝利のためならいくらでも変わり身を遂げることができた。最終的な勝利こそが唯一の価値ある目標だとかれは思っていたのだった。

毛沢東は極端なほど過剰で、傑出したビジョンを持ち、強い意見と果てしない自信を備え、思考はきわめて細密であり、見事な直感の持ち主だった。瑞金で周恩来が折れてからも、毛は次々に既成事実を繰り出しては周恩来を追い詰めた。いまや実質的に毛沢東の指揮下にあった林彪の軍は、党中央が決めたのと正反対の南東にどんどん進軍し、次々に戦果を挙げていたのだった。この過程で毛は、帰還学生たちが奪おうとした裁量の自由を、ゆっくりとではあったが、相当部分回復したのだった。

最初の目的は、江西省と福建省沿岸部の間にある龍岩《ロンヤン》だった。これは毛沢東がよく知っている地域だった。一九二九年冬にはそこで古田会議が開催されていたのだ。四月十日にかれらは町を守備していた二団を撃破して七百人を捕虜にした。十日後に、漳州《ザンゾウ》が制圧された。紅軍が十八ヶ月前の吉安陥落以来捕獲した、初の重要な都市だった。

毛沢東は狂喜した。この作戦で戦った兵たちは、かれが共産主義者の五点紅星をつけた灰色のとがった陸軍帽をかぶり、白馬に乗って街に乗り込んだのを覚えている。翌日周恩来に宛てた電報で、かれは地元民が「狂ったように飛び出してきて我々を歓迎した」と記述している。漳州は豊かな戦果だった。厦門から五十キロの大きな交易拠点で人口は五万人以上。戦利品としては現金五十万ドル以上、武器弾薬、国民党の飛行機が二機（残念ながら、共産軍は使い方を知らなかったが）、そして毛沢東にとって同じくらい価値あるものとして、中学校の図書室から大量の本が手に入り、毛は接収した自動車でそれを瑞金に送ったのだった。

だが博古は大いにご機嫌斜めだった。

福建省遠征の詳細が上海に伝えられると、党中央が慎重に計画した、北方への協調進攻計画を台無しにしたことについての毛自身に対する批判と、そしてそれを止めようとしなかった中央政治局に対する批判の声が、着実に強さを増していった。

政治局は悔悟した。五月十一日、周恩来が議長を務める会議（毛沢東はまだ漳州にいて出席しなかった）で、政治局は卑屈な自己批判をしてみせて、自分たちが「きわめて深刻な誤り」を犯したと認めて、大都市制圧の必要性に関する疑念を「完全に正」し、それ以上にその「絶え間ない右派日和見主義的錯誤」を正すと約束したのだった。

この屈従的なアプローチは、その春に中央に対する周恩来の対処方法の典型であり、その後数週間のパターンを示すものとなった。毛の反応は、これとは百八十度ちがっていた。周恩来が博古の批判を伝えると、毛沢東は「私は貴殿の電報を拝見した」と書いた。

党中央の政治的な評価と軍事戦略は完全に誤っている。第一に、三回の囲剿作戦と日本の進攻の後、中国の支配勢力は（中略）大打撃を受けた。（中略）我々は敵の強さを絶対に過大評価してはならない。（中略）第二に、三次にわたる囲剿作戦が終わった今、我々の包括的な戦略は内線［つまりは赤色根拠地内］で戦うという防衛戦略を絶対に繰り返してはならないということであるべきである。その反対に我々は外線［つまり白色地域］で戦うという攻勢戦略を採用すべきである。我々の任務は主要都市を制圧して一つの省で勝利をおさめることである。このためには敵の殲滅が必須であると考えるのが当然であろう。（中略）昨年の戦略を現在の状況下で使うのは右派日和見主義である。

これは実にぶしつけきわめるメッセージではあった。毛沢東は意図的に、党中央が自分につきつけた叱責をそのまま博古に投げ返していたのだった。上海は何ヶ月も「革命的状況を過小評価」しているとか、「外部に向けて展開する機会の活用」を怠っているとか、「旧弊な戦略を永遠に正しいドグマと考え」ているとか、文句を言い続け、そのすべてを深刻な右派日和見主義的誤りだと非難してきたのだった。

博古の反応は記録されていないが、おそらくはあまり喜ばなかったと考えるのが妥当だろう。その後、毛と「臨時中央」との関係はますますとげとげしくなった。

福建省侵攻の後、中央政治局は毛沢東を抑えようという努力を強化し、「進攻的な体勢」をうながして、常に「堅決進攻路線」を忠実に守るように要求する通達が大量に送りつけられた。漳州は五月末に放棄され、毛軍は西へ移動して広東省《グアンドン》からの軍閥部隊に対処することになった。軍閥部隊は、根拠地域の南側面を脅かしつつあったのだった。福建省西で、六月初頭に、朱徳と王稼祥が合流した。この二人は、こんどこそ毛が党中央の指示にしたがうようにお目付役として派遣されたのだった。一方は江西省南部を横切って、湖南《フーナン》省境近くの大余《ダーユー》を目指した。ここはタングステン鉱山町で、朱毛軍が一九二九年に井崗山を後にしたときに立ち寄ったところだ。だが「敵を熾烈に撃て」という周恩来の指示にもかかわらず、広東の師団が州境内へと押し戻されるまでには、さらに一ヶ月かかった。

この頃には、博古と張聞天は半狂乱だった。六ヶ月にわたり、二人は自分の計画が系統的に潰されるのを目の当たりにしてきた。一月には贛州攻撃が失敗し、次に毛沢東が自分の部隊を漳州へと南進させることで、二人の北進計画は乗っ取られてしまった。そしていまや広東への兵の分散だ。つまり一九三二年の一月から七月、南部の赤色地域を一つの強力な統合地域へと構築するために共産主義者たちが持っていた最高のチャンスが、何一つ成果を上げなかったということだ。その理由は、前線の幹部たちならわかっていた通り、襲撃に耐えて、敵の一番弱いところを攻撃する以上の活動をするだけの余力が紅軍にはなかったことだった。だが上海の指導部はそれを信じようとはしなかった。

博古の硬直ぶりと戦場での生死をかけた必要性との間では、対話はもはや不可能だった。

このまったく見込みのなさそうな状況を背景に、永遠の交渉人である周恩来は、なんとか取り引きを仕組もうとした。博古は、江西省北部都市に対する攻撃を望み通り手に入れ、周恩来が自らその陣頭指揮を執る――だがその攻撃は、前方部隊の実際の能力で現実的に可能な範囲でしか実施しない。そして毛沢東は、かつての総政治委員の地位に復職させることで手なずける。毛沢東の「経験や長所」は欠かせない、と周恩来は述べた。復職させれば、毛沢東も「誤りを正すよううながされる」。

王稼祥と朱徳はすぐに同意した。だが、後方の瑞金に残って後方諜報作業に従事していた任弼時《レン・ビースー》をはじめとする政治局委員は、猛反対した。周恩来がかれらの合意をとりつけた頃には、すでに八月半ばになっていた。博古は、さんざん遅れた攻撃をやっと実現するためならいまや何でもやる気になっていたので、賛成した。

毛沢東は、前方部隊全体を再び一丸となって活動させて、北進して前と同じ小さな県市の楽安《レアン》、宣黄《イファン》、南豊《ナンフェン》を制圧すべきだと主張した。これらの市は五ヶ月前に、福建省遠征以前に攻撃を受けていたのだ。それが成功したら、ちょっと大きめの南城市制圧を試みる。成功すれば撫州市も射程に入ってくるし、「贛水の下流にある主要都市制圧にあたりもっと有利な位置となり、南昌制圧のための条件を作り出せる」。

第一弾は機械仕掛けのように見事に進んだ。楽安、宣黄、南豊は陥落し、前方部隊は捕虜五千人と銃四千丁ほどを獲得した。だが次の標的である南城は守備がずっと堅かった。朱徳と毛沢東は退却を命じ、周恩来は任弼時の後方指揮委員会に対し、事態が好転するまで待つつもりだと無線で連絡した。だが退却は続き、周恩来は気休めのメッセージを送り続けはしたが、九月上旬には一行は、南百キロの宁都県東韶まで大幅に退却していた。後方指揮委員会は事態の展開に心底驚いて、これはまちがっているから、ただちに北へ戻れとはっきり告げた。すると周恩来はいつになく反抗的な回答をし、軍は疲れていて、休息が「絶対に必要」であり、この段階で動くと敵が根拠地域時代に攻撃を仕掛ける隙を作ってしまうと述べた。

かくて、中央委指導部の二派閥の間で、一ヶ月にわたりますます熾烈なやりとりが展開されることになった。もはやそれは、毛沢東対その他ではなかった。いまや片方には周恩来、毛沢東、朱徳、王稼祥がおり、それが相手方の任弼時、項英、根拠地域安全部門首領の鄧發《デン・ファ》、これまた帰還学生の顧作霖《グー・ズオリン》と口論を繰り広げた。

十月初め、かれらは北部寧都県の小さな山村の小源《シャオユアン》にある農家で、周恩来を議長として、両者の対立をおさめようとした。それは非常に頭の痛い、きわめて険悪な四日間となった。

後方指揮委員は前線幹部に対し「革命の勝利と紅軍の強さに対する信念がない」と糾弾した。前線指揮委員は、中央の「堅決進攻路線」は正しいものの、その実施には現実的な条件を考慮しなければならないと論じた。特に毛沢東は、声高に自己弁護を行った。任弼時や項英にしてみれば、これは当初からの疑念を裏付けるだけだった。毛沢東こそ諸悪の根源で、こいつさえいなくなれば問題解決、というわけだ。

過去一年で毛沢東に向けられた古い糾弾がすべて蒸し返され、さらにいくつも新しい批判が付け加わった。毛は右派日和見主義者であり、党中央の正しい軍事路線に頑固に反対している。組織の規律をないがしろにした（党中央の「錯誤的な見方」に対する強い反駁を指す）。贛州攻撃の決断に反対した。撫州と吉安制圧の命令に逆らった。資金調達にばかりかまけて「ゲリラ根性」をむき出しにした。後方指揮委員の糾弾によれば、毛沢東は「純粋な防衛路線」を好み、「敵を深く引き込み」、「切り株の横でウサギが跳びだしてきて頭をぶつけるのを待っている」のを好んだ。敵が最も弱い遠隔地での戦いを好んだ。

こうした糾弾の一部は根拠のあるものだった。確かに毛沢東は、党中央が敷いたものとは実際問題としてまったくちがう軍事戦略を好んでいた。だが会議が延々と続く中で、毛沢東の見方のほうが正しく党中央のほうがまちがっているかもしれないという事実は、もはや議論には上らなくなっていた。項英および帰還学生たちにとって、毛沢東は党の規律に違反していた。したがってかれがまちがっているのだ。

軍事戦略について合意に達するのは、やってみると比較的簡単だった。毛沢東を含む全員が、前線部隊は敵のいちばん弱いところに勢力を集中し、一人一人相手を倒して、根拠地域事態が脅かされる前に包囲網を破るべきだということに合意した。毛沢東にとって、これは宣黄、楽安、南豊で戦うということだった。他の人は、もっと西の戦場を希望した。だがこの原則は柔軟性のあるもので、どちらの見解も含められた。

本当の問題は、毛自身をどうするかという点についてだった。後方指揮委員は、毛を前線から完全に退かせろと固執した。周恩来は、それはやりすぎだと論じた。「何年もの戦闘経験を持っている。戦闘の戦いがうまい（中略）前線にいると、我々の努力に有益な多くの示唆を与えてくれる」。周恩来の提案は、毛沢東に政治委員の役割を与え続けるが、自分（周恩来）の監督下に置くというものだった。さもなければ、周恩来が政治委員を引き継いで、毛沢東は顧問として前線に残る。朱徳と王稼祥は同意した。だが毛沢東は、全権を与えられないのに軍事作戦を指揮する責任だけ負わされるのは嫌だったし、後方指揮委員もまた反対した。かれらに言わせると、毛は自分の間違いを認めようとしないので、前線に出しておけば、またもやかつての悪い方法に逆戻りしてしまうだろうとのことだった。またかれらとしては、周恩来が毛沢東を「監督してコントロール」できるとは言うものの、これまでの実績を見るとそれはあまり信用できないとも言いたかったはずだ。

最後に周恩来は見事な妥協を考案した。毛沢東は政治委員職をあきらめて軍事顧問となる。だが任弼時らの後方指揮委指導者をなだめるために、かれの登場が必要とされるまでは「無期限病欠」とする、というものだ。そして両者の頭が冷えたら、毛沢東はこっそりもとの作業にもどればいい、と周恩来は期待していた。

翌日、明らかに結果が予想よりはましだったと思った毛沢東は、汀州の紅軍病院に出かけ、二人の第二子である男の子を出産直前だった賀子珍を見舞った。だが、この問題はそう簡単にかれを見逃してはくれなかった。寧都会議と並行して、博古と張聞天もまた、江西省でこの事態について相談していた。毛の「保守退却」は容認しがたい、とかれらは決議した。だから毛はすぐに前線をはなれて政府業務に専念すべきであり、かれの見方に対しては決然とした闘争を仕掛けなくてはならない。周恩来も、毛沢東に立ち向かわず、政治局書記としての権限を使って正しい路線の遂行を実現しなかったとして批判された。

この爆弾が寧都に届いたのは、毛がそこを発った直後だった。会議がすぐに再招集され、周恩来の妥協案を否決して党中央の決断が支持された。それを知った毛は怒り狂い、「高慢なセクト主義」による「不在決議」だと同志たちを糾弾した。だがどうすることもできなかった。十月十二日、毛に代わり周恩来が総政治委員に任命されたという発表があった。その後二年間、毛沢東はあらゆる重要な軍事的決定から排除されることとなった。

その冬、これで二年続けてのことではあったが、毛沢東は中国旧正月を、病気の中で政治的に冷遇されつつ迎えた。小さな療養所で、これまた政治的な疾患に苦しむ党高官二人と同じ病室に入っていたが、環境的には昨年の、東華山における湿ったお寺よりは快適だった。そして党全体の中での立場は変わっていなかった。寧都での決定はまだ秘密にされていたからだ。だがその他の点では、状況は一年前より悪化していた。

共産主義者になってから十二年、かれが冷遇されたことが六回あった。一度目は、自分の意志によるもので、運動に対する信念が揺らいだ一九二四年だ。二回目は一九二七年、秋収蜂起の失敗の後。そして一九二八年には、新生の湖南省委が井崗山で、かれを特別委員会書記の座から追い落としたとき。また一九二九年には朱徳とゲリラ戦術をめぐる争いで。五回目は一九三二年一月に東華山で。そして今度は、寧都で。だがいままでは、強い友達がいていずれは助けに来てくれたり、あるいはそれが戦術的撤退にすぎず、後にもっと力をつけて復活を果たすのがわかっていたりした。今回は、どうしようもなく自分に敵対し、しかも自分が無用に刺激した中央の指導層によって、強制的に追放されたのだ。そして周恩来のように、いつもなら助けてくれたかもしれない人々も、紛争の後でかなり弱体化していたのだった。

またもや毛はやせ細った。賀子珍は、毛の目が落ちくぼみ、頬がこけてきたのに驚いた。その後、毛が結核にかかったという噂が出回ったが、実はどうも、こうしたときに毛がいつもかかる、神経衰弱性の鬱症状だったようだ。かれは賀子珍に苦々しげに語っている。「まるで私を死ぬまで罰したがっているかのようだ」
病院について間もなく、毛沢東はその後の一年に長い影を落とす人物と出会うことになる。福建省委代理書記の羅明《ルオ・ミン》もそこで治療を受けていたのだ。毛沢東は、最初の囲剿作戦三回についてかれに長いこと語り、戻ったら柔軟なゲリラ作戦の展開を支援して、当時準備が進められていた蔣介石の第四次軍事囲剿作戦を前線部隊が破るのを手伝ってくれとうながした。羅明はこの提案を同僚に伝え、間もなく福建省委は毛沢東主義的なゲリラ戦略を構築しはじめた。

一方で、中央ソヴィエト根拠地域の重要性が増し、上海での警察捜査も強化されたために、博古と張聞天は、自分たちもそろそろ瑞金の他の指導層と合流する頃だと考えた。福建省を通過中に、博古もまた羅明に会った。羅明は、いま省委が使っている新戦術について熱っぽく博古に語った。それは羅明に言わせると、過去に従おうとしてきた「硬直した機械的な」指令よりはるかに優れたものだった。こんな評価を博古が喜ぶはずもなかった。瑞金に到着して博古が真っ先にやったのは、ソヴィエト地区全体から毛沢東の影響を根絶やしにするための、一大運動だった。羅明のことばはすさまじくゆがめられて、かれが「日和見主義路線に従って」おり、革命的状況について「悲観的で敗北主義的評価」を下し、「党の廃止を公然と主張した」などという根拠にさえされた。

間もなく何千もの官員が「羅明路線に追随した」として尋問にあった。その中でも二十代後半の若者四名が、特に毛沢東と密接だとされた。当時は江西省南部の会昌など三県の県委書記だった鄧小平《デン・シャオピン》、毛の弟沢覃《ツォータン》、毛のかつての秘書の古柏《グー・ボー》、地元でリクルートされた、江西省第五独立師団長で井崗山から毛と行動を共にしてきた謝唯俊《シエ・ウェイジュン》だ。一九三三年四月、かれらは弾劾会合の前に立たされ、「山峡にはマルクス主義などない」ことが理解できない「山出しの田舎者」と嘲笑された。すると四人は、嘲笑者たちを「外国の家から飛んできた大紳士」（つまりモスクワ出の世間知らず）とあざけり返した。四人とも、多くの毛支持者同様に職を追われた。

その頃には毛沢東は、瑞金近くの叶坪《イエピン》に戻っていた。そこに首脳部が本部を設置していた

共和国主席としての地位のおかげで、「羅明」運動でかれが直接どうにかなることはなかった。また毛はコミンテルンに支持されており、このため三月に博古は「毛同志に対しては和解的な態度を取り」、「同志的な影響力」を活用して、政府の職務については全権をゆだねるよううながした。一九二〇年代末から三〇年代初頭にかけての毛の立場の不思議な点は、モスクワが中国共産党指導者として盛り立てた中国人指導層との関係はきわめて冷ややかだったにもかかわらず、当のロシア人たちはますます毛沢東の役割について肯定的な見方をするようになったということだ。一九二八年の第六次党大会以来、中国革命における三つの主要問題すべて（農民の役割、紅軍、地方根拠地域の重要性）について、一貫してスターリンと合意していたのは、主要な中国指導層の中で毛沢東ただ一人だった。クレムリンでも、これはしっかり認識されていた。

だがはるか彼方の江西省では、モスクワの支援がもたらす実際的な影響は薄められていた。それまで毛と賀子珍は、他の中央委指導者たち数人と共に、立派な石造の邸宅に住んでいた。しっかりした瓦屋根で、その四隅の軒は見事にはねあがっていた。そこの所有者だった地主がそこを放棄していたのだ――共産党から逃れるためではなく、女性がそこで他界したために不運な場所と見なされたからだ。指導陣は、中央の中庭に面した木造の屋根付き回廊に面した二階の部屋に住んでおり、そこは入念に彫刻された梁や繊細な格子細工の窓や障子で装飾されていた。政治局正式委員二人、周恩来と任弼時は、いちばんよい部屋をもらった。毛は、土壁とレンガ製の床のある、少し小さい部屋をもらった。その隣は朱徳と王稼祥で、いちばん奥の部屋に入った。毛と朱徳との間には会議室があり、そこで会合が開催された。

博古の到着と毛の更迭は、このすべてがいまや一変したということだった。まだ政治局委員ではあったが、いまや毛は政治的に極度に隔離されており、何日も仲間の委員たちと会えないことも多かった。周恩来と朱徳は前線にいたし、その春に王稼祥は迫撃砲弾の破片で重傷を負っていた。他の人々はかれらをつまはじきにした。四月には、毛はさらに露骨に排除されるようになった。国民党は叶坪に定期的な空襲をしかけるようになり、毛や他の「非基本人員」は、西十六キロほどの沙洲壩《シャソウバ》村に移動しろといわれたのだ。そこでの毛の社会的な接触は、自分の兄弟や、賀子珍の姉妹や両親とのものだけで、その彼らも毛沢東とのつながりのため、政治的圧力を受けていた。

毛はずいぶんと暇になった。井崗山で珍しく平穏な暇ができると、かれは朱徳や陳毅《チエン・イー》と詩を論じ合った。かれらはお互いの引用に、若い頃に暗記した唐代の大詩人、李白、陸游、杜甫などの作品をまぶしていた。千年前の、漢詩の黄金時代の詩だ。文学の話になると、毛沢東の表情は輝いた、と賀子珍は回想している。あまりの読書中毒だった毛は、上着に特製の大きなポケットをつけて、本が丸ごとそこに入れられるようにした。いつもはあまり口をきかないのに、話が文学となると、何時間も興奮してしゃべりやまなかったという。あるときかれは、お気に入りの小説『紅楼夢』について徹夜で彼女と語り明かした。毛はいかにもかれらしく、この小説を強大な一家の中の二つの派閥間闘争だと解釈していたのだった。

一九三三年夏とその後年末まで、毛沢東は読んだりしゃべったりする暇はたくさんできたのだが、近親以外にはそれを分かち合う相手はいなかった。再びかれは、時期が好転するのを待つしかなかった。今回はいつになく、そうした好転が起こるかどうかもはっきりしなかった。

国家元首、政府首脳——共和国主席、人民委員会主席——だった毛沢東は、一九三一年十一月以降、根拠地域の文民行政についての総合的な権限を持っていた。これは大量の法や規制を起草しては施行する作業も含んでいた。それは新生の中華ソヴィエト共和国に、形ばかりとはいえ、現代国家に必要な統治の仕組みを一通り与えるためのものだった。

実際には、毛沢東がもっぱら懸念していたのは経済だった。この時期の演説は、農民たちに「春野菜の植え付けをきちんと行うように」という愛国的なアピールや、「アヘン栽培は絶対にやってはいけない。むしろ穀物を植えなさい」といった警告だらけだ。かれの仕事は根拠地域から紅軍に衣食など基本的なものを確実に供給させて、外部から密輸しなくてはならない塩といった必需品の、白色地域との闇市場取引を抑えることだった。紅色郵便が立ち上げられた。人民銀行が、毛の二番目の弟沢民《ツォーミン》を頭取として設置され、「国弊」を単位とする紙幣が発行された。これは赤と黒の印刷で、作りの粗雑な草製の紙に印刷されており、真ん中にはレーニンの像が描かれ、そのまわりに担ぎ棒をかついだ労働者や農民が行進し、勝ち誇ったように明るく新しい共産主義の未来に向けて前進している絵が描かれている。この通貨は銀兌換で、その銀は当初は地主から巻き上げたものだが、後にはますます税金で賄われるようになった。この税金は累進制になっていて、大半は商人か富農が支払った。そして「革命的戦争債」の強制販売もそれを補った。

鍵となる経済問題は土地改革だった。中国地方部では、土地を持っていれば生きられた。畑があれば喰っていける。畑がなければ飢える。人口四億人のうち九割が農民であるこの国では、土地の分配——金持ちから奪い、それを貧乏人に与える——というのは共産主義革命を前進させる主要な手段であり、中国共産党と国民党との根本的なちがいだった。

この重要な問題についての毛沢東の見方はきわめて過激なものだった。井崗山でかれは、中農の土地まで含め、例外なしにすべての土地を没収せよとした。そして老若男女を問わず、貧富も問わず、紅軍に従軍してそこにいない人々も含め、階級的な背景やその他の要因をまったく度外視して、すべて平等に土地をもらった。所有権は国が持つものとされ、いったん土地が分配されたら、その後の売買は禁止された。

喰わせる口数に応じた平等な土地分配には、単純だという長所があり、最貧世帯でも生き延びられるようになる、と毛沢東は論じた。[*2] 李立三と博古はどちらもこれに反対し、一人はこれがあまりに「左」だと述べ、もう一人はこれが十分に「左」でないと述べた。李立三は、土地を各世帯の労働力に基づいて分配するよう提案した（これは現実には富農を有利にした）。博古は階級的な出自を基準にしたがった（こちらは正反対の効果を持った）。

どちらのやり方も、どうしようもないジレンマをもたらす。富農は資本も家畜も多いので、最も生産性の高い村民だった。だが階級的には、かれらは地主候補であり、はしごをもう一段上り、つまりは必然的にもっと搾取的な地位に昇るべく（毛沢東の父親のように）がんばっているのだった。彼らは、毛沢東の用語だと地方部における「中間階級の一つ」、一種の政治的な不安定集団を構成し、あまりに厳しく絞ると、すぐに党派を鞍替えしてしまう。共産党が穏健政策を採用したら、根拠地域の経済は活気づくが、階級闘争は後れを取る。階級的アプローチを採用するなら、経済が停滞して食糧危機が起こる。こうした対立する方向性の板挟みとなった政策は、ときには片方、ときには反対方向と、そのときに主流の政治的な風向き次第でころころ変わるのだった。

だがこれは、さらなる問題を引き起こした。

一九二八年末以降のように、階級別の政策を適用するのであれば、貧農、中農、富農、地主を分ける評価手法を考案しなくてはならない。雇い人を使うと富農か？　高利貸しも基準に入れるか？　富農の土地は全部召し上げるべきか？　それともその人が自分で耕作できない土地だけ？

何万世帯もの農民にとって、こうした質問への答えは本当に文字通り生死を分けるものだった。こっちでちょっと柔軟な運用、こっちでちょっと厳しい方針といったちがいは、党文書で読点の場所をまちがえるだけで起こってしまう。村落では、これはなんとか食いつなげる世帯と、養えない子供を売り飛ばす世帯とを分けるちがいとなる。毛沢東自身も、江西省南部の視察の後で以下のように報告している。

三十七世帯の村で（中略）五世帯は息子を売った。（中略）その五世帯とも破産したのだ。したがって借金を返して食糧を買うのに息子を売らなくてはならなかった。買い手は郷士一族か（中略）「男の跡継ぎが欲しかった」富農だった。買い手は富農より郷士のほうが多い。男の子の値段は百元から最大二百元。この取引を行うとき、売り手も買い手もこの商売を「売る」とは呼ばない。むしろ「縁組み」と呼ぶ。だが世間一般はこれを「子売り」と呼ぶ。「縁組み帖」はしばしば「身契」とも呼ばれる。（中略）

［売買が行われるとき］親類縁者が［仲介者として］十人以上もあらわれ、買い手によって「画押銭（署名料）」を支払われる。（中略）売られる少年の年齢は、三、四歳から七、八歳、上は十三、四歳にもなる。取引成立後、少年は仲人たちの背にかつがれて、買い手の家に運ばれる。このとき、少年の生みの親たちはいつも泣いては嘆く。ときに夫婦がけんかすることもある。妻は夫が無能で、家族も養えないから息子を売る羽目になるのだとなじる。見物人の多くも泣く。（中略）一番高値がつくのは四、五歳の子だ。この年頃なら「親身な関係を発達」させられるからだ。一方、もっと大きな子の値段は下がる。そうした関係を築くのがむずかしく、少年は里親から簡単に逃げ出してしまえるからだ。（中略）

借り手が息子を売ったときくと、金貸しはその家に急ぎ（中略）残酷に叫ぶ。「息子を売ったんだろう。金を返せ」。なぜ金貸しはこんなふるまいをするのか？　それはこれが、かれの融資において決定的な瞬間だからだ。息子を売っても金が返せないようなら、金貸しは二度と自分の金が戻ってこないのがわかってしまう。

中国の農民問題に毛は夢中になった。一九二六年冬の湖南における農民運動に関する記念碑的な調査の後、かれは何度もこの問題に立ち返っている。一九二七年には井崗山、一九三〇年以降は江西省で、李立三が提案して地方部将校の多くが賛成した「富農路線」に対する反対論を構築しているときにも、かれはそれを検討している。同年五月に毛は、広域について薄い研究をするよりも、一つの地域を深く調べるほうがいい、なぜなら「花を見るのに馬にまたがっていては（中略）一生努力したところで問題を深く理解することはできない」と書いている。

こうした地方部調査のうち最も詳細なものは、一九三〇年に尋烏《シュンウ》（長寧）で実施されたものだ。尋烏は江西省と福建省、広東省が接する境界部の県だ。

調査結果は六万字に及ぶ驚異的な文書で、この県都と周辺地域における郊外生活の日常について、目もくらむほど詳細に記述したものだ。尋烏県には人口二千七百人の城壁都市があり、そこには娼館が三十から四十軒あり、豆腐屋三十軒、雑貨屋十六店、仕立屋十六軒、旅籠が十軒、床屋が八軒、食品店七軒、薬草店七軒、酒屋七軒、宝石店七軒、塩屋五軒、肉屋三軒、鍛冶屋三軒、煙草屋二軒、傘屋二軒、棺桶屋二軒、家具屋一軒、花火屋一軒、ブリキ屋一軒、時計修理屋一軒、その他無数の屋台、茶屋、食堂、定期市があった。毛沢東はアヘン窟は入れていない。共産党配下に入って以後、アヘン窟は閉鎖させられたからかもしれない。だが商店で販売されている消費財百三十一種すべてについて、入念に数え上げている。寝間着の帽子からズボンつり、安全カミソリから貝殻製のボタンまで。そしてガーゼから生糸まで三十四種類の布。そして何十もの海産物、魚、野菜など。中には乾燥スターフルーツやサルノコシカケなど、あまりに希少で年に一キロくらいしか売れないようなものも記録されている。この県が周辺地域に輸出する財も記録した——米、茶、紙、材木、キノコ、椿油などで年に二十万米ドル相当。そして荷担ぎ人やロバがそれを運ぶ道や山道も記録している。ほとんどあらゆる店主は名指しで書かれ、その家族構成、政治的見解、社会的な習慣までが慎重に羅列されている。たとえばある食品店のオーナーは「昔は女郎遊びが好きだったがいまは女房のためにそれをやめた(彼女をめとるには二百五十元の支払いが必要だった)」。町で最大の雑貨店店主は「やはり女郎とばくちに金をつかいたがる」。

町の人口の六パーセントを占める娼婦は、専用の節を設けて論じられている。毛沢東は一番有名な娼婦を十四人名指しで挙げている。ほとんどは若く、三標《サンビャオ》地区からきている。「尋烏の人々はこのような言いぐさをする——『三標の娼婦、項山《シャンシャン》の餅米』。つまり三標の女性はとても美しいということだ」。なぜ娼館がこんなに多いかというと、郷士一家の息子たちがますます新設の西洋式学校に通わされるようになったからだ、と毛沢東は説明する。「若き紳士たちは、町へ学習に行くことで、家族の温かみから離れなくてはならない。したがってとても寂しくなり、娼館へと続く足跡を多数残すに至るのである」

県全体では、住民の八〇パーセント、特に女性のほとんどは、完全に文盲か、二百字以下しか知らなかった。本が読めるのは五パーセント。大学に通ったのは三十人。外国留学経験のある若者は六人。四人は日本に、二人はイギリスに留学している。

この報告で最も重要な部分は土地所有に関するものだった。毛沢東は大地主を二十人あげた。その筆頭は、地元で「屎缸伯公（うんこ壺じじい）」の異名をとる潘明征《パン・ミンゼン》で、総資産は十五万米ドルであり、かくも貧困な地域にあってはこれは驚くべき金額だ。そして、それより小規模な地主を百人挙げ、そのそれぞれについて、富、教育、家族関係や政治的立場を詳細に記述している。この政治的立場は、必ずしも階級で決まるものではない、と毛沢東は記録している。中級地主の一部は進歩的か、少なくとも「反動的ではない」。てっぺんの大地主たちは、人口の〇・五パーセントを占める。小地主は三パーセント。富農は四パーセント。中農は二〇パーセントで、貧農と小作人が残りを占める。同年の末に、毛沢東は興国県も調査して同様の数字を得ている。

これを根拠として、かれは富農が「きわめて孤立した少数派」であり、江西省南西部の党にいる毛の敵対者たちは、富農の重要性を誇張することで（そしてかれらが有利な扱いを受けるよう要求することで）「右傾日和見主義」の罪を犯しているのだと論じることができた。富農たちは「いなかのブルジョワ」であり、「徹頭徹尾反動的である」と毛は宣言した。かれらの余剰の土地を没収するにとどまらず、党は「太った連中から引き出して痩せた者を補う」政策を採用しなくてはならない――つまり豊かな世帯は残った豊かな土地の一部も放棄して、貧しい世帯のやせた土地と交換しなくてはならない。

だが一九三一年春、王明と帰還学生が引き継ぐと、これでもまだあまりに穏健すぎると見なされることになった。

スターリンは反富農キャンペーンを強化しつつあり、これはやがてロシアの「富農」千二百万人を物理的に消滅させることになる。同様に、帰還学生たちも、富農の土地も財産もすべて（余剰分だけでなく）没収されるべきだと宣言した。再分配に際しては、地主一家は何ももらえず、つまり多くは餓死するということだ。富農は労働力に応じて「比較的やせた土地」を得る。貧農や中農は、養う口数に応じて最高の土地をもらえる。

　こうした厳しい新基準が適切かつ確実に適用されるように、博古は土地調査運動を命じ、一九三三年二月にはその長に毛沢東を任命した。そこには、罪にふさわしい罰則としての意味合いも多少はあったのかもしれない。毛沢東は、甘すぎると判断されたそれまでの政策の責任者だった。ならば、それを正す役目もやらせようじゃないか、というわけだ。だがどのみち毛沢東は、この種の運動を率いる候補者として真っ先に挙がる存在だった。だからこそ一九二六年に汪兆銘《ワン・ザオミン》は毛沢東に国民党農民運動講習所の長を任せ、数ヶ月後に陳独秀はかれに中国共産党の初の農民委員会議長を任せたのだ。彼は党指導者のだれよりも、地方生活の力学に通じており、土地改革がもたらし続ける果てしない実際的な問題への対処という点でも、他のだれよりも適任だった。

　たとえば、池をどうするかという規則が必要だ。建物はどうしよう。休耕地は。丘や森は。竹林は。植え付けはすんでも再分配のときにはまだ収穫されていない「青い作物」はどうしよう。

　さらに、再分配の基準は町なのか、村なのか、地区なのか？　村なら、血族同士の仲間意識が階級や経済的な利害を上回り、改革が鈍る。だが地区に基づく再分配は、人口が三万人以上になるし、あまりに大規模で農民の支持は得られにくい。そして各種の定義が衝突したときはどうなる？　小地主が進歩的とみなされた場合の扱いは？　あるいは貧農が階級的地位を濫用して地元で横暴に振る舞ったら？

　その秋、毛沢東は百科全書めいた法規制群を作りだし、こうした疑問に答えようとした。かれが設けた重要な区別は、地主、富農、中農の区別だった。富農として分類されるには、年に最低四ヶ月は少なくとも一人が生産労働に従事しなければならない。地主世帯では、生産労働に従事する人は一人もいない。そして所得の一五パーセントは他人を搾取すること——労働者を雇ったり、畑を貸したり、金貸しの金利——によって得ていなくてはならない。中農世帯は、そうした収入源からの収入は一五パーセント以下である。学校の練習問題じみた例が挙げられ、どういう計算をすべきかが示されていた。

養う口が十一あり、働き手が二人の世帯が、百六十段の畑を持ち四百八十元の収穫を得ていた。この世帯は丘に茶油畑を二つ持ち、これが年に三十元をもたらす。池を一つ持ち、それが十五元を稼ぎ、養豚などで年に五十元が得られる。この世帯は七年にわたり労働者を雇い、その剰余労働の価値は年七十元である。利息三割の金貸しにより、利息を年に七十五元稼いでいる。一家の力をかさにきて傍若無人に振る舞う、学者の息子がいる。

評価——この家族は自分で働いている人物が二人いるが、労働者を雇ってかなりの金貸しを行っている。搾取による収入は総収入の一五パーセント以上である。世帯人数は多いが、費用を支払い終えても余剰の金がかなりある。したがって彼らは富農であり、やせた土地を与えられるべきである。悪い郷士の一員である学者には、まったく土地を与えるべきではない。

毛沢東は、こうした規制が「きわめて慎重に」適用されるべきであるとうながしている。というも地位の決定は、関係者にとって「生死を分ける決定」だからだ。これはなんとも殊勝な希望だ。毛沢東が十分に承知していた通り、この運動の原動力そのものが、かれの敷いた合理的で繊細なアプローチを踏みにじるものとなっていたのだ。毛自身が書いているように、土地改革は「暴力的で無慈悲な階級闘争」であり、その狙いは「富農を弱めて地主を一掃する」ことであり、必要に応じてその中の「大老虎ども」はつるし上げ集会でさらしものにされ、大衆により死刑宣告されて殺されるべきなのだ。

こうした状況で、慎重さなど例外的なものでしかなかった。判断を下す貧農たちは、始末できる「地主」や「富農」が多ければ多いほど、自分たちで「再分配」できる土地も増えることを知っていた。多くの地区では、震え上がった中農たちが、富農扱いされて処分されるのを恐れて山に逃げ込んだ。

この時点では、運動は早めに切り上げられた。地域全体が十八ヵ月もしないうちに、国民党に奪還されてしまったからだ。だがその影響はずっと先まで続く。一九三三年以降も赤色地域では、階級的な出自が個人の価値と運命を最終的に決めるものとなった。その根っこからは、有毒な暗雲が生じて、五十年以上たった後も中国はそれを振り払おうと苦闘することになる。多くの地域では、地主や富農の孫たちは一九八〇年代になっても、家族の地位のほうが能力や知能や努力よりも、与えられる機会を大きく左右し、どの道が完全に閉ざされるかを明確に決めてしまうことを知らされることになる。階級要因がそれほど重要でなくなったときですら、古い憎悪の痕跡は消えなかった。

土地調査運動に伴って、「封建的迷信反革命組織」と称されるものを一掃しようというパラノイア的な動きがやってきた。これは以前のAB団掃討運動と実によく似ていた。このときもまた、毛沢東は深く関与していた。大量の「異質階級分子」が地元ソヴィエト政府や軍の中に潜伏して妨害工作を行っている、と毛沢東は宣言した。「封建勢力に対する最終攻撃をしかけ、かれらをいまこそ一掃することが（中略）いまや寸分の遅れも許されぬ緊急の任務となっている」

この新運動を指揮するために選ばれた人物は、根拠地域の政治保安長官、鄧發だった。自信たっぷりの、魅力的な笑顔を持つ人物で、競馬と射撃が大好きだという。だがいたずらっぽい微笑にもかかわらず、鄧發は大いに恐れられていた。かれの護衛は曲がった幅広の死刑執行人用の刀を持ち、その柄には赤い房飾りがついていた。一九三一年の福建省で、かれは社会民主派の粛清を指揮して、何千人も殺した。いまや毛沢東の了承の下、かれは後の共産党政治運動と不可分とされる、各種の慣行の下地を敷いたのだった。

うさんくさい階級分子、「地主、地元の強権者や邪悪な郷士」の一覧が回覧されて再審問にかけられた。町や村には「糾弾箱」が設置され、人々は匿名でご近所を密告する書き付けを入れた。法的な安全弁は停止した。毛沢東によれば、「明らかに有罪」な人々はまず処刑して、報告はあとまわしでいい。これまた毛沢東のお墨付きで実施されたさらに悪辣な動きとして、ありもしない組織が発見されたと主張する手口があった――たとえば「一心会」「処刑旅団」(于都)、「秘密監視旅団」(会昌)――それを口実に、その集団が活動しているとされる地域で、忠誠心がないのではと思われた人物を引っ立てて尋問するのだ。

三十年後、江西省で毛沢東と鄧發が先鞭をつけたこれらの技法はすべて、人民共和国で活用され続けた。

毛沢東が議長時代に起草した法も、同じくらい長続きした。「反革命分子処罰規定」は一九三四年四月に公布されたが、そこには二ダース以上の反革命罪が挙げられ、一つを除いてすべて死刑となる。挙がった犯罪は「ソヴィエトへの信念を揺るがすような(中略)会話への従事」や「意図的に法を逸脱する」などだ。それでも足りないとでもいうように、最後のなんでもありの条項には、明示されていない「その他のどんな反革命的罪行」も、同様の処罰を受けると書かれているのだった。この条項が中国の法規制から削除されたのは、一九九〇年代にはいってかなりたってからのことでしかなかった。

こうしたやり口は、中国の共産主義に限ったものではない。何でもありの条項は中国の帝国時代の遺産でもあり、共産党も国民党も、社会統治の方法はすべてそれをもとにしていた。国民党が一九三一年に出した法律は、「風紀紊乱」に死刑を宣告していた。いずれにとっても、法の狙いは政治的なものだ——正統権威を守ることで、個人の権利を守るものではなかった。

一九三一年末に瑞金で決められた選挙手続きも、人民共和国になっても続くパターンの皮切りとなった。投票年齢は男女ともに十六歳で固定。だが投票権を持つのは「正しい」階級分類——労働者、貧農、中農、兵士——のみ。商人、地主、富農、神官、僧侶、その他役立たずははっきりと排除された。候補者たちは、階級的な地位と「政治的表現」に基づいて地元の党委員会が指名する。毛沢東によればこれは「正しい考え方をしている」という意味なのだとか。能力など、そのはるか下の要件でしかない。投票は挙手によるものであり、人口の九割が参加すれば、その選挙は成功とされた。

選出された者の四分の一は女性でなくてはならない、と毛は固執した。これは、伝統的中国の「封建家長制思想体系」と毛が呼ぶものに対する攻撃の一環だった。五年前の湖南省で、かれは婚外情事の普及について賞賛する形で記述しており、「豊かな階級の女性より肉体労働をしなくてはならず」したがって独立性の高い貧困女性の間の「三角関係や多角関係」さえ褒めている。毛沢東の中の肉欲主義者は、女性の性的な解放を喜んだ[*3]。だが女性の登用を重視するには、もっと大きな狙いがあった。男を教育するのは個人を教育することだが、女性を教育するのは家族を教育することだ——これが西側の開発理論家にとって流行のスローガンとなる半世紀も前に、毛沢東はこれを理解していたのだった。

女性解放の鍵は婚姻制度の変更にあり、これは毛沢東が五四運動以来ずっと主張してきたことだったので、新生の中華ソヴィエト共和国で真っ先に施行された法律——そしておよそ二十年後に中華人民共和国で施行された最初の法律——は結婚と離婚について男女に平等な権利を与えた。

これを喜ばない人もいた。農民の夫たちは苦情を述べた。「革命はあらゆるものを処分したいようで、妻も同様らしい」。一部の女性はこの新しい自由に酔いしれるあまり、毎年のように結婚と離婚を繰り返し、三回、四回と結婚した。軍紀を保つため、紅軍兵については特別な条項が盛り込まれ、紅軍兵の妻は夫の同意がなくては離婚できないとされた。だが共産党の中心的な構成メンバーである最貧世帯からの若者は、昔の方式では妻を買うのに何年も貯金が必要だったし、十分な金が貯まらない人も多かったので、この新しい制度に大喜びだった。これはほとんどの農民女性も同様だ。当の毛沢東自身は、これを自分の最大の成果と見なしていた。「この民主的な婚姻制度は、人類、特に女性を何千年も縛ってきた封建的なくびきを破り、人間の本性と一致した新しいパターンを確立したのである」とかれは豪語している。

毛沢東が土地改革など政府の職務に取り組んでいた時期は、政治的には謎の立場に置かれていた時期で、権力の座にもなかったが失脚しているわけでもなかった。一九三三年初春、周恩来と朱徳は中央の「堅決進攻路線」を無視して、毛沢東がおおむね主張したのと似たような戦術を使い、蔣介石の第四次囲剿作戦を撃破した。蔣介石の最強の師団いくつかが大打撃を被り、紅軍は捕虜一万人を捕らえた。これに気をよくした毛沢東は三月に、退院後数週間してから、ちょっとした軍事顧問職に復帰しようとした。中央政治局の後方指揮部の一員という立場でだ。博古は即座にそれを阻止した。

三ヶ月後、毛沢東は中央政治局に対し、軍事指揮系統から自分を排除するという寧都での決定は、不正だから再考してくれないかと頼んだ。博古は、あの決断はまったく正しいもので、あれなくしては第四次囲剿作戦に対する勝利は決して実現しなかったとやりかえした。

秋の間に、毛沢東の立場はちょっと改善した。土地調査運動で果たした役割のために、毛沢東には箔がついていたし、「羅明路線」に対するキャンペーンも弱まっていたからだ。九月に、蔣介石の第五次囲剿作戦が開始されて間もなく、毛と朱徳は福建省を本拠とする十九路軍との交渉にかかわった。この軍の指揮官たちは、蔣介石が満州の日本軍に対して有効な手を打とうとしないので、不満を抱くようになったのだった。十月には和平協定が合意され、十九路軍本部に共産党連絡オフィスが秘密裏に設置された。四週間後、福建省の指導者たちは、蔣介石の南京政権とは独立した、人民革命政府の樹立を宣言した。

これは紅軍にとっては天の恵みになり得たはずだし、そうでなければならなかった。その夏、博古はソヴィエト根拠地域を北へひろげようという、非常に疲弊し、最終的に失敗した作戦にこだわっていた。一方の蔣介石は、新たに兵員を五十万人集め、そこには多くの精鋭師団に、予備兵三十万人もいた。朱徳の兵たちは分散し、やる気がなくくたびれきっており、国民党の襲撃に太刀打ち出来る状態ではなかった。瑞金の百九十キロ北にある、福建省境界近くの黎川《リチュアン》町は、根拠地域の北口を守る町だったが、間もなく陥落し、それを取り戻そうとする朱徳の試みも破られて大損害を出した。だから十一月に、蔣介石が主軍の一部を退却させて、福建省反乱の脅威に対応させたとき、共産党はからくも救われたかのように見えた。

だが党指導陣は、この新たな味方の動機や忠誠心を怪しく思っていた。江西省の時代には、軍閥同士の反目を活用しろと同志たちにうながしていた毛沢東ですら、この反乱軍をどこまで支援すべきか腰が引けていた。結局のところ、蔣介石が十二月末に、敵の予想よりはるかに早く福建省への全面侵攻を開始したとき、共産党指導陣はためらってしまった。そして紅軍がやっと、限られた支援を十九路軍に提供しはじめた頃には、もう同軍は撃破されてしまっており、国民党は当初の主要な作業である、囲剿作戦に専念できるようになっていたのだった。

福建省遠征による二ヶ月の休息の間に、中央委は長いこと先送りにしていた第五次全体会議を開催したが、これは毛沢東の地位のあいまいさを改めて浮き彫りにするものとなった。かれは政治局の正式委員に選出された。この地位に就いたのは、党の草創期である十年近く前以来のことだった。[*4]「国家元首」であり、モスクワの後ろ盾もあったので、この昇進は否決されようがなかった。だが正式委員の中で彼の序列は、十一番目という最後尾だった。四日間の会議の間ずっと、博古などの指導者たちは毛沢東の「右派日和見主義的見解」を批判し、会議が終わったときには、政府首脳の地位は張聞天が引き継ぎ、毛沢東は共和国主席というお飾りの役割しか与えられないことになった。

毛はかれなりにこの一九三四年一月議事に対する異論を示すべく、それを欠席した。病気が口実だった——博古はそれを、毛沢東の「外交的疾患」と揶揄した——が、その病気にもかかわらず、かれは数日後に開催された根拠地域の第二次全国大会の議長を務め、そこで九時間にわたる大演説を行った。

後に毛沢東は、五中全会が帰還学生たちの「左傾路線」の頂点だったと述べている。五中全会の政治決議で採択された博古の報告は、当時の雰囲気に警告を発し、全国的な蜂起の前提条件である「直接的な革命的状況」がいまや中国には存在し、「革命的闘争の炎が全国に燃え広がっている」と述べた。これほど事実からほど遠い話もなかった。博古がそう演説しているそのときにも、蔣介石の兵は止めようもなく南進を再開していたのだった。

五次囲剿作戦で国民党が採用した「トーチカ戦術」は、それまでの作戦とはまったくちがっていた。今回、かれらは長い石造の要塞による長い戦線を作った。銃眼つきの胸壁に、厚さ最大三・五メートルの壁を持つ、まるで中世の監視塔のような代物で、そのそれぞれが歩兵中隊をまるごと収容できる。それがたった一・五キロくらいの間隔で作られ、新設の道路で結ばれている。共産党員たちが「亀の甲羅」と呼んだこれらのトーチカは、全長三百キロ以上にわたる大きな弧を描き、根拠地域の北側と西側をカバーしていた。国民党軍がじりじりと前進するにつれて、地元兵は後方部での支配を強化し、前衛部隊はいまの数キロ先のところに新しいトーチカ戦線を建設する。蔣介石のドイツ人軍事顧問は、この戦略がゲルマン的几帳面さで実施されるよう監督した。この作戦が続いた一年間で、国民党はトーチカ一万四千基を建設し、紅軍とそれが守る人々をますます追い詰めて、狭まる根拠地にに追い込んでいった。

共産党にもドイツ人顧問がいた。コミンテルンが送り込んだオットー・ブラウンは、一九三三年九月末に上海から根拠地域にたどりついた。かれはモスクワのフルンゼ軍事大学で伝統戦を三年間学んでいた。だがかれの提案した戦略は「短促出撃」として知られる戦術であり、国民党部隊が前進のためにトーチカをでてきたらすぐに電撃攻撃をしかけるというもので、散々な失敗に終わった。それも当然のことだった。蔣介石は、共産党が固定した消耗戦という自分の決めた条件で戦うしかないように仕向けており、この戦いでは国民党軍のほうが十倍以上の兵力を誇っていた。これを前提とした戦術はすべて失敗するしかなかったのだ。これに代わる作戦としては、一九三四年に毛沢東が二回は提案した通り、紅軍全体が北か西へと進軍し、トーチカ地帯の外の浙江省か湖南省で、自分たちの機動戦に向いた地勢で戦うということだった。国民党軍の圧倒的な強さを考えたとき、この作戦には長期的にどれだけ成功の見込みがあったかという議論は意味がない。というのもこれはまったく試されさえしなかったからだ。博古とブラウンは、毛沢東の考えだけでなく、それと類似の提案をすべて「逃走主義」であり敗北主義的だとして却下したのだった。

軍事的な圧力が高まるにつれて、政治的な被害妄想が復活した。紅軍では、安全官員が処刑部隊を戦場に率いて戦いぶりを「監督」した。二十五歳の師団長耿飆《ゲン・ビャオ》は、自分の兵が要所を奪われたときに何が起きたかを回想している。「［保衛局長］羅瑞卿《ルオ・ルイチン》が『行動団』を率い、モーゼル拳銃を持ってこちらにやってくるのが見えました。心臓が縮み上がりました。これはろくでもないことになる！　当時、［臆病風に吹かれたと］怪しまれた連中は首を斬られました。（中略）そしてその通り、わたしのところにまっすぐやってくると、拳銃を頭につきつけて声高に詰問するんです。『貴様、いったい何をやっとるか！　どうして退却したりした！』」

耿は幸運だった。かれは戦闘を続けることが許され、そのまま生き延びて、はるか後には中国のモスクワ駐在大使となる。他の人はもっとツキがなかった。だがそれは、七年前に井崗山で毛沢東が宣言した、総志願軍の原理からはほど遠い代物だった。

民間人はさらにひどい目にあった。毛沢東の土地規制は廃止され、赤色ポグロムが展開されて何千という地主や富農が虐殺された。何万人もが白色地域に難民となって逃げ出した。一九三四年四月、紅軍は瑞金百十キロ北の広昌でまたも大敗北を喫した。軍事包囲にともない経済的な窮乏が生じた。新規採用の農民兵たちは群れをなして逃亡した。崩壊の兆しが高まるにつれて、秘密結社団員や、共産党に敵対する豪族たちによる妨害工作（それが現実にせよ噂にせよ）が生じ、それが「反革命分子をあぶり出せ」という新しい活動に油を注ぎ、根拠地域全体が憎悪と絶望の負のスパイラルに陥ってしまった。

広昌《グァンチャン》で敗北を喫して間もなく、おそらく五月初期に、博古と周恩来は根拠地域を放棄しなくてはならないかもしれないと気がついた。これはコミンテルンに伝えられた。博古、周恩来、オットー・ブラウンは「三人団」を組織して、不測の事態に備えた計画の立案を始めた。

毛沢東はこれについて何も知らなかった。夏の間中、政治局は蚊帳の外に置かれていたのだ。いずれにしても、自分が影響力を持てず、賛成もできないような決定に参加したいとは思わなかっただろう。五中全会の後、かれは軍事委員会会議を欠席するようになり、五月と六月はずっと、根拠地域の南部県を訪ねて過ごした。実際の戦闘地域とはできるだけ離れた地域だ。七月末に国民党の爆撃のため、党が沙洲壩を撤退せざるを得なくなると、毛沢東と賀子珍は雲石山にある孤立した道教寺院に引っ越した。それは数キロ西の松と竹の林の中にあり、見事に風化した石の中にあった。政治局と軍事委員会も最寄りの別の村に置かれたが、毛沢東はほとんどかれらと接触しなかった。かれは自ら望んで「埒外に置かれた」のだった。

だがすでに、勢力バランスが変わりはじめたという風の知らせはあった。

その秋、毛の政治問題は体調にも影響し始めていた。紅軍の原始的な病院サービスを運営していた、ミッション教育を受けたネルソン傅医師（傅連）は、かなり心配して看護兵を常駐させた。九月に毛は于都で四十一度の高熱を発し、数日にわたって人事不省となった。傅医師は馬にのって百キロを踏破し、脳マラリアだと診断して、大量のカフェインとキニーネを投与してそれを治療した。

傅医師に于都へ赴けと指示したのは張聞天、毛の後をついで政府長官となり、かつては博古の腹心だった人物だ。広昌での敗走後、かれと博古はオットー・ブラウンの軍事戦術をめぐって大げんかを繰り広げた。ブラウンの戦術は地勢や兵力の差をまったく考慮していない、と張聞天は批判したのだった。博古は、その言いぐさはまるでメンシェヴィキだとやりかえした。その後四ヶ月、共産党勢力は六つの前線に散らばり、消耗戦によってじわじわと力を弱めるばかりだったが、博古は相変わらず「ソヴィエト地区の寸土も放棄するな！」というスローガンを掲げるばかりで、張聞天の不満は深まった。毛沢東が雲石山にいたとき、党の上層指導部でかれを尋ねたのは張聞天だけだった。かれはもう、博古のドグマ主義と経験の浅さに対する苛立ちを隠そうとはしなかった。

王稼祥はいまや、どこへ行くにも担架で運ばれ、体内に残る砲弾のかけらのために絶えず苦痛にさらされていたが、かれもまた毛沢東の主張に好意的な政治局員の一人だった。当初、博古はこの三人が紅軍の「戦略転移」(これはきたる作戦につけられた、耳あたりのいい名称だった)に際して別の部隊に配属されるよう指示を出した。だが理由は不明ながら、後に折れて三人が一緒に移動するのを認めた。これは政治的な判断の誤りであり、後にかれはそのツケをたっぷり支払うことになる。

だが張聞天と王稼祥は基本的には小者だった。毛沢東が本当に味方につけるべき人物は周恩来だった。広昌での悲惨な戦いの間、周恩来は脇に押しやられ、博古は自ら総政治委員の座についた。それ以来、毛沢東は周恩来を熱心に懐柔した。六月に南部県を視察する間、毛沢東は周恩来に、福建省南部の前線沿いの軍事状況について慎重な報告書を送っている。その秋、かれはゲリラ戦についてのハンドブックをまとめ、周恩来はそれを軍事委員会指導材料として刊行するよう手配した。九月に于都に向かいたいという毛沢東の要請を承認したのも周恩来だった。そこで毛沢東は、西への行軍に向けて参集する紅軍にとって主要な舞台となる地域についての治安報告を書き上げたのだ。だが周恩来は慎重な男だった。すでに一度、毛沢東を擁護して痛い目に遭った経験もある。博古にコミンテルンの後ろ盾がある限り、敢えて逆らうつもりはなかったのだった。

だから一九三四年十月十八日火曜日の午後遅く、毛沢東が護衛をしたがえて、于都の西門から出発して東へ一時間の貢江の渡河場に向かったとき、すべてはまだ流動的だったのだ。

戦闘を続けて七年、そのうち三年は中華ソヴィエト共和国の国家主席ではあったが、毛沢東の未来は相変わらず先の見えないものだった。この世での所有物といえば、毛布二枚、綿のシーツ、油布、外套、壊れた傘、そして本の束しかなかった。かれは闇が迫る中、たいまつの明かりで川を渡ったが、根拠地域を去ろうとするかれの胸中を何が去来していたかは想像するしかない。幅の広い、流れのゆったりした濁り水を渡るために、浮き船による橋が造られていた。だが兵六万人と将校三万人および荷担ぎから成る縦隊全員が安全にそこを渡りきるには、三日かかった。またもや妊娠していた賀子珍は、看護婦部隊の一員としてすでに瑞金を発っていた。看護婦部隊は二十名、全員が党指導部の妻たちだった。毛と同行するために、彼女は心を鬼にして、いまや二歳近くなった二人の息子を置き去りにするしかなかった。小毛《シャオマオ》と呼ばれたこの男の子は、老いた乳母に任された。だが共産党が引き上げてから地域一帯を襲った破壊の嵐の中で、かれは安全のため別の家族に預けられた。その後、男の子のあらゆる消息は断たれた。一九四九年の後、徹底捜索が実施された。小毛はついに見つからなかった。小毛を置き去りにしたことで、毛の人間らしさの小さな一部が、またもや萎れて枯れ果てたのだった。

章末注

＊1　これは当時、スターリンがブハーリンなどのソヴィエト『反党派閥』に対して使っていた用語だった。したがってこれは党の政策に対する系統的な反対を示唆する、きわめて深刻な政治的糾弾だった。

＊2　一九四七年以降の土地改革運動でも、似たような方式が使われたが、その後集団農法への動きで個人の土地所有は完全になくなった。毛沢東の死後に集団農法が廃止されると、結果は井崗山と似たようなパターンとなった。一九九九年現在、中国では都市部でも地方部でも、まだ土地の完全な所有はない。そしてそれぞれの農民世帯に対して契約される土地の面積は、再び養うべき口の数と正比例するものとなっている。

＊3　この証拠は毛の著作にたくさん見られる。経済問題を扱うはずの尋烏からの報告でも、かれは性的慣習の変化に不釣り合いなほどのページを割き、若い女性が「ふるまいの面でもっと自由奔放になり」、薪を集め

るという口実で遅くまで山にでかける一方で、「彼女たちと若い男友達との情事は（中略）増加した。カップルたちは山でお互いを『自由にしあ』った。（中略）あらゆる町では、既婚者が新しい愛人を作っていた」と述べている。

＊4　毛沢東は、一九二三年六月から二四年末まで、中央政治局の前身である中央委員会政治局の五人の一人だった。一九二七年には中央委の候補委員として指導部に復帰し、同年の八月から十一月にかけて、政治局候補委員を務めた。一九二八年六月には中央正式委員に再選され、その後五十八年にわたりその地位を維持する。一九三〇年九月の三中全会では、候補委員として政治局に復帰。一九三一年夏から、向忠發逮捕と処刑の後、五中全会招集まで、政治局は機能を停止した（が、ややこしいことに、その委員たちは政治局委員の地位を維持した）。それに代わったのが臨時中央で、その指導者である博古と張聞天は政治局委員ではなかった。一九三三年春、かれらは根拠地域の中央局の指導権を握ったが、これは一九三四年一月に、政治局が正式に再組織されたときに解消した。

第10章 蒼竜を探して

長征

紅軍が中国南部を行軍していた頃、地球の裏側、列強の本拠たるヨーロッパでは、第一次世界大戦の死体の山から出現したおそろしい勢力が行動を開始しようとしていた。一九三四年の破滅の秋の、権力の残虐な探求は、まもなくまったく桁違いの大虐殺を引き起こすことになる。ミュンヘンから車で一時間のバード・ヴィースゼーの格調高いスパで、ドイツ首相アドルフ・ヒトラーは六月三十日の夜明け前を選んでSA（突撃隊）の血の粛清を開始した。SAは茶色い制服の突撃隊で、ヒトラーを権力の座に押し上げるのに貢献したが、その後は総統とかれの思想のもとにナチスと国家を統一する障害、しかもひょっとすると最後の障害になっていた。この夜まかれた種から育ったのがナチの虐殺収容所で、ここでは六百万人以上のユダヤ人、ジプシー、同性愛者、共産主義者など「望ましくない者たち」が死亡した。五ヶ月後にスターリンが同じような措置をとった。十二月一日の午後、一人の暗殺者が共産党のレニングラード地域本部に侵入して、スターリンのライバルと目されて人気を集めすぎていたセルゲイ・キーロフを射殺したのだ。これは、その後五年間にわたる大粛清の前触れだった。大粛清の浄化の炎でボリシェヴィキ、トロツキスト、ブハーリン信奉者、赤軍司令官、党職員、秘密警察、あらゆる政治色の政敵や、政敵と見なされた百万人以上の人々が一掃され、さらにその十倍の人数が強制労働収容所送りになって、その多数がやはり死亡した。この規模と比べれば、四年前の江西省における毛のAB団弾圧など、ちょっとした前兆、血の饗宴に先立つオードブルにすぎなかった。

だが何より一九三四年を印象づけたのは、その後はるかに大規模な殺戮の非道な仕掛けの引き金となった、はるか辺境の地で起こった出来事だった。十二月五日にエチオピア人とイタリア領ソマリランドの兵士たちの間で、オガデン砂漠の小さなオアシス、ワルワルの井戸をめぐって戦闘が勃発した。その六日後、通道で、権力回復への道を開いた運命的な会議に毛と同志たちが集まっていた頃、ムッソリーニは賠償請求の最後通告を提示した。ワルワル事件として知られたこの出来事はイタリアのアビシニア侵攻の口実となり、それがイタリア、ドイツ、後には日本の枢軸国結成につながった。まさにこのような危機が戦争に発展するのを防ぐために、この十年前に特別に設立されていた国際連盟にも、これでついにとどめが刺されたのだった。

中国やモスクワの共産党や、当の帝国主義列強さえも、こういった変化の行き着く先は、はっきり理解していなかった。しかし日本の満州占領が列強に黙認されて以来、ロシアは脅威を感じていた。ロシアは一九〇五年に一度日本に敗北を喫しており、一九一八年以降のシベリアでの日本軍による略奪行為もいまだ記憶に新しかったのだ。一九三一年以降、モスクワのソ連政府とその追随者たちは態度を変え始めた。いまやおもな脅威は帝国主義陣営内の矛盾がもたらす次の世界大戦ではなく、日本を筆頭とする列強がロシアを相手に帝国主義戦争をしかけてくることだ、というのがモスクワ政府側の主張だった。これは博古《ボー・グー》と李立三《リー・リーサン》がきわめて忠実に繰り返していたコミンテルンのスローガン「ソ連を守れ！」の基盤だった。このスローガンは、非共産主義諸国から反帝国主義反日十字軍への支持を集める国際共産主義運動「下からの統一戦線」によって実現され、救いようなく堕落していると見なされていたブルジョア政党との公式な同盟は控えられた。

根拠地の外では、西側民主主義諸国によってドイツ、イタリア、日本への融和政策が続けられたあげく、恐怖と欲が理念を蹴倒して政治情勢がひどく歪められ、共産ロシアとナチスドイツが不可侵条約を結ぶに至った。

瑞金《ルイジン》では、事ははるかに単純だった。その後五年間にわたって白色地域（国民党支配地域）に対する党のプロパガンダは、共産党は日本と闘うのに蔣介石は日本と闘おうとしない、との主張一色になった。国民党は「帝国主義の走狗」として中国の国益を「臆面もない無抵抗主義」で売りとばしている。蔣介石とその盟友たちが権力を握っているかぎり、日本に立ち向かうのは不可能になる。したがって、真の愛国者すべてが真っ先に取り組むべきは国民党政権の打倒である、と毛は書いた。一九三二年四月、中華ソヴィエト共和国は日本政府に公式に宣戦布告して「抗日義勇軍」の結成を訴えた。毛と朱徳《チュー・デー》は、共産党との闘いを止めて日本を敵とすることに同意した国民党司令官とは停戦協定を結ぶと申し入れた。一九三四年八月に、紅軍部隊は根拠地を脱出して浙江での陽動作戦に向かった。党はこれを北部で侵略者たちと戦うために向かった「抗日先遣隊」と称した。

これらの行動は、教養ある中国人たちの共感を呼んだ。かれらにとって、日本の侵略が処罰されなかったことはひどい屈辱だった。蔣介石は、共産主義をなんとかするのが先決だと論じていたが、かれは国の名誉を守るのに失敗してしまっていた。

一方で蔣介石には権力があったが、共産党にはなかった。かれらが江西省を出ると、もはや新聞の見出しにならなくなり、どこか別の場所で起こる大事件の添えもの的な扱いしかされなくなると、かれらが日本の脅威に対する団結を訴えたところで、多くの人の目にはますます的はずれに映った。「中国の共産主義は虫の息だ」と、蔣介石の書記の湯良礼《タン・リャンリー》は書いている。条約港のマスコミもこれを認めた。「政府が江西省で採用した攻撃作戦を継続すれば、共産党などすべてただの山賊行為になり下がる」と、上海の『チャイナ・ウィークリー・レビュー』紙は結んでいる。

もっと悲観的な視点を採ったのは、日本の記者だけだった。はるか内陸の安全な場所を得た共産党は、これまで沿岸部から実施したよりはるかに手強い攻撃を突きつけてくるだろうというのだ。当然ながら日本には日本なりの計略があった。国民党の中国掌握を少しでも不安定にしそうなものは、何であれ日本の帝国主義的野望から見ればありがたかったのだ。だがその根拠はまちがっていたにしても、日本人記者の共産党についての見方は正しかった。共産党が日本について正しかったのと同じように。だが、そのパズルのかけらがしかるべき場所におさまり始めるには、あと一年待たなくてはならない。

一九三五年一月に紅軍が遵義《ズンイー》で行軍を停止すると、毛はやっと共産党指導部で揺るぎない地位についた。他のみんな（博古《ボー・グー》、周恩来《ゾウ・エンライ》、オットー・ブラウン）がまちがっていたときもかれは正しかったと仲間たちが認めたからである。根拠地が陥落していなければ、あるいは博古があんなに心配性でなく、もっと助言に耳を傾けていたなら、あるいは紅軍が湘江横断の失敗でひどく痛手を負っていなければ、はたまたブラウンがそれほど独裁者的でなかったなら——もしそうなら毛の時代は来なかったかもしれない。仲間たちがかれの方を向いたのは、他のあらゆる頼みの綱が失敗したからだ。

過去の復活での毛沢東は、面目を失って失墜しても、ほとんど一夜にして復活してきた。だが今回の毛の失墜は中途半端なものであり、復帰も同様に秘密にされていた。表向きは、見捨てられた中華ソヴィエト共和国の主席の座についたままだった。かれの立場に関する唯一の公式の変化といえば、政治局常務委員会に取りたてられ、周恩来の主席軍事顧問に指名されたことだった（周恩来がこの二年前に寧都会議で毛に与えようとしたが、失敗に終わった役割である）。もう一つさらに大きなちがいがあった。ここでかれが争っていたのは軍の政治委員や辺界地区の長といった従属的な地位ではなかった。四十一歳にして、かれは頂点を目指そうとしていた。これは毛の一大決戦であり、これまでの闘争はすべて、このためのリハーサルにすぎなかった。

通道《トンダオ》がその第一歩だったとすると、遵義と一九三五年春の一連の会議は権力獲得の第一段階だった。時間をかけて達成するしかないことを、毛はよく理解していた。常務委員会委員と党指導者の間には政治的に大きな隔たりがあり、過去にこの溝を渡ろうとした人々はことごとく失敗していたのだ。遵義と北西にある共産党の最終目的地の間では捨て身の軍事作戦が避けられないものとなっており、だれも勝利を確信できずにいた。

遵義の紅軍は三ヶ月前に出発した時点で八万六千人だったのが三万人に減っていた。一年以上にわたって大勝利はおさめていなかった。そもそも全滅しないですんだのも、かれらの軍事能力のおかげというよりも、道中の軍閥の長たちの自己防衛本能に負うところが大きかった。かれらは名ばかりの味方で、本当は敵である蔣介石のために危険を冒すよりも、脇へよけて共産党を通過させる方を選んでいたのだ。

したがって毛の最初の課題は、軍の士気の回復だった。

これは当初かれが考えていたよりもさらに困難だった。遵義会議自体も、南から進軍してきた軍閥の兵たちの攻撃を迎撃すべく司令官たちが部隊に急いで戻るはめになって、突如として打ち切りになった。その後五週間にわたって、紅軍はさらに惨敗を喫した。長江上流で金沙江《ジンシャジャン》を横断して四川省に新たな根拠地を設置するとの試みは、すんでのところで湘江での敗北に匹敵する大惨事になるところだった。四川省と貴州《グィゾウ》省の混成部隊のよる待ち伏せにおめおめとはまってしまったのだ。戦闘により、なんとか血路を開いた頃には、さらに三千人が失われていた。

敵の激しい追撃を受けながら退却する中で、賀子珍《ホー・ズーズン》が恐れていた瞬間が訪れた。四人目を身ごもっていた彼女は、ついに産気づいてしまったのだ。部隊は使われていない小屋に立ち寄り、賀子珍は彼女を運ぶのに使われていた担架の上で出産した。生まれた女児は近くの農家に託された。二度と会えないとわかっていた賀子珍は、名前をつける手間すらかけなかった。

二月末になってようやく共産党に運が向いてきた。娄山関《ロウシャン》の戦いで遵義を奪還し、捕虜三千人を確保して、蔣介石の最高司令官の一人が率いる国民党の二個師団を総崩れにさせたのだ。安堵と歓喜の中で、毛はこのうえなく美しい一編の詩をつくった――

西風烈
長空雁叫霜晨月
霜晨月
馬蹄声碎馬
喇叭声咽

雄関漫道如鉄
而今邁歩徙頭越
従頭越
蒼山如海
残陽如血

西風が吹き荒ぶ　彼方から
凍てつく空、朝の月明かりに雁が啼く
朝の月明かりに
蹄の音は鋭くひしめき
喇叭の音が咽ぶ

難関を鉄壁の守りと言うなかれ
今日ひと飛びで頂を越えん
頂を越えん！
山並みは海のように蒼く
残照は血のごとし

この年の春、紅軍は再び「朱毛軍」になった。朱徳《チュー・デー》が総司令、毛が政治委員となって、周、毛、そしてかれの盟友であり、負傷してまだ担架で運ばれていた王稼祥《ワン・ジャシャン》による新たな「三人団」が戦略指導にあたった。第一方面軍というかつての称号が取り戻され、従来の戦法は廃止された。その後二ヶ月にわたって、毛は華々しくみごとな機動作戦を展開した。貴州と雲南を東奔西走して追撃してくる敵を攪乱し、蔣介石の参謀を当惑させ、配下の司令官の多くまで困惑させた。貴州省と四川省の間を流れる赤水河《チシュイ》を四回横断して大きな弧を描いて南進し、蔣介石が司令部を置いていた州都貴陽《グイヤン》から数キロのところを通過して、南西六百キロの地点に位置する雲南省の主要都市、昆明《クンミン》を脅かしたかと思えばまた北上し、五月初旬になってまったく思いがけないところで長江上流を横断した。

毛本人は貴州の戦略を、自分の軍事経歴において最も誇らしい瞬間と評している。上海の『チャイナ・ウィークリー・レビュー』紙は次のように認めている――「紅軍には策に長けた人々がいる。それを認めないのはまったくの愚というものだろう」。ある国民党守備隊司令官は、ただ簡潔にこう述べた――「かれらは蔣介石を意のままに操った」。

蔣介石の広報官たちは、政府の面目を保とうと奔走した。朱徳は死亡して、かれの部下たちが赤い絹の埋葬布に包んだ遺体を守っていると発表したのだ。そして「悪名高い毛沢東指揮官」の容態は重く、担架で運ばれているありさまで「赤の残党」は粉砕されたと発表したのである。しかしその頃すでに紅軍は手の届かないところにいた。川から五十キロ北の城壁に囲まれた田舎町、会理《フイリ》の外に逃れて野営していたのだ。百六十キロにわたって船はすべて北岸につながれていて、蔣介石の雲南省の兵には追跡手段も意志もないと知っていたのである。

会理で開かれた政治局拡大会議で、毛は自分を信用しなかった者たちを叱責した。その者たちとは、まず毛の長く曲がりくねった放浪の旅が兵をいたずらに疲弊させていると訴え、彭徳懐《ポン・デーホアイ》が代わって指揮を執るべきだと提案していた林彪《リン・ピアオ》と政治委員の聶榮臻《ニエ・ロンズン》である。その彭自身も、いつも戦闘にはやりすぎて、この案をやや容易に受けすぎたきらいがあった。そして、軍はさまよい歩くのをやめて不動の根拠地の設置に努めるべきだと提案した劉少奇《リュウ・サオチー》と楊尚昆《ヤン・シャンクン》も批判された。きっと他にもいただろう。最も若い林彪は弱冠二十七歳で、説教だけで放免された。「おまえはただの赤子にすぎない！」と、毛は言った。「おまえにいったい何がわかる？　弓の弧を描いて行軍する必要があったのがわからないか？」彭徳懐は例によって大部分の責任を負わされ、軽く自己批判をおこなった。だが大勝利をおさめた毛には、寛大になる余地があった。会理での目標は、さらなる試練に備えて党と軍指導部をかれのもとに団結させることだった。かれらの側についた人々は、毛が正しくてかれらがまちがっていたことをもう一度思い知らされねばならなかった。

　この軍事行動は犠牲を伴った。紅軍はいまや二万人程度しかいなかった。だが毛は、多くが絶望的と感じた状況からかれらを救い出していた。会理以降、紅一方面軍に同行している部隊長や党指導者たちが毛の戦略判断や指導体制に異議を申し立てることはなかった。

　しかし次にどこへ向かうべきかという問題が依然として残っていた。「西への進軍」が「長征」になって、間に合わせの行き先はつぎつぎと断念されていた。政治局の計画――湖南《フーナン》省北西部で賀龍《ホー・ロン》と合流し、遵義付近に新たな根拠地を設置し、ソヴィエト地域を四川省南部、雲南・貴州・四川州の境界地帯、そして今回は四川省南西部に設立――は、どれも見込みがなかった。兵たちも幹部たちも、指導者たちが向かうべき行き先を心得ているという安心感を必要としていた。そしてようやく、会理ではっきりした決定が下された。真北に向かって張国燾《ザン・グオタオ》の紅四方面軍と合流することが決まった。紅四方面軍は三年前に鄂豫皖《エユワン》を出発して、いまは四川省北部に根拠地を置いていたのだ。

その過程でやってのけた勇気と忍耐ある離れ業から、無敵と武勇を誇る緻密な伝説が紡ぎだされ、国民党の政敵たちはそれをつぶそうと試みるが無駄に終わることになる。

毛の軍勢は五月中旬に会理を出発して、亜熱帯植物が青々と茂る南部の平原から、千八百メートル以上ある開かれた高原地帯へ登っていった。山々にはチベタンローズ、ピンクや黄色の西洋夾竹桃、ツツジ、シャクナゲなど、十九世紀にイギリスの庭園を飾るために植物学者たちがヒマラヤ山脈から持ち帰ったあらゆるエキゾチックな植物が咲き乱れていた。ここは平原の漢族からの侵略に果てしない戦いを繰り広げた気性の荒い中国系ビルマ人の山岳部族、イ族の土地だった。紅軍の参謀長で、戦闘で片目を失明したことから「独眼竜」の名で知られていた劉伯承《リュウ・ボーチエン》は、この地方の出身だった。かれはイ族の首長と兄弟の契りを鶏の血の杯で交わして、無事にここを通過した。この対策をもってしても、隊列から落伍した者はイ族の者たちに武器や衣服を剥がれ、放置されて餓死した。

この難所を抜けて、紅軍はさらに百キロ北の大渡河《ダドウ》まで行軍した。七十年前に太平天国の王の最後の一人である石達開《シ・ダチャイ》が清朝総督の軍に包囲され、投降した場所である。石翼王は切り刻みの刑（凌遅刑）に処され、四万の兵が虐殺された。その血で河が何日も深紅に染まっていたという。蔣介石も毛と同じように、その歴史を知っていた――蔣介石は四川省の司令官たちに命じて、急いで横断地点を確保させ、共産勢力を右岸で包囲できるようにした。

このときすでに紅軍は渡し船のある安順場《アンシュンチャン》に到達していた。だが河は氾濫しており、小舟が三艘あるのみで、ようやく先兵が渡れるといった状態だった。毛は連隊政治委員の楊成武《ヤン・チェンウー》に命じて、昔の鉄鎖吊橋がかかっている百六十キロ上流の瀘定へと向かわせた。

瀘定はチベットの首都ラサと北京を結ぶ古い朝献用の街道沿いにあった。だが安順場から先は、道どころか小径さえなかった。楊たちは細い崖道から行ったが、後にかれが書いたところによると、崖道は「山々の周りを羊腸のように曲がりくねって」河は数百メートル下で威嚇するように逆巻いていた。遅々として進めず、足を止めては高い峠を守っていた敵の部隊と戦わねばならなかった。雨が降ると道は「油のように滑りやすく」なったし、ほとんどずっと濃い霧がかかっていた。翌日の午前五時、野営を撤収した後に軍事委員会からの伝令が到着した。国民党軍が対岸を急いで北へ向かっているという報告があったのだ。楊たちは、道のない山岳地帯を百三十キロ行った先の瀘定《ルジン》に、二十四時間で着かなければならなかった。

　この途方もない強行軍とその後の戦いは伝説を生み出し、それが多くの中国人の意識に焼きつけられた。これは後に正しくも「長征において最も重大な出来事」と称されるようになった。失敗したなら、紅軍は全滅していただろう。

　楊成武の部隊は、翌日の夜明けに瀘定にたどりついた。

　橋は両岸に十三本の鉄鎖を架けて不規則に床板を渡したもので、側面には何もなかった。昔の旅人が、中国と高地アジアを結ぶ「人智のはかない蜘蛛の巣」と称したという全長百十メートルの吊り橋であった。橋の西端では国民党の司令官が床板をはずして、揺れる鎖のみを残すよう命じていた。東端には町の門があり、六メートルの高さの石壁には入り口をねらう機関銃が取り付けられていた。楊は控えめな言葉で「切り抜けるべき困難に動揺した」と述べるにとどまっている。

　二十二人が攻撃を志願した。エドガー・スノーによる以下の有名な記述は、この一年後に生存者たちの話をもとにして、その顛末を書いたものである。

> 手榴弾とモーゼル銃を背に括りつけると、ただちにかれらは逆巻く流れの上に出て、揺れる鉄鎖にしがみついて両手でたぐりつつ進んでいった。紅軍の機関銃が敵の砦に火を噴き、橋頭堡

に銃弾を撒き散らした。敵も機関銃で応戦してきた。狙撃手たちは流れのはるか上で揺れながらゆっくりと進んでいく紅軍兵めがけて撃ってきた。一人目の兵が撃たれ、下の流れへ落ちていった。二人目が落ち、三人目が続いた。（中略）四川の人間はこんな戦士たちを見たこともなかっただろう――戦闘が単なる飯の種ではない男たち、そして勝利のためにみずから命を絶つ用意がある若者たち。かれらは人間か、狂人か、それとも神か？（中略）

ついに一人の紅軍兵が橋の床板を這い上がって手榴弾のピンを抜き、狙い定めて敵の砦に投擲した。国民党の士官たちは残りの床板を破壊するよう命令した。だがすでに遅かった。（中略）床板の上にパラフィンが投げられ、燃え始めた。（中略）だがさらなる紅軍兵が鎖に群がり、消火して板を差し替えるためにやって来た。（中略）はるか頭上では、蔣介石の飛行機がなす術もなく、いまいましげに轟音をたてて飛んでいった。（後略）

現実はスノーが作り上げた伝説よりもほんの少し単調だった。攻撃隊は「揺れながら（中略）両手でたぐりつつ」進んではいない。橋の両側の鎖をカニのように這っていき、その後ろで第二団が板と枝で即席の床を敷いていったのだ。

だが、何にせよ渡れたのは奇跡だった。歴史は繰り返さなかった。太平天国が滅びた場所を、共産党は切り抜けた。六月の初旬には、全軍が安全に東岸に渡りきっていた。山岳地帯にかれらを閉じこめようとした蔣介石の試みは挫かれた。

指導部は、次に向かうべき場所について合議した。

瀘定はヒマラヤ山脈の東端に位置しており、五十キロ南にそびえる高さ八千メートルの貢嘎山《ゴンガシャン》の冷え冷えとした巨大な陰の中にあった。東の平原の方へ向かうもっとも楽なルートは、国民党の兵站地に近すぎるため除外された。別の策としては、大渡河沿いに北西に向かい、最終的に青海省と甘粛省の境界を目指すルートがあった。問題は、中国人兵士を嫌うチベット人が多く住む敵地を通らねばならない点だった。

毛は第三の道を選んだ。海抜四千二百メートルの大雪山《ジャジンシャン》の山道を抜けて、北東に向かうことにしたのだ。

まず出だしが悪かった。山麓で、国民党の飛行機が毛と政治局委員たちのいた隊列を発見して、機銃掃射と爆撃をおこなったのだ。幹部は一人も負傷しなかったが、毛の護衛が一人死亡した。そこから事態は悪化した。オットー・ブラウンは次のように回想している――

我々はチベット高原と中国領を分ける尾根の、細い急な山道を登っていった。あふれかえる川を渡り、うっそうとした原生林や危険な湿原を横切らねばならなかった。（中略）すでに夏になっていたが、気温が摂氏十度を超えることは稀だった。夜には凍えるほどに気温が下がった。わずかな住民は（中略）昔から中国人に「蛮子」「野蛮人」と呼ばれてきたチベット人系の少数民族で（中略）ラマ教の君主の統治下にあった。（中略）かれらは少人数のグループや落伍者を奇襲しようと待ち伏せていた。道はしだいに殺された人々の遺体で覆われていった。（中略）我々はみな想像もつかないほどシラミにたかられていた。出血性赤痢が蔓延し、チフスも発症しはじめた。

兵士たちにとって、雪に閉ざされた頂を越えるのは長征最大の難関だった。南部から持ち込んだ草鞋と薄い夏服しか身につけていなかったからだ。毛の記憶によると、荷運び用の動物の三分の二を失った部隊もあった。動物は倒れたまま立ち上がれなくなってしまった。毛と一緒に山に登った湖北《フーベイ》省の党指導者、董必武《ドン・ビーウー》は、人間も倒れて起きあがれなくなったと回想している――

濃霧が渦巻き、強風が吹きつけ、半ばまで登ったところで雨が降り出した。さらに登っていくとあられを伴うひどい嵐に襲われ、空気が薄くなってほとんど息ができなくなった。話すのはまったく不可能で、あまりの冷たさに息が凍り、手や唇は青ざめた。（中略）休息をとったり用を足したりしようと座り込んだ者たちは、そのまま凍死してしまった。疲弊した政治工作員たちは、手ぶりを使ったり押したりして、兵たちに先へ進むように促した。（中略）深夜には、二つめの山に登り始めた。雨が降り、雪になってすさまじい風が体に吹きつけた。（中略）数百人の兵士たちが死亡した。（中略）行軍中、手を差し出して兵たちを起こそうとしては、すでに絶命しているのに気づくことが多々あった。

もっともひどいところでは、担架をかつぐには路面が悪すぎて、負傷者を背負って運ぶはめになった。その中には賀子珍もいた。出産の二ヶ月後、賀子珍が負傷兵の護送にあたる看護隊と共にいたところに、国民党の飛行機が三機現れたのだ。機銃掃射が始まり、彼女は負傷した士官が避難するのを助けようと駆け寄った。彼女は十四箇所に被弾した。おそらく賀子珍は助からないだろうと毛は聞かされた。彼女は粘り強く生き延びた。しかし頭などに残った銃弾の破片のいくつかは危険すぎて取り除けず、数週間にわたって彼女は死の淵をさまよい、繰り返し昏睡状態に陥った。

高山を抜ける人気のないルートで裏からまわる、という毛の決断は、結果的には正しいものだった。六月十二日に紅一方面軍の前衛は谷へと抜け、茅貢郷《マオゴン》の大衛村《ダーウェイ》付近で張国燾《ザン・グオタオ》の紅四方面軍の先遣隊に遭遇した。当初は双方が互いを軍閥部隊と思いこんで銃撃戦になったが、喇叭の合図で気づいた。いずれの軍も、他方の位置について信頼性のある情報を得られていなかったのである。

毛、朱徳その他の司令部参謀はその五日後に到着し、両軍の合流を祝って大規模な松明集会が開かれた。フォークダンス、演劇が催され、当時は連隊付政治委員で、のちに中国国家主席となった楊尚昆の美しい妻、二十四歳の李伯釗《リ・ボーザオ》がモスクワ留学時代に身につけたロシアの船乗りの踊り『ヤブロッカ』を披露して皆を魅了した。毛の演説があり、兵たちは紅四方面軍が地元の地主たちから収用した食料を満喫した。それから数日間で紅四方面軍の他の司令官たちも合流し、六月二十四日には、張国燾本人が到着した。毛より四歳若く、頑強な体格で威厳のある張国燾が大規模な騎兵隊の護衛を伴って暴風雨の中を到着すると、毛と政治局のメンバーたちが沿道に迎えに出ていた。再び歓迎会が開かれて、夜には指導者たちがこの喜ばしい機会を記念して、大衛よりさらに小さく貧しい阿片漬けの山村、両河口《リャンヘコウ》で晩餐会を催した。

八ヶ月にわたる戦闘で疲弊した紅一方面軍の兵士たちは、張国燾の軍勢との合流に有頂天になった。ついに休息して消耗した体力を回復することができるからだ。

毛と張は喜んでばかりはいられなかった。

問題は理想に関することでも政治に関することでもなかった。中国革命の構想が異なったわけでも、異なる実行方法を支持していたわけでもなかった。実力の問題だった。

前年の十月に毛と共に于都を出発した八万六千人のうち、残っているのは一万五千人以下だった。張国燾の軍勢はその三、四倍の規模だった。毛の兵は夏服のぼろ切れを身にまとっていて、張の兵は暖かく着込んでいた。毛の兵は寒冷な山岳気候に慣れていない戦闘疲れした南部の人間で、栄養不足だった。食事が手に入っても、大麦を煎って粉にした地元チベットの主食ツァンパは消化できなかった。張の兵は四川省の出身で、地元地域で闘い、充分な食料と休息を与えられて健康だった。

党の指導部が適切に構成されており、明確な命令系統が備わっていれば、これは問題にならなかっただろう。だが一九三五年の時点では、そうではなかった。

遵義での決断は、いくらでも異議を申し立てられるものだった。政治局委員十二人のうち六人しか出席していなかったからだ。暫定党指導者になった張聞天《ザン・ウエンティアン》は前任の博古と同じく、中央委員会に正式に選出されたことがなかった——二人とも上海で緊急措置として通常の党則を無視して選出されていた。また、事実上は会理会議以来、張聞天ではなく毛が政治局の最有力人物になっていた。張国燾は年功序列では毛に並んでいた。そしてかれも党の設立者の一人だった。かれも一九二三年以来、指導部に出たり入ったりしていた。毛に事実上の最高位が獲得できたのなら、同じく野心的な張国燾が同じことを試みてもふしぎはない。

かつて、このような事態の最終調停者はつねにコミンテルンだった。だが過去八ヶ月にわたってコミンテルンは沈黙していた。瑞金撤退の数日前に、上海のフランス租界の警察が中国共産党の隠れ家を強制捜査して短波送信機を六個押収していたのだ。モスクワとの直接の無線連絡は、それから一九三六年の夏まで回復されなかった。

六月十二日に両軍勢が接触した瞬間から、二人は非常に慎重に駆け引きを始めた。張は毛の軍勢の指揮官たちと個別に交渉した。毛は驚くほどの皮肉をもって、オットー・ブラウンの役割を持ち上げて、それがコミンテルンの支持の証だと強調した。両河口で会う十日前には様子見の電報が長々と交わされ、四川・甘粛・陝西省の境界地帯の岷江《ミンジャン》と嘉陵江《ジャリンジャン》の間に根拠地を設置することが毛の要請で政治局から提案された。張は絶対反対だったが、毛は慇懃に答えた——「どうぞ再検討してください」。二人は顔を合わせると必ず相手を「老兄」と敬称で呼んだ。だが見せかけの礼儀正しさに隠れた打算は、ひどく単純なものだった。張はその圧倒的な軍事力を政治力として利用しようと考えていた。毛は政治局をコントロールしてそれを阻むことが可能だった。しかしその代償は？

三日間にわたる話し合いを経て、ついに六月二十六日に両河口のラマ寺で周恩来を議長として公式会議が開かれた。灯明のヤクバターの煙で壁が黒く煤けた部屋で妥協案がまとめられ、張はしぶしぶ同意した。毛の提案通り、主力勢力は北へ向かって機動戦力で攻勢に出て、国民党軍が江西省で壊滅的な効果を及ぼしたトーチカ戦術の犠牲になるばかりの「壺の中の亀（袋の鼠）」状態を避けることになった。張は朱徳に次ぐ地位である、軍事委員会の副主席を任じられた。だが両陣営の指揮の統一という重大案件については、統一すべきだという総論には全員が賛成していたものの、その実行は日延べされた。

書類上は毛が有利であるように見受けられた。張が毛の計画を受け入れていたからだ。

しかしこの合意は表面的でしかないことがすぐ証明された。紅一方面軍は甘粛省への主要路を統括する駐屯地、松藩《ソンパン》への攻撃に備えて百六十キロ北の小さな集落、毛児蓋《マオエアガイ》に向かったが、張の紅四方面軍はかれらに続くのを拒否したのである。ふたたび政治局会議が開かれた。張は周恩来《ゾウ・エンライ》がかつて務め、遵義以降は空席となっていた総政治委員の座についた。だがそれでも紅四方面軍は動かなかった。松藩への攻撃は失敗に終わった。共産主義勢力はのろのろと北へ向かいつつ緊急会議を重ね、さらなる譲歩案が提示された。それでも紅四方面軍は満足しなかった。

双方ともに疑念と反感が高まった。不一致の核心は、紅軍が次に向かうべき場所（ひいてはその決定を下す権限をだれが持つか）にあった。毛は引き続き北上すると主張した。一方、張は西か南へ向かいたがった。

政治局はあからさまな対立を避けるために、八月初旬にチベットの藏村《シャウォ》で会議を重ね、張の権限のさらなる強化に同意した。張と朱徳が紅軍全体の総指揮をとり、紅軍は二隊に分けられることになった。張と朱徳は総司令部参謀と一緒に、おもに紅四方面軍で構成された左路軍と行動することになった。毛とその他の政治局員は、紅一方面軍と紅四方面軍の混成部隊で、張の副官の徐向前《シュウ・シャンチャン》が率いるはるかに小規模な右路軍と一緒に行動することになった。そのかわり張は草原や足場の悪い広大な沼沢地を横切って引き続き北へ進軍することに同意した。松藩攻撃に失敗した以上、甘粛省に向かうにはこれが唯一残された手段だった。

一連の取り決めは、毛にとっては見た目ほど危険な賭ではなかった。最終的権限はいまだに、かれが支配する政治局にあったからだ。いずれにせよこれらは恒久的な解決ではなく、一時的な対決を回避するだけで、きたるべき対決までの時間稼ぎだとだれもがわかっていた。

十日後、張の不在時に毛は政治局書記処は張を起訴するための証拠をひそかに集め出すよう指示した。また、西へ進軍して青海省と寧夏省南部の孤立した高原へ向かうという張の提案を「危険な退却方針である」とする中央委員会の決議を採択した。決議には威嚇するようにこう付け加えられていた――「この方針は敵の力に対する恐怖と誇張、そして我々の力と勝利を信じる思いの欠如から生じた。右派日和見主義である」。

しばらくは新しい取り決めがうまくいったように見受けられた。中央委員会の辛辣な言葉にも、また張の変わらぬ躊躇にもかかわらず、両軍は約八十キロ離れた別々の道から北上を開始した。毛が長年の後に「我が人生で最も暗い時」と称するものの舞台が緩やかに整いつつあった。

草原は海抜三千三百メートルの広大な盆地に位置しており、ある作家が「内陸のサルガッソ海」と称していたように、西のヒマラヤ山脈から北の内モンゴルへ向かって馬蹄形の弧を描く黄河の流れに沿って一万三千キロ四方にわたって広がっていた。オットー・ブラウンは次のように回想している見せかけの緑の下生えに黒く粘った沼地が隠れていて、薄い表土を踏み抜いた者や狭い道をはずれた者を見境なく呑み込んでしまう。（中略）地元の牛や馬に先を歩かせることにした。本能的に最も安全な道を選ぶからだ。（中略）冷たい雨が一日に数回降り、夜は湿った雪やみぞれに変わった。見わたす限り、家も木も茂みもなかった。我々はうずくまって眠った。（中略）寒さと疲弊のせいで、朝がきても二度と目覚めない者たちもいた。八月だというのに！　唯一の栄養源は蓄えておいた穀物の粒で、稀にふるまわれる特別な御馳走は、石のように硬い干し肉のかけらだった。沼の水は飲用には適していなかった。だが沸騰させてきれいにするにも薪がなかったので、そのまま飲まれていた。出血性赤痢とチフスが発生し（中略）また猛威をふるった。

挽いていない生の穀物を消化できずに死んでいった者たちもいた。その後、飢えで正気を失ってしまった部隊は、先立った者たちの血便から未消化の穀粒を拾って、できる限り洗って食べた。

湾岸の活気にあふれる村で育ち、南部の平原に暮らす兵たちは、無力感をもたらすこの場所の空虚さに生きる意志をくじかれてしまった。後に中国の外交部長になった紀登奎《ジ・ペンフェイ》はこのときまだ若く、衛生兵をしていた。かれは次のように回想している――「毎朝何人残っているか数えなければならなかった。死んでいない者たちもいくらかいた。目は開いていた。だが起きあがれなかった。（中略）立たせると、沼地に崩れ落ちて死んでしまった」。草原の横断で第一方面軍は三ヶ月前の大雪山で失ったのと同じくらい多数の兵を失った。

まず毛の右路軍が、盆地の南端の馬爾《モウェ》から北に六十キロ離れた巴西《バーシー》まで六日かけて沼地を横断した。そして乾燥地に出ると、東から山を越えて行く手をふさぎにやって来た国民党の師団に圧勝し、数千人を死傷させた。

すでに八月末になっていた。毛の兵たちが足を止めて休息をとったころ、張の左路軍は百キロ離れた盆地の西端で沼沢地を横切ろうとしていた。だが黄河の支流の一つ、革渠《ゲチュ》に到着してみると氾濫していたので、引き返すことにした。張はこの決断を不安定で妙に幼稚な無線信号で知らせ、窮状について毛を非難して、両軍とも南へ引き返すよう命じた――「草地は果てしなく、前進かなわず。ただ死を待つのみ。この場所は悲惨だ。(中略)あなたは「巴西へ」進めと主張された。その結果がこれだ! 北進は不適当であるうえに、あらゆる困難を招く」。

これがきっかけで激しい無線電信の応酬が続いた。政治局は当初の案を尊重すべきと主張した。一方、張は破棄すべきだと主張した。そして九月八日には、紅一方面軍に配置されていた第四方面軍の士官たちにもとの部隊に戻るよう命令を出した。

政治局はその夜、会議を開いた。沙窩《シャーウー》で肝炎に倒れて一ヶ月動けずにいた周恩来は、担架の上から議論に加わった。そしてこのうえなく懐柔的な言葉で張に再考を乞う電報を承認した――「兄弟として、我々はきみが考え直して(中略)北上することを希望している。これは紅軍にとって重大な局面である。全員が慎重になる必要がある」。

翌朝、張は譲歩したかのような連絡をよこした。

だが張の連絡は、どこか怪しかった。井崗山以来の毛の古い好敵手で、頑固者の彭徳懐は罠を感じとり、政治局本部の周囲に防御壁を築くようにひそかに兵を展開させた。かれは攻撃を受けた場合に備えて紅四方面軍の幹部を人質にとるべきか毛に尋ねた。毛は熟考したが、否と答えた。二時間後、総参謀長の葉剣英《イエ・ジャンイン》が張からの二番目の極秘通信を傍受した。紅四方面軍の重鎮である司令官の徐向前と、かれのもとで政治委員を務める陳昌浩《チエン・チャンハオ》に、右路軍を率いて南に引き返すよう命じる内容だった。行間には、止めようとする者がいれば、必要に応じて武力を使うべきだと仄めかされていた。

毛、博古、張聞天、周恩来はふたたび彭の紅一方面軍司令部に集まった。独断で打って出る以外に手はないと意見が一致した。北西に三十キロの俄界《エジュ》に兵を置いていた林彪は、そのまま留まって成り行きを見守るように命じられた。

のちに毛は、この夜、紅軍の命運は風前の灯火だったと回想している。于都を離れてから一年間でかれらは八千キロ行軍し、二百以上の戦闘をおこない、世界有数の荒涼とした地域を横断した。文盲の農民兵たちは他の近代軍が乗り切ったことのない困難に耐えた。一般的な軍事科学では、四分の一の兵を失った部隊は、戦闘力としては終わりだとされている。草原を抜けた時点で、紅軍は出発時の九割以上を失っていた。そしていま終わりが見えようというときになって、この桁外れな犠牲をくぐり抜けたかわいそうな生存者たちは、血なまぐさい仲間内の対立から自滅しようとしていた。

午前二時の暗闇の中を、彭の軍勢は静かに移動した。葉剣英と楊尚昆は徐向前の司令部からそっと地図を持ち出して、彭の軍勢に加わった。

かれらの逃亡はまもなく発覚した。陳昌浩は兵に追わせるよう強く訴えた。厳格な軍人であった徐向前はこれを拒んだ。そのかわり、張の支持者の一人で李特《リ・テ》という威勢のいい留学帰りの学生が、戻るよう説得するために騎兵の護衛つきで出ていった。毛と一緒にいたオットー・ブラウンが李を馬から引きずり下ろした。政治局は、かれらがロシア語で怒鳴り合うのを当惑して眺めていた。毛が格言でにらみあいを諫めた——「夫妻は強いられてなるものではない」と、かれは李特に告げた。「家族の争いを止めに入ってはならない」。そして第四方面軍の兵で残りたい者はそうすればいいが、第一方面軍は北上する、とかれは付け加えた。

毛たちは張に最後通牒を送り、ついてくるよう命じた。その電報はこう結ばれていた――「異議は認めない！　遅れるな！　不服従は認めない！」返答はなかった。

徐向前と右路軍の残党は草原を引き返して、張と、そして非常に不運にもなかば紅四方面軍の人質として翌年を過ごすことになる朱徳のもとへ戻ったが、紅一方面軍の指導者たちには、他にさらに差し迫った懸念があった。国民党の兵が大挙して東から進軍しつつあったのだ。彭は朱徳のかわりに司令官をつとめ、毛は以前と同じ政治委員の地位に戻った。兵はすでに一万人だけになっていた。沼地を背に追い詰められれば、一巻の終わりだった。

俄界のあまりに絶望的な状況に、毛は最初に四川省で思いついた案をまた復活させた。北に抜けられたらソ連に向かい、ロシアの助力を得て外モンゴルか新疆省の境界に新たな根拠地の設立を試みるという案である。

結局のところ、そうはならなかった。二日間東へ進軍し、白龍江《バイロンジャン》の堅固に要塞化された国民党の関門、難攻不落の臘子口《ラジコウ》（数百メートルの高さの切り立った崖の谷間がわずか数メートルの隘路になっている）で、紅軍はまたしても伝説として名を馳せる驚くべき大活躍をやってのけた。楊成武の連隊から二十人編成の奇襲隊が出て、背後の険しい岩山を登り、上から守備隊に手榴弾を投下して不意打ちをくらわせたのだ。これが長征最後の大きな戦闘だった。四日後の九月二十一日に、紅一方面軍は甘粛省南部の哈達舗《ハダプー》に足を踏み入れた。四ヶ月前に雲南省を出て以来、初めて目にする漢民族の町だった。ここで目にした国民党新聞で、かれらは共産党の根拠地が陝西省にあることを知った。ソ連をめざす計画は棚上げになった。そのかわりに東へ向かって銀川を越え、中国の北西の果ての乾いた高原地帯に位置する保安《バオアン》近くの呉起《ウーチー》を目指すことになった。

翌月かれらは、ベビーパウダーのように細かいカプチーノ色の土がむきだしになった、荒涼とした広大な円錐丘を千キロ歩いて横切った。段重ねのウェディングケーキのように高い段が刻まれた丘はナイフで切られたように滑らかで、そこに約百メートル下の広く平らな峡谷へと落ち込む巨大な鍵穴型の谷が走っていた。それまでにかれらが目にした漢民族の土地のどこよりも貧しい土地だった。二、三年ごとに干ばつか洪水で作物がだめになっていたのだ。人々は柔らかな黄土の崖の洞窟で生活していた。それでも紅軍にとっては、安息の地に見えた。ムスリム騎馬隊との小競り合いもあったが、臘子口突破以降、国民党の主力部隊は動いていなかった。地元の出身である高崗《ガオ・ガン》と劉志丹《リュウ・ジダン》に率いられて、使者たちが先に新しい根拠地に向かった。二人は徐海東《シュウ・ハイドン》（紅軍指導者で、かつての鄂豫皖《エユワン》根拠地から戦いつつ北上し、数週間前に陝西省に到着していた）が立ち上げた反革命分子容疑者への粛清で捕らえられていた。そこに政治局がちょうど到着して、解放を命じたのだった。

　この荒涼とした砂漠の地に、毛はそれから一年間留まることになった。于都を出て一年と四日が経過した一九三五年十月二十二日、長征の終結が公式に発表された。毛と一緒に出発した者たちのうち、生き残ったのは五千人に満たなかった。

　このはてしない長旅のあいだ、中国の外の広大な世界がすっかり忘れられていたわけではない。南西部では軍がスローガンを掲げ、団結して日本に抵抗するよう市民に求めていた。毛は、日本軍がモンゴルに入ったことを六月に紅四方面軍から知らされて、蔣介石が日本軍阻止に失敗したことを糾弾する声明を出した。だが九月下旬に紅一方面軍が哈達舗《ハダプー》に到着して、ようやく毛は国内の雰囲気が変わりつつあることに気づいた。蔣介石の融和政策は、ついにだんだん旗色が悪くなりつつあった。

　この年の夏、日本は国民党政府に北京と天津近辺から撤兵させ、日本に敵意を持っているとみられる地元役人を解雇させ、反日感情の表現を禁じる屈辱的な「善意命令」の発表を強制した。その結果、国民の怒りは広がっていた。
こうした動きを、毛沢東は憶測でしか知らなかった。だがわかった事実だけでも、毛は陝西省に向かう決断が正しかったと確信した。「張国燾は我々を日和見主義者と呼んでいる」と、毛は九月なかばに開かれた連隊司令官会議で語った。「さて、日和見主義者はどちらだ？　日本の帝国主義は中国を侵略しつつある。我々は北上して日本に抵抗する」一週間後に政治局常務委員会は、陝西省北部が「新しい抗日根拠地になる」と発表した。毛にとってこの決定は導きの光となった。一年にわたる無計画な退却を経て、党はついに新たな目的を手に入れたのだ。北へ向かうという毛の本能は、まちがった理由からではあるが、結果的に正しかったことが証明された。南へ向かう張の決断はまちがいだった。毛は、八年前に政治局にあてた手紙で、喜ばしい決断に「欣喜雀躍」と書いたときよりも成熟していた。だが東の蒼竜、日本を討伐するという新たな党の使命に対する高揚感は相変わらず強かった。寧夏南部の山中で、毛は紅軍の新しい本拠地となる高地を初めて見わたして、心情を詩に詠んだ。

六盤山上高峰　　六盤山の峰は高く
紅旗漫巻西風　　紅旗は西風に悠然とはためく
今日長綱在手　　今日われらは長綱を固く握る
何時縛住蒼竜？　蒼竜を縛るのはいつになる？

一九三五年の秋に日本に目を向けたのは、毛だけではなかった。スターリンは西欧ファシズムの台頭とドイツ、イタリア、日本の新生同盟を見つつ、警戒心を強めていった。一九三五年七月の第七回コミンテルン大会で、新戦略が明らかにされた——かつて共産主義者と反ファシスト統一戦線は宿敵だったが、労働者階級とその主たるソ連を守るという共通の闘争のもとに直接手を結び、ファシスト政権に対抗する。

フランスとスペインでは新たな政策から人民戦線政府が生まれ、無政府主義者、共産主義者、進歩主義者、社会主義者、労働組合主義者の異種連合が成立した。

中国共産党にとっては、道筋はそれほど明確ではなかった。八月一日には、中国共産党代表の王明《ワン・ミン》がモスクワで声明を発表し「統一国防政府」を設立して日本に抵抗しようと訴えた。しかし中国には、共産主義者が手を結べる無政府主義者、進歩主義者、社会主義者はいなかった。蔣介石の国民党があるのみだった。そして王明に言わせると、蔣介石は裏切り者で「人の顔と獣の心を持った人間のくず」であり、日本人そのものと同じく敵だった。したがって王のモスクワ声明は、ソ連への攻撃をやめて日本と戦うことに同意するのであれば、蔣介石の国民党勢力も含め、いかなる白軍（反革命軍）とも手を組むという長年の中国共産党の申し出を繰り返していながら、実際には相変わらずその申し出を受け入れる相手はだれもいないようだった。

一連の展開が陝西省に伝わったのは十一月だった。紅軍は西安から国民党を追い払うためにすでに南下していた。瓦窯堡《ワヤオブー》で政治局が新戦略の意義について会議を開いたのは、さらに一ヶ月後だった。瓦窯堡は灰色煉瓦の一階建て住居に城壁をめぐらせた町で、黄河の八十キロ西に位置していた。

この瓦窯堡で、一九三五年のクリスマスに党の路線を変更する決議が採択された。一年前に承認された軍事戦略の変化と同じく劇的な変化だった。遵義では帰還学生組の指導による従来の戦略が放棄されていた。今回の瓦窯堡では一九三一年一月の四中全会以降、党の意志決定を左右してきた、ロシア主導の教条主義も一掃された。

代わりに採用されたのが、イデオロギー的なご託を最小限にとどめて大衆から最大限の支持獲得を目的にした、実際的で柔軟性のある政策だった。

決議文には次のように述べられていた。中国共産党には労働階級のみを頼りに日本および蔣介石に対する闘争を指揮することは不可能である。裕福な農民、プチブルジョア階級、そして民族ブルジョア階級にも果たすべき役割がある。また、いまや共産主義の掲げる理想にとってのおもな脅威は、右翼ではなく左翼だ。左翼の閉鎖主義は、新たな状況に合わせて戦術を変えるのを渋るところ、実践とかけ離れた政策にしがみつくところ、「マルクス主義、レーニン主義、スターリン主義を中国の具体的な実情に適用できずに、これらを厳格な教義に変えてしまうこと」に表れている。党員たちは、かれらが中国人の大部分にとっての利益を代弁していると人民が確信したとき、勝利が獲得できるのであって「空虚で抽象的な共産主義原理」をやみくもに追っても獲得できないと理解すべきである。このため富農の土地や資産はもはや没収されない。商店主、小資本家、知識人は労働者、農民と同じ政治的権利を享受することになり、経済的、文化的自由が保証される。大資本家は好待遇を受ける。「工農兵ソヴィエト共和国」は、あらゆる市民に居場所があることを示すため「ソヴィエト人民共和国」と改称される。

瓦窯堡会議をとりまとめ、決議案の草稿を書いたのは、毛ではなく張聞天だった。これは正式な権力構造の表れだった――張はまだ党指導者代理の座にあった。だがこれは毛が得意とする類の政治的策略でもあった。かつて第四次中全会を率いた一人として、当時張聞天たちが支持したすべてを暗に非難する政策を発表するのに、張聞天本人にまさる人間はいなかった。

毛の四十二回目の誕生日前夜に承認された瓦窯堡決議は、毛が党の中でイデオロギー的な優位を獲得する第一歩だった。この二日後に開かれた活動分子の集会で、かれは成功を満喫した――

閉門主義（閉鎖戦術）の提唱者たちは（中略）革命の力は完璧に純粋でなければならないし、革命の道は完璧にまっすぐでなければならないと言う。聖典に記載されたことそのままが唯一正しいと言う。民族ブルジョア階級は完全かつ永久に反革命的であると言う。富農には少しも譲ってはならないと言う。黄色労働組合は必死に戦わねばならないと。（中略）魚を食べない猫や、反革命的でない軍閥長がかつていただろうか「と、かれらは言う」。（中略）したがって、閉鎖主義は唯一の奇跡の魔術であり、統一戦線は日和見戦術だと言うのだ。同志たちよ、どちらが正しい？　私が一瞬のためらいもなく答えよう——正しいのは統一戦線で、閉鎖主義ではない。三歳児でも正しい考えならごまんと持っているが、深刻な民族問題や国家問題をゆだねることはできない。まだ理解していないからだ。マルクス・レーニン主義は革命の徒にみられる「このような」「幼稚病」に反対である。この世のあらゆる活動と同じく、革命の進む道もやはり曲がりくねっており、まっすぐではない。（中略）閉鎖へ主義は「魚を深い水に追いこみ、ツバメを藪に追いこむ」だけで、何百万の大衆を（中略）敵の方へ追いやるだろう。

瓦窯堡では博古、周恩来、その他のもと左派に対するあからさまな批判はなかった。毛の関心はかつての敵対者を疎外することではなく、かれらに勝利することにあった。行く手に待ち受ける厳しい苦闘のために合意を形成させるのが張聞天の役割だった。

それはまさに苦闘だった。陝西省の基地は、長征の苦難の後では平和な避難所だったかもしれないが、非常に貧しくて、比較すれば貴州省や四川省南西部の不幸な山村さえ豊かで肥沃に見えたし、敵があたりを囲んでいた。イスラムの騎兵隊が西の寧夏と青海省の境界地帯を巡回していたし、東の山西省は閻錫山《ヤン・シシャン》の白軍が押さえていた。南側には日本人に満州を追われた張学良《ザン・シュエリャン》の東北軍が配備されたばかりだった。紅軍が新しいふるさとで繁栄するのはもちろん、それ以前にまず生き残っていくためには、食糧と新兵を手に入れて周囲の敵対勢力の少なくとも一つを中立化させる必要があった。

毛は瓦窯堡会議の前からすでに、蔣介石の鎧の最大の弱点は張学良の満州軍であると結論づけていた。張学良は三十代前半で、その父親は山賊の首領であったが二十世紀初めに戦闘と殺戮を通して国内最有力の軍閥長の一人となっていた。父の「大帥」と区別して「少帥」の名で広く知られた張学良は、冷酷でかなり邪《よこしま》なところのある少し天真爛漫な若者で、ひどい阿片中毒を克服したばかりだった。だがかれは愛国者でもあった。大元帥は日本の諜報員によって暗殺されていた。張学良本人は日本人に国を奪われており、その理由の一端は蔣介石が日本人に抵抗しないようかれに勧めたことにもあった。張学良の兵は祖国を失ってしまった。かれらは共産党との闘いには無関心だった。日本を憎悪していたのだ。

一九三五年十一月下旬、毛は停戦の提案と、日本人侵略者たちに対する共同作戦の申し出を少帥の司令官たちに一斉に送りつけた。「我々は中国人だ」と、そこには書かれていた。「同じ中国の穀物を食し、同じ土地に暮らしている。紅軍と東北軍は同じ中国の地で生まれた。なぜ我々が敵同士になるのか？　互いに殺し合うのか？　ここにあなたの栄誉ある軍に停戦を申し込み（中略）平和協定を結ぶことを提案する」

紅軍部隊は捕虜の白軍士官を解放して、敵負傷者の手当てをするよう指示された。この指示に沿って彭徳懐は一九三六年一月初旬に、二ヶ月前から捕らえられていた高福源《ガオ・フーユアン》を解放した。高福源は張学良のもと学友だった。かれが瓦窯堡の百六十キロ南の洛川県に置かれた張学良の司令部に戻ったことから、この満州指導者は共産党による提携の申し出が本物であると納得した。一週間後、共産党が包囲していた国民党駐屯地に供給物資を運ぶ国民党の飛行機から、高の手配で彭への伝言が投下された。一月十九日には、毛の使者の李克農《リ・ケノン》が洛川県に到着して交渉が始まった。

ことは驚くほど簡単に進んだ。少帥は翌日李克農に接見して、この内戦に「消極的」立場をとることにただちに同意した。唯一の障害は蔣介石の扱いだった。李克農の交渉報告書によると、毛は日本への抵抗と「民族叛徒」への反抗は表裏一体だと語っていた。一方なしに他方はあり得ない。だが満州指導者はこれを頑なに拒んだ。共産党との停戦協定を受け入れる用意はあっても、最高司令官に公に盾突くつもりはなかったのだ。だが差し当たっては、その相違点はそのままにすることで合意が形成された。年内に二人は姿勢を変え、それが重大な結果をもたらすことになる。三月初旬に毛は、口頭で停戦合意に達したと政治局に語り、延安と瓦窯堡の南の富県にある張の前線駐屯地は友軍扱いになると伝えた。

五週間後、周恩来がひそかに延安《ヤンアン》に入り、少帥と直接対話した。この会談はキリスト教の教会で、ほぼ一晩中かけておこなわれた。国民政府の設立に同意し、国民抗日統一軍の結成が唯一とるべき道であることに合意して、周恩来は夜明け前に去った。張はまだ公に抗日の姿勢をとる用意ができていなかったし、紅軍の管理下にある地域に侵入するよう直接命令を受ければ、蔣介石には逆らえなかった。だがそれ以外の点では、停戦協定は厳密に守られた。常任の連絡将校が任命され、赤色地域と白色地域の貿易が認められ、少帥が仲間の国民党司令官たちに影響力を行使して共産党部隊に安全な通行を確保することになった。周恩来の報告では、紅軍に対する武器弾薬の提供にも同意したという。

こうして南側の安全が確保されて、毛は瓦窯堡で決定されたもう一つの大きな課題への対応が可能になった——長征で消耗した党の軍事力の再建である。

一九三五年十二月の時点で、第一方面軍にはかろうじて七千人がいた。劉志丹と高崗が率いる陝西省の地元軍勢と、徐海東の鄂豫皖部隊はそれぞれ三千人だった。毛はさらに四万人の増員を目指しており、春にはその四分の一を補充したいと考えていた。黄河を渡って山西省への長旅に乗り出すのが唯一の現実的な方法だった。だが彭徳懐が指摘したように、これをやると戻れなくなる危険性が存在した。にもかかわらず毛は事を進め、周恩来と博古を残して陝西根拠地の監督を任せた。この冒険は「抗日救国東征」と命名された。宣伝活動としては良かった。だが河北省に進軍して侵略者に対峙するという感動的な言葉とはうらはらに、目標ははるかに貧相だった。

一九三六年二月から五月初旬までの二ヶ月半は、共産党は日本軍部隊の三百二十キロ以内に近づかなかった。代わりに山西省の河からわずか八十キロの狭い地域で国民党の兵と小競り合いを起こし、地主から三十万銀元を収用して、約八千人を獲得したのだ。半分は山西省の村で集めた農民で、残りは戦争捕虜だった。これで毛の軍勢は一年前とほぼ同じ二万人まで回復したが、それでも共産党指導部が分裂せずにいた場合と比較すれば、はるかに及ばなかった。一九三六年春から夏の中国共産党について皮肉なのは、少帥の東北軍との統一戦線実現には成功したものの、自軍は取り返しがつかないほど分裂していたことだ。張国燾はまだ四川省にいたし、紅軍の大半はかれと共にあった。

しかしここにも変化のきざしがあった。分裂して数週間で、張国燾は紅四方面軍の政治会議を次々に開催して、毛、周恩来、博古、張聞天を党から「排除」し、新しい「中央委員会」と政治局を選出し、張本人が総書記に就任していた。そして陝西を根拠地とする指導者たちに党中央という「嘘の称号」の使用停止を命じ、以後は中国共産党北方局と改称するように命じる通知が送られた。

対照的に、毛はかなり慎重に行動した。分裂の翌日、俄界にいた毛は、張国燾に対する除名要求を拒絶した。張を「紅軍を分裂させた罪」と「右派日和見主義で軍閥傾向」のかどで糾弾する決議案が可決されたが、これは発表されなかった。長征が終わって権力を掌握するときにも、毛は周恩来と王稼祥を次席として、軍事委員会西北局主席（軍事担当書記兼任）の座について、委員会議長そのものにはならなかった。張国燾が対立する指導部を設立したとの発表があっても、毛は一ヶ月以上にわたって行動を起こさなかった。一九三六年一月になって張がこれを撤回しないことが明らかになると、ようやく毛は俄界決議の発表を許可して、分裂を正式なものにした。

すでに張国燾の運星はかげりつつあった。紅四方面軍の南部での戦果は、最初は上々だった。だが冬になって蔣介石の軍勢が反撃すると、形勢が変わりだした。毛が「東征」に出ている間に張は二回にわたって大敗を喫していた。紅四方面軍は肥沃な成都平原からチベットに接する不毛な僻地へと退却を強いられた。

五月に瓦窯堡に戻ると、毛はさすらう軍勢を呼び戻そうと新たな活動をした。張とその兵が北上してかれらに加わるなら、過ぎたことは問わないと約束したのだ。政治局からの懐柔的な電報は「国燾同志と、その兄弟である我々の間に政治的相違や戦略的相違はない」と伝えている。「過ぎたことを議論する必要はない。我々の現在の唯一の義務は（中略）蔣介石と日本に対抗して団結することである」

それからまもなく、任弼時《レン・ビースー》と賀龍が指揮する部隊で組織された紅二方面軍が、張の軍勢に加わった。一年前に湖南省西部から共に来ていたのだ。結果的に張の軍事力は増大したが、政治的権限は希薄になった。徐々に北上を求める圧力が強まっていった。この新生連合軍は六月の初めにしぶしぶ草原を横断して、毛の紅一方面軍が一年前に陝西省へ向かった道をたどり、同じようにすさまじい犠牲者を出した。そして一九三六年十月に、ようやく彭徳懐の率いる紅一方面軍に合流した。彭は甘粛省の蘭州の寸前にまで到達していた。だが命がけのゲームはまだ終わりではなかった。紅四方面軍の主力である二万人強の兵が、渡し場を掌握した国民党に阻まれて黄河西岸で立ち往生してしまったのだ。張国燾は総政治委員として、甘粛走廊を西へ抜ける自殺同然の行軍を命令し、イスラムの騎兵隊に大敗した。一年後、大虐殺の生き残りは疲弊しきって陝西省に戻った。李先念《リ・シャンニャン》の率いる主要部隊は、わずか四百人になっていた。

運命を決したこの命令から一ヶ月後の一九三六年十二月六日、張国燾と朱徳は毛とその指導部に加わり、陝西省北部の政治局司令部で開かれた団結回復の祝賀会に出席した。翌日、毛は軍事委員会主席に指名されて、張と周恩来が副主席となった。

この演出は茶番だった。毛に対する張国燾の挑戦は終わった。かれの政治的キャリアもまた終わりを迎えた。前年の瓦窯堡会議以降、政治局において最終決定を下してきたのは毛だった。そのかれが、いまや中国南部から北部への大移動の後に残った四万人超の紅軍の最終的な権限も握ったのだ。紅四方面軍の最盛期が甘粛走廊で打ち砕かれたことで、張の政治的失墜は早まった。だがそれがなくても、かれはすでに終わりだったのだ。毛が十五ヶ月前に毛兒蓋《マオエアガイ》で警告したように、張は犯した誤りの責任をしかるべき時にとるよう求められることになる。

張国燾との長い闘いを断続的に展開する一方で、毛はさらに大きな獲物を追いつめていた。一九三六年三月初旬、張学良が停戦に合意した数日後に、政治局は和平使節を南京政府に派遣することを承認した。

この段階での目的は、蔣介石の取り込みではなかった。かれはまだ反革命分子の象徴であり、日本と同じく猛烈に対抗するべき「最大の裏切り者にして利敵行為者」だった。党のある内部文書はあからさまにこう述べた――「裏切り者の蔣のひどい死にざまを、だれもが見たいと思っている」。共産党の提案の目的は、むしろ蔣介石の「日本への抵抗より内部和平を優先」する政策の弱体化、また、蔣介石の義兄でかつて財政部長を務めた宋子文《ソン・ズウェン》が率いる国民党反日派の立場の強化、そして最後になるが重要なのが、あらゆる手段を尽くして統一戦線協力者を探せというモスクワからの要求への対応だった。ロシアは一九三三年に中国国民党と外交関係を回復していた。反コミンテルン連合の強化にともなって、蔣介石はロシアにとって国益の観点から——中国共産党の盟友としての利益とは異なり——来るべき戦争において見過ごせない軍を持つ潜在的パートナーになったのだった。

提案には実体と都合の良い話が巧みに混ぜられていた。求められていたのは内戦の即時終結、国防政府の設立、抗日連合軍の派兵、紅軍が河北省で日本人と戦うための自由通行、政治的自由の回復、内部改編だった。

毛の計算では、共産党にはどう転んでも何も失うものはなかった。会談がうまくいけば国民党の親日派と反日派の隔たりは大きくなる。決裂すれば会談は公になり、都市部で蔣介石の宥和政策に反感が高まりつつある中で、共産党の評判が引きたつ。一九三六年の中国では、日本への憎しみが手をつけられないほど全土で燃えたっていた。地方では憤った暴徒たちが日本人旅行者にリンチを加えた。両国は何ヶ月も交戦寸前の状態にあった。数万人の学生が、秘密裏に共産党に促されて抗日デモをおこなった。知識人はこぞって民族救済組織に参加した。

だが会談は決裂しなかった。夏までに圧倒的な数の裏ルートと秘密交渉のメカニズムが整えられた。モスクワでは、国民党の外交官たちが中国共産党コミンテルン本部で王明とひそかに会談をおこなった。南京では共産党の特使が牧師に変装して、国民党で蔣介石の次に有力な人物の一人である陳立夫《チェン・リーフー》に接触した。後に毛はもう一人、さらに年上の特使を派遣して、南京と上海で陳立夫と会談させた。国民党指導者が香港か広東で周恩来と会う可能性を議論したのである。

交渉が進展するにつれて、毛の蔣介石への態度と、日本の侵略の広い影響についての姿勢はしだいに変わっていった。一九三六年四月には、かつてのスローガン「抗日反蔣」は非生産的だったと結論づけるようになった。「我々は日本に抵抗し、内戦を止める」と、かれは張聞天に語った。「蔣介石と敵対するのはその次だ」。そして一ヶ月後には、日英および日米の緊張が明らかに高まりつつあるときに帝国主義列強すべてを一つの連合としてひとくくりにするのは道理にかなっているかどうか、疑問を口にしていた。

そこで中国共産党の理念を欧米に知らしめるために、エドガー・スノーの根拠地訪問が許可された。六月に紅軍は瓦窯堡を放棄して、政治局の司令部は保安《バオアン》に移った。保安は瓦窯堡よりさらに辺鄙で貧しい町で、黄土地帯の中心に位置しており、指導者たちは濁った河を見下ろす雨ざらしの赤色砂岩の崖の洞窟で生活した。ここでおこなわれた七月十六日の会談で、毛は予言めいたことをスノーに語っている——

中国の主権をさらに犠牲にし（中略）日本の侵攻を阻止できると思っている人たちは、ユートピア的空想にふけっているにすぎません。（中略）日本海軍は中国海を封鎖してフィリピン諸島、タイ、インドシナ、マラヤ、オランダ領東インドの掌握を目指していることも同じように明らかです。戦争になれば、日本はこれらの場所を戦略基地にしようと試みるでしょう。（中略）［しかし］中国は非常に大きな国であり、全領土がくまなく侵略者の剣のもとにおかれるまでは征服したとはいえません。日本が中国で広い領域の占領に成功して一億人あるいは二億人が住む地域を掌握したとしても、我々はなお敗北からはほど遠いでしょう。（中略）革命的中国人民に内在する人的資源の偉大な貯水池は、日本帝国主義の高波が中国の抵抗の暗礁で座礁したずっと後になっても、自由のために前線で戦う用意がある人材をなお生み出すことでしょう。

一九三六年の夏と秋を通して、中国共産党は国民党とその指導者たちに対して停戦協定を結んで抗日勢力に加わるよう公私ともに一層訴え続けた。八月にはコミンテルンの勧めで、毛は一九二〇年代に存在した中国共産党・国民党統一戦線（国共合作）を復興し「大中華統一民主共和国」を設立して紅軍根拠地を合併し、これらを他の国土と同じく議会制度の対象にすることを提案した。毛はスノーにこう語った。「民族として自由を奪われた人々にとって、革命の課題は当面の社会主義ではなく、独立のための闘いだ。共産主義を実践するための国を奪われては、共産主義を論じることもできない」。毛は紅軍の名称変更にさえ同意した。正式に国民党の軍勢の一部となり、名目上は国民党の指揮下に置くためである。共産党の軍勢と領土に対して実質的に党の統制が及ぶかぎり、ほぼどんな譲歩も可能だった。

結局のところ、毛の楽観主義は見当違いだった。十一月に上海で開かれた秘密会議で、陳立夫が要求水準を上げたのだ。共産党の兵力には上限が必要だと言って、陳はまず三千人を提案し、その後三万人とした。それ以上は譲らなかった。

理由はまもなく明らかになった。陳はあと一押しすれば共産党をすっかり追い払えると蔣介石に説得されていたのだ。十二月四日、西安の厳戒態勢の飛行場へつづく主要道路から車が排除され、警察が沿道に並んだ。蔣介石大元帥が、六回目にして最後となる共産党包囲活動の最終準備のために堂々と到着したのだ。過去三ヶ月にわたって、張学良は蔣介石に内戦を終わらせて東北軍を日本と戦わせる許可を求めていた。だがいまや張学良は最後通告を受け取った——紅軍と戦うか、ただちに南方へ移動するかどちらかだ。

そこから事態は不気味なほどの速さで展開した。

十二月八日火曜日に日本陸軍大臣から、中国がもっと協調的にならなければ新たな衝突は避けられないと警告があった。翌日、数万人の学生がこれに抗議して、蔣介石の司令部が置かれていた臨潼《リントン》（西安の近くの温泉保養地）へ向かってデモ行進をおこなった。警察が発砲して数人の若者が負傷した。十二月十日木曜日に毛は、蔣の「過剰な要求」のせいで国民党との交渉は決裂したと張に電報を送った。その二十四時間後、毛の秘書官の葉子龍《イエ・ジロン》が張から返答を受け取った。葉子龍の記憶ではごく短いものだったが、解読したところ、かれにも秘書班のだれにも判読できない文字を二文字含んだ中国古典の一節があった。それを毛のところへ持っていくと、かれはさっと目を走らせて微笑した。「もうすぐいい報せがくる」と、毛は言ったと叶子龍は回想している。

近くに住んでいたオットー・ブラウンが翌朝目を覚ますと、保安の町は興奮にわきかえっていた。毛の執務室と政治局と軍事委員会を結ぶ野戦電話は鳴りっぱなしだった。いつもは夜間に仕事をして昼頃まで眠っている毛も、すでに起きていた。ブラウンは護衛の一人から、保安に野火のように広がりつつあった世間を騒がせた驚くべきニュースを知らされた。蔣介石が夜明け前に捕らえられ、張学良の命令で西安の東北軍司令部に拘束されているというのだ。

それからしばらくかかって情報をつなぎあわせたところ、いきさつは次のようなものだった。張学良は金曜の夜に謎めいた秘密の電報を毛に送った後、十数人の上級司令官を会議に招集して会議を開いていた。そして蔣介石の参謀長を捕らえ、総督府を占拠し、警察と国民党準軍事部隊、藍衣社を武装解除して、空港を制圧するよう命令したのだった。張学良個人の護衛長は二十六歳の大尉で、二百人を率いて臨潼へ出発すると、午前五時に蔣の住居に攻撃をしかけた。大元帥の護衛たちは抵抗して時間を稼ぎ、かれを保養地の裏の雪に覆われた岩がちな雪山へ逃がした。その二時間後、蔣介石は寝間着一枚で狭い洞窟で震えているところを発見された。かれは慌てて逃げる際に義歯を忘れてきたため、ほとんど話せなかった。不名誉な隠れ場所から若い大尉に背負われて山を下り、車で町へ護送された蔣介石に、張学良はそれまでの扱いをしきりに謝罪して、身の安全を保証した。そして夏から訴えてきた要求を繰り返したのだった——蔣介石が政策を変えて日本に抵抗することである。

共産党の指導者と兵たちは一様にこの報せに有頂天になった。その夜の人民集会で、毛と朱徳、周恩来は蔣介石を裁判にかけるように求めた。「立ち上がって喝采するべき場面［だった］」と、張国燾は後に書いている。「あらゆる問題がすぐさま解決できるように思われた」。

翌朝開かれた政治局会議で、朱徳、張国燾、そして指導部のほとんどが、捕らわれの大元帥は死に値すると主張した。かれは残虐な内戦を煽り、恥ずべき融和政策で日本に協力するという背信をはたらいただけでなく、つい数日前には共産党からの和解の申し出を拒絶して、引き続き民族的抵抗よりも「匪賊制圧（剿匪）」を選んだ。蔣介石を「人民的審判台」に引き出して罪を明らかにするのが筋である、と毛は陳述した。加えて左翼と南京政府の中道派から抗日民族統一戦線の支持をとりつけるべく大いに努力しながら、一方で西安事件を武力鎮圧しようとする右翼の国民党指導者たちの動きを防ぐべきである、とかれは述べた。

週末に一連の電報で張学良に党の姿勢が伝えられた。毛と周恩来はその中で、少帥の行動に対する連帯と、北西部を来るべき抗日戦争の主要根拠地にするという紅軍の決意を強調した。

しかしほとんどすぐに中国共産党の計画は破綻しはじめた。

張学良が、自分の目的は蔣介石の懲罰ではなく、クーデターの朝に南京政府に宛てた「国家への電報」で述べたように、蔣介石の「過去の過ちを正す」ことだと明らかにしたのだ。

五年前に東北地方を失って以来、我々の国家主権は徐々に損なわれ、領土は日ごとに減っていった。我々は一度ならず国辱を受けた。（中略）一人として心を痛めていない国民はいない。（中略）蔣介石大元帥は下劣な助言者たちに囲まれて多くの人民の支持を失った。その政策でこの国に害をもたらしたかれの罪は重い。張学良および下記署名者は、かれに他の手段を選ぶよう涙ながらに進言した。だが繰り返し拒絶され、叱責を受けた。先頃は西安の学生が救国運動をおこなったが、蔣元帥は警察にこの愛国的な子どもたちを殺させた。良心があればこのような行いができるだろうか？（中略）したがって我々は認識をうながすために、身の安全を保証しながら蔣元帥に最後の進言をおこなったのである。

これは反乱者たちの要求、すなわち共産党が出していた要求そのまま——政府を拡大して愛国的政党すべての代表者を入れる、内戦を終結させる、政治的自由を復興する、今後の政策は「救国」（すなわち抗日）を基盤とする——を蔣大元帥が受け入れたなら——かれが中国の指導者として引き続き在任するという意味だった。

一方で南京ではこの拘束が引き金になって、蔣介石の妻で平和的解決を促していた宋美齢《ソン・メイリン》率いる支持者たちと、西安への爆撃と本格的な討伐を望んだ何応欽《ホー・インチン》軍政部長が率いる右派と親日派の指導者たちの緊密でない同盟との間で、激しい争いが起こっていた。かろうじて優勢なのは宋美齢だったが、もし和平への努力が行き詰まれば、次に軍事攻勢がくるのは目に見えていた。

そんなわけで保安を出た周恩来が延安までラバでくたくたになって移動し、張学良が飛行機を派遣するまでさんざん待たされ、ようやく十二月十七日に西安に到着したときには、状況が一変していた。南京の勢力分布は、中国共産党指導者たちが願ったほど好ましいものではなかった。蔣介石を裁判にかける案は、それほど魅力的でなくなりつつあった。

この時点でスターリンが介入してきた――そのきわめて尊大で高圧的で、中国共産党の利益を非常に軽視したやり方に、毛は怒りで言葉を失った。

ソ連の指導者は、張学良の反乱は「革命事変」にはほど遠いものであり「例によって日本の謀（中略）で、その目的は中国統一の妨害と反日運動の阻止」だと見なしていた。一見してあまりにも無知な文面に、国民党さえ一笑に付した。コミンテルン書記長ゲオルギー・ディミトロフは、張が西安に到着した頃に着いたらしい電報の中で、張の行動は抗日運動のための団結には「客観的に不利益」だと言いたかったのだと説明して、中国共産党に「事件の平和的解決に努めるよう」勧めた。本当の理由はのちに明らかになった。毛はあずかり知らぬことながら、スターリンは十一月に国民党政府を盟友とし、日独の反コミンテルン連合に対抗するべく新たな努力を始めることを決定しており、モスクワでは中ソ安全条約について秘密会談が進行していたのだ。蔣介石の逮捕でそのすべてが危うくなった。スターリンにとって、中国共産党の利害などどうでもよかった――世界最先端の社会主義大国の国益を阻むものは何であれ許されなかったのだ。

モスクワと中国共産党指導部の摩擦は今に始まったことではなかった。だがこれまで、責任問題は常にあやふやにされてきた。モスクワが誤っていたか、歴代の中国指導者がモスクワの真意を誤解してきたのか、だれも断言はできなかったのだ。

一九三六年十二月のスターリンの命令はちがった。ソヴィエトの無謬性と同志関係の神話は決定的に打ち砕かれた。

かれの介入をなおさら苛立たしいものにしたのは、最終的に何一つ変わらなかったということだ。張学良の立場と南京での成り行きを鑑みると、平和的な結末を探すしかないことは、中国共産党もすでに認めていた。スターリンの命令は、単に毛の立場をそこない、張学良から見た共産党の信用を失墜させ、少なくとも理論上は、蔣介石が妥協する動機をほとんど取り去ったにすぎなかった。

しかしすでに状況は勢いを増していた。大元帥本人が和解案に傾いていたのだ。宋美齢は兄の宋子文と一緒に二十二日に到着し、張と周恩来と会談をした。始まりと同じように、急にすべてが終わった。クリスマスの日に蔣介石は飛行機で南京に戻っていった。少帥は忠誠の証としてかれに同行した。

大元帥の監禁中に、密室の中では何が起こっていたのだろうか？　見た目以上のことに加え、見た目以下のことも起きていたのだ。

後の公式声明で、蔣介石は政治交渉を断固として拒み、何にも署名しなかったと主張した。厳密に言えばその通りだった。周恩来が毛に伝えたところによると、交渉は宋たちとおこなわれ、張学良のおもな要求について合意に至って初めて、大元帥は決定に従うと口頭で約束したという。毛の意見では、蔣介石は変わらず「曖昧で言をはぐらかした」ままであり、約束を守るかどうかは知りようがなかった。それもいまやかれは、自分はそんな約束はしていないし、したとしても強制されてのものだと主張していたのだ。

最初のきざしは一様に悪いものだった。大胆な意思表示で合意を実現させた生贄の子羊の少帥は軍法会議にかけられ、懲役十年の刑に処されて、特赦を受けた後に軟禁された（九十歳の誕生日に台湾でようやく解放されるが、それは五十年以上後のことである）。国民党は蔣介石が約束したように撤退するどころか、援軍を送ってきた。南京では討伐のための遠征軍を送れという圧力が増した。張の軍は防御施設を築き始め、毛は一九三七年の一月に紅軍に「戦いにしっかり備え」なければならないと語った。二ヶ月後に危機は去った。蔣介石と周恩来が接触を再開したのだ。最初は間接的に、やがて面と向かって。だが期待された統一戦線は相変わらずあてにならなかった。春から初夏にかけて、両陣営は紅軍が持つべき師団の数から帽子につける記章の数に至るまで議論を重ねた。
後に共産党と国民党は双方とも西安事件が分岐点であり、中国の歴史の流れを変えた重要な瞬間だったと述べている。毛は蔣介石の解放直後に、もし停戦協定が実現したなら、それは大元帥が約束したからではなく、「かれにとって他に選択肢がない状況だったから」だと政治局に対して語っているが、この見解がいちばん真実に近かったわけだ。西安での出来事はきわめて重要なきっかけだったが、主要因子ではなかった。主要因子がやってきたのは、七月七日に日本軍が北京の八キロ南西に位置する盧溝橋近くの鉄道連絡駅を占拠したときである。こうして太平洋戦争が始まった。
この時でさえ大元帥はためらっていた。日本軍の攻撃から一週間が経過しても、かれはまだ紅軍を前線に出すのに乗り気ではなかった。中国共産党軍事委員会への電報で、毛は注意をうながしている――

窮地に追い込まれつつあると蔣に感じさせてはならない。「我々の」現在の責務は統一戦線結成に向けて最後の一歩を踏み出すよう促すこと――これについてはまだ問題があるかもしれない。我々はこの国が存続するか滅ぶかの正念場を迎えている。これは蔣介石と国民党が政策を全面的に変えねばならない重大局面である。我々のなすことはすべて、この大筋に沿ったものでなければならない。

毛がこの電報に署名した翌日の一九三七年七月十五日に、周恩来は大元帥が滞在していた保養地、盧山《ルーシャン》で開かれるこの年三回目の会議に向かった。かれは共産党の要求を繰り返し、国民党の創始者孫文が立ち上げた民主革命に対して党の支持を約束する宣言の草稿を手渡した。かわりに中国共産党には実質的な要求が二つある、と周恩来は告げた――日本との戦争、そして「民主主義」――共産党活動合法化の婉曲表現だった。

蔣介石はまだ二の足を踏んでいた。

七月二十八日に毛が最後通告を出した――国民党の同意の有無にかかわらず、八月二十日に朱徳を最高司令官、彭徳懐を副官として紅軍が前線へ向かう。

翌二十九日に日本軍が北京を占拠し、三十日には天津を占拠した。さらに十日が経過した。八月十三日に日本軍は上海を攻撃して蔣介石本人の権力基盤を直接揺るがせた。もはや選択を先延ばしにはできなかった。「周恩来に伝えてきてくれ」と、かれは護衛の一人に指示した。「［共産党は］ただちに派兵すべきだ。もう待つ必要はない」まもなく紅軍が（国民党）国民革命軍第八路軍と改称されたとの発表があった。

そして九月二十二日に、国民党は二ヶ月前に周恩来が提示した宣言を発表し、大元帥本人が国益のために統一戦線が復活されると宣言した。

蔣介石が協定に乗り気でなかったのは無理からぬ話だった。十年にわたってかれは共産党を中国政治から排除し、野に留めることに成功してきた。その共産党が全国的な支持基盤と政治要項と国家的役割を備えた合法な政党として表舞台に舞い戻ったのだ。毛には、権力への道が開かれた。数十年後に毛は、戸惑う田中角栄首相に対してこう述べた――その道を開いたのは日本なのだ、と。


（下巻につづく）

主要登場人物

毛沢東《マオ・ツオートン》（一八九三―一九七六）
初婚　羅《ルオ》家の娘（結婚一九〇八）［交渉なし］
再婚　楊開慧《ヤン・カイホイ》（一九〇一年生まれ、結婚一九二〇―三〇）
子供　岸英《アンイン》（一九二二―五一）
岸青《アンチン》（一九二三―）
岸龍《アンロン》（一九二七―三一）
再々婚　賀子珍《ホー・ズーズン》（一九〇九年生まれ、結婚一九二八―三八、八四年死亡）
子供　小毛《シャオマオ》（一九三二―三四年に失踪）
李敏《リ・ミン》（一九三六―）
息子（一九三九―四〇）
その他幼児のうちに放棄された子供二人（一九二九年と三五年）
再々々婚　江青《ジャン・チン》（一九一四年生まれ、結婚一九三八―七六、九一年死亡）
子供　李訥《リ・ナ》（一九四〇―）

葉剣英《イエ・ジャンイン》（一八九七―一九八六）国民党軍士官だが一九二七年に中国共産党に参加。広州起義に参加し、その後長年にわたり紅軍参謀長を務める。一九五五年に指名された人民解放軍十大元帥の一人であり、中央委員会国防委員会の首脳陣の一人。一九六六年に政治局委員。「二月逆流」で大きな役割を果たしたが文化大革命を無傷でくぐりぬける。毛の死後、「四人組」逮捕と鄧小平復活に大きな役割を果たす。

呉法憲《ウー・ファシャン》（一九一五―二〇〇四）人民解放軍空軍司令。黄永勝、李作鵬、邱会作とともに、一九六九年九次党大会後に林彪派閥を形成した軍司令四人の一人。林彪の死後、全員が粛清される。一九八一年に政治犯罪で懲役刑となるが、健康上の理由で早期釈放。（原著刊行後二〇〇四年に死去。）

高崗《ガオ・ガン》（一九〇五―五四）北西中国共産党指導者で、後に指導層第六位にまでのし上がる。一九五三年に劉少奇を失墜させようとして失敗、粛清される。一年後に自殺。

康生《カン・シエン》（一八九八―一九七五）一九三〇年代初期には上海で中共中央組織部長、後にモスクワで諜報の訓練を受ける。一九三五年から政治局委員。延安と文化大革命では毛沢東の首切り人を務める。一九七三年には副主席に就任、ナンバー5の座につく。ガンで死亡、死後に政治犯罪の咎で党から除名される。

趙恒惕《ザオ・ヘンティ》（一八八〇―一九七一）一九二〇―二六年に湖南省督軍を務める。一九二五年農民蜂起で毛沢東の逮捕と処刑を命じる。台湾で死亡。

張聞天《ザン・ウエンティアン》（一九〇〇―七六）モスクワで訓練を受けた「帰還学生」で、一九三一―三四年には博古の助手を務めるが、長征の直前に毛沢東支持に鞍替えする。遵義での毛沢東の台頭に重要な役割を果たす。後に暫定党首（一九三八年十一月まで）を務める。一九四九年以降は傍流。廬山会議で彭徳懐とともに失脚。文化大革命中は投獄され、死後に名誉回復。

張国燾《ザン・グオタオ》（一八九七―一九七九）北京大学の学生指導者。共産党の創設党員、一九二一年より中央委員会委員、一九二五年から中央局（後の政治局）委員。揚子江北の鄂豫皖赤色根拠地の首領。長征の途中で毛との権力闘争に敗れて軍の大半を失う。一九三七年からは政治的に傍流。一年後に国民党に寝返る。カナダで亡命中に死亡。

張春橋《ザン・チュンチャオ》（一九一七―二〇〇五）上海では過激な宣伝係官であり、出世して文革小組の副組長と、上海革命委員会議長を務める。一九六九年からは政治局委員、一九七三年からは同常務委員の一人。毛沢東の死後一ヶ月後の「四人組」拘束のときに拘束される。一九八一年に政治犯罪の咎で執行猶予付きの死刑となる。〔訳注：原著刊行後二〇〇五年死去〕

周恩来《ゾウ・エンライ》（一八九八－一九七六）フランスで中国共産党ヨーロッパ支部を立ち上げ。一九二七年には政治局候補委員。一九二八年以降はずっと死亡まで正式委員。これは他のどんな党指導者よりも長い。初期には毛と対立、その後は遵義まで毛とあいまいな関係を続け、そこで博古とコミンテルン顧問オットー・ブラウンに反対して毛の指導を支持。一九三八年には王明を支持。その後は毛に対して宗教的な忠実さを発揮。毛にとっては、粛清するには政治家として有能すぎる人物だった。一九四九年から死亡まで国務院総理（首相）。大躍進と文化大革命の実施にあたり決定的な役割を果たす。ガンで死亡。

謝富治《シェ・フージー》（一九〇九－七二）一九五九年から公安部長。九次党大会から政治局委員。北京市委員会第一書記。文化大革命で守旧派指導者の訴追において康生に次ぐ役割。ガンで死亡。政治犯罪により死後に党を除名される。

項英《シャン・イン》（一八八九－一九四一）共産党労働組織担当で、一九二八年には党指導者として第三位になる。王明とその仲間が一九三一年一月に党の指揮権を得てからは徐々に力を失う。長征では後に残り、中央ソヴィエト根拠地での抵抗を指揮。

向忠發《シャン・ゾンファ》（一八八〇－一九三一）一九二八年から一九三一年まで名目上の共産党総書記。実質的な指導者は李立三と王明だった。共産党の裏切り者により国民党に売りわたされて処刑される。

蒋介石《ジャン・ジエスー／チアン・カイシエク》（一八八七－一九七五）日本で訓練を受けた軍事士官であり、一九二二年に孫文の国民党に従い、その後八年にわたり国民党を率いて全国的な勝利を収める。一九四九年から死亡まで台湾の国民党政権大統領。

江青《ジャン・チン》（一九一四－九一）上海女優。一九三八年に延安で毛沢東と結婚。一九六〇年代初期から大きな政治的役割を果たすようになる。毛沢東の妻として文化大革命では大きな勢力となる。一九六九年から政治局委員であり、左翼的な「四人組」を率いるが、その全員が毛沢東の死後四週間で逮捕される。政治犯罪の咎で執行猶予つき死刑判決。獄中で自殺。

徐向前《シュウ・シャンチャン》（一九〇一－九〇）一九三〇年代初期に、揚子江北の紅軍ゲリラ根拠地司令。一九五五年に指名された十大元帥の一人。軍事委員会副主席。文革中に批判されるが粛清は免れる。

孫文《スン・ウエン》（**孫逸仙**《スン・ヤッセン》）（一八六六――一九二五）共和国政府運動を率いて、満州帝国（清朝）の一九一一年打倒への道を拓く。短期間だけ中華民国の初代（臨時）大総統を務めるが、すぐに袁世凱に道を譲る。一年後に国民党を創設し、これが一九二三年には崩壊寸前の共産党と戦術的な連携を行う。北部軍閥と交渉を試みるうちに北京で死亡。

陶鋳《タオ・チュー》（一九〇八－六九）南中国の党指導者、一九六六年八月の文化大革命発端で政治局常務委員に昇進。その秋には党のナンバー4。四ヶ月後に粛清。拘束中にガンで死亡。毛沢東の死後に名誉回復。

譚震林《タン・ズンリン》（一九〇二－八三）井崗山で毛沢東と協力。一九五〇年代には農業担当副総理。一九五八年から政治局委員。「二月逆流」での役割のために強く批判され、一九六七年から姿を消す。六年後の十次党大会で復活。

譚延闓《タン・ヤンカイ》（一八八〇－一九三〇）進歩的な湖南省の郷士一家出身の文芸学者で、一九一一年から一九二〇年にかけて三回にわたり湖南都督を務める。後に孫文に従い、一九二七年には国民党政府主席となる。

陳毅《チエン・イー》（一九〇一－七二）南昌蜂起参加者。井崗山では毛沢東に協力。一九五五年に任命された、人民解放軍の十大元帥の一人。政治局委員。一九五八年から外交部長。「二月逆流」に参加。文化大革命中に批判されるが粛清はされない。ガンで死亡。

陳独秀《チエン・ドゥーシュ》（一八七九－一九四二）過激派知識人で、雑誌『新青年』は一九一九年、五四運動の基盤を整えた。中国共産主義運動にとって、李大釗とともに二大父祖的存在。一九二一－二七年には中国共産党総書記。その後トロツキー主義的反対集団を推進。

陳伯達《チエン・ボーダー》（一九〇四－八九）延安で毛沢東の政治秘書。後に主席の私的な首脳部の重要なメンバーとなる。一九六六年五月から中央文革小組組長。九次全人代のときには指導部第四位。一九七〇年に粛清。政治犯罪で懲役十八年の刑となるが健康上の理由から早期釈放。

陳雲《チェン・ユン》（一九〇五－九五）上海の印刷工。遵義会議にも参加。一九三四年から政治局委員。一九五六年に政務院副総理兼財政経済委員会主任に任じられ、財政経済政策の最高責任者となる。過激派の蜂起の頃に、病気を口実に引退して、文化大革命を無傷で切り抜ける。毛沢東の死後に活発な政治的役割に復帰。

瞿秋白《チュイ・チュバイ》（一八九九－一九三五）才能ある文学者で、ほとんど偶然により一九二七年八月から二八年六月まで実質的な党の指導者となる。李立三のように全国蜂起政策を支持。一九三一年に傍流。長征では後に残り、国民党につかまって処刑される。

朱徳《チュー・デー》（一八八六－一九七六）雲南省軍知事の蔡の下で一九一一年反乱に参加。小軍閥となる。ヨーロッパで中国共産党に参加。南昌蜂起の一員。井崗山で毛沢東と協力。紅軍の総司令。一九四五年から死亡まで政治局委員。一九四九年以降は老国士の地位に引退。文化大革命期には毛の命令で保護される。一九七五－七六年には全人代議長（実質的な国家元首）。

蔡和森《ツアイ・ヘセン》（一八九五－一九三一）長沙の第一師範学校で毛の親友の一人。新民学会創設メンバーの一人。中央局（後の政治局）委員を一九二三－二七年まで務める。その後は中国共産党北中国局書記。香港でイギリス警察に逮捕され、広州の国民党当局に引き渡されて処刑される。

鄧小平《デン・シャオピン》（一九〇四－九七）遵義会議に参加。一九五六年から政治局常務委員で総書記。文化大革命の初期に「資本主義の道を歩む実権派第二位」として粛清されるが、党員資格は維持が認められる。一九七三年に復権、一九七六年にまた粛清。一年後に復権し、一九七八年から死亡時まで中国最高の指導者となる。

鄧子恢《デン・ズーボイ》（一八九六－一九七二）瑞金で毛沢東と協力。一九五〇年代初期には農業集産化の責任者。一九五六年以降は何度も「右傾保守派」と批判されるが、粛清されずに文化大革命を生き延びる。

聶榮臻《ニエ・ロンズン》（一八九九－一九九二）南昌蜂起に参加。遵義会議にも参加。抗日戦争中に北中国の晋察冀軍区司令。一九五五年に人民解放軍十大元帥の一人に選出、中国の核兵器計画責任者。「二月逆流」の主導的地位を果たすが文化大革命を無傷で乗り切る。

薄一波《ボー・イーボー》（一九〇八―二〇〇七）山西省の青年指導者で、劉少奇と密接な関係を築く。一九四九年以後、経済担当の要職を歴任。文化大革命で粛清され、毛沢東の死後に名誉回復。〔訳注：原著刊行後二〇〇七年に死去〕

博古《ボー・グー》（一九〇七―四六）モスクワで訓練を受けた「帰還学生」派閥の一人で、一九三一年から三五年までは事実上の共産党指導者。遵義会議後は傍流となったが、飛行機事故で死亡するまで共産党員だった。

何叔衡《ホー・シューヘン》（一八七〇―一九三五）長沙における第一師範学校で毛の教師の一人。新民学会と中国共産党の創設者の一人。瑞金で毛沢東に協力。長征では江西省にとどまり、とらえられて殺される。

賀龍《ホー・ロン》（一八九六―一九六九）南昌蜂起に参加。一九五五年に指名された人民解放軍十大元帥の一人。政治局委員であり、人民革命軍事委員会副主席。文化大革命初期に粛清。意図的な医療放棄により死亡。

華国鋒《ホワ・グオフェン》（一九二一―二〇〇八）毛沢東の故郷の湘潭県の中共書記。文化大革命後に湖南第一書記に指名され、一九七三年には後継者候補の一人として毛に選ばれるが、一九七八年冬に鄧小平との権力闘争に破れ、三年後に引退同然となる。〔訳注：原著刊行後二〇〇八年に死去〕

彭述之《ポン・シュージー》（一八九五―一九八三）モスクワ留学した湖南省の共産党員。一九二五―二七年に政治局委員、トロツキストの反対集団を創設して二年後に党を除名。亡命先のロサンゼルスで死亡。

彭真《ポン・ゼン》（一九〇二―一九九七）一九三〇年代と四〇年代には北部中国の党地下組織を指導。劉少奇の仲間。一九四五年から政治局委員、後に北京市長。文化大革命の発端で粛清、十年間獄中で過ごす。毛沢東の死後に名誉回復。

彭徳懐《ポン・デーホアイ》（一八九八―一九七四）井崗山で毛沢東と協力。遵義会議にも参加。抗日戦争では前線司令、朝鮮戦争では中国軍司令。一九四五年以来政治局委員。一九五九年に更迭、一九六六年に粛清。意図的な医療放棄により死亡。偽名で埋葬される。毛沢東の死後に名誉回復。

姚文元《ヤオ・ウェンユアン》（一九二五−二〇〇五）過激派文芸評論家で、反右翼運動により台頭。文化大革命の発端となった問題の文書を毛のために起草。一九六九年から政治局委員。毛沢東の死後一ヶ月で他の「四人組」と共に逮捕。一九八一年に政治犯罪で懲役二十年の刑。後に保釈。現在上海在住。〔訳注：原著刊行後二〇〇五年に死去〕

楊尚昆《ヤン・シャンクン》（一九〇七−九八）遵義会議に三回。一九六五年十一月まで中国共産党中央弁公庁主任。文化大革命発端で粛清。毛沢東の死後に名誉回復。後に国家主席。

袁文才《ユアン・ウェンツァイ》（一八九八−一九三〇）井崗山ふもとの小さな土匪頭領。一九二六年に共産党に入党し、部下を毛沢東指揮下に置く。後にソヴィエト国境地域政府の議長となる。党是綱領をめぐる内紛の中で、地元ライバルに射殺される。

李維漢《リ・ウェイハン》（一八九六−一九八四）新民学会の一員。一九二三年には毛の後をついで湖南省書記となる。一九二七年に政治局委員に選出。後に地位の劣る職を歴任。文化大革命では批判されるが粛清はされなかった。

李先念《リ・シャンニャン》（一九〇九−九二）張国燾の第四方面軍での政治委員。一九五〇年半ばから国務院副総理、財政部長を長きにわたり務める。無傷で文化大革命を切り抜ける。毛沢東の死後、党副主席と国家主席を務める。

李立三《リ・リーサン》（一八九九−一九六七）学生時代の一九一七年に長沙で毛と出会う。お互いにうまが合わない。一九二八年からは実質的な党首となり、江西省での毛のゲリラ戦術に猛反対し、紅軍が全国蜂起の一環として都市を攻撃するよう固執。一九三〇年秋にスターリンの命で失脚、その後一五年にロシアで非自発的な亡命者として暮らす。一九四九年には低い役職につく。文化大革命中に自殺。

林彪《リン・ピアオ》（一九〇七−七一）南昌蜂起に参加。毛沢東と井崗山で協力。瑞金にも参加。一九五六年以来政治局委員。一九五八年には中央委副主席、一年後には国防部長となる。天才的な軍事戦略家で慢性的な心気症を患う。一九六〇年代の過剰な毛沢東個人崇拝を作り上げた。一九六六年の文化大革命勃発時には毛沢東の後継者とされ、一九六九年にはそれが党規約で追認される。一九七〇年に毛の信用を失い、一年後にソ連への逃亡中に飛行機事故で死亡。

劉少奇《リュウ・サオチー》（一八九八―一九六九）モスクワで学んだ湖南省の共産党員で、一九四九年以前は中国北部と中央部の党の地下活動で過ごす。瑞金にも参加。一九二二年の安源と延安でも毛沢東と共に働く。一九四三年からは党第二位の指導者で、実質的な後継者。一九五九年には毛の後を継いで国家主席となる。文化大革命では「資本主義の道を歩む実権派第一位」として粛清され、一九六八年に「反逆者、裏切り者、卑劣な輩」として共産党を除名される。一年後に意図的な医療放棄により死亡。偽名で埋葬される。毛の死後、名誉回復を受ける。

劉伯承《リュウ・ボーチェン》（一八九二―一九八六）伝説の紅軍司令官で、「独眼竜将軍」の異名を持つ。遵義会議にも参加。一九五五年に人民解放軍十大元帥の一人に指名される。一年後に政治局に加わる。一九六〇年代半ばからは完全に失明して政治的には退いたが、毛沢東の死後まで委員として名目的に残る。文化大革命では無傷。

羅瑞卿《ルオ・ルイチン》（一九〇六―七八）一九三〇年代初期には紅軍政治委員を務める。公安部長。その後は人民解放軍で林彪の下で総参謀長を務める。一九六五年十二月に文化大革命の準備期間中に粛清される。三ヶ月後に飛び降り自殺に失敗して両足を骨折、一九七五年に名誉回復。

任弼時《レン・ビーズー》（一九〇四―一九五〇）一九二〇年に毛が長沙で設立したロシア勉強会の一員。モスクワ留学。帰国して中国共産主義青年団総書記代理。一九三一年一月に政治局委員、脳卒中で死亡するまで務める。一九四三年以後は党のナンバー5。

汪兆銘《ワン・ザオミン》（汪精衛《ワン・ジンウェイ》）（一八八三―一九四四）孫文の腹心、一九一〇年には清朝の摂政王子暗殺の試みに失敗。孫文の死後は国民党文民指導者となり、その任で毛を取り立てる。蒋介石との権力闘争に敗れたが、党内で強い派閥を保つ。一九三八年冬に蒋介石と決裂し国民党を離れ、南京で日本の傀儡政権の主席代理となる。

王稼祥《ワン・ジャンシャン》（一九〇六－七四）王明とモスクワ留学するが、一九三〇年代初期に他の「帰還学生」と決裂して毛沢東の主要支持者となる。一九四九年以降は外交副部長。文化大革命で粛清、一九七三年十次党大会で復活。

王佐《ワン・ズオ》（一八九八－一九三〇）井崗山の土匪の首領。一九二八年春、手下を毛沢東の配下に置く。袁文才とともに、血なまぐさい党内紛で殺される。

王洪文《ワン・ホンウエン》（一九三五－九二）上海の紡績工場の党員で、一九六七年一月上海の造反を指揮。一九七二年には毛沢東に後継者候補として選ばれる。一九七三年には党副主席でナンバー3となる。毛沢東の死後、江青など他の「四人組」とともに逮捕。政治犯罪で終身刑となる。肝臓ガンで死亡。

王明《ワン・ミン》（一九〇四－七四）モスクワ留学から帰った「帰還学生組」の指導者で、一九三一年にコミンテルンは中国共産党の指導にあたらせる。一九三七年に延安に到着後、党の主導権をめぐって毛の一番のライバルとなる。一年もたたないうちに破れ、これがきっかけで毛は長期にわたる左傾逸脱傾向や教条主義（ソ連政策への盲従）に対する運動を開始する。王明は一九四五年に政治局委員ではなくなるが、一九五〇年代末までは中国共産党員であり、その後は中国からソ連に亡命して暮らす。

訳者略歴
山形浩生
一九六四年生
東京大学工学系研究科都市工学科修士課程修了
マサチューセッツ工科大学不動産センター修士課程修了
主要著書
『新教養としてのパソコン入門』（アスキー新書）、『新教養主義宣言』（河出文庫）、『山形道場』（イーストプレス）、『訳者解説　新教養主義リターンズ』（バジリコ）他
主要訳書
フランクファート『ウンコな議論』（筑摩書房）、ロンボルグ『環境危機をあおってはいけない』（共訳、文藝春秋）、ポースト『戦争の経済学』（バジリコ）、ショート『ポル・ポト　ある悪夢の歴史』（白水社）、『フランク・ロイド・ライトの現代建築講義』（白水社）他

守岡桜
翻訳家
主要訳書
デブリン／ローデン『数学で犯罪を解決する』（共訳、ダイヤモンド社）、ジョンソン『ダメなものは、タメになる』（共訳、翔泳社）、ウェバー『オープンソースの成功』（共訳、毎日コミュニケーションズ）、サイド『非才！』（共訳、柏書房）他

毛沢東　ある人生　上

二〇一〇年七月一〇日　印刷
二〇一〇年七月三〇日　発行

著　者　フィリップ・ショート
訳　者© 山《やま》形《がた》浩《ひろ》生《お》
　　　　守《もり》岡《おか》　桜《さくら》
装丁者　日下充典
発行者　及川直志
印刷所　株式会社理想社
発行所　株式会社白水社
東京都千代田区神田小川町三の二四
電話　営業部〇三（三二九一）七八一一
　　　編集部〇三（三二九一）七八二一
振替　〇〇一九〇-五-三三二二八
郵便番号　一〇一-〇〇五二
http://www.hakusuisha.co.jp
乱丁・落丁本は、送料小社負担にてお取り替えいたします。

松岳社 株式会社 青木製本所

ISBN978-4-560-08081-8

Printed in Japan